光威复材 GW COMPOS

"521"发展战略

五大产业

拓展纤维板块

通用新材料板块

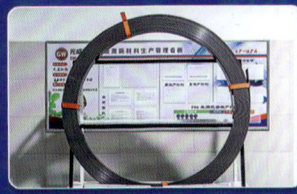
能源新材料板块

精密机械板块

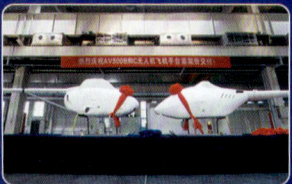
复合材料板块

两个平台

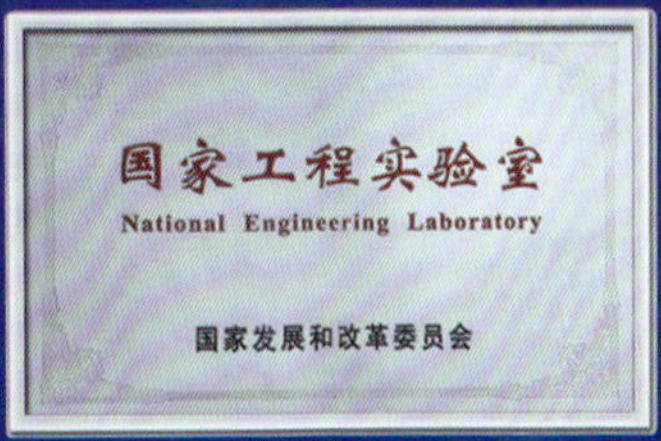

国家工程实验室
National Engineering Laboratory
国家发展和改革委员会

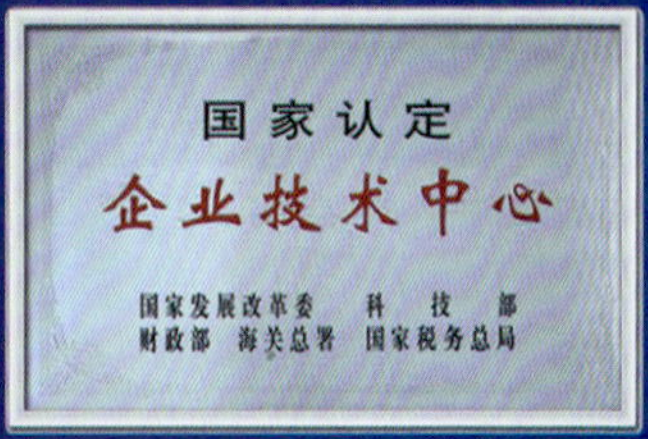

国家认定
企业技术中心
国家发展改革委　科技部
财政部　海关总署　国家税务总局

一个集群

碳纤维产业园

荣誉资质

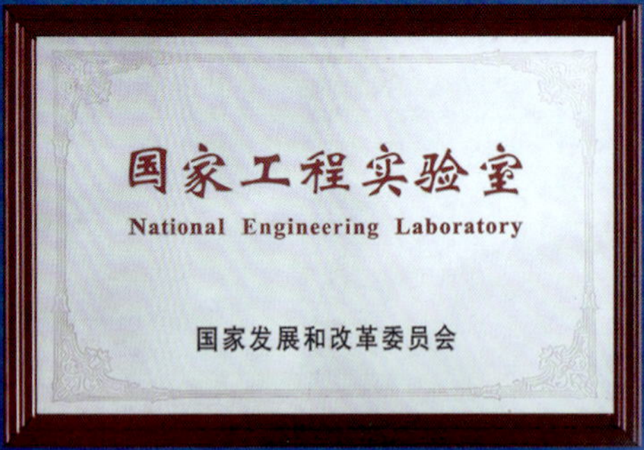

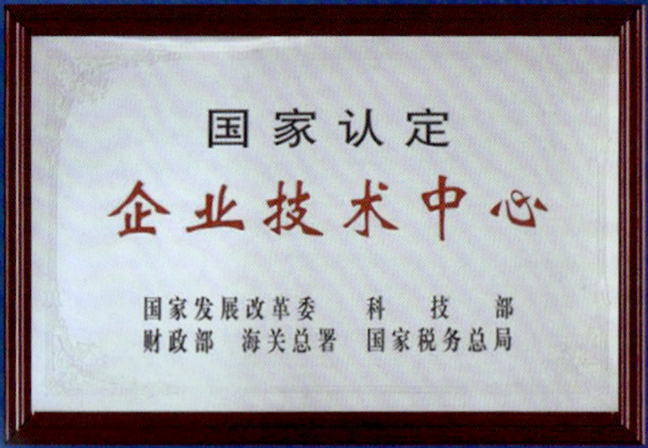

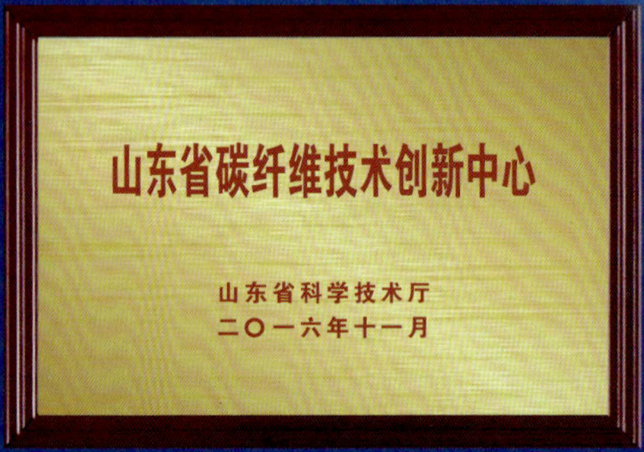

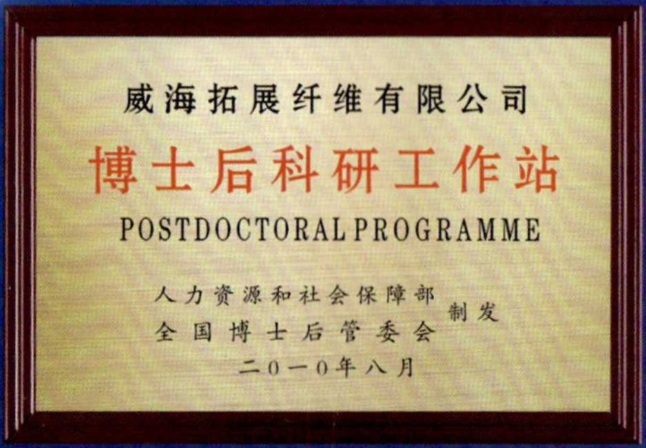

AS9100D质量证书

AS9100D质量证书

实验室认可证书

汽车体系证书

质量管理体系认证证书

YELLOW BOOK

化纤黄皮书
of China Chemical Fibers Industry

中国化纤行业发展规划研究

2021~2025

The Study of the Fourteenth Five-year Plan for China Chemical Fibers Industry

权威机构·前瞻研究

中国化学纤维工业协会 编著

中国纺织出版社有限公司

内 容 提 要

《中国化纤行业发展规划研究（2021~2025）》，又称化纤黄皮书，是研究化纤工业"十四五"期间发展趋势和重点的报告。本报告包括化纤行业和多个子行业"十四五"期间的发展规划研究，针对贯穿"十四五"行业发展的热点问题进行的专题研究，以及相关产业政策、综合规划等内容的整理汇编。本报告通过翔实的数据和深入的分析，为全面、客观了解"十四五"期间中国化纤行业发展的方向和重点提供权威性指南，是化纤行业经营管理者的工具书，也可供有关部门机构以及上下游企业阅读参考。

图书在版编目（CIP）数据

中国化纤行业发展规划研究. 2021-2025 / 中国化学纤维工业协会编著. -- 北京：中国纺织出版社有限公司，2022.6

ISBN 978-7-5180-9442-4

Ⅰ.①中… Ⅱ.①中… Ⅲ.①化学纤维工业—经济发展—研究—中国—2021-2025 ②化学纤维工业—经济规划—研究—中国—2021-2025 Ⅳ.①F426.7

中国版本图书馆 CIP 数据核字（2022）第 048050 号

责任编辑：范雨昕 孔会云 责任校对：王蕙莹 责任印制：何 建

中国纺织出版社有限公司出版发行
地址：北京市朝阳区百子湾东里 A407 号楼 邮政编码：100124
销售电话：010—67004422 传真：010—87155801
http://www.c-textilep.com
中国纺织出版社天猫旗舰店
官方微博 http://weibo.com/2119887771
廊坊市佰汇印务有限公司印刷 各地新华书店经销
2022 年 6 月第 1 版第 1 次印刷
开本：710×1000 1/16 印张：28
字数：438 千字 定价：300.00 元
京朝工商广字第 8172 号

凡购本书，如有缺页、倒页、脱页，由本社图书营销中心调换

编委会

顾　　问	王天凯　许坤元　高　勇　孙瑞哲
	卢卫生　何亚琼　夏　农　曹学军
	蒋士成　俞建勇　朱美芳　陈文兴
主　　编	端小平　陈新伟　贺燕丽
副 主 编	王文义　周　军　马　源
	郑俊林　关晓瑞　吕佳滨
执行编辑	付文静　李德利　张子昕
	张凌清　邓　军　刘世扬

编　　委（以姓氏笔画排序）

于　琨　马　莉　万　蕾　王永生　王军锋
邓　军　宁翠娟　史巧观　付文静　戎中钰
吕佳滨　刘世扬　刘　青　关晓瑞　李增俊
李德利　杨　涛　吴文静　张子昕　张冬霞
张远东　张凌清　陈新伟　纵瑞龙　林世东
郑世瑛　郑俊林　姜俊周　贺燕丽　靳高岭
段文亮　赵庆章　端小平　薄广明　靳昕怡
袁　野　窦　娟

前　言

《中国化纤行业发展规划研究（2021~2025）》（中国化纤行业黄皮书）是中国化学纤维工业协会在承接国家工业和信息化部委托的化纤工业"十四五"发展规划研究课题的基础上，以化纤工业"十四五"发展战略规划为主要研究内容，涵盖了化纤工业"十四五"发展指导意见、化纤工业"十四五"科技发展纲要及化纤十余个子行业的"十四五"发展规划研究内容，收录了纺织工业"十四五"发展纲要等多个综合性规划，还收集了一些围绕"十四五"时期化纤行业重点领域的专题研究课题以及国家有关部门发布的"十四五"时期有关产业政策等内容。

"十三五"时期，我国化纤工业积极推进结构调整和产业升级，整体保持了平稳、可持续的发展态势，至"十三五"末，化纤约占我国纺织纤维加工总量的85%，我国的化纤产量占全球的70%以上，我国化纤行业在科技创新、产品结构、绿色制造、智能化水平等方面均处于国际领先地位，化纤产业链和供应链安全性、稳定性及竞争力日益增强，为纺织强国建设提供了坚实保障。化纤产业集中度不断提高，产业链配套持续完善，炼化一体化发展取得重要进展。化纤龙头企业海外投资有力推进，中西部布局加快。科技创新成果显著，其中4项关键核心技术成果获得国家科学技术奖。智能制造取得新突破，在优势企业建设了现代化智能工厂、智能车间，机器换人效果显著，高性能碳纤维实现工程化稳定制备，高强、高模对位芳纶产品在国防军工领域实现列装，超高分子量聚乙烯纤维等产品开发系列化进展显著。智能纤维、纳米纤维等前沿纤维新材料技术取得一定突破，莱赛尔、生物基聚酰胺、壳聚糖等生物基化学纤维的自主知识产权关键技术不断突破，产业规模增长较快。绿色发展成效显著，2016年以来共计31家化纤绿色工厂、52种绿色设计产品、4家绿色供应链企业入列工信部绿色制造体系建设名单。品牌和标准化建设深入推进。中国纤维流行趋势连续发布，提升了企业品牌效应和经营效益，引领了化纤产业链上下游有效对接的新模式。全国化学纤维标准化技术委员会（SAC/TC586）获批成立，团体标准的创新和支撑作用进一步强化。

"十四五"期间，我国发展环境面临深刻而复杂的变化，立足新发展阶段、贯彻新发展理念、构建新发展格局对化纤工业高质量发展提出更高要求，化纤工业是先进制造业和国际竞争优势产业，也是新材料产业的重要组成部分，促进"十四五"时期化纤工业高质量发展，对保障纺织工业原料安全、提升纺织产业链和供应链现代化水平、助力战略前沿技术发展等方面具有重要意义。

中国化学纤维工业协会领导高度重视行业规划发展研究工作，组织协会各分会、专业委员会、业界知名专家学者、行业重点企业等共同参与，前期广泛开展了"十四五"行业发展趋势和重点领域调研，撰写了《关于化纤工业"十四五"发展调查的分析报告》《化纤工业"十四五"智能制造发展研究》等多项课题研究，其中部分专题研究成果也收入本书中。在课题研究基础上，协会又组织了大量的资料收集和规划研讨等活动，多次召开座谈会、研讨会，广泛征集行业企业及业界专家的意见和建议，在此基础上汇总各项研究成果，形成了《中国化纤行业发展规划研究（2021~2025）》一书，作为探索研究中国化纤行业"十四五"期间发展战略的研究成果，供业界参考。

由于时间仓促，水平有限，书中难免会有疏漏之处，还请相关行业企事业单位和广大读者批评指正。

本书的编写和出版得到了威海光威复合材料股份有限公司、神马实业股份有限公司以及桐昆集团的大力支持和帮助，在此特别致谢！

编委会
2022 年 4 月

目 录

综合规划篇

工业和信息化部　国家发展和改革委员会关于化纤工业高质量发展的指导意见 3
化纤工业"十四五"科技发展纲要 11
纺织行业"十四五"发展纲要 46
纺织行业"十四五"科技发展指导意见 68
纺织行业"十四五"绿色发展指导意见 83
纺织行业"十四五"时尚发展指导意见 96

专题规划篇

再生纤维素纤维行业"十四五"规划研究 109
聚酯及涤纶行业"十四五"发展规划研究 129
循环再利用化纤行业"十四五"发展研究 157
锦纶行业"十四五"发展规划研究 173
氨纶行业"十四五"发展规划研究 187
腈纶行业"十四五"发展规划研究 202
丙纶行业"十四五"发展规划研究 213
维纶行业"十四五"发展规划研究 222
高性能纤维行业"十四五"发展规划研究 236
生物基化学纤维及原料行业"十四五"发展规划研究 259
非纤用聚酯行业"十四五"发展规划研究 283
中国化纤油剂助剂行业"十四五"发展规划研究 305

专题研究篇

我国化纤行业低碳发展研究 317
化纤工业标准化"十四五"发展专题研究 328
化纤行业"十四五"智能制造发展研究报告 344
我国化纤母粒行业发展现状及趋势研究 352
莱赛尔纤维发展研究 363
化纤新产品市场开发和品牌发展研究 375
光威复材：铸就国之利器 387

产业政策篇

中共中央　国务院关于完整准确全面贯彻新发展理念做好碳达峰碳中和工作
　　的意见 397
中共中央　国务院印发《知识产权强国建设纲要（2021—2035 年）》 407
国务院关于印发 2030 年前碳达峰行动方案的通知 415
2030 年前碳达峰行动方案 415
国务院关于加快建立健全绿色低碳循环发展经济体系的指导意见 432
"十四五"相关发展规划目录汇总 440

综合规划篇

专题规划篇　　化纤发展规划

专题研究篇　　化纤科技纲要

产业政策篇　　纺织发展纲要

2021~2025

中国化纤行业发展规划研究

The Study of the Fourteenth Five-year Plan for China Chemical Fibers Industry

神马实业股份有限公司

神马实业股份有限公司

　　神马实业股份有限公司是以中国平煤神马集团为控股股东，以化工、化纤为主业的特大型企业，是中国平煤神马集团尼龙板块的管理平台。作为中国尼龙66行业的先行者，神马股份经过40年的发展，已形成以尼龙66盐和尼龙66盐中间体、工程塑料、工业丝（帘子布）、BCF地毯丝、安全气囊丝以及以己内酰胺、尼龙6切片、尼龙6民用丝等主导产品为支柱，以原辅材料及相关产品为依托的新产业格局。产品远销全球六大洲30多个国家和地区，与英威达、巴斯夫、杜邦、米其林、石桥等40多家世界500强企业及跨国集团建立了战略和贸易合作关系。神马股份坚持以结构调整为主线，充分发挥产业链自身优势，着眼高端市场，做到"无中生有""有中生新"。以市场需求为导向，坚持"生产一代、研发一代、储备一代"，从80年代4个品种12个规格轮胎用尼龙66骨架材料，到目前的尼龙66、尼龙6、涤纶、芳纶等多材质近400个品种的产品系列，延伸到航空航天、军工装备、高铁、清洁能源、电子电器以及民用等广泛的应用领域。

神马实业股份有限公司

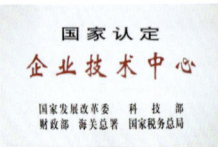

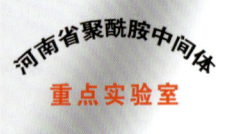

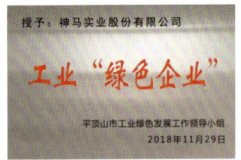

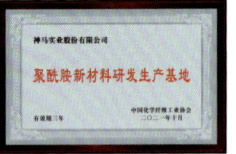

近年来，神马股份坚持高端化、差异化、多元化、系列化研发方向，承担的国家科技部重点研发计划项目"高性能聚酰胺66工业丝制备产业化技术开发与示范"进展顺利，突破了聚酰胺66大容量固相增黏的技术瓶颈。积极整合国内创新资源，搭建科研平台，建成河南省聚酰胺中间体重点实验室、河南省聚酰胺及中间体工程技术研究中心、河南省纤维骨架材料工程技术研究中心等9个省级以上研发平台，蓝图已经绘就，奋斗正当其时。站在新的起点，神马股份将努力构建以尼龙66为核心业务、尼龙6为培育业务、特种尼龙为新兴业务的三大产业链，全力打造产品高端、国际一流的千亿级尼龙新材料产业集聚区，努力建成规模领先、产业链完整、集聚效应明显、具有国际一流竞争力的尼龙产业集团。

工业和信息化部 国家发展和改革委员会
关于化纤工业高质量发展的指导意见

工信部联消费〔2022〕43号

各省、自治区、直辖市及计划单列市、新疆生产建设兵团工业和信息化、发展改革主管部门：

化纤工业是纺织产业链稳定发展和持续创新的核心支撑，是国际竞争优势产业，也是新材料产业重要组成部分。为贯彻落实《中华人民共和国国民经济和社会发展第十四个五年规划和2035年远景目标纲要》《"十四五"制造业高质量发展规划》有关要求，推动化纤工业高质量发展，形成具有更强创新力、更高附加值、更安全可靠的产业链供应链，巩固提升纺织工业竞争力，满足消费升级需求，服务战略性新兴产业发展，现提出以下意见：

一、总体要求

（一）指导思想

坚持以习近平新时代中国特色社会主义思想为指导，全面贯彻党的十九大和十九届中央历次全会精神，完整、准确、全面贯彻新发展理念，以高质量发展为主题，以深化供给侧结构性改革为主线，以科技创新为动力，以满足纺织工业和战略性新兴产业需要为目的，统筹产业链供应链的经济性和安全性，加快关键核心技术装备攻关，推动产业高端化智能化绿色化转型，实现高质量发展。

（二）基本原则

创新驱动，塑造优势。坚持创新在化纤工业发展中的核心地位，面向科技前沿、面向消费升级、面向重大需求，完善创新体系，塑造纺织工业发展新动能、新优势。

优化结构，开放合作。优化区域布局，加强国际合作，推进数字化转型，依法依规淘汰落后产能和兼并重组，培育龙头企业，促进大中小企业融通发展，巩固提升产业竞争力。

绿色发展，循环低碳。坚持节能降碳优先，开展绿色工厂、绿色产品、绿色供应链建设，加强废旧资源综合利用，扩大绿色纤维生产，构建清洁、低碳、循环的绿色制造体系。

引领纺织，服务前沿。增加优质产品供给，优化高性能纤维生产应用体系，培育纤维知名品牌，拓展纤维应用领域，从原料端引领纺织价值提升，服务战略性新兴产业发展。

（三）发展目标

到 2025 年，规模以上化纤企业工业增加值年均增长 5%，化纤产量在全球占比基本稳定。创新能力不断增强，行业研发经费投入强度达到 2%，高性能纤维研发制造能力满足国家战略需求。数字化转型取得明显成效，企业经营管理数字化普及率达 80%，关键工序数控化率达 80%。绿色制造体系不断完善，绿色纤维占比提高到 25%以上，生物基化学纤维和可降解纤维材料产量年均增长 20%以上，废旧资源综合利用水平和规模进一步发展，行业碳排放强度明显降低。形成一批具备较强竞争力的龙头企业，构建高端化、智能化、绿色化现代产业体系，全面建设化纤强国。

二、提升产业链创新发展水平

（一）筑牢创新基础

打通理论研究、工程研发、成果转化全链条，形成企业为主体、市场为导向、产学研深度融合的科技创新体系。发挥高校、科研院所原始创新主力军作用，开展前瞻性纤维材料研究。增强国家级、省级先进功能纤维创新中心服务能力及企业技术中心创新能力。加强关键装备、关键原辅料技术攻关，推动生物基化纤原料、煤制化纤原料工艺路线研究和技术储备，增强产业链安全稳定性。

（二）优化区域布局

落实区域发展战略，在符合产业、能源、环保等政策前提下，鼓励龙头企业在广西、贵州、新疆等中西部地区建设化纤纺织全产业链一体化基地，与周边国家和地区形成高效协同供应链体系。引导化纤企业参与跨国产业链供应链建设，鼓励企业完善全球产业链布局。

（三）培育优质企业

鼓励企业通过兼并重组优化生产要素配置，加快业务流程再造和技术升级改造。支持龙头企业集聚技术、品牌、渠道、人才等优质资源，增强供应链主导力，为服装、家纺、产业用纺织品行业提供共性技术输出和产业链整体解决方案。促进大中小企业融通发展，培育专精特新"小巨人"企业和单项冠军企业。

三、推动纤维新材料高端化发展

（一）提高常规纤维附加值

实现常规纤维高品质、智能化、绿色化生产，开发超仿真、原液着色等差别化、功能性纤维产品，提升功能纤维性能和品质稳定性，拓展功能性纤维应用领域，推进生物医用纤维产业化、高端化应用。加强生产全流程质量管控，促进优质产品供给，满足消费升级和个性化需求。

专栏 1　纤维高效柔性制备和品质提升

1.纤维高效柔性制备技术装备提升。突破功能纤维原位聚合、多组分高比例共聚、在线添加及高效柔性化纺丝以及锦纶 6 熔体直接纺丝成形等技术，提升纳米纤维宏量制备、智能纤维设计制备水平。
2.差别化、功能性品种开发。开发新型功能性聚酯、高品质化学单体及超仿真、阻燃、抗菌抗病毒、导电、相变储能、温控、光致变色、原液着色、吸附与分离、生物医用等功能性纤维品种。
3.关键材料辅料助剂研发。研发功能纤维用关键材料、辅料以及阻燃剂、改性剂、母粒、催化剂、油剂等添加剂。

（二）提升高性能纤维生产应用水平

提高碳纤维、芳纶、超高分子量聚乙烯纤维、聚酰亚胺纤维、聚苯硫醚纤维、聚四氟乙烯纤维、连续玄武岩纤维的生产与应用水平，提升高性能纤维质量一致性和批次稳定性。进一步扩大高性能纤维在航空航天、风力和光伏发电、海洋工程、环境保护、安全防护、土工建筑、交通运输等领域应用。

专栏 2 高性能纤维关键技术突破和高效低成本生产

1.高性能碳纤维。攻克 48K 以上大丝束、高强高模高延伸、T1100 级、M65J 级碳纤维制备技术，突破高精度计量泵、喷丝板、牵伸机、收丝机、宽幅预氧化炉、高低温碳化炉、宽口径石墨化炉等装备制造技术，研发自动铺放成型和自动模压成型等复合材料工艺技术装备，开发碳纤维复合材料修补及再利用技术。

2.芳纶。研发对位芳纶原料高效溶解、纺丝稳定控制、高温热处理、溶剂回收等关键技术，大容量连续聚合、高速纺丝、高稳定高速牵引、牵伸等设备制造技术。攻克间位芳纶纤维溶剂体系、纺丝原液高效脱泡、高速纺丝等关键技术，开发高强、高伸长间位芳纶产业化技术。

3.其他高性能纤维。提升耐热、抗蠕变、高强度、高耐切割、耐腐蚀、耐辐射超高分子量聚乙烯纤维，细旦、异形截面聚苯硫醚纤维，细旦、防火防核用聚酰亚胺纤维等生产技术水平。突破芳香族聚酯纤维、聚对苯撑苯并二噁唑纤维、聚醚醚酮纤维等单体合成与提纯、高速稳定纺丝等关键技术。开发玄武岩纤维规模化池窑、多品种差异化浸润剂等技术装备，研发第三代连续碳化硅纤维制备技术，突破氧化铝纤维、硅硼氮纤维、氧化锆纤维等制备关键技术。

4.高性能纤维创新平台。推进高性能纤维及复合材料创新平台建设，围绕高性能纤维及复合材料行业共性关键技术和工程化问题，形成基础化工原料—高性能纤维/高性能聚合物—复合材料及制品成型加工—产品检测及评价—产品应用的全产业链。

（三）加快生物基化学纤维和可降解纤维材料发展

提升生物基化学纤维单体及原料纯度，加快稳定、高效、低能耗成套技术与装备集成，实现规模化、低成本生产。支持可降解脂肪族聚酯纤维等可降解纤维材料关键技术装备攻关，突破原料制备和高效聚合反应技术瓶颈，加强纤维可降解性能评价，引导下游应用。

专栏 3 生物基化学纤维和可降解纤维材料技术攻关与产业化

1.生物基化学纤维原料。突破莱赛尔纤维专用浆粕、溶剂、交联剂以及纤维级 1,3-丙二醇、丁二酸、1,4-丁二醇、呋喃二甲酸、高光纯丙交酯等生物基单体和原料高效制备技术。

2.生物基化学纤维。提升莱赛尔纤维、聚乳酸纤维、生物基聚酰胺纤维、对苯二甲酸丙二醇酯纤维、聚呋喃二甲酸乙二醇酯纤维、海藻纤维、壳聚糖纤维等规模化生产关键技术。研究离子液体溶剂法（ILS 法）、低温尿素法等纤维素纤维绿色制造技术。

3.可降解纤维材料。攻克 PBAT（己二酸丁二醇酯和对苯二甲酸丁二醇酯共聚物）、PBS（聚丁二酸丁二醇酯）、PHBV（聚羟基丁酸戊酸酯）、FDCA 基聚酯（呋喃二甲酸基聚酯）、PHA（聚羟基脂肪酸酯）、PCL（聚己内酯）等制备技术。有序开展聚 3-羟基烷酸酯（PHA）、聚丁二酸丁二醇-共-对苯二甲酸丁二醇酯（PBST）等材料产业化推广应用。

四、加快数字化智能化改造

（一）加强智能装备研发应用

推进大集成、低能耗智能物流、自动落筒、自动包装等装备研发及应用，提升纤维自动化、智能化生产水平。加快涤纶加弹设备自动生头装置及在线质量监测系统的研发及应用，提高涤纶、氨纶、锦纶的纺丝、卷绕装备智能化水平。

（二）推进企业数字化转型

推动人工智能、大数据、云计算等新兴数字技术在化纤企业的应用，提升企业研发设计、生产制造、仓储物流等产业链各环节数字化水平。应用数字技术打通企业业务流程、管理系统和供应链数据，实现组织架构优化、动态精准服务、辅助管理决策等管理模式创新，提升企业经营管理能力。

（三）开展工业互联网平台建设

鼓励重点企业打造主数据、实时数据、应用程序、标识解析、管理信息系统、商务智能一体化集成的工业互联网平台，支撑企业数字化转型与产业链现代化建设。推动产业链上下游企业通过工业互联网平台实现资源数据共享，加强供需对接，促进全产业链协同开发和应用。

专栏4　智能制造协同创新与系统化解决方案

1.构建智能制造标准体系。开展化纤工业智能装备、互联互通、智能车间、智能工厂等标准研究制定，优先在涤纶、锦纶、氨纶、再生纤维素纤维、再生涤纶等行业加强智能制造标准体系建设。
2.提升智能制造关键技术水平。提升智能原料配送、智能丝饼管理、生产数据分析、智能立体仓库等技术水平。提升三维设计与建模、数值分析、工艺仿真、产品生命周期管理（PLM）、集散式控制（DCS）、制造执行（MES）、企业资源管理（ERP）、数据采集与视频监控（SCADA）等工业控制软件和系统水平。
3.提高智能化服务水平。采用云服务、智能分析等技术，收集分析客户反馈信息，在解决客户问题的同时，反馈并指导企业改善产品设计、生产、销售等环节，提高客户满意度。

五、推进绿色低碳转型

（一）促进节能低碳发展

鼓励企业优化能源结构，扩大风电、光伏等新能源应用比例，逐步淘汰燃煤锅炉、加热炉。制定化纤行业碳达峰路线图，明确行业降碳实施路径，加大绿色工艺及装备研发，加强清洁生产技术改造及重点节能减排技术推广。加快化纤工业绿色工厂、绿色产品、绿色供应链、绿色园区建设，开展水效和能效领跑者示范企业建设，推动碳足迹核算和社会责任建设。

（二）提高循环利用水平

实现化学法再生涤纶规模化、低成本生产，推进再生锦纶、再生丙纶、再生氨纶、再生腈纶、再生粘胶纤维、再生高性能纤维等品种的关键技术研发和产业化。推动废旧纺织品高值化利用的关键技术突破和产业化发展，加大对废旧军服、校服、警服、工装等制服的回收利用力度，鼓励相关生产企业建立回收利用体系。

（三）依法依规淘汰落后

严格能效约束，完善化纤行业绿色制造标准体系，依法依规加快淘汰高能耗、高水耗、高排放的落后生产工艺和设备，为优化供给结构提供空间。加大再生纤维素纤维（粘胶）行业和循环再利用化学纤维（涤纶）行业规范条件的落实力度，开展规范公告，严格能耗、物耗、环保、质量和安全等要求。

专栏5　绿色制造和循环利用

1.推广清洁生产技术与装备。推广聚酯装置余热利用技术，PTA 余热发电技术，再生纤维素纤维生物法低浓度废气处理技术，再生纤维素纤维生产—回收碱液及提取半纤维素技术，锦纶 6、锦纶长丝、干法氨纶节能减排技术。推进生产技术密闭化、连续化、自动化，有机溶剂减量化。推广使用低（无）VOCs 含量原辅材料，提升污染治理水平。
2.突破循环利用技术。开展废旧纺织品成分识别及分离研究，提升丙纶、高性能纤维回收利用关键技术，突破涤纶、锦纶化学法再生技术，腈纶、氨纶再生技术，棉/再生纤维素纤维废旧纺织品回收和绿色制浆产业化技术。推进瓶片直纺再生涤纶长丝高品质规模化生产。
3.建设绿色制造体系。鼓励纺纱、织造、服装、家纺等产业链下游企业参与绿色纤维制品认证，推进绿色纤维制品可信平台建设，提升绿色纤维供给数量和质量。培育一批绿色设计示范企业、绿色工厂标杆企业和绿色供应链企业。

六、实施增品种、提品质、创品牌"三品"战略

（一）优化供给结构

以技术为核心，以需求为导向，开发性能和品质优异的产品，为消费者提

供个性化、时尚化、功能化、绿色化产品，持续扩大中高端产品有效供给。开展纤维流行趋势研究和发布，向下游企业和消费者推广技术含量高、市场潜力好的纤维新品种。推广再生化学纤维、生物基化学纤维、原液着色化学纤维等绿色纤维，引导绿色消费。

（二）强化标准支撑

加快功能性、智能化、高技术纤维材料领域的标准制定，支撑行业品种、品质和品牌提升。完善国标、行标、团标、企标协调发展的化纤标准体系，充分发挥团体标准引导产业发展、激发创新活力的作用。加强标准化人才队伍培养，提升企业从纤维到面料（复合材料）直至终端制品的标准研制和检测能力。推进国际标准化工作，推动技术、标准和认证体系的国际合作与互认。

（三）推进品牌建设

利用国际纺织纱线展等平台，借助发布会、新媒体网络等手段，扩大"中国纤维流行趋势"和"绿色纤维"等工作影响力，提升消费者对中国纤维和企业的认知度。鼓励企业建立品牌培育管理体系，加强品牌管理团队建设，培育功能性纤维品牌，发挥纤维品牌在服装、家纺等终端产品中的增值作用。

七、保障措施

（一）强化政策支持引导

准确定位化纤工业鼓励和限制领域，加大对高性能纤维、生物基化学纤维、再生化学纤维及可降解纤维材料等领域支持力度。鼓励科研院所、高校、企业联合申报国家专项，加快技术研发和成果转化，支持企业建设国家级重点实验室等创新平台。

（二）加大财政金融支持

统筹现有渠道，加大对化纤技术创新、绿色发展、数字化转型、公共服务等方面的支持力度。引导银行业金融机构按风险可控、商业可持续原则，加大对化纤企业贷款支持力度。发挥国家产融合作平台作用，构建产业信息对接合作服务网络。推进高技术型化纤企业上市融资，支持符合条件的化纤企业发行债券融资。

（三）完善公共服务体系

充分发挥政府、集群、企业、协会等机构合力，提升公共服务水平和能力。培育产业技术基础公共服务平台，提升试验检测、成果转化及产业化等支撑能力，构建知识产权保护运用公共服务平台，激发创新活力。引导企业建设数字化服务平台，创新服务方式。

（四）优化人才队伍结构

依托重大科研和产业化项目，培养学术、技术和经营管理领军人物。支持行业开展杰出人才评选等活动，壮大高技能人才队伍。支持行业培养具备技术、经贸、管理等知识的复合型人才，建立化纤人才智库，鼓励科技人员参与国际合作。

（五）发挥行业协会作用

支持行业协会协调推动指导意见贯彻落实，开展实施效果评估，为政府部门提供支撑。鼓励行业协会加强信息发布，引导企业资金投向，促进行业规范发展。鼓励行业协会加强行业自律、平台建设、品牌培育、技术交流、人才培训等方面的工作，促进行业健康发展。

工业和信息化部
国家发展改革委
2022 年 4 月 12 日

化纤工业"十四五"科技发展纲要

中国化学纤维工业协会

一、化纤工业科技发展现状

经过"十三五"发展，我国化纤工业科技实力大幅增强，技术水平已步入由跟跑逐步走向与世界领先水平并跑的新阶段，为我国的经济发展、民生改善、生态优化和国家安全提供了强有力的支撑。

（一）技术创新能力显著增强

2019 年规模以上化纤企业研究与试验发展经费为 123.69 亿元，较 2015 年增长 57.6%，研发投入强度为 1.3%，较 2015 年提高 0.2 个百分点；2019 年规模以上化纤企业专利申请数为 3290 件，较 2015 年增长 38.3%，其中发明专利 1095 件，占比 33.3%；2019 年规模以上化纤企业新产品销售收入为 2841.2 亿元，较 2015 年增长 65.8%，新产品销售收入占主营业务收入比重为 31.0%。

（二）纤维新材料技术不断突破

1. 功能性纤维材料技术持续升级

涤纶、锦纶已广泛采用大容量、柔性化及高效制备技术，总体达到国际先进水平，分子结构设计、共聚、共混、复合等技术进一步优化，推动纤维向多功能复合改性方向发展；超细旦、阻燃、抗静电、抗紫外、抗菌、相变调温、光致变色等功能性纤维制备技术进一步优化，化纤差别化、功能性产品种类更加丰富，应用领域更加广阔。

2. 生物基纤维材料技术显著提高

莱赛尔纤维产业化技术实现国产化；离子液体溶剂法、氨基甲酸酯法（CC法）纤维素纤维突破核心关键技术；聚乳酸纤维具备乳酸—丙交酯—聚乳酸全产业链技术；生物基聚酰胺（PA56）纤维突破生物法戊二胺技术瓶颈，建立万吨级生产线；海藻纤维规模化制备技术突破，实现 5000 吨级产业化生产；纯壳聚糖纤维原料技术进一步优化，产品应用拓展到高端敷料、战创急救、修复膜材等领域；PTT 纤维产业化技术成熟，产品形成品牌效应。

3. 高性能纤维新材料技术稳步提升

碳纤维原丝干喷湿纺和湿法纺丝工艺技术逐渐完善，T1100 级、M55J 级等高性能碳纤维，25K、50K 工业用碳纤维关键技术，以及 2000 吨级碳纤维整线装备设计制造技术实现突破；对位芳纶突破千吨级产业化关键技术,高强型、高模型对位芳纶产品实现国产化；超高强、耐热、抗蠕变等超高分子量聚乙烯纤维新产品技术实现突破；聚酰亚胺纤维研发了原液着色技术，形成了高耐热型、耐热易着色型、高强高模型三大系列产品；聚苯硫醚纤维开发了细旦化产品（1.1D）；连续玄武岩纤维规模化池窑、一带多漏板技术取得新进展；连续碳化硅纤维在航空发动机、核电 ATF 事故容错材料组件等领域开展复合材料试验。

4. 循环再利用纤维技术不断创新

物理法、化学法、物理化学法的回收再利用关键工艺、技术、装备取得突破；原料清洗线高速分色、分材质装置，物理法的连续干燥、多级过滤，物理化学法的液相增粘、低熔点/再生聚酯皮芯复合纤维熔体直纺技术、在线全色谱补色调色及高效差别化技术等，化学法的解聚、过滤分离、脱色、精制、缩聚技术及功能性改性技术的不断创新，大幅提升了我国循环再利用聚酯纤维产业链技术装备水平。

5. 前沿纤维新材料技术快速发展

导电和蓄热储能与能量转换、光致和温致变色、传感与响应等为代表的智能纤维逐渐起步；高纯石墨烯、碳纳米管、微晶纤维素等纳米纤维宏量化制备、静电纺制备纳米纤维、生化制备细菌纤维素纤维、相分离与离心纺丝制备纳米纤维在安全防护、分离过滤及生物医用等方面有所突破；可生物降解的聚乳酸、聚乙醇酸、丝蛋白等生物基纤维、纤维基凝胶、纤维 3D 打印等在医用纤维与植入材料及人工合成器件等应用不断扩展。

6. 绿色纤维油剂助剂催化剂技术进步明显

化纤 DTY 用国产油剂基本满足高质量纺丝要求，涤纶 FDY 及 POY 用油剂初步实现进口替代；再生纤维素纤维上浆剂助剂有效地减少了毛羽数量，提升断裂强度、断裂伸长率、耐磨性能；碳纤维等高性能纤维的上浆剂及树脂取得初步应用。钛系催化剂涤纶长丝实现万吨级装置连续生产，产品色值满足下

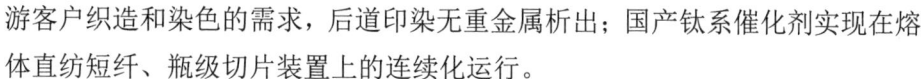

游客户织造和染色的需求，后道印染无重金属析出；国产钛系催化剂实现在熔体直纺短纤、瓶级切片装置上的连续化运行。

（三）科技创新支撑体系作用日益明显

1. 科技创新服务平台不断完善

截至目前，化纤行业约有 30 家企业技术中心（技术分中心）获得国家认定，企业自主创新能力不断增强。工业和信息化部正式批复成立国家先进功能纤维创新中心，将围绕高端用纤维材料及纺织品、功能纤维新材料、前沿纤维新材料等领域，构建功能性纤维高效成形中试与产业化平台、前沿纤维培育与孵化平台、纤维工程设计与应用集成平台等，旨在攻克行业共性关键技术瓶颈，加快科技成果转化。

2. 化纤科技奖项数量和覆盖面不断扩大

2016~2020 年，化纤工业共有 21 个项目获得纺织之光科技进步一等奖，28 个项目获得二等奖（包括 1 项技术发明二等奖），17 个项目获得三等奖，奖项覆盖涤纶、锦纶、再生纤维素纤维、循环再利用纤维、氨纶、生物基纤维、高性能纤维等行业；3 个项目获得国家科技进步奖，1 个项目获得国家技术发明奖，中复神鹰碳纤维有限责任公司的"干喷湿纺千吨级高强/百吨级中模碳纤维产业化关键技术及应用"项目获得 2017 年国家科学技术进步一等奖。

3. 产学研合作力度不断增强

目前产学研联合攻关已成为推动化纤行业科技成果转化为现实生产力的有效模式。以 2016~2020 年获得纺织之光科技进步奖的 66 个获奖项目看，其中 48 个项目（21 个一等奖、20 个二等奖、7 个三等奖）是由企业、高校等多家单位共同协作、联合完成，是企业与科研院所优势集成的表现，体现了研发与产业化的密切结合，占比达到 73%，尤其是一等奖项目中 100%为产学研合作项目。

（四）化纤行业智能制造技术发展迅速

一是具有自主知识产权的全自动落丝系统已全面在化纤企业应用；智能原料配比及输送、自动落筒、自动清板、自动检板及自动生头、在线质量监测及管理、智能包装系统等技术装备也取得了较大进展，如原料自动送料较人工送料减少用工约 60%，效率提升约 2 倍；智能落丝系统减少用工约 50%，降低约 85%人为因素的质量损伤；智能清板系统减少用工约 50%，效率提高 1.2 倍。

二是行业龙头企业积极与互联网企业合作，建设了数字化设计与制造系统、信息共享及优化管理系统、生产全过程在线质量监测体系、智能仓储物流系统、能源消耗智能监控系统等，初步构建了基于工业互联网的智能工厂，提升了产品和服务品质，提高了企业资源配置效率，进一步增强了企业柔性、绿色的智能生产能力。

（五）化纤标准体系建设逐渐完善

"十三五"期间，化纤工业共完成146项标准的制修订工作，包括国际标准2项，国家标准24项，行业标准83项，团体标准37项，占化纤标准总数的40%。标准范围覆盖碳纤维、芳纶、超高分子量聚乙烯纤维等高性能纤维以及涤纶、再生纤维素纤维、锦纶、腈纶等化纤主要品种，团体标准集中在生物基纤维、高性能纤维、循环再利用纤维及功能性纤维品种，占团体标准的87%。标准化工作创新推进"标准化+绿色制造"和"标准化+品牌建设"，在标准层面建立健全绿色采购和清洁生产、节能减排的评价体系。推进军民两用化纤标准体系建设，推动成立亚洲化纤联盟标准工作委员会，进一步提升了我国化纤标准国际影响力和话语权。

但是也要清醒地认识到，我国化纤工业科技水平与国外先进水平还有一定差距，主要体现在基础理论研究仍需加强，自主创新能力仍需全面提高，关键核心技术仍需加强攻关，多层次人才队伍建设有待加强，究其原因主要是行业自主创新能力、科技成果转化和核心技术研发还有待加强。

二、发展目标

到2025年，化纤工业自主创新能力进一步显著增强，科技促进化纤工业产业升级和高质量发展的能力显著增强，为全面建成化纤强国提供强有力的支撑；纤维新材料技术、智能制造技术和绿色制造技术显著增强，总体技术水平达到国际先进水平，取得一批具有重大影响的科学技术成果，为化纤工业实现高水平科技自立自强奠定坚实基础。

——行业科技创新能力。行业研发投入强度达到2%以上，推动企业研究院、研发中心建设，产业创新平台进一步推发挥重要支撑作用，建立并完善科技、产业与金融有机融合的纤维新材料产业创新体系，化纤工业整体进入全球价值链中高端。

——纤维新材料技术。重点突破一批制约产业发展的关键技术和装备，巩固提升有机化工原料、聚合物、纤维到终端产品完整的产业技术创新链；常规纤维制备技术继续保持国际领先地位；高性能纤维及其复合材料、生物基化学纤维总体技术达到国际先进水平，部分达到国际领先水平，高性能纤维自给率达到60%以上；纳米纤维、智能纤维等前沿纤维新材料制备及应用技术进一步提升，实现规模化应用。

——智能制造技术。基于大数据、人工智能和工业互联网平台等新一代信息技术，建成一批行业领先的智能工厂、数字化车间和示范企业，机器人应用水平、骨干企业装备数控化率和机器联网率进一步提高。数字化转型取得明显成效，工业互联网作为新兴基础设施的作用更加显著。

——绿色制造技术。废旧纺织品高值化循环再利用技术瓶颈取得突破，循环再利用纤维年加工量占纤维加工总量的比重达到15%，废旧资源综合利用水平和规模进一步发展；攻克纺丝油剂、纤维上浆剂、钛系催化剂等绿色制造技术；持续推广行业节能减排技术，单位产品能耗、用水量、主要污染物排放等进一步下降，行业碳排放强度明显降低。

三、重点领域及其先进技术

我国化纤工业的科技发展，要在充分掌握当前情况的基础上，结合行业整体发展规划，对重点领域及其先进技术进行规划和布局，着力补齐核心技术短板，掌握关键技术和共性技术，提高行业可持续发展能力和核心竞争力，为解决化纤行业高质量发展中的迫切问题提供科技支撑。

（一）纤维新材料领域

纤维新材料是我国化纤行业重点发展关键材料，其发展水平关系到国民经济、社会发展和国家安全。

1. 功能性纤维制备技术

（1）聚酯及涤纶。重点研发涤纶高效柔性化纤维材料制备技术；开发差别化、功能性聚酯的连续共聚改性，阻燃、抗静电、抗紫外、抗菌、相变调温、光致变色、原液着色等差别化、功能性涤纶纤维的高效柔性化制备技术，智能化、超仿真等功能性纤维生产技术。

（2）锦纶。重点研发锦纶6熔体直纺工艺技术；研发锦纶6化学法回收技术、生物基锦纶产业化技术；持续研发纳米抑菌、阻燃、导电、蓄热、石墨烯改性、原位聚合改性、原液着色、抗紫外、高强等功能性新品种制备技术。

（3）再生纤维素纤维。长丝重点发展超细旦、光致变色、温感变色、原液着色等纤维制备技术；短纤重点发展阻燃、抗菌、相变调温、凉感、蛋白改性等纤维制备技术；开发针对纺纱机型定制的能够提升纱线抱合力、纺纱速度、纱线强度等指标的纤维新产品生产技术；针对非织造布、湿巾、口罩、医用纱布等领域开发和优化高洁净度再生纤维素短纤维生产技术。

（4）腈纶。针对针织成衣、袜类、手工毛线领域，研发开发抗菌纤维、高吸湿纤维、微孔纤维、芳香纤维、蛋白改性纤维等产品生产技术；针对人造毛皮应用领域，重点开发异型纤维、细旦纤维、粗旦纤维、有色纤维、三维卷曲纤维、仿毛皮麻毛条等仿真纤维生产技术；针对装饰领域，重点开发有色纤维、高收缩纤维、微细旦纤维等生产技术。

（5）氨纶。重点优化干法纺丝工艺技术，实现氨纶高速纺丝（>1200m/min）；研发大容量连续聚合技术，研制 40~50 吨/天的反应器及相应系统；研究提高熔纺氨纶切片的稳定性和可纺性，优化氨纶熔融纺丝技术；研发超耐氯氨纶、耐高温黑色氨纶、易定型可染氨纶、在零下极低温环境中应用等新产品制备技术。

（6）丙纶。重点发展海岛纺丝技术、静电纺丝技术，开发超细、纳米级、亲水、可染丙纶，满足生物医用材料、过滤及防护材料、电池隔膜等应用；研发集智能与功能为一体的多功能聚丙烯纤维生产技术；开发抑菌型聚丙烯纤维生产技术；开发具有易分散、抗老化等性能的混凝土专用纤维生产技术。

（7）维纶。重点研发具有超高模、超低温水溶、原液着色、抑菌等差别化、功能化维纶生产技术；开发特种造纸用维纶、电池隔膜专用维纶等新品种；研发半熔融纺制备高强高模聚乙烯醇纤维，聚乙烯醇/胶原蛋白复合纤维，无熔滴聚乙烯醇阻燃纤维等生产技术；开展混凝土专用维纶与水泥浆结合的配比、分散性、抗裂性、抗压强度的基础研究和应用技术研发。

（8）原液着色纤维。重点开发聚酯、聚酰胺大容量装置的多元、多点在线添加模块化技术，深染、易染高色牢度色母粒、色浆及功能原液着色纤维制备技术等，建立原液着色纤维从颜料/染料、色母粒到纤维的一体化品质和基础色检测方法及标准体系，开发高品质、超细旦、高色牢度的原液着色纤维以及原液着色功能纤维等新品种。

（9）医卫防护纤维。重点研发溶液纺丝和高速气流拉伸细化技术，静电纺丝、相分离纺丝等纳米纤维高效规模化制备技术与装备，闪蒸纺超细纤维及非织造布产业化技术及设备研发，多排熔喷高效超细纤维非织造制备技术等，开发具有防水、抗血、抗酒精、抗菌、可降解等功能的纤维新材料。

（10）重要原料制备技术。重点攻克国产丁二烯直接氰化法和己二酸法制备己二腈的稳定性，提升催化剂性能及催化剂回收效率，保证安全稳定运行，提高己二腈质量；研究煤制乙二醇特征杂质对聚酯产品影响，优化提升煤制乙二醇制备技术，提高产品品质，满足下游使用要求。

2. 生物基化学纤维制备及应用技术

重点攻克莱赛尔纤维、聚乳酸纤维关键原料、溶剂等规模化制备技术；优化莱赛尔纤维纺丝工艺，提高溶剂回收率；攻克 L/D 乳酸立构复合技术，提升聚乳酸纤维的物理性能；推进生物基 PA5X 纤维、PTT 纤维熔体直纺技术；攻克海藻、壳聚糖纤维纺丝原液制备及清洁纺丝技术，扩大应用领域。

3. 高性能纤维制备及应用技术

（1）高性能碳纤维及应用。重点攻克 48K 以上大丝束碳纤维、高强高模高延伸碳纤维，以及 T1100 级、M65J 级等制备技术；开发相匹配的纺丝油剂、碳纤维上浆剂和纤维评价表征技术；攻关高精度计量泵、精密喷丝板、收丝机、宽幅高温碳化炉、大口宽石墨化炉等关键装备设计加工技术；研发三维编织、自动铺放成型和自动模压成型等复合材料高效工艺技术，以及碳纤维复合材料修补及回收再利用技术。

（2）有机高性能纤维及应用。重点攻克芳纶、超高分子量聚乙烯纤维、聚苯硫醚纤维、聚酰亚胺纤维的高效制备技术及装备；研发耐热抗蠕变、超高强度、高耐切割超高分子量聚乙烯纤维，细旦、异形截面、高卷曲聚苯硫醚纤维等制备技术；突破全芳族聚酯液晶纤维、芳杂环纤维、聚对苯撑苯并二噁唑纤维等高性能纤维所需单体合成与提纯、高速稳定纺丝等关键技术。

（3）无机高性能纤维及应用。进一步加强连续玄武岩纤维原料多孔拉丝漏板、规模化池窑、工艺自动化控制、新型浸润剂、纤维表面改性等技术研发，开发耐高温、耐碱及高强高模等差别化玄武岩纤维；研发第三代连续碳化硅纤维制备技术；突破氧化铝、硅硼氮、氧化锆等纤维制备关键技术，满足国防工业领域需求。

4. 循环再利用纤维制备技术

重点攻克废旧纺织品成分识别及资源化技术与装备，研发循环再生纤维的高值化制备技术，实现化学法再生涤纶规模化及低成本生产，开发循环再利用锦纶、丙纶、氨纶、腈纶、再生纤维素纤维、高性能纤维等，以及高附加值新产品的关键技术。

5. 前沿纤维制备技术

重点发展纳米纤维、智能纤维、生物医用纤维等前沿纤维新材料，突破静电纺丝、相分离纺丝等纳米纤维宏量稳定生产的关键技术，攻克生物发酵法制备纳米纤维连续稳定生产技术，光致变色、传感、能量采集转换、多重响应与驱动等智能纤维制备技术，生物基聚酯、聚乳酸等生物医用纤维制备技术，实现批量生产。

6. 可降解纤维制备技术

攻克淀粉、秸秆、木薯等发酵单体制备关键技术，攻克聚对苯二甲酸-共-丁二酸丁二醇酯（PBST）纤维、聚己二酸/对苯二甲酸丁二酯（PBAT）纤维和聚羟基丁酸戊酸酯（PHBV）纤维高比例共聚及性能调控技术。

（二）绿色制造领域

1. 绿色工艺技术

加大绿色工艺技术及装备研发，加强清洁生产技术改造、推广行业重点节能减排技术，推动绿色原料、催化剂、辅料助剂的研发和应用；研发循环再利用纤维高值化制备技术和装备，开发高附加值新产品技术，推进废旧资源综合再利用；开发无锑催化剂聚酯纤维，发展生物可降解材料和生物基化学纤维。

2. 绿色纤维油剂助剂催化剂技术

开展油剂助剂的油膜均匀性研究、油剂助剂在纤维上的分布模型研究，建立油剂助剂重点应用评价方法及在应用验证平台；攻克纺丝油剂、纤维上浆剂及树脂、钛系催化剂或多元金属催化剂、阻燃剂等品质提升与绿色制造技术；研发高活性非金属催化剂；开展油剂助剂用单体及第三单体等创新要素研究。

3. 绿色纤维认证和平台体系建设

构建绿色纤维可追溯和可信认证平台，加大绿色纤维标志认证推广宣传力度，带动化纤行业乃至纺织全产业链的绿色化发展；落实纤维素纤维行业绿色发展 2025 路线图，强化绿宇基金对绿色制造新技术新工艺的支持和引导，建立化纤产品全生命周期基础数据库；构建化纤节能和绿色制造标准体系，加快能耗、水耗、碳排放、清洁生产等标准制修订。

（三）智能制造领域

1. 智能装备

大力发展生产装备数字化技术，推进智能落筒、智能包装、智能外检系统、智能立体库等设备及技术扩大应用，实现全流程智能产品及物流追溯；研发系统间互联互通技术，实现制造环节设备间的互联互通与信息采集、发送，生产管理与企业管理系统的互联互通。

2. 智能工厂

聚焦化纤工业设计、生产、物流、销售、服务等全产业链，重点研发和推广三维设计与建模工具、数字化全过程生产技术、智能化仓储物流技术、数字化销售管理技术等，实现智能设计、合理排产、智能物流等，建设基于大数据、人工智能和工业互联网的智能工厂。

3. 智能服务

借助云平台、移动客户端、智能客服机器人等技术，集成客户信息库，提供产品日常运行维护、预测性维护、故障预警、诊断与修复、运行优化、远程升级等服务；采用云服务、智能分析等技术，收集分析客户反馈信息，在解决客户问题的同时，反馈并指导企业相关部门改善提升产品设计、生产、销售等环节，提高客户满意度。

4. 智能供应链

一是采用大数据、云计算等技术，加强客户关系管理，建立客户信息库，动态调整客户纤维加工能力和需求信息；鼓励龙头企业自主开发电子商务平台关系管理，集成企业销售管理、客户关系管理、物流仓储管理等，实现个性化营销。二是通过统一平台、实时数据库、云服务等技术，在企业内部核心生产管理流程实现不同系统的互动和互操作的纵向集成，并进一步实现上下游企业间业务纵向集成。

四、重大科技专项

围绕发展目标，针对重点领域及其先进技术方向，进一步突出重点，布局若干重大科技专项，强化科技创新和产业链供应链韧性，加强基础研究，推动应用研究，开展补链强链，加快解决"卡脖子"难题。

（一）纤维新材料专项

紧密结合纤维新材料技术发展的重大需求，以形成具有核心自主知识产权、突破纤维新材料关键技术为目标，规划以下专项。

1. 功能性纤维专项

（1）锦纶高效柔性化产业化技术。研发锦纶熔体直纺及柔性化生产关键技术，建立分子结构设计—柔性化聚合—锦纶直纺的完整技术体系，形成规模化生产能力，满足客户定制化、加工高效柔性化需求，有效缩短产品开发周期，降低产品能耗，拓展产品应用范围，提升装置灵活性和产品品质，促进行业转型升级。

（2）无锑聚酯纤维产业化技术。开发无锑催化低温酯化、低温缩聚高效反应技术，建立无锑催化微量改性、高比例添加及共聚改性工程技术，突破无锑催化聚酯规模化连续聚合及柔性化技术；研发低黏度高品质无锑聚酯熔体输送技术，开发低温挤出、高倍速拉伸纺丝成形技术，制备无锑环保型功能化聚酯纤维。

（3）高效阻燃纤维产业化技术。探索纤维阻燃、抗熔滴、抑烟等新技术，丰富完善阻燃理论，提升纤维阻燃性和自身性能等综合品质；进一步加强共聚与共混阻燃改性研究，利用分子结构设计、多种结构调控等手段开发专用阻燃剂制备技术，提高高品质阻燃涤纶、阻燃锦纶、阻燃再生纤维素纤维、阻燃维纶、阻燃聚乳酸纤维制备工艺技术和产业化生产水平；研发长效环保阻燃技术、绿色阻燃技术、阻燃纤维功能复合化技术等。

（4）耐污易清洗纤维产业化技术。以涤纶、锦纶、再生纤维素纤维为重点，基于人体—纺织品—使用环境相互作用机理，以方便护理、舒适健康、生态亲和为目标，开发相变吸发热及导热功能材料的结构调控、表面修饰与负载等功能强化、多功能母粒在线添加、异组分异收缩多功能复合等高效制备技术，制备抗皱易护理、防污耐污、发热、凉感等耐污易清洗，兼具舒适性的功能性纤维。

（5）高舒适性纤维产业化技术。以涤纶为重点，基于纤维构效关系，开发吸光发热、高吸湿等功能粉体及分散技术，微量改性、多组分共聚等技术，研发高舒适性涤纶；攻克多功能改性组分在线精确添加、均一性控制等技术，开发多组分纤维复合、混纺、混纤技术，建立完整产业技术创新链，开发系列高品质、高舒适性纤维产品，实现规模化应用。

（6）医用防护纤维产业化技术。重点发展溶液纺丝和高速气流拉伸细化技术，连续化、规模化纳米纤维非织造材料制备技术，闪蒸纺超细纤维及非织造布产业化技术和设备，多排熔喷高效超细纤维非织造制备技术；研发生物医用聚酯纤维、生物医用聚乳酸纤维制备技术。

2. 生物基化学纤维专项

（1）生物基单体和原料关键技术。重点攻克莱赛尔纤维的专用浆粕、NMMO 溶剂制备技术；攻克高光纯、高化学纯乳酸、丙交酯等重要原料国产化低成本制备技术；优化生物法 1,3-丙二醇、1,4-丁二醇等关键原料和单体规模化制备技术；重点攻克国产虾、蟹壳，野生海藻（褐藻、红藻、绿藻）、养殖海藻、海藻酸盐（钙、铜、锌、纳）高效提纯、制备关键技术。

（2）生物基纤维制备关键技术。攻克生物基合成纤维高效聚合纺丝技术，开发聚乳酸纤维、生物基聚酯、聚酰胺纤维的大容量连续聚合、熔体直纺及纺丝成套装备；研究海洋生物基纤维高黏纺丝液制备及清洁纺丝工艺技术，拓展海洋生物基纤维的应用领域；大力发展莱赛尔纤维国产化装备及生产技术，优化浆粕预处理系统、活化反应器、溶剂回收及后处理工艺等，形成自主知识产权体系，突破新型纤维素纤维长丝制备技术。

3. 高性能纤维专项

（1）高性能碳纤维产业化及应用技术。开展碳纤维技术成熟度评价，进一步支持提高已实现工程化、产业化生产的碳纤维技术成熟度；研发 T1100 级、M65J 级、高强高模高延伸碳纤维、高导热中间相沥青基碳纤维制备技术；攻关蒸汽牵伸机、收丝机、喷丝板、计量泵、宽幅预氧化炉和高低温碳化炉等碳纤维生产关键装备，碳纤维预浸、机织、非织造、编织和经编等加工关键装备，以及拉挤、RTM 等成型关键技术装备。

（2）对位芳纶产业化及应用技术。突破高纯度原料制备、高黏度聚合体生产及溶剂回收技术，提高纺丝速度，建设绿色化、智能化生产线，实现高强型、高模型对位芳纶，芳纶纸、芳纶蜂窝材料等稳定化、规模化生产，满足安全防护、光通讯、航天航空、轨道交通等领域应用，建立应用生产链。

（3）超高分子量聚乙烯纤维产业化及应用技术。突破超高分子量聚乙烯纤维新型、高效、低成本的纺丝产业化技术，开发环保溶剂、无固（危）废产生的溶剂回收过滤技术；研究开发细旦、超高强度（大于 40cN/dtex）、超高模量（大于 1600cN/dtex）、耐高温、抗蠕变、耐切割、中强低成本（强度 15~20cN/dtex）、高耐磨、抑菌防臭等功能性超高分子量聚乙烯纤维，拓展在深井采油、海洋养殖、防护服装、大功率风机叶片、交通运输等领域应用。

（4）连续玄武岩纤维产业化及应用技术。突破 5000 吨以上规模化池窑技术，1600 孔以上拉丝漏板技术及漏板高温变形的控制技术；设计开发智能化自动化生产系统，提高玄武岩纤维生产效率及原料利用率；开发高性能多用途浸润剂，改善玄武岩纤维的界面特性；研发材料界面调控、设计仿真、装备开发与优化等技术，提高玄武岩纤维增强复合材料综合性能。

（5）聚酰亚胺纤维产业化及应用技术。突破连续聚合—纺丝加工技术，建立 5000 吨/年耐热型纤维及 500 吨/年高强高模纤维生产线；攻克细旦、超细旦、染色、防火、防核等产品设计与编织技术，满足特种防护、高温过滤、轻质结构材料等领域应用，形成聚酰亚胺高端过滤装备、特种防护织物及服装、轻质蜂窝结构、蒙皮材料、结构复合材料应用示范。

（6）其他高性能纤维产业化及应用技术。攻克 PBO 纤维、芳纶Ⅲ、聚芳酯液晶纤维、PEEK 纤维、碳化硅、氧化铝、硅硼氮、氧化锆等高性能纤维产业化技术，实现百吨生产，满足在航空航天、防核、防磁等领域的应用。

4. 前沿纤维材料专项

（1）石墨烯改性纤维关键技术。重点研发生物基石墨烯开发关键技术、石墨烯功能聚合物母粒制备技术、石墨烯改性再生纤维素纤维开发关键技术、石墨烯改性锦纶 6 长丝开发关键技术、石墨烯改性涤纶短纤维开发关键技术及石墨烯改性纤维纱线及面料开发关键技术，研发石墨烯碳纳米管理复合导电纤维，满足下游用户多样化需求。

（2）纳米纤维关键技术。突破静电纺丝、相分离纺丝等纳米纤维宏量稳定生产的关键技术，建立静电纺和微生物法、纳米纤维宏量制备生产线；研发无机纳米功能单元的结构设计、表面修饰技术，结合在线混合、原位生成等复合技术，构建有机/无机纳米杂化功能纤维的成形理论和成形方法，建立聚合物基纳米复合功能纤维制备关键技术体系。

（3）智能纤维制备关键技术。深入研究能量转化机制，加强不同柔性基底导电性及稳定性研究，攻克表面工程技术、功能性纤维元件制备技术、功能单元有效集成和高效互联技术，研发光致变色、温致变色、传感、能量采集转换、多重响应与驱动等智能纤维生产技术，建立应用开发体系。

（二）绿色制造专项

1. 高品质再生涤纶产业化技术

研发再生涤纶熔融纺丝专用设备，开发再生涤纶熔体高适应性稳定纺丝关键技术，提高再生涤纶凝聚态结构稳定性，实现高品质再生涤纶生产；研发低成本高效能再生涤纶产业化技术，以及再生细旦 FDY、DTY 纤维生产技术，全面提升再生涤纶附加值。

2. 节能低碳技术和装备推广

推广和发展聚酯装置余热充分利用集成技术，聚酯酯化工艺优化技术，绿色 PTA 余热发电与应用技术集成，粘胶纤维生物法低浓度废气处理技术，粘胶纤维生产—废碱中回收碱液及提取半纤维素工艺技术，锦纶6聚合工序节能减排技术集成，锦纶长丝节能减排先进技术集成，干法氨纶节能减排技术，化纤行业适用的公用工程节能减排技术。

3. 绿色油剂助剂关键技术

开展纺丝油剂的油膜均匀性研究，建立纺丝油剂在纤维上的分布模型，攻克纺丝油剂、纤维上浆剂、阻燃剂等品质提升和绿色制备技术，构建重点领域油剂应用评价方法及油剂开发中的应用验证。

4. 绿色催化剂关键技术

攻克非重金属系、多元金属新型催化剂及非金属催化剂聚合技术，通过新型催化剂聚合装置进行专业化设计和加入点选择，改善熔体热稳定性与色相的助剂体系研发，高效钛系合成与产业化研究等，推动化纤产业绿色发展。

（三）智能制造专项

1. 化纤长丝制造全流程智能制造技术集成

研发自动物流与仓储系统、制造企业生产执行系统（MES）、产品质量追溯、生产远程监控与设备远程运维、能耗诊断与节能降耗方案、建立快速客户定制研发、模拟仿真体系和支撑平台，形成化纤长丝制造全流程自动化与信息的互联互通技术，提升高品质功能纤维研发、生产效率和水平，实现客户需求的定制化生产。

2. 氨纶工程智能制造集成系统

建立氨纶聚合、纺丝、卷绕等三维数字化模型，利用机电一体化的专用设备、智能仪表、控制系统和人工智能技术的有机结合，通过 DCS 系统去高效实时地执行；建立智能分拣线和智能仓储系统；通过智能化、数字化改造，实现机器人智能分拣、装箱系统，将信息融入分拣流水线中；通过"机器换人"提高系统管控一体化应用，提升信息化技术水平，降低生产成本，提高生产效率。

3. 锦纶智能化车间

研发锦纶全流程智能化生产制造技术，建设包括智能化切片自动送料、熔融挤压输送、卷绕、丝饼自动落丝、在线检测、自动包装和智能化立体仓储技术，实现锦纶智能、高效生产；研究高效高均匀熔融和稳定挤压、多头高速纺丝、智能在线检测、工艺仿真、生产数据分析等多功能复合制备关键技术，实现锦纶高效低耗和柔性生产、全流程信息化管理。

4. 碳纤维智能化生产车间

开发适用于碳纤维生产的底层设备互联互通、基于大数据分析决策支持、可视化展现等技术，实现生产准备过程中的透明化协同管理、数控设备智能化的互联互通、智能化的生产资源管理、智能化的决策支持，实现千吨级高性能碳纤维智能制造新模式应用，提升高性能碳纤维产品的质量稳定性及生产效率，降低原料损耗、生产能耗以及运行成本，引领我国碳纤维行业的创新驱动和转型升级。

五、基础研究

基础研究要充分重视高校和科研院所作用，突出基础研究长远价值和前瞻研究，并根据行业技术发展新动向进行调整。本纲要从先进基础纤维、生物基化学纤维、高性能纤维和前沿纤维材料四个方面进行规划，力争夯实理论基础，为提高产品稳定性、提升产品性能提供理论支撑，引领未来化纤行业高新技术发展。

1. 功能性纤维

基于构效关系的新型纤维材料的结构设计、分子序列结构调控与制备原理；研究微量添加、三元及多元共聚对聚合规律的影响，揭示多功能集成化新机制、新效应；研究纤维成形加工过程中工艺参数、材料结构和产品性能之间的权重关系；纤维多重结构设计与调控、纤维集合体热湿传输协同调控、表面耐污结构构筑与亲疏水调控等机制；纺丝动力学与成型特征、纤维在复杂外场作用下凝固机理及超分子结构的演变规律。

2．生物基化学纤维

重点研究生物基脂肪族聚酯合成机理；熔融纺丝法制备生物基脂肪族聚酯纤维结构演变和成形机理；生物基脂肪族聚酯纤维结构与性能评价与应用机理；直接溶剂法制备纤维素纤维纺丝成形动力学。

3．高性能纤维

重点研究高性能纤维高效制备新原理、新工艺以及结构、性能表征新原理，材料服役性能演变、失效机制及寿命预测原理等。

（1）高性能碳纤维。高分子共聚物链结构设计、高分子多元体系相分离及形态演化、流变学、耦合复杂化学反应的纤维拉伸过程、纤维的结构物理等。

（2）芳纶。聚合物分子量及分布调控、高黏度液晶流体制备、凝聚态结构控制、高速纺丝动力学以及热处理过程中结构演变规律等。

（3）超高分子量聚乙烯纤维。聚合、溶解、纺丝不同阶段对大分子链平均缠结点及后牵伸所制得纤维的结构与性能影响研究；交联或增强添加剂的种类、含量对超高分子量聚乙烯纤维耐蠕变、耐热加工性能影响等。

（4）聚酰亚胺纤维。新型聚合物结构设计与合成、加工性与性能的相互关系、外场作用下凝聚态结构的演变规律等。

4．前沿纤维材料

聚合物溶液荷电流体喷射及运动模式；纳米纤维材料多层次结构与质能传递特性；宏量制备射流组干扰与固化机制；纳米纤维材料多重结构控制与性能的关系；医用植入材料性能与降解匹配调控等。

六、化纤工业创新体系建设

进一步加强国家及省级创新中心、实验室、工程（技术）研究中心、检验检测中心等建设，畅通基础理论研究、工程化研发、成果转化的全链条，构建产学研结合、高效协同的科技创新体系，同时培养行业技术领军人才，发展复合型人才队伍，加强专业知识普及平台建设，全方位提高化纤工业创新能力。

（一）优化行业科技创新平台

1．强化国家级科技创新平台建设

充分发挥国家先进功能性纤维创新中心作用，推进纤维新材材料关键技术攻关，加快科技成果转化，提高我国纤维新材料领域的整体水平。持续推进行业国家重点实验室、国家级企业技术心建设，力争在"十四五"期间有进一步突破。

2. 推进行业创新平台建设

（1）高性能纤维及复合材料服务平台。依托龙头企业，围绕高性能纤维及复合材料行业的共性关键技术和工程化问题展开研究，形成从基础化工原材料—高性能纤维/高性能聚合物—复合材料及制品成型加工—产品检测及评价—汽车及轨道交通等先进制造业产品应用全产业链条，解决工程化过程中存在的问题，培养工程设计技术创新人才，促进重大科技成果应用，为国内高性能纤维复合材料规模化制备技术，建立标准规范体系提供支撑。

（2）生物基纤维材料公共服务平台。根据生物基纤维的市场需求，围绕生物基纤维产业发展过程中的共性关键技术和工程化问题展开协同合作，主要研究开发生物基纤维技术领域的关键工艺及装备，解决我国生物基纤维产业化过程中的技术瓶颈，获取具有自主知识产权的工程化技术。

（3）碳纤维及复合材料制造业创新中心。采用"公司+联盟"的模式，按照"优势互补、协同创新、开放共享"原则，成立碳纤维及复合材料创新联盟，围绕碳纤维原丝—预氧丝—碳纤维—预浸布及复合材料产业链及关键装备，为行业提供技术交流、项目合作、供需对接、技术成果转化等合作共赢的服务，为我国碳纤维及复合材料产业发展提供支撑。

（4）轻量化材料产业链公共服务平台。建立符合高性能纤维与复合材料轻量化实际应用的完整轻量化产品标准体系和技术规范；联合高校、终端用户共同开发高性能低成本的轻量化复合材料并实现在汽车、高铁、飞机、电力能源等领域的大规模高水平应用；为上游纤维制造企业、下游终端应用企业提供高效率的服务与低成本的产品，提升高性能纤维与复合材料轻量化产业链应用技术水平。

（二）加强行业人才队伍建设

1. 建立化纤行业人才智库

一是要依托行业重大科研和产业化项目、重点细分行业和科研院所以及国际学术交流合作项目，大力培养行业学术/技术带头人，建立化纤行业高级专

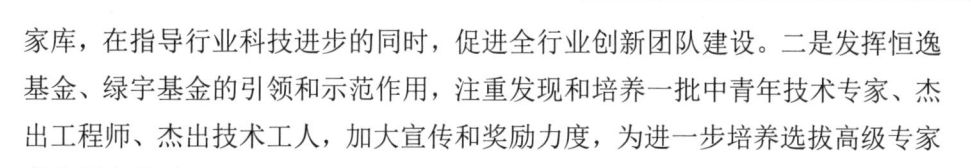

家库，在指导行业科技进步的同时，促进全行业创新团队建设。二是发挥恒逸基金、绿宇基金的引领和示范作用，注重发现和培养一批中青年技术专家、杰出工程师、杰出技术工人，加大宣传和奖励力度，为进一步培养选拔高级专家奠定坚实基础。

2. 发挥行业培训班的重要作用

办好全国纺织复合人才培养工程高级培训班，拓展丰富课程，加强化纤行业青年技术、管理人才培养，加大为优秀人才提供学习、培训、交流的机会，加强化纤行业与纺织、染整等其他相关行业的技术交流与专业融合，培养一批复合型人才。进一步加大与国际科研院所、院校、企业的科技人才合作交流力度，鼓励科技人员和专家参与国际科技合作计划和项目，培养具有国际视野的复合型科技人才。

3. 开展线上专业知识大讲堂

利用互联网技术，组织行业内知名专家、学者、企业高级管理人员，围绕基础知识和前沿技术、产品研发、智能制造、绿色发展、市场营销与品牌建设、纤维新材料、企业并购整合、期货工具等行业热点话题分享知识与信息，逐步扩展传播渠道，强化专业知识科普活动。

七、政策建议和保障措施

针对当前化纤工业科技发展存在的突出问题，开展有针对性的措施，提出有建设性的政策建议，不断增强化纤工业自主创新能力，充分发挥科技支撑作用，推动化纤工业高质量可持续发展。

1. 加大对技术创新的财税激励力度

引导化纤企业增加研发投入，进一步增强技术创新能力。在落实国家关于促进技术创新等各项税收优惠政策的基础上，进一步加大企业研发投入税前扣除等激励政策的力度，研究出台更有利于高新技术企业发展的税收优惠政策。落实并扩大对购买先进科研仪器设备给予必要税收扶持政策。税收优惠重点支持基础研究、"中试"，提高对中试阶段加大税收政策扶持力度。

2. 加强行业关键共性技术创新

梳理汇总行业年度技术装备攻关目录，在此基础上建议国家有关部门利用现有专项资金渠道，结合行业发展趋势，支持化纤行业重大技术装备研制和重大产业关键共性技术的研发。支持高校、科研院所、纤维生产企业和下游应用企业组成联合体申报国家相关专项，强化产学研用合作。储备、推动一批行业重大建设工程作为提升自主创新能力的重要载体，攻克一批事关化纤行业高质量、可持续发展的关键技术，研制一批具有自主知识产权的重大装备和关键产品，避免产业链风险。

3. 强化知识产权保护

组织各种活动支持行业内企业间技术和知识产权交流，进一步强化科技人员和科技管理人员的知识产权意识，推动企业、科研院所、高等院校重视和加强知识产权管理，形成保护知识产权的氛围；收集汇总整理行业相关知识产权信息，在统计分析的基础上建立完善知识产权信息数据库，及时准确掌握行业技术发展趋势。积极参与国际标准的制定，推动我国技术标准成为国际标准。充分发挥行业协会在知识产权维权中的代表作用和集体优势。

4. 落实军民两用政策

重点围绕单兵防护、军装被服、武器装备、航空航天等军用领域，编制并发布年度《军民两用纤维新材料与产品推荐目录》，作为军民两用材料对接、信息交流、项目推介推广的参考。积极推动建立军民结合、军民共用的科技基础平台，建立军民有效互动的协作机制，创新军品采购向民口科研机构和企业采购的范围。畅通与军口相关部门沟通渠道，了解掌握需求动向，加强在原材料采购、技术标准制定、材料检测检验、材料性能咨询论证等方面合作力度。

5. 扩大国际科技合作交流

支持、组织国内化纤企业"走出去"，积极主动参与国际相关科学工程和国际学术组织，参与或牵头组织国际和区域性大科学工程。建立国际合作培训机制，提高参与国际学术交流的能力。

附件

"十四五"化纤工业科技攻关技术

一、化纤高效柔性制备技术

编号	技术名称	类别	意义及研究内容	2025年目标
1	锦纶6熔体直纺技术	关键技术	锦纶6熔体直接纺丝，可缩短生产流程，降低生产成本。**研究内容**：降低低聚物含量，提升脱挥效果；在快速反应中实现反应的均匀化，熔体品质的稳定；实现快速高效冷凝和低聚物稳定输送回用；完善整个聚合过程环状低聚物含量、分子量及分布变化规律研究，建立聚合工艺与熔体品质之间的全流程关系，实现高效准确的工艺优化	实现千吨级熔体直纺
2	氨纶熔融纺丝技术	产业化	氨纶熔融纺丝生产过程清洁环保、能耗低，纤维无溶剂残留，用于生产内衣及国际高端品牌服装，对增强我国氨纶产业的竞争力具有重要意义。目前国内已经突破熔纺氨纶切片技术，打破国外产品垄断。**研究内容**：研究提高熔纺氨纶切片的稳定性和可纺性	实现熔融纺氨纶年产能30000吨
3	单甬道120丝饼氨纶纺丝技术	产业化	氨纶生产存在聚合物均匀差、细旦氨纶生产效率低以及生产过程不稳定等瓶颈问题，该技术在品质控制、工艺安全、绿色生产、节能降耗、智能制造等方面有新进展和突破，可使细旦丝生产效率提升2~3倍。目前在氨纶聚合物制备技术及装备、整体式纺丝组件、高效率纺丝甬道、智能化生产控制等方面已有技术基础。**研究内容**：提升细旦氨纶加工稳定性和生产效率	新增产能10万吨
4	钛系催化涤纶制备技术	关键技术	目前PET合成过程主要采用锑系催化剂，在织造、染整过程部分锑会析出，对环境和人体造成负面影响。钛系催化剂相对安全和环保，且催化剂效率提升，可有效降低酯化、缩聚温度，有效提高酯化率，使分子量分布更均匀，减少副产物以及提升纤维洁净度；间接降低了纤维加工成本	部分重点企业实现100%钛系催化聚酯熔体直纺，相对锑系催化短纤维的能耗降低5%~10%

— 29 —

续表

编号	技术名称	类别	意义及研究内容	2025年目标
4	钛系催化涤纶制备技术	关键技术	**研究内容**：高效钛系催化剂合成与产业化，钛系或多元金属新型催化剂聚合技术。通过新型催化剂聚合装置进行专业化设计和加入点的选择，改善熔体热稳定性与色相的助剂体系研发。开发聚酯合成、直接纺丝、后拉伸成套技术，织造、染整等后续应用加工过程的工艺优化等，推动聚酯纤维产业绿色发展	部分重点企业实现100%钛系催化聚酯熔体直纺，相对锑系催化剂短纤维的能耗降低5%~10%
5	高洁净聚酯纤维及制品制备技术	关键技术	通过多重技术实施，制备的纤维本身不含有重金属、低含量有机挥发物（VOC），具有高耐磨与柔韧特性，在洗涤过程中不易产生纤维微塑料，同时纤维表面具有良好的抗污性能，有效降低洗涤次数 **研究内容**：形成高洁净功能纤维材料及纺织制品制备体系	实现万吨级产业化生产

二、先进基础纤维功能化制备技术

编号	技术名称	类别	意义及研究内容	2025年目标
1	熔融纺制备高强高模聚乙烯醇纤维技术	关键技术	国内高强高模聚乙烯醇纤维生产多采用硼交联湿法纺丝技术，而熔融纺制备高强高模聚乙烯醇纤维，只发生熔体细流与周围介质的热交换，没有传质过程，纤维成形时收缩小、纺速高、无三废污染。目前已在实验室通过熔融纺丝技术制得水溶性聚乙烯醇纤维及聚乙烯醇粗旦纤维 **研究内容**：通过实验找出改性效果佳、价格便宜、环保无污染的改性剂或改性剂组合，实现聚乙烯醇的热塑加工；纺丝成型后增塑剂残留在纤维丝束上，需回收继续使用，可通过萃取、蒸馏的方式进行分离；纤维干燥及加热方式的优化，改进传统的石英管热辐射加热方式	建立中试生产线

续表

编号	技术名称	类别	意义及研究内容	2025年目标
2	聚酯仿棉加工技术	产业化	采用共聚合成法，聚合物降解程度低，更容易得到适合纺丝的线性大分子结构；直接纺丝相对于切片纺丝，能耗低，大分子降解程度可控，更容易得到织造加工能力优异的纤维，具有规模效应，有利于大幅降低生产成本 **研究内容**：通过引入羟基、醚键、酰胺键等亲水性基团，优化共聚改性聚酯工艺，进一步提高改性熔体性能稳定性，减少副产物；结合纤维的异形截面技术，优化纺丝工艺，提高改性纤维的物理机械性能；采用更环保的纤维表面改性技术；混纺、纯纺的织造、染整、后加工过程技术优化，建立产业链品牌体系	形成系列化产品，取代市场上5%的棉制品；申请系列化专利、并制定完成相关应用标准（规范）
3	纤维表面亲水化改性技术	产业化	相对共聚、共混技术，纤维表面亲水处理技术简单、高效、成本低；纤维异形截面或微细旦化可有效增加纤维表面积，有益于人体汗液的导出，提高穿着舒适性；在纺丝成型过程和/或拉伸后处理采用表面接枝共聚方法，在纤维表面接枝含富羟基的聚合物；可减少纺织品洗涤过程的亲水整理剂用量、减少磷系化合物对水体的负面影响 **研究内容**：不含APEO，适合非织造布加工和应用的聚酯亲水接枝改性剂产业化以及表面改性工艺优化；不含APEO，织造纺织品的耐久性亲水化接枝共聚剂（整理剂）产业化以及表面改性工艺优化；提高接枝共聚剂耐温性（210℃不分解）以及纤维后加工过程的结合牢度	在非织造布和纤维织造相关领域实现产业化推广与应用
4	聚酯纤维染色改性直接纺丝工程化技术	产业化	聚酯纤维及织物分散染料染色需要较高温度和压力条件，采用聚酯共聚改性，可降低染色所需温度至100℃以下，以降低染色能耗；采用原位聚合、纺前共混染色，可以节约水资源，缓解环境压力 **研究内容**：改性共聚酯单体的选择以及单体合成产业化，降低单体成本；共聚酯合成技术优化以及直接纺丝的稳定性并兼顾抗静电、亲水等其他功能；纤维产品在织造染整过程的工艺优化；熔体染色色谱以及产业化	染色改性及混合其他功能开发技术实现产业化应用

续表

编号	技术名称	类别	意义及研究内容	2025年目标
5	阻燃涤纶直接纺丝工程化技术	产业化	现有阻燃涤纶在效能、抗熔滴、耐久性、发烟量、环保等方面无法满足防护要求。磷系阻燃共聚相对织物表面阻燃整理具有持续有效性、耐洗性，能耗低，不影响织物手感等优势；阻燃共聚直接纺丝相对切片具有聚合物降解少、生产工艺相对简单、能耗低、纤维物理机械性能损失少等优势；纺前共混磷、氮系有机和无机阻燃适合特大型聚合装置的直接纺生产线 **研究内容**：优化阻燃剂单体、共混单体产业化技术，减少单体合成对环境的负面影响，并有效降低成本；优化共聚酯合成以及直接纺丝工艺，提高纤维的物理机械性能；优化纺前共混技术，提高共混效果，以利于在大型聚合装置后续直接纺丝生产阻燃产品；形成产业链加工配套技术，开拓应用领域	基本淘汰卤素类、无机锑系阻燃剂；纤维阻燃成本与织物整理阻燃成本差缩小30%；建立阻燃短纤维产品和技术标准；替代超过5%的纯聚酯织物整理阻燃市场
6	聚酯纤维抗菌直接纺丝工程化技术	关键技术	采用原位聚合无机抗菌剂的分散性技术并直接纺丝，可避免抗菌剂分散不匀造成的纤维物理机械性能降低；采用在纺丝—后拉伸过程表面改性处理具有更高的效率以及适合应用加工所需的不同抗菌类型 **研究内容**：适合原位聚合无机纳米级抗菌剂的制备；原位聚合无机抗菌剂（微米—纳米级）的分散性技术，直接纺丝、后拉伸工艺优化；适合纺丝—后拉伸工艺的表面改性抗菌剂（无机/有机接枝改性）的产业化及应用技术；适合最终应用的抗菌剂产业化技术	实现抗菌纤维产业化，形成抗菌纤维—织造—染整产业链优化技术，开拓产业用纺织品应用市场
7	多功能聚酯短纤维产业化技术	产业化	功能性纤维主要包括：保暖、远红外发射、阻隔电磁波、抗紫外线、负离子发生、吸附尘埃、过滤空气、皮芯复合纺丝芳香系列（提神、安眠、驱虫、去螨）等，主要采用原位聚合、纺前共混改性直接纺丝、非对称纺丝冷却成型、复合纺丝等技术 **研究内容**：适合原位聚合以及纺前共混的附	直接纺丝三维卷曲中空短纤维（保暖类）形成系列品牌；原位聚合功能性短纤维实现批量产

续表

编号	技术名称	类别	意义及研究内容	2025年目标
7	多功能聚酯短纤维产业化技术	产业化	加功能性化合物开发及生产；优化原位聚合工艺（包括母粒生产工艺）以及纺丝-后拉伸优化工艺；针对性完善相关功能性技术标准和检验检测方法、标准；优化复合纺丝生产工艺，降低生产成本	化；相对普通短纤维效益增加超过10%
8	芳香族PET基生物可降解聚酯制备技术	产业化	现阶段采用共聚和共混技术可以得到生物可降解的聚酯短纤维，共聚法主要是在大分子链段中引入脂肪族链段，共混法主要采用聚乳酸熔体与PET熔体进行反应性共混；不添加扩链剂（某些扩链剂具有生物毒性） **研究内容**：共聚单体的产业化生产，大幅度降低成本；优化共聚工艺，完善副产物回收再生技术；优化直接纺丝—后拉伸生产工艺；优化短纤维非织造加工工艺；形成直纺PET熔体与PLA切片熔融体反应性共混直接纺丝（包括直接熔喷）成套技术；实现纤维生物降解性能（降解速率）与物理机械性能的平衡	建立相关产品和方法标准；共聚成本控制在常规短纤维的150%以内；共混成本控制在常规短纤维的120%以内。在部分直接纺丝企业实现批量化生产
9	高性能医用人体亲和、生物可降解短纤维	产业化	脂肪族聚酯的PLA、PBS、PBSA、PESA、PHA具有优良的人体亲和以及生物可降解性，由于熔点普遍低，聚合物熔融纺丝过程降解非常严重，因此纤维的物理机械性能不能满足医用要求；与部分芳香族进行共聚并采用直接纺丝是解决以上问题的重点 **研究内容**：降低单体的生产成本；提高线性聚合物的分子量（不使用扩链剂）；研制熔体直接纺装备和成套技术；提高熔点至125℃以上；提高短纤维的物理机械性能，改善脆性，提高强度	建立相关的产品标准和方法标准；建设直接纺丝短纤维生产装备；实现医用领域临床试用，完善纤维性能
10	原位聚合多色系聚酰胺6切片的研发及产业化	产业化	聚酰胺6母粒法原液着色生产色丝存在色差大、组件周期短、毛丝断头高、断裂强度低等问题，目前已建成有色聚酰胺6切片连续原位聚合研发平台 **研究内容**：耐高温颜料或染料，不产生影响	实现产业化生产

续表

编号	技术名称	类别	意义及研究内容	2025年目标
10	原位聚合多色系聚酰胺6切片的研发及产业化	产业化	品质的副反应；耐高温的无机染料分散剂、湿润剂、包覆剂等；防止各种颜料助剂和添加剂在聚酰胺6高聚体中的扩散，阻止在聚酰胺6切片萃取和单体回收中对整个生产体系的污染；各种颜色聚酰胺6切片的产业化生产集成技术；建立有色切片纺丝的色卡和布面颜色深度、色相的大型数据库，建立自动配色系统	实现产业化生产
11	海岛复合纺丝法超细纤维	产业化	海岛法超细纤维是采用共聚法得到水溶性的改性PET，采用特殊的纺丝组件复合纺丝得到单根水溶性纤维内含有多根普通涤纶纤维的"海岛"纤维，在非织造布加工整理过程中，用热水溶解"海"，得到超细纤维 **研究内容**：易水解聚酯合成；两种熔体均采用直接纺丝，避免热降解；优化纺丝组件，特殊设计的熔体分配以及更多的"岛"；优化纺丝拉伸工艺，保持完整的海成分；优化非织造布开纤技术	采用钛系催化剂用于水溶性聚酯的生产；降低海岛法超细纤维的成本，拓展应用领域

三、高性能纤维高效制备和品质提升技术

编号	技术名称	类别	意义及研究内容	2025年目标
1	T1100级碳纤维研发及产业化	关键技术	T1100级产品强度7000MPa，模量320GPa，是最新一代高强中模型碳纤维产品，可广泛应用于航空、航天等领域，大幅提升现有产品增强减重效果 **研究内容**：重点解决高致密、高取向和高规整原丝制备技术和保持纤维高强度的纳米缺陷控制技术等关键工艺点，完善超高强度碳纤维配套的助剂、树脂和成型工艺技术体系	实现千吨级生产线稳定生产，在航空、航天领域部分取代干喷湿纺工艺中性能相对低的碳纤维产品
2	M40X级碳纤维研发及工程化	关键技术	M40X级产品强度5700 MPa，模量370 GPa，是最新一代高强高模高韧型碳纤维产品，可广泛应用于航天器件、航空薄壁结构等高端领域，产品兼顾了高强中模T800级碳纤维的强度和高强高模M40J级碳纤维的模量，具有	实现百吨级生产线稳定生产，获得航天器件、航空薄壁结构件方面的应用验证和批量使用

化纤工业"十四五"科技发展纲要

续表

编号	技术名称	类别	意义及研究内容	2025年目标
2	M40X级碳纤维研发及工程化	关键技术	广泛的应用市场空间 **研究内容**：采用湿法纺丝工艺，需要在高温高粘聚合体系、均质预氧化技术、石墨微晶结构调控即高模化技术以及针对高模量碳纤维的表面处理工艺技术等方面开展进一步研发和工程化验证	实现百吨级生产线稳定生产，获得航天器件、航空薄壁结构件方面的应用验证和批量使用
3	国产M60J级碳纤维工程化制备技术研究	产业化	M60J级高强高模碳纤维复合材料可以同时赋予结构高刚度、高强度的性能，并使结构具有更高的耐温特性，是降低航空航天武器型号结构重量、提高结构效率的首选先进复合材料 **研究内容**：专用原丝制备技术；均质预氧化技术；碳纤维微晶结构调控技术；石墨化过程中纤维径向结构调控技术；碳纤维高惰性表面处理技术；配套上浆剂研制；高强高模碳纤维工程化稳定批量制备技术	突破M60J级高强高模型碳纤维产业化生产关键技术，在航空、航天、交通等领域进行应用推广
4	中间相沥青基碳纤维产业化制备技术	产业化	中间相沥青基碳纤维采用丰富廉价的重质芳烃为原料，具有极大的低成本化潜力，符合碳纤维低成本化发展方向。目前已经建设了60t/a高洁净度、高可纺中间相沥青合成技术验证装置，40t/a中间相沥青原丝纺丝技术验证装置，20t/a中间相沥青基碳纤维（石墨纤维）技术验证线，所生产的中间相沥青基碳纤维主要技术指标已达到国外同类产品的中高端水平 **研究内容**：百吨级中间相碳纤维（石墨纤维）生产线的设计制造及系统集成，以及配套的中间相沥青产业化合成技术、中间相沥青原丝纺丝产业化制备技术；百吨级3000℃连续石墨化炉设计制造；专用上浆剂的研发及生产；专用编织设备的设计制造；预浸料专用树脂及设备的开发制造	实现百吨级中间相沥青基碳纤维的产业化突破，建设中间相沥青基碳纤维复合材料相关技术与装备的配套体系，在航空航天、5G热管理、机器人制造等高端制造领域的应用

续表

编号	技术名称	类别	意义及研究内容	2025年目标
5	超高分子量聚乙烯纤维高效环保制备技术	关键技术	UHMWPE纤维在我国已实现规模化生产，但亟待采用清洁无害的溶剂、萃取剂，解决生产过程中有毒易燃易爆等问题，同时提高溶剂、萃取剂的分离率、回收率，减少环境污染、降低成本，实现生产全流程的绿色化、低成本化 **研究内容**：采用环保、安全溶剂和萃取剂，大幅减少溶剂、萃取剂的用量及排放，消除生产过程中主要安全隐患，开发专用设备及工艺，对现有纺丝工艺全流程改造升级，实现UHMWPE纤维生产的低成本化，低环境负荷化	突破关键工艺技术，大幅减少三废排放，消除生产过程中主要安全隐患
6	超高强超高分子量聚乙烯纤维制备技术	关键技术	我国超高强超高分子量聚乙烯纤维仍存在差距，高端市场为国外公司垄断，国外相关产品强度大于40cN/dtex，国内同类产品很少且稳定性不足，迫切需要通过自主研发，突破超高强UHMWPE纤维制备的技术瓶颈 **研究内容**：开发出质量稳定超高强UHMWPE纤维（断裂强度≥40cN/dtex，断裂伸长率≤3.5%，弹性模量≥1500cN/dtex）	实现高品质UHMWPE规模化稳定化生产，开发出超轻质长寿命防弹制品
7	耐热抗蠕变超高分子量聚乙烯纤维制备技术	产业化	随着我国海洋产业发展战略及国防安全战略的推进，对耐热抗蠕变聚乙烯纤维的需求变得越来越迫切，但国外垄断相关关键制备技术。目前国内已打通中试工艺路线，已完成生产线大部分设备的研制，但配料、干燥、萃取和辐照等核心部件仍需攻关 **研究内容**：萃取过程中孔洞结构的控制与分析；干燥过程中孔洞介入技术的研究与控制；牵伸过程中助剂迁移行为的控制与分析；辐照过程中工艺分配及结晶状态控制	成功开发适合耐热抗蠕变超高分子量聚乙烯纤维生产的技术和成套装备，抗蠕变性能达到国际先进水平
8	对位芳纶复合材料产业化加工技术	产业化	我国高强复合材料、航天航空和无人机等领域对芳纶复合材料的需求日益加剧。对位芳纶复合材料刚刚起步，纤维与树脂的黏合性和层间剪切强度还未完全解决，尚需在复合材料	解决在线对位芳纶纤维表面改性技术和树脂选型难题；复合材料制备及界面强度测试

续表

编号	技术名称	类别	意义及研究内容	2025年目标
8	对位芳纶复合材料产业化加工技术	产业化	领域深入研究 研究内容：在线对位芳纶纤维表面改性技术；不同复合材料应用领域树脂选型及制备；芳纶纤维复合材料的界面设计、形成、演变及破坏机理；芳纶纤维增强复合材料界面的宏微观力学失效机制	解决在线对位芳纶纤维表面改性技术和树脂选型难题；复合材料制备及界面强度测试
9	高强、高模对位芳纶蜂窝国产化制备技术	产业化	我国已实现间位芳纶蜂窝产业化，但高强、高模的对位芳纶蜂窝产品的工业化制备技术尚处于中试生产阶段。针对航空飞机内饰地板、特种无人机的机翼、雷达罩等技术需求，开发高强型和高模型对位芳纶蜂窝产业化技术，具备航空要求的批量供应能力，并开展相关应用技术开发和应用验证 研究内容：高密度（≥80kg/m³）浸渍技术；高密度（≥80kg/m³）拉伸技术；高温热定型制备技术	突破产业化技术，开展在航空飞机内饰板领域典型应用验证
10	高伸长低模量对位芳纶制备关键技术	产业化	高伸长低模量对位芳纶具有比常规纤维更高的韧性和耐疲劳性，在橡胶及防护领域有广泛的应用需求。目前国产对位芳纶还没有稳定批量的高伸长低模量纤维供应 研究内容：重点要解决聚合分子量分布不均匀性问题，控制纤维取向度及初生纤维力学性能，控制纤维拉伸过程中纤维结晶，提升产品性能	突破产业化技术，形成1500t/a的高伸长低模量的生产能力，实现在特种防护、橡胶等领域的应用
11	间位芳纶长丝干喷湿纺工艺研究及产业化技术开发	产业化	干喷湿纺纺丝方法结合了干法和湿法纺丝的优点，不但拥有干法纺丝高速、高浓度及高牵伸倍率纺丝的特点，同时保留了湿法纺丝工艺利用控制凝固浴各项参数来调节纤维结构的能力，可有效地完善纤维结构，提高纤维性能。目前，国内外尚未成功开发出间位芳纶干喷湿纺工艺 研究内容：干喷湿纺间位芳纶聚合物溶液制备及干喷湿纺纺丝技术；设计开发干喷湿纺关键装备，形成干喷湿纺间位芳纶长丝的规模化生产能力	突破产业化技术，形成500t/a的间位芳纶长丝的生产能力，产品实现在个体防护以及橡胶领域应用

续表

编号	技术名称	类别	意义及研究内容	2025年目标
12	高性能液晶聚芳酯纤维制备关键技术	关键技术	液晶聚芳酯纤维具有高强高模、耐高温、耐化学试剂、耐辐射、尺寸稳定性优异等性能，采用熔融聚合和熔融纺丝方法制备，不存在溶剂回收问题，绿色环保，在宇航和军事、海洋开发、电子电器、高性能缆绳应用等领域广泛应用。目前相关技术产品长期受国外管制，自主开发聚芳酯及其纤维产品迫在眉睫 **研究内容**：纤维级切片的国产化；聚芳酯纤维成型的产业化；热处理成套设备和工艺的优化设计；聚芳酯纤维增强复合材料的研发	突破关键技术，实现液晶聚芳酯纤维的细旦化，纤维品质的稳定化，加工的高效化，使纤维达到更高的力学性能、阻燃性能、抗紫外性能等
13	高强聚酰亚胺纤维规模化制备技术	产业化	高强型聚酰亚胺纤维，可依据应用场景进行模量、耐磨、耐折弯等性能调控，满足航空航天、海洋工程等方面的应用需求。已完成常规高强高模聚酰亚胺纤维的产业化 **研究内容**：根据应用场景需求进行纤维指标的调控技术；进行原料单体优化，实现低成本高强型聚酰亚胺纤维产业化；高品质一致性控制技术	完成低成本原料筛选及聚合物结构设计，实现低成本聚酰亚胺纤维产业化
14	可染聚酰亚胺纤维制备技术	产业化	聚酰亚胺纤维具备耐高低温、耐紫外、阻燃、隔热等优良性能，但不易着色，颜色单一，限制了应用领域的拓展。可染色纤维的批量化生产对我国特种防护应用领域的材料升级换代具备重要意义。目前已具备常规及原液着色聚酰亚胺纤维生产能力 **研究内容**：聚酰亚胺分子结构设计与微结构调控技术，染料单元与聚合物大分子链相互作用调控技术；纤维在热处理中聚合物分子链及染料分子结构变化对纤维颜色的影响，纤维着色性与其力学性能、耐热性能和阻燃性能协同调控技术等；聚酰亚胺纤维后染技术	纤维强力 > 3.0cN/dtex，完成橘红、藏青、黑色、火焰蓝等颜色的染色工艺研究，形成工业化染色工艺包

— 38 —

续表

编号	技术名称	类别	意义及研究内容	2025年目标
15	超耐高温聚酰亚胺纤维制备技术	关键技术	开发耐热性能和阻燃性能达到甚至超过PBO的聚酰亚胺纤维，拓展聚酰亚胺纤维在高温特种防护、高温隔热、超高温过滤等领域的应用 **研究内容**：超耐高温聚酰亚胺分子结构调控技术；特殊分子结构与其可纺性和后纺可操作性间的相互关系；超耐高温聚酰亚胺纤维高温场中分子链热降解阻滞技术	解决超耐高温聚酰亚胺稳定合成及纺丝；纤维成形及热处理关键成套设备研发；纤维批量生产，纤维耐高温性能接近PBO纤维
16	高模量、高可靠连续玄武岩纤维生产制造技术	产业化	连续玄武岩纤维（CBF）具有耐高温、抗氧化、抗辐射、绝热隔音、化学稳定性好等优异性能，且性价比好，能够较好地满足国防建设、交通运输、建筑、石油化工、环保、电子、航空航天等领域需求 **研究内容**：CBF（原丝）离散度大，难以有效开展材料设计和产品开发的问题，需着力攻关并掌握高模量、高可靠连续玄武岩纤维生产制造技术，是充分发挥CBF性能优势的关键	连续玄武岩纤维（13μm）的拉伸弹性模量大于105GPa，离散度小于5%
17	连续玄武岩纤维规模化池窑技术	产业化	玄武岩熔体具有"导热差、黏度窄、易析晶、料性短"的特征，是深液面玄武岩纤维池窑技术的难点，突破规模化池窑技术能够显著提高生产效率，降低生产成本，近年来行业已积累了"小池窑"技术基础 **研究内容**：纯天然玄武岩矿石原料成分稳定性的控制；池窑结构的设计和新型耐火材料的遴选；深液面钼电极棒的推进技术；熔融拉丝的智能化稳定控制技术	年产5000t玄武岩纤维池窑技术实现稳定生产，离散度小于5%
18	细旦聚苯硫醚纤维制备及应用技术开发	产业化	我国正在实施全球范围内最为严格的排放标准，需要细化并扩大以袋式除尘为代表的高效除尘产业化应用技术。细旦、超细旦纤维开发的高效滤料已经成为袋式除尘新一代技术的代表，1.0dtex左右的细旦聚苯硫醚纤维已经在电力烟尘超净排放中得到实际应用，效果获得业内认可 **研究内容**：细旦高强型聚苯硫醚纤维的产业化制备；非电行业烟尘超净排放高效低阻滤料的开发；高效节能布袋除尘器的设计；应用于水泥、钢铁行业的滤袋及袋式除尘器的标准化	实现细旦高强聚苯硫醚纤维的产业化生产，产品性能达到国际先进水平；开发出高效低阻过滤材料及布袋除尘器；实现水泥、钢铁全行业的超净排放应用

四、生物基化学纤维规模化制备技术

编号	技术名称	类别	意义及研究内容	2025年目标
1	生物基化学纤维用单体和原料制备关键技术	产业化	关键单体和原料是制约我国生物基化学纤维产业化进程的重要因素，亟须突破关键技术瓶颈，提升单体及原料的纯度和稳定性，实现原料的规模化、低成本化生产 **研究内容**：莱赛尔纤维的专用浆粕和NMMO溶剂、1,3-丙二醇、2,5-呋喃二甲酸、丙交酯等规模化制备技术；新型天然植物资源三素（纤维素、半纤维素、木质素）分离技术；竹、麻、芦苇、秸秆、甘蔗渣等新原料基差别化莱赛尔纤维及通用纤维素纤维制备技术；高光纯乳酸、丙交酯等重要原料国产化低成本制备技术；离子液法、氨基甲酸酯法（CC法）、TBAH/DMSO混合溶剂法纤维素纤维新技术	建立产业化示范生产线
2	聚乳酸纤维高效制备技术	产业化	聚乳酸纤维(包括PHBV/PLA复合纤维)具有亲肤抑菌、生物可降解性，国内在纤维加工及产品应用方面比较成熟,产品广泛应用于服装、非织造布、卫生材料。但目前原料丙交酯受制于国外，生产规模较小，突破丙交酯原料的规模化制备，实现聚乳酸纤维规模化生产具有重要意义 **研究内容**：10万吨级L-乳酸→丙交酯→聚合→聚乳酸（含熔体直纺）纤维规模化高效制备技术，降低生产成本；L/D乳酸立构复合技术；聚乳酸纤维耐热、阻燃、异型、易染、轻柔、耐高温、抗水解等差别化技术	年产量达到30万吨
3	农业废弃物为原料的乳酸及纺丝级聚乳酸关键技术及产业化	关键技术、产业化	在温室效应、碳减排和碳中和的压力下，减少化石原料的开采和使用成为必然，利用农作物茎秆等废弃物加工生产大宗化学品，不仅可提炼高附加值产品，在碳排放、能耗、转化效率、经济性、可循环性等各项可量化指标上具有现实意义 **研究内容**：开发干法预处理、脱毒、菌种改造和发酵、可发酵单糖制备和发酵技术；研究农业废弃物高效率生产乳酸和聚乳酸制备技术；发展优化聚乳酸纺丝工艺技术；推广应用乳酸和聚乳酸及其产业化	万吨级乳酸和聚乳酸产业化

续表

编号	技术名称	类别	意义及研究内容	2025年目标
4	PTT纤维高效制备技术	产业化	生物基PTT纤维及PTT/PET纤维双组分复合纤维具有亲肤、舒适等性能，在女装、休闲服、运动服领域得到广泛应用，开发PTT新型差别化、功能性产品，推动PTT纤维在高端纺织品领域的应用 **研究内容：**生物基PTT催化剂和PTT高效连续聚合制备技术，形成单线10万吨级生物基PTT连续聚合、纺丝生产线；实现甘油法生产PDO副产物BDO高值化利用	年产能达到20万吨
5	聚酰胺56纤维高效制备技术	产业化	聚酰胺56纤维具有较好的力学性能和染色性能，同时具有一定的本质阻燃性，在军民两用材料方面应用前景广阔 **研究内容：**突破聚酰胺56纤维高效连续聚合、熔体直纺技术；突破生物基差别化纤维柔性化制备及产业化技术、实现低成本生产	年产能达到20万吨
6	生物基聚酰胺弹性体制备关键技术	关键技术	利用生物基聚酰胺制造弹性体，可以替代化学法长链弹性尼龙及氨纶，填补行业空白，我国已通过生物制造技术开发了生物基单体戊二胺，可大规模制备一系列长链聚酰胺PA5X，为聚酰胺弹性体国产化奠定基础，为制备聚酰胺弹性体提供了丰富的硬段种类 **研究内容：**通过聚合平台系统利用高通量实验探索多种反应条件，确认制备生物基聚酰胺弹性体的可行性；改善优化聚酰胺弹性体熔融后的黏度和熔体强度；调节弹性体结晶度，改进其模量、拉伸强度和断裂伸长率；弹性体加工工艺及设备开发	建立千吨级示范线，生物基聚酰胺弹性体断裂伸长率达到300%
7	莱赛尔纤维规模化制备技术	产业化	已经突破莱赛尔纤维大型国产化装备制造技术、低成本原纤化控制技术、溶剂高效回收技术，研究了细旦、异形、抗原纤化、原液着色、阻燃、抗菌等差异化纤维的纺丝成形关键技术 **研究内容：**≥5万吨/年高品质莱赛尔纤维工艺装备；原材料木浆及NMMO溶剂国产化；攻克新资源型（竹、麻、秸秆）纤维素纤维的绿色高效制浆技术，竹、麻莱赛尔纤维制备技术，拓宽纤维素纤维原料资源	建立单线纺丝能力5万~10万吨/年莱赛尔纤维生产线；竹麻浆莱赛尔纤维万吨级生产线

续表

编号	技术名称	类别	意义及研究内容	2025年目标
8	海藻酸纤维产业化关键技术	产业化	充分利用我国丰富的海藻资源，提纯的海藻酸盐经纺丝制得海藻酸纤维，纤维具有绿色、天然阻燃、良好的生物相容性，可广泛用于生物医用、卫生防护、高档保健服装、家用纺织品等 **研究内容**：万吨级海藻纤维产业化成套技术及装备；高浓度海藻纺丝液制备及清洁纺丝技术；解决纤维遇盐水/洗涤剂溶解问题，提高纤维物理性能	建立万吨级生产线
9	壳聚糖纤维制备技术	产业化	壳聚糖纤维以国产虾蟹为原料，资源丰富，纤维具有天然抗菌抑菌功能，在医疗卫生、医用敷料、口罩、防护服、消防服等领域应用 **研究内容**：高效低成本壳聚糖提取关键技术及高效清洁化纺丝技术，降低生产成本，扩大应用领域	建立万吨级生产线
10	离子液体法纤维素纤维制备关键技术	关键技术	采用绿色环保的离子液体来溶解天然纤维素，可制备出不同规格的再生纤维素纤维，推进我国自主开发的离子液体溶剂法纤维素纤维发展 **研究内容**：离子液体溶剂的规模化制备技术；纤维素纺丝液的规模化制备、输送技术与关键设备；离子液体的高效回收技术	建立万吨级生产线
11	PEF纤维制备关键技术	关键技术	PEF以2,5-呋喃二甲酸为原料，果糖或半纤维素等自然资源提取制备。PEF具有优异的耐热、阻隔和力学性能，在新型聚酯和包装材料方面有广泛用途 **研究内容**：高纯度2,5-FDCA（2,5-呋喃二甲酸)制备及PEF聚合技术，解决聚合物FEF（聚呋喃二甲酸乙二醇酯）颜色问题	建立20吨级中试生产线
12	医用人体亲和、生物可降解短纤维制备技术	产业化	脂肪族聚酯的PLA、PBS、PBSA、PESA、PHA具有优良的人体亲和以及生物可降解性，由于熔点普遍低，聚合物熔融纺丝过程降解非常严重，因此纤维的物理机械性能不能满足医用要求；与部分芳香族进行共聚并采用直接纺	建设直接纺丝短纤维生产装备；在医用领域进行临床试用；建立相关的产品和检测方法标准

— 42 —

续表

编号	技术名称	类别	意义及研究内容	2025年目标
12	医用人体亲和、生物可降解短纤维制备技术	产业化	丝是解决以上问题的重点 **研究内容**：降低单体的生产成本；提高线性聚合物的分子量（不使用扩链剂）；研制熔体直接纺装备和成套技术；提高熔点至125℃以上；提高短纤维的物理机械性能，改善脆性，提高强度	建设直接纺丝短纤维生产装备；在医用领域进行临床试用；建立相关的产品和检测方法标准

五、循环再利用化学纤维高值化利用技术

编号	技术名称	类别	意义及研究内容	2025年目标
1	废旧纺织品成分识别及分离技术	基础研究	废旧纺织品成分复杂，混纺纺织品包括2种甚至几种纤维，技术处理难度极大。目前废旧纺织品的鉴别技术手段缺乏，自动化控制水平较低，混纺纺织品有效分离困难 **研究内容**：废旧纺织品成分的快速识别及分离技术，建立聚酯、棉、聚酰胺以及混纺废旧纤维制品的分级分类标准评价体系	突破废旧纺织品有效分离关键技术，建立自动识别分拣生产线
2	化学法废旧聚酯制品生产循环再利用聚酯切片技术	关键技术	我国物理法和物理化学法聚酯涤纶的回收利用技术已经比较成熟，而化学法处理废旧纺织品，通过降解、再聚合路线，生产高品质循环再利用涤纶原料的路线已经完成中试，该路线可以实现废旧纺织品高值化处理和资源的循环使用 **研究内容**：以乙二醇为醇解液的高纯度BHET制备技术，攻克醇解废液的提纯及废水处理技术；高效催化醇解—酯交换制备DMT单体；新型非重金属催化体系，建立绿色高效解聚技术；解聚单体高效分离纯化技术，建立全过程绿色清洁生产体系和污染控制技术；废旧涤其他组分的分离回收利用技术，建立以改性和复配相结合的高值化利用技术；高效催化绿色制备纤维级再生聚酯关键技术；纤维级再生聚酯切片工程技术等	建立化学法废旧聚酯制品高效解聚及高品质纤维级再生聚酯切片示范生产线

续表

编号	技术名称	类别	意义及研究内容	2025年目标
3	废旧PET瓶片熔体直纺涤纶长丝技术	关键技术	通过研究改进废旧PET瓶片熔体黏度均匀生产循环再利用涤纶长丝，既可以实现废旧PET资源的循环再利用，也可以首创再生PET瓶片直纺涤纶长丝工艺路线，进一步巩固我国循环再利用化纤行业的优势地位 **研究内容**：多原料混合复配技术；改进单体抽滤、醇解平衡工艺，实现熔体均匀稳定；研发设计专业生产装备，完成中试生产线，打通瓶片直纺再生涤纶长丝工艺路线	建立年产3万吨产业化生产线，稳定生产高品质长丝产品
4	废旧腈纶再利用生产腈纶短纤维成套工艺技术	关键技术	再生腈纶生产过程采用将废旧腈纶织物溶解后进行再生技术，将腈纶生产过程中的废丝、废料循环再利用，利用创新脱色、高效溶解技术，开发再生腈纶短纤维生产技术，实现产业化。再生腈纶手感柔软、色泽柔和，断裂强度与常规腈纶纤维接近，吸湿性较常规腈纶有所提高 **研究内容**：两次脱色技术去除再生原料中显色物质；活化剂高效溶解技术提高再生废料溶解性；高温真空蒸馏技术提高再生胶料的纯度等再生腈纶制备技术	扩大再生腈纶纤维的生产规模，建立再生腈纶国家标准
5	以废旧纺织品为原料生产再生粘胶短纤维成套工艺技术	关键技术	构建稳定的废旧纺织品回收产业链，稳定供给再生浆粕。探索浆粕加工、纤维生产相关关键技术参数，实现自动化、智能化控制，实现千吨级高品质再生粘胶短纤维生产，打造以再生粘胶短纤维为源头的纺织绿色产业链具有非常重要的意义 **研究内容**：废旧纤维素纺织品制浆粕工艺研究及品质优化；浆粕在线调控技术；高品质再生粘胶短纤维制备技术；可追溯再生粘胶短纤维产业链构建	研究浆粕分子调控技术，控制浆粕黏度、色度等关键参数，生产高质量再生粘胶纤维

续表

编号	技术名称	类别	意义及研究内容	2025年目标
6	聚酰胺纤维化学法再生技术	关键技术	我国聚酰胺纤维是仅次于聚酯纤维的第二大纤维品种，但是其废旧纺织品基本没有得到回收利用。通过对聚酰胺进行化学解聚后，直接回收单体，可以重新用于聚酰胺聚合，产品质量基本可以达到原生聚酰胺的质量，实现对废旧聚酰胺纤维纺织品高值循环利用的目的 **研究内容**：废旧聚酰胺纺织品高效分类分离处理技术；聚酰胺化学解聚、己内酰胺单体制备及提纯技术等	初步建立废旧聚酰胺6制品回收系统，建立中试生产线，实现稳定生产
7	氨纶熔纺循环再利用技术	产业化	再生熔纺氨纶，主要解决熔纺氨纶在加工过程中废料和纺织品回收后提取的废弃氨纶丝经过二次熔纺加工，实现有限资源循环再利用，促进经济可持续高质量发展 **研究内容**：解决回收熔纺氨纶杂质残留问题，以及废丝降解严重，需开发新型交连剂，增强再生氨纶的弹性恢复率	再生熔纺氨纶年产能达到2万吨
8	丙纶循环再利用加工技术	关键技术	丙纶循环再利用对于废旧丙纶制品资源再生利用有着重要意义，我国目前丙纶产量超过40万吨，基本应用于产业用纺织品领域，以废丝、废旧丙纶制品为原料生产丙纶是其高值化利用的重要途径。通过高温熔融、过滤、铸带、切粒，再经纺丝成丙纶短纤维，产品品质接近原生丙纶，以实现废旧丙纶、丙纶制品高值循环利用 **研究内容**：废旧丙纶制品高效分类分离处理技术；大容量、稳定性再生丙纶切片加工技术，细旦、功能性循环再利用丙纶短纤维生产技术等	建立丙纶制品回收体系，建成年产2万吨产业化生产线，研制相应的行业标准或团体标准

纺织行业"十四五"发展纲要

中国纺织工业联合会

2021 年 6 月 11 日

"十四五"时期是我国全面建成小康社会、实现第一个百年奋斗目标之后，乘势而上开启全面建设社会主义现代化国家新征程、向第二个百年奋斗目标进军的第一个五年。"十四五"时期，我国纺织行业在基本实现纺织强国目标的基础上，立足新发展阶段、贯彻新发展理念、构建新发展格局，进一步推进行业"科技、时尚、绿色"的高质量发展，在新的起点确定行业在整个国民经济中的新定位，即"国民经济与社会发展的支柱产业、解决民生与美化生活的基础产业、国际合作与融合发展的优势产业"。根据《国民经济和社会发展第十四个五年规划和 2035 年远景目标纲要》，围绕行业新定位，引导纺织行业加快转型升级，实现全产业链高质量发展，编制本发展纲要。

一、发展现状和面临形势

（一）"十三五"发展成效

1. 发展优势持续强化

"十三五"期间，我国纺织行业在全球价值链中的位置稳步提升，产业链整体竞争力进一步增强。2020 年，我国纺织纤维加工总量达 5800 万吨，占世界纤维加工总量的比重保持在 50%以上，化纤产量占世界的比重 70%以上。2020 年，我国纺织品服装出口额达 2990 亿美元，占世界的比重超过三分之一，稳居世界第一位，其中纺织品出口额占全球的比重从 2016 年的 36.6%提升到 2019 年的 39.2%。2020 年，全国纺织行业规上企业实现营业收入 4.52 万亿元，占全国工业 4.3%，利润总额 2065 亿元，占全国工业 3.2%。

2. 结构调整稳步优化

"十三五"期间，服装、家纺及产业用三大终端产品纤维消耗量比重由 2015 年的 46.4∶28.1∶25.5 调整为 2020 年的 40∶27∶33。"十三五"末，我国高性能纤维总产能占世界的比重超过三分之一,产业用行业纤维加工量达1910万吨,较2015年增长40％以上,有效满足多元化、多层级、多领域市场需求。

3. 创新生态不断改善

"十三五"期间,我国纺织行业全产业链科技创新生态环境不断改善,创新平台建设取得较大进展。截至2020年底,纺织行业共有国家制造业创新中心2个、国家重点实验室6个,国家工程研究中心2个、国家企业技术中心81家(含5家分中心)、国家认定企业工业设计中心12家;中国纺织工业联合会认定的行业重点实验室59个、技术创新中心37家。2019年,规模以上纺织企业研发投入强度超过1%,较2015年提高0.4个百分点,其中化纤行业的研发投入强度达到1.4%,较2015年提高0.3个百分点。"十三五"期间,共有11项成果获国家科学技术奖,其中"干喷湿纺千吨级高强/百吨级中模碳纤维产业化关键技术及应用"获国家科技进步一等奖。在纤维材料、绿色制造、纺织机械等领域一批"卡脖子"技术难题被突破。国产纺织装备国内市场占有率达到75%以上。

4. 创意力量持续提升

"十三五"期间,我国纺织领域形成了覆盖产业链各环节的流行趋势协同研究和发布机制,时尚设计原创能力提升明显,全国有100多所本科院校和300多所高职院校设有服装设计和工程专业,保障时尚设计人才队伍储备。自主品牌认知度与美誉度持续提升,国内主要大型商业实体的服装家纺品牌中85%左右为自主品牌,原创潮流品牌消费规模逐年提升,占品牌消费比重已超过15%。中国品牌的国际影响力有所提升,时尚消费的跨界融合、商业载体和传播形式更加多元和丰富。

5. 绿色发展成效显著

"十三五"期间,我国纺织行业用能结构持续优化,二次能源占比达到72.5%,能源利用效率不断提升,万元产值综合能耗下降25.5%。万元产值取水量累计下降11.9%,其中,印染行业单位产品水耗下降17%,水重复利用率从30%提高到40%。"十三五"期间,纺织行业废水排放量、主要污染物排放量累计下降幅度均超过10%。我国循环再利用化学纤维供给能力明显提升,废旧纺织品资源化利用水平进一步提高。2016年以来共有251种绿色设计产品、

91家绿色工厂、10家绿色供应链企业、11家绿色设计示范企业被工信部列入绿色制造体系建设名单，全生命周期绿色化管理正在加速融入纺织产业链体系。中国纺织服装企业社会责任管理体系（CSC9000T）的维度和内涵不断拓展，已经开始覆盖国内企业在海外投资的工厂。

整体来看，至2020年末我国全面建成小康社会之际，纺织行业基本实现《2020建设纺织强国纲要》相关目标，我国纺织工业绝大部分指标已达到甚至领先于世界先进水平，建立起全世界最为完备的现代纺织制造产业体系，生产制造能力与国际贸易规模长期居于世界首位，成为我国制造业进入强国阵列的第一梯队。科技创新从"跟跑、并跑"进入"并跑、领跑"并存阶段，品牌建设形成制造品牌、消费品牌和区域品牌的三级体系，节能减排、污染防治、资源综合利用等方面取得积极进展，人才建设积极支撑行业创新和进步。

"十三五"以来，我国纺织行业发展取得良好成绩，但也存在诸多困扰行业发展和需要持续关注的问题，如纺织原料供给安全仍有一定风险，行业内仍存在部分关键技术短板有待突破，消费市场培育力度不够，中高端产品的市场有效供给能力仍待增强，行业内文化资源的应用及推广能力不足，品牌国际影响力有待提升等。

（二）"十四五"发展形势

当前和今后一个时期，我国发展处于重要战略机遇期，但机遇与挑战都有新的发展变化。纺织行业作为国民经济和社会发展的支柱产业，同时面临着适应世界百年未有之大变局的考验和构建"双循环"新发展格局的要求，发展形势日趋复杂，不稳定性不确定性因素增强，发展机遇也依然存在。

1. 国际供应链格局深刻调整

百年变局之下，国际力量对比深刻调整，新冠肺炎疫情影响广泛深远，促使国际经贸合作格局发生改变。在经济全球化重构、安全发展理念强化的背景下，发达国家加强对高端技术装备的控制力，全球生产制造体系围绕大型自由贸易区加重布局，各国间纺织贸易、投资领域竞合关系更趋复杂。在复杂经济形势下，国际经济、贸易环境前景均存在较高不确定性，但世界纤维消费总需求在经济发展、多领域应用等因素拉动下仍有增长空间。纺织行业作为国际化发展的先行产业，将在国际产业格局调整与贸易竞争中面临复杂考验，但我国推动共建"一带一路"，构建高标准自由贸易区网络，将为纺织行业优化供应链布局赢得主动作为空间；贸易便利化、人民币国际化等制度改革持续推进，也将为纺织行业开辟多元国际市场提供支持。

2. 畅通国内大循环构筑产业发展战略基点

我国已转向高质量发展新阶段，经济长期向好，在全面建成小康社会基础上，人民群众对美好生活的需要持续释放，将推动内需市场稳步扩容升级，成为纺织行业高质量发展的战略基点。乡村振兴与新型城镇化同步推进，形成基本功能型消费、改善型消费、引领型消费并存的多层次需求空间；国潮消费、绿色消费、健康消费、数字消费等需求新趋向，提供多角度、多元化的创新空间；消费者文化自信和文化自觉不断强化，自主品牌将有条件形成引领全球时尚潮流的能力；我国建设现代化基础设施体系，推动制造业升级，发展医疗卫生、环境保护等社会事业，将为纤维材料及纺织制成品提供更为丰富的应用领域。

3. 新一轮科技革命带来发展机遇

新一轮科技革命深入发展，材料科技占据前沿位置，以高性能、多功能、轻量化、柔性化为特征的纤维新材料，为纺织行业价值提升提供重要路径。新一代数字化信息化智能化技术与纺织行业加深融合，正在推动纺织产业链、供应链提质增效，带来业态更新与价值延伸。我国科技创新的基础设施条件和体制机制不断完善，技术应用与创新生态不断丰富，跨界创新、融合创新实践不断涌现，为产业的高质量发展提供有利条件。

4. 绿色发展成为全球产业发展的刚性要求

全球气候治理形势紧迫性凸显，对国际经济及产业体系形成重要影响，绿色发展不仅成为国际纺织供应链采购决策和布局调整的现实影响因素，也将是纺织产业国际竞争力和话语权的重要来源。我国已制定 2030 年前实现碳排放达峰、2060 年前实现碳中和的目标，对纺织行业绿色发展形成刚性要求。纺织科技持续创新突破，为行业破解绿色发展约束、构建可持续发展路径提供坚实支撑。全行业需要凝聚共识，将发展立足于国家生态战略全局与人类气候安全，将践行可持续发展作为价值提升的重要途径和纺织强国应有之责。

5. 数字经济开创新增长点

世界发展步入数字化新时代，经济创新打破区域分割与行业界限，新冠疫情进一步加速数字化进程。数字资源为纺织行业提供了精准商业决策、革新供给形态、自主构建安全与产权规则等新契机，是新时期行业高质量发展的新驱动力。我国 5G 移动互联技术和设施优势与纺织产业集聚化发展特色相结合，将有力支持纺织行业建设工业互联网与智慧集群，促进行业加快形成协同高效、多维创新的发展新空间。

面对前所未有的复杂形势，立足纺织强国实力基础，纺织行业坚定推动高质量发展的决心和在国际产业链、供应链中占据优势位置的信心，精准把握国际纺织产业格局调整时机，深度融入我国"双循环"新发展格局，不断强化制造体系优势，解决好产业链、供应链短板，有效破解国际产业格局调整带来的风险困难，在新格局中开辟新局面，为新格局贡献新作为。

二、总体思路和发展目标

（一）总体思路

坚持以习近平新时代中国特色社会主义思想为指导，深入贯彻党的十九大和十九届二中、三中、四中、五中全会精神，牢固树立创新、协调、绿色、开放、共享的新发展理念，立足国民经济与社会发展、民生保障与产业安全，以高质量发展为主题，全面打造"以国内大循环为主、国内国际双循环相互促进"的新发展格局。按照"创新驱动的科技产业、文化引领的时尚产业、责任导向的绿色产业"发展方向，持续深化产业结构调整与转型升级，推动供给与需求的动态平衡，加大科技创新和人才培养力度，打造国际合作和竞争新优势，推动区域协调发展，建成若干世界级先进纺织产业集群，形成一批知名跨国企业集团和有国际影响力的纺织服装品牌，加快迈向全球价值链中高端，为巩固纺织强国地位并为我国实现制造强国质量强国目标发挥重要作用。

（二）2035 年远景目标

2035 年我国基本实现社会主义现代化国家时，我国纺织工业要成为世界纺织科技的主要驱动者、全球时尚的重要引领者、可持续发展的有力推进者。关键核心技术取得全面突破，我国处于国际纺织先进技术创新国家前列。与现代经济体系和人民更高品质的生活相匹配，纺织行业有效满足居民消费升级和产业转型升级的要求。形成一批对全球时尚发展具有引领力、创造力和贡献力的知名品牌，共同构筑全球时尚文化高地。纺织行业责任导向的绿色低碳循环体系基本建成，行业碳排放在达峰后稳中有降。

（三）"十四五"发展目标

1. 行业发展取得新成效

行业发展保持合理区间，质量效益明显提升。"十四五"期间，规模以上纺织企业工业增加值年均增长保持在合理区间；纺织行业纤维加工总量、纺织品服装出口占全球份额保持基本稳定；纺织工业利润率保持良好水平。

2. 产业结构调整取得新进展

"十四五"末，服装、家纺、产业用三大类终端产品纤维消费量比例达到38：27：35。加强产业协同体系建设，巩固提升内外联动、东西互济的产业发展优势。"十四五"期间，中西部重点纺织产业发展区域规模以上纺织企业营业收入占工业比重继续提升。立足"双循环"发展格局，产品品质不断提升，品类更加丰富，服务更为高效，满足国内市场消费升级需求，以更高水平参与国际市场竞争，国际供应链优质资源整合能力明显提升。

3. 科技创新发展迈上新台阶

"十四五"末，规模以上纺织企业研究与试验发展经费支出占营业收入比重达到1.3%。纤维新材料创新水平继续提升，高性能纤维自给率达到60%以上。"十四五"期间，继续推进新一代信息技术与纺织工业的深度融合，加快行业数字化转型。行业两化融合发展水平评估指数超过60，行业工业互联网平台体系基本建立，初步建成纺织服装行业大数据中心。

4. 品牌时尚建设创造新价值

"十四五"期间，继续推进消费品牌、制造品牌和区域品牌建设，培育一批科技创新能力高、时尚消费引领能力强、国际竞争优势明显的优质品牌。自主消费品牌的时尚引领力与全球认可度不断提升，跻身世界品牌第一梯队的制造品牌规模进一步扩大，百亿以上品牌价值企业数超过40家，重点集群区域品牌影响力持续提升。纺织行业与中华优秀文化、开放多元文化进一步融合，提升行业文化软实力。

5. 绿色发展水平达到新高度

"十四五"末，纺织行业用能结构进一步优化，能源和水资源利用效率进一步提升，单位工业增加值能源消耗、二氧化碳排放量分别降低13.5%和18%，印染行业水重复利用率提高到45%以上。生物可降解材料和绿色纤维（包括生物基、循环再利用和原液着色化学纤维）产量年均增长10%以上，循环再利用纤维年加工量占纤维加工总量的比重达 15%。

6.增进民生福祉做出新贡献

实现更高质量的就业,提升纺织行业从业人员的安全感、获得感和幸福感。行业从业人员收入不断提高,劳动保障进一步改善。加强产业集群升级,推动新型城镇化建设,继续发挥产业富民功能,助力乡村振兴,激活经济欠发达地区增长潜力。

"十四五"时期纺织行业发展主要指标见表1。

表 1 "十四五"时期纺织行业发展主要指标

类别	指标	2020 年	2025 年	年均增长
行业发展	工业增加值（规模以上）	—	—	合理区间
	纤维加工总量占全球比重（%）	>50	>50	
	出口额占全球比重（%）	>30	>30	
结构调整	服装、家纺、产业用纺织品纤维消费量比重（%）	40：27：33	38：27：35	
科技创新	研究与试验发展经费支出占营业收入比重（规模以上,%）	>1	>1.3	
	劳动生产率（规模以上）	—	—	高于增加值增速
	高性能纤维自给率（%）	—	>60	
	两化融合发展水平评估指数		>60	
绿色发展	单位工业增加值能耗（%）			[-13.5]
	单位工业增加值二氧化碳排放（%）			[-18]
	印染行业水重复利用率（%）		>45	
	生物可降解材料和绿色纤维产量（%）			10
	循环再利用纤维年加工量占纤维加工总量比重（%）		15	
民生福祉	从业人员收入水平	—	—	高于国内生产总值增速

注 1.[ ]号内为五年累计数。

2.主要废水污染物指化学需氧量和氨氮。

三、"十四五"发展重点任务

(一)强化科技创新战略支撑能力

1. 加强关键技术突破

深入实施创新驱动发展战略,打造纺织行业原创技术策源地。重点围绕纤维新材料、纺织绿色制造、先进纺织制品、纺织智能制造与装备等四个领域开展技术装备研发创新,补齐产业链短板技术,实现产业链安全和自主可控,强化行业关键技术优势,注重原始创新,加大基础研究投入,带动全产业链先进制造、智能制造、绿色制造能力逐步达到国际先进水平。

专栏1　行业关键技术突破

---

1. 纤维新材料技术

碳纤维、对位芳纶、聚酰亚胺纤维等高性能纤维高端产品、差别化产品关键制备技术,基础纤维高效柔性功能化制备技术,实现纤维高品质、高效生产和低成本,莱赛尔纤维专用浆粕、溶剂、交联剂和差别化莱赛尔纤维关键技术,纤维级1,3-丙二醇、呋喃二甲酸、高光纯丙交酯等生物基单体和原料高效制备技术,智能化、高仿真、生物可降解等功能性纤维材料制备技术。

2. 纺织绿色制造技术

印染绿色化学品技术,高效短流程印染技术,非水介质染色技术,数码印花关键技术,废旧纺织品分离识别技术,聚酯、聚酰胺纺织品化学法循环技术。

3. 先进纺织制品技术

高功能纺织消费产品加工技术,智能纤维及制品关键技术,闪蒸法和静电纺丝非织造布技术,高性能纤维多轴向经编、立体编织技术以及重磅宽幅织物、宽幅异厚织物、大型绳缆的成型技术。

4. 纺织智能制造与装备技术

面向纺织行业应用的智能制造关键共性技术,大容量莱赛尔纤维、高性能碳纤维、万吨级对位芳纶、超高分子量聚乙烯纤维和循环再利用化学纤维等成套装备,全自动转杯纺纱机、喷气涡流纺纱机、数字化高速无梭织机、全自动穿经机、立体织造成型装备、高速经编机、连续式针织物平幅印染生产线、低浴比间歇式染色装备、高速数码直喷印花机、高速梳理机及交叉铺网机等关键装备技术。

---

2. 完善科技创新体系

加快建设以市场为导向、以企业为主体、产学研用相结合的科技创新体系,构建纺织全产业链创新平台。积极推进国家制造业创新中心、国家认定企业技术中心、国家认定企业工业设计中心、行业重点实验室和技术创新中心、产业技术创新联盟、产学研用联合体等创新平台建设，加强交叉学科、跨领域合作创新平台建设，建立创新平台协同机制，促进行业关键共性技术研发与成果转移转化。

专栏 2　纺织科技创新体系建设

1. 国家制造业创新中心

进一步加强功能性纤维、印染两个国家制造业创新中心功能建设和服务能力，针对关键共性技术需求加速科研攻关和产业化应用，积极推进产业用纺织品创新中心筹建工作。

2. 企业技术中心、技术创新中心和工业设计中心

引导重点企业开展国家级和省级企业技术中心建设，纺织行业认定技术创新中心达到50家。创建以可持续发展理念为指导，融纺织科技、数字技术和创意设计为一体的工业设计中心，新培育建设50家以上行业工业设计中心，推荐建设5~10家国家级工业设计中心。

3. 行业重点实验室

引导相关机构加强国家级重点实验室建设，纺织行业认定重点实验室达到70家。

4. 产业技术创新联盟

建设和完善纤维新材料、产业用纺织品、智能制造、纺织高端装备、纺织军民融合、时尚产业数字技术融合等领域产业技术创新联盟。

3．加快标准体系建设

加强纺织标准化技术机构建设，优化标准化技术组织体系，加大现行标准整合力度，鼓励新型纺织纤维材料、功能性纺织品、智能纺织品、高技术产业用纺织品以及绿色制造、智能制造、数字技术等重点领域的标准制定，推动产业高质量转型发展。鼓励行业协会、骨干企业积极对标国际水平，参与或主导国家标准、行业标准、团体标准和骨干企业标准的制定和修订工作。

4．激发人才创新活力

充分发挥行业科技创新领军人才作用，立足行业共性关键问题建立国际领先水平的科技创新团队。积极发挥企业创新主体作用，培育较大规模的行业领军人才、专业技术人才和技术技能人才。发展高水平研究型纺织学科，积累基础研究人才。扩大纺织专业性和复合型人才的培养规模，壮大高水平人才队伍。

（二）建设高质量的纺织制造体系

1. 推进产业基础高级化

实施纺织产业基础能力提升工程，加快补齐基础纤维材料、基础零部件、基础软件、基础工艺和产业技术基础等短板。加快突破碳纤维、对位芳纶、聚酰亚胺等高性能纤维及其复合材料领域的尖端技术空白，推进生物基纤维和原料关键技术研发及其终端产品应用。突破高精度、高效率、高适应性的纺织专用基础件，纺织装备加快向柔性化、智能化、国际化转型升级。加强工业互联网、大数据、人工智能、工业机器人、区块链等智能制造应用关键供应技术在纺织行业的深入融合，提升行业的数字化、智能化基础能力。强化产业链长板，立足产业规模大、产业链完整优势，进一步开发功能性、可降解新材料，扩大智能化、绿色化先进技术应用，提升创意设计能力，满足国际国内多元化、多层次的消费需求。

2. 提升产业链现代化

发挥纺织产业链完整优势，推动高端化、智能化、绿色化、服务化转型升级，建设创新能力强、附加值高、安全可靠的纺织产业链、供应链。加强纺织全产业链精细化加工技术的研发应用，提升先进制造水平。适应消费升级趋势，应用新材料、新技术开发具备高品质、多功能、智能化的高端纺织消费品。加强高技术纤维材料的研发和应用，提升织造、非织造、复合等成型技术，扩大产业用纺织品在重点领域的应用。

3. 推进制造能力高端化

加快纺织全产业链智能化、绿色化关键装备和先进技术的研发和应用，发展服务型制造新模式。运用先用适用技术加快设备更新和技术改造，采用科学管理工具提高企业生产管理效率，强化网络基础设施建设，加快企业数字化改造提升。推动行业工业互联网平台体系建设，面向纺织产业链、产业集群、特定行业领域、龙头企业，分别打造一批工业互联网平台。纺织各细分领域加快推进数字化、智能化车间/智能工厂建设，提高生产效率，优化生产流程，化解劳动力等要素资源约束。在全行业强化全生命周期绿色化管理，建设绿色工厂、绿色园区和绿色供应链管理企业，研发绿色纺织产品。

（三）畅通内需为基点的产业链循环

1. 保障民生需求

以保障国内城乡居民消费需求为战略基点，通过技术进步、产品创新、产销衔接，使各类纺织消费产品满足多层次需求，以高质量供给创造高品质生活。完善行业和企业产品质量检测和服务体系，加强质量监督和市场监管，通过知识产权保护，提升国内自主品牌的消费认可度。

2. 培育新型消费

先进技术、流行趋势、品牌文化融合体现在纺织产品的设计和生产中，满足功能、时尚、绿色等升级消费需求。加强信息技术在流行趋势预测、创意设计、消费研究中的应用，根据个性化消费趋势，依托互联网和智能制造技术，提高服装和家用纺织品大规模定制服务水平。加强消费者研究，提升设计创意和市场营销水平，形成一批有高度市场影响力的服装和家纺产品品牌。

3. 拓展产业应用

提升产业用纺织品领域材料创新、制造升级和产品开发水平，努力贯通医疗卫生、环境保护、交通工具、土工建筑、安全防护和农业等领域重点产品的跨部门应用体系，在标准认证、品牌推广和工程服务等方面深度合作，共同培育和拓展高质量的内需市场。加强与装备、后勤、军兵种、科研单位及主要军工企业的合作，发展军民两用技术和产品。

（四）提升国际化发展层次与水平

1. 促进国际国内双循环

高效率应用纤维原料、高端装备和基础件、精细化染料助剂、品牌和渠道等优质国际资源，满足纺织行业转型升级和纺织产品消费升级需求。推进纺织行业领域质量标准、认证认可的国际国内相衔接，以同标同质促进纺织品服装在国际国内两个市场流通顺畅。

2. 加快外贸出口转型升级

进一步提升出口产品质量和附加值，加快发展跨境电商、网上交易等外贸新业态新模式，引导企业深耕传统出口市场、拓展新兴市场，培育新的外贸增长点。发挥海外展会作用，加强国际化营销，扩大我国品牌的国际影响力，提高纺织品服装自主品牌出口比重。

3. 提升跨国资源整合能力

坚持引进来和走出去并重，打造以我国纺织产业体系为资源调配中心的全球生产网络，有序协调国内外制造产能布局。优化国际技术经济合作模式，促进自主装备、工艺、技术输出，合理引进国际优质装备、技术、设计和人才。利用"一带一路"建设机遇，在东南亚、非洲地区加强产业园区共建合作，打造国际产能合作标志性项目。

（五）推动行业时尚发展与品牌建设

1. 推动文化与产业深度融合

立足国内市场消费升级需要，融合非物质文化遗产等中华优秀传统文化、当代美学和流行趋势，提升纺织时尚创意和产品设计水平，形成一批具有民族文化承载意义的纺织服装自主品牌。

2. 提升产品创新能力

加强流行趋势研究和新材料新技术在终端产品的设计应用，完善从纤维原料到终端产品的全产业链研发体系。推广定制化服务，促进传统制造模式向服务型制造模式转变。加大智能穿戴、绿色健康、复合功能性产品的开发力度。

3. 推动业态和模式创新

积极运用新一代信息技术，建立品牌与消费者之间的深层次连接，形成基于数字决策的智慧营销模式。积极探索新模式、新业态，通过平台融合、社群融合、场景融合，促进纺织服装品牌企业与互联网产业、现代服务业的跨界融合发展。

4. 强化品牌培育服务

整合政府、行业协会、院校机构等多方资源，开展纺织服装品牌发展理论研究、品牌价值评价体系研究，持续开展品牌价值评价提升活动等。利用国家级品牌活动等公共服务平台，加强纺织行业自主品牌宣传推介力度。通过会展、时装周、设计大赛等，打造品牌建设交流展示平台。

（六）推进社会责任建设与可持续发展

1. 推进节能低碳发展

推动能源结构优化提升，继续提高二次能源消费比重，鼓励企业采购绿电，支持具备条件的园区或企业加快分布式能源中心建设。严格控制高耗能、高污染排放项目建设，积极稳妥推进落后产能、过剩产能的腾退与升级改造。开展重点用能企业能效提升专项行动。鼓励棉纺、化纤、印染等行业实施能效领跑者引领行动，推行智能化能源管理试点示范。加快绿色纤维制备、高效节能印染装备、废旧纤维循环利用等低碳技术的研发、示范与推广。鼓励开展碳核算方法学、减排路线图、减排成本分析等标准及规范体系方面的研究。

2. 加强清洁安全发展

以绿色技术驱动产业链各环节降低污染物产排量，深化生产全过程和纺织园区系统化污染防治。高度重视新兴污染物和有毒有害污染物排放，加大清洁生产改造力度，持续削减化学需氧量、氨氮等污染物产排量。完善纺织园区环境基础设施升级及配套管网建设，推进水资源循环利用和污水资源化，支持非常规水资源利用产业化示范工程，推动纺织园区和重点企业水系统集成优化。加强有毒有害物质替代，严格控制染化料助剂等化学品使用。

3. 推动再生循环发展

加快现有纺织园区的循环化改造升级，合理延伸产业链并循环链接。加快构建废旧纺织品服装资源循环利用体系，促进废旧纤维再利用企业集聚化、园区化、区域协同化布局，开展废旧纺织品服装综合利用示范基地建设。突破再生涤纶、废旧纺织品服装再生利用规模化生产关键技术，打通瓶片直纺再生涤纶长丝工艺路线，加强定向回收、梯级利用和规范化处理。加快互联网与资源循环利用融合发展，建立线上线下融合的回收网络。

4. 深化企业社会责任建设

以人本责任、环境责任、市场责任为核心，将企业社会责任全面纳入行业的价值体系和创新体系，培植产业的持久成长能力。推进诚信体系建设，维护公平竞争的市场环境。深化社会责任的国际交流与合作，增进全球利益相关方的理解与支持。推进产品全生命周期绿色化管理，发展循环经济，应对全球气候变化。

（七）优化国内布局，提升发展协调性

1. 对接国家区域发展战略

对接京津冀一体化、长三角洲一体化、粤港澳大湾区、长江经济带等国家战略，在不同区域分别落实行业发展重点。中心城市重点发展科技创新平台和都市时尚产业，积累科技创新和时尚创意人才。先进制造业成熟地区，引导形成单项冠军、领航企业、专精特新、小巨人等领先企业的集聚。依托区域范围

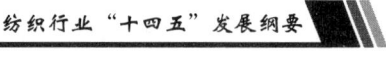

内核心区带动外围、下游带动上中游的联动关系，形成纺织产业跨区域联动发展效应。

2. 进一步提升区域协调发展水平

东南沿海地区立足价值链中高端，大力提高协同制造、精益制造和绿色制造水平；统筹国际国内资源，发展国际水平的研发中心、设计中心和品牌中心，建设纺织智能制造示范基地。纺织产业发展助力中西部地区工业化和城镇化建设，以资源条件为基础，不断完善产业体系、服务配套和综合投资环境，继续引导纺织龙头企业扩大在中西部地区投资力度，鼓励回乡创业扩大纺织制造业规模；扩大农村富余劳动人口本地就业规模，提升劳动技能，带动乡村振兴。

3. 推进高水平产业集聚发展

运用现代科技推动建设一批世界级纺织产业集群，具有世界领先的创新能力、制造能力和可持续发展能力，单一品种具有世界领先产业规模，产品制造和流通深度嵌入全球价值链，形成具有世界影响力的区域品牌。成熟产业集群地区发挥产地型专业市场和产业链配套优势，进一步突出先进、绿色制造优势，建设高水平、现代化和智慧型产业集群，与城镇化建设相结合建设特色产业小镇，提升区域品牌影响力。新兴产业集群地区以产业园区为载体，与成熟地区紧密协同发展，建设现代纺织产业制造基地，并积极融入全球纺织产业供应链。发挥龙头企业跨区域布局的作用，通过跨区域兼并重组，建立"总部+基地"的方式，实施一批跨区域产业合作重大工程和重点项目，带动中小企业融入供应链体系。

4. 公共服务体系升级发展

以产业集群空间分布为基础，提供高质量、精准化的公共服务供给，提升检验检测、研发设计、会展商贸、教育培训等服务功能。优化产业集群各主体发展环境，地方政府、集群管理机构、科研院所、重点企业、行业协会等各方形成协作共同提升产业集群的公共服务能力，助力集群中小企业整体提升发展。

（八）构建纺织产业的安全发展体系

1. 保障产业链供应链安全

加强产业链薄弱环节和短板技术攻关，高性能纤维特定品种、高功能性复合材料和纺织制成品、纺织装备基础件短板等逐步实现技术自主可控。保障原料供应安全，针对化纤原料高度依赖石油化工的现状，推动现代煤化工与化纤产业融合发展，支持有煤炭资源的中西部地区适度发展煤化工制化纤原料及化纤生产项目。加强产业安全风险预警，提升产业链供应链的稳定和安全性。

2. 科学引导全球产业布局

引导纺织产业链、供应链在国际国内建立多元化布局，平衡国内发展和国际布局之间的关系，从国内居民消费安全和应急供应保障角度保持纺织产业安全供应规模。

3. 建立产业安全预警体系

建立预警机制，防范国际资本异常流动风险、数据网络安全风险、地缘政治风险、国际贸易摩擦风险等。

四、"十四五"发展重点工程

在纤维新材料、智能制造、时尚建设、绿色制造、高端产业用纺织品共五个领域实施一系列重点工程，具体落实"十四五"时期实施转型升级高质量发展的重点任务。

（一）纤维新材料持续创新升级

纤维新材料领域以服务高质量发展和保障产业链安全为目标，依托优势企业，充分发挥专业院校和科研机构作用，加快突破和掌握一批关键核心技术，主导差别化、多功能纤维材料的研发创新，进入国际上高性能纤维研发和生产的第一梯队，引领生物基化学纤维产业化进程。

专栏3　纤维新材料重点工程

1. 差别化、多功能纤维重点工程

提升基础纤维功能化高效柔性制备技术与装备水平，突破聚酰胺6熔体直纺、氨纶熔融纺丝等关键技术；进一步开发智能化、高仿真、高保形、舒适易护理、阻燃、抗静电、抗紫外、抗菌、相变储能、光致变色、原液着色等差别化、功能性化学纤维；大力发展生物可降解高性能脂肪族聚酯纤维，及采用绿色催化剂生产纤维；研发支撑功能纤维生产的添加剂、阻燃剂、新型改性剂、母粒、催化剂、油剂等的关键材料和辅料。发展煤化工路线化学纤维实现纺织原料多元化，降低石化原料比重。

2. 高性能纤维重点工程

推动建设国家级碳纤维及复合材料创新中心，构建高性能纤维行业创新体系。加强高性能纤维高效低成本化生产技术研发，提高已实现工程化、产业化的碳纤维、芳纶、超高分子量聚乙烯纤维、聚酰亚胺纤维、聚苯硫醚纤维、连续玄武岩纤维等高性能纤维技术成熟度和产品稳定性。加快研发更高性能碳纤维、芳纶、超高分子量聚乙烯纤维、聚酰亚胺纤维等关键制备技术。突破高性能液晶聚芳酯纤维、芳杂环纤维、聚对苯撑苯并二噁唑纤维等高性能纤维制备关键技术。

3. 生物基化学纤维重点工程

重点突破莱赛尔纤维专用浆粕、溶剂和交联剂，纤维级1,3-丙二醇、呋喃二甲酸、高光纯丙交酯等生物基单体和原料的关键制备技术。研究聚乳酸纤维、莱赛尔纤维、生物基聚酰胺纤维、聚对苯二甲酸丙二醇酯纤维、聚呋喃二甲酸乙二醇酯纤维、海藻纤维和壳聚糖纤维等生物基化学纤维规模化生产关键技术，开发高品质差别化产品，加强应用技术开发。

（二）智能制造引领高质量发展

以大幅提升生产效率及生产方式精细化、柔性化、智能化水平为目标，基于5G、人工智能和数字孪生等信息技术，以纺织成套装备研发为重点，加快发展纺织领域智能制造系统集成商，推进装备、软件、信息技术协同创新，以纺织装备数字化和信息互联互通为基础实施纺织行业智能制造重点工程。

专栏4 智能制造重点工程

1. 工业互联网基础工程

大力推进企业数字化改造，持续提高企业数字化装备配置率、数字化装备联网率、关键工序数控化率、关键工业软件应用覆盖率。加快企业内、外网升级改造，以工业以太网、物联网、智能传感器等新型网络技术与装备改造生产现场网络和系统，推进5G等新型蜂窝移动技术的应用部署。推动纺织行业工业互联网标识解析二级服务节点和应用服务平台建设，实现企业外部供应链和内部生产系统的精准对接。

2. 纺织智能加工装备重点工程

发展长丝集约式高速卷绕装备等关键单机装备，开发和推广化纤生产远程控制系统、智能物流系统等。

研发全自动转杯纺纱机、喷气涡流纺纱机、高速无梭织机、全自动穿经机、一次成型纬编机等关键单机，开发织机控制系统、针织立体成型控制系统，研发电子清纱器、电子多臂开口装置、织针等基础零部件。

发展印染车间物料智能化输送设备，开发匹布自动缝纫接头设备、布卷、布车、浆料桶AGV运送设备和定位系统，逐步建立印染智能化物流系统。

重点发展针刺机，水刺机，纺熔联合机，柔性化、模块化非织造专用功能性后整理设备、非织造布自动分切机等关键单机装备，开发非织造布柔性化模块化控制系统。

重点发展智能吊挂装备等关键单机装备，研发自动缝制和物流智能配送系统等。

3. 智能工厂/智能生产线重点工程

化纤全流程智能制造。提升智能原料配送、丝饼管理、生产数据分析、立体仓库技术等技术，开发适用于化纤行业的智能制造支撑软件。在涤纶、锦纶、氨纶、再生纤维素纤维、碳纤维等领域建设若干智能车间示范。

棉纺全流程智能制造。开发推广清梳联、并条、精梳、粗细联、细络联、包装物料等智能化系统并实现综合集成，实现与 WHS、MES、ERP、远程运维系统的集成，逐步实现夜间无人值守。在行业若干重点企业实现推广。

印染智能制造生产线。实现生产线数据自动采集系统、智能控制系统和印染信息集成管理系统的集成，形成若干示范线。

非织造布智能生产线。开发面向非织造布的生产执行系统和大数据分析模型，建设纺粘、水刺、针刺以及应用领域的智能工厂，贯通产业链的横向联系和上下游协同能力。

针织智能生产系统。提高自动化和智能化装备的应用和普及。借助制造执行系统（MES），实现针织生产车间多机台针织设备的远程监控和生产管理。

服装智能模块化缝制生产线。突破高精度轻型机械手或机器人衣片抓取、传送、操作，以及与缝制单元设备协同加工技术，推进集成应用。

家用纺织品智能制造生产线。加快推进家纺行业智能制造标准体系建设，推进关键智能化装备的研发应用，开展智能化生产线及车间的建设与示范。

（三）时尚建设增强发展新动力

加快建成具有中国特色、世界影响、时代特征的纺织行业时尚生态，大力推动基于文化价值、美学价值、技术价值和商业价值的产业复兴与时尚创新，以科技赋能创新，以包容彰显个性，以人文塑造价值，提升中国时尚影响力。

专栏5 纺织时尚建设重点工程

1.时尚设计能力提升重点工程

建设纺织时尚人才梯队，完善设计师培养体系，加强复合型高技能创新设计人才培养，培养具备多元文化跨界能力和国际视野的新锐设计师。启动纺织行业各领域内的"中国时尚大师"塑造计划，纺织工艺美术领域内的"中国时尚大匠"塑造计划。创建"高质量时尚设计平台"，开展时尚"名师""名企""名品"评选推广活动。开展纺织非遗与区域文化、民族文化及世界时尚文化的关联性渗透性研究，促进纺织非遗资源的活态传承，促进纺织工业遗产的再生型保护开发。

2.时尚领域科技创新重点工程

扩大先进纺织材料、绿色制造技术、智能化技术等在时尚领域的创新应用，推动建立各类科技时尚融合创新中心。建设人工智能时尚平台，建立产业大数据和人工智能创新应用示范中心，利用新一代信息技术开展流行趋势预测、时尚创意设计和精准数据营销。实施大规模个性化时尚定制升级工程，推进相关技术和装备的研发应用，完善相关标准和规范。

3.时尚品牌建设重点工程

制定实施"国潮品牌培育计划"，培育一批中国文化特色明显的"国潮"品牌，鼓励支持中国品牌日、时装周、博览会、时尚节等行业活动设立国潮专区。组织一批优势纺织服装自主品牌，通过线上线下多种渠道每年开展"中国品牌消费节"系列活动，联合线上平台设立体现中华文化、健康生活、智慧生活、绿色消费等特色专区，联合各地时尚地标开展纺织行业优秀品牌、非遗文化、创意设计、流量营销等消费节活动。

（四）绿色制造推进低碳循环发展

纺织行业坚持可持续发展战略，履行环境责任导向，以绿色化改造为重点，以标准制度建设为保障，加快构建绿色低碳循环发展体系，推进产业链高效、清洁、协同发展，为国内外消费市场提供更多优质绿色纺织产品，并引导绿色消费，行业绿色低碳循环发展水平不断提高。

专栏6 纺织绿色制造重点工程

1. 节能减碳重点工程

大力发展化纤、织造、非织造等各领域高效节能技术和装备，棉纺、织造等重点用能设备实施照明、电机、空调空压等用能单元系统化改造。印染行业发展针织物和涤纶连续式印染成套装备，推广低温前处理、冷轧堆前处理和染色、分散染料低温染色和印花、分散染料碱性染色、蒸汽热能分级利用、高效节能定形机、节能型热风烘燥机等节能技术和装备。推广定形机、印染废水热能回收及热泵法热能回用技术等。实施低碳改造和园区节能改造工程。

2. 清洁生产重点工程

研发可降解纤维材料，加强高效环保型浆料、染料和印染助剂、高效环保化纤催化剂、油剂和助剂的研发及应用。推进绿色纤维制备和应用，攻关生物基纤维重点原料和关键制备技术，提升重点品种规模化制备技术，扩大原液着色化纤应用。研发推广高效短流程前处理、无碱或低碱前处理、低盐或无盐活性染料染色、生物质色素染色、活性染料低尿素或无尿素印花、电化学还原染色、等离子体印染、液氨整理、多功能机械整理等少化学品印染技术。进一步攻关数码印花升级换代关键技术，并实现高性能打印喷头零部件国产化。

3. 水效提升重点工程

研发推广非水介质染色、针织物平幅连续染色、涤纶织物少水连续染色等节水印染加工技术。进一步推广化纤机织物连续平幅前处理、针织物连续平幅前处理、小浴比间歇式染色、分散染料碱性染色、高牢度涂料印花等技术。推进水资源循环利用和污水资源化，鼓励纺织企业加大中水、再生水等非常规水资源开发力度，支持非常规水资源利用产业化示范工程。

4. 污染防治重点工程

加强水污染物治理，研发推广含盐染色废水循环利用、高级氧化、膜处理技术等印染废水深度处理及回用技术；研发低成本高回用率印染废水深度处理与回用技术、废水近零排放和定形机废气高效收集处理及余热回用技术。加强大气污染物治理，引导企业提高VOCs治理设施废气收集率、同步运行率和去除率水平。

5. 资源循环利用重点工程

建设再生涤纶规模化生产线，包括化学法再生涤纶（DMT法）产能提升项目、化学法（BHET法）再生涤纶产业应用试点项目和瓶片直纺再生涤纶长丝试点示范项目。废旧纺织品再利用方面重点突破化学法再生聚酯产业化、规模化技术。推动建设若干覆盖全国重点城市的废旧纺织品资源化回收、分拣、拆解、规范化处理基地。

（五）产业用纺织品着力高端化发展

加强科技创新，加快产业升级，提高纤维新材料应用和智能制造水平，大幅提升差异化、高端化产业用纺织品的比重，对接国家重大发展战略，满足新材料、新能源、医疗健康、安全防护、环境保护和国防军工对先进纺织材料的需求。

专栏 7 高端产业用纺织品重点工程

1. 医疗卫生用纺织品重点工程

研究防水透气、防护病菌病毒、可重复使用等功能性医卫防护材料；研发纺织基医用人体器官管道材料、可吸收缝合线和功能敷料等高端医用纺织材料。提升高等级医疗卫生防护、手术、护理用纺织品市场渗透率。

2. 环境保护用纺织品重点工程

发展高过滤精度材料、纤维基高性能微孔过滤材料、脱硝除尘一体化功能过滤材料制备等关键技术及相关产品。扩大汽车滤清器、空气净化器等纺织基过滤材料的应用。

3. 应急与安全防护用纺织品重点工程

研发化学毒剂降解型防护、核生化防护、热防护、保暖隔热和软质防刺防割等防护类纺织基制品；开发气柱式应急救援帐篷、高性能救援绳索及安全应急逃生系统等应急救援材料与制品。

4. 新能源与复合材料用纺织品重点工程

研发碳纤维复杂织物及复合材料、芳纶蜂窝结构材料、中空夹心复合材料、高强柔性膜材、轻量柔性纺织基防爆材料等产品和技术。扩大纤维基复合材料在轨道交通、风电叶片、高端装备等领域的应用。

5. 土工与建筑用纺织品重点工程

研发双组分长丝复合多功能土工材料、高性能土工格栅、矿用柔性加固网等产品和加工技术。扩大生态环保型、智能型土工建筑纺织材料的应用。

6. 国防军工与航空航天用纺织品重点工程

提升衣帽鞋靴等单兵防护用品的性能和舒适性。开发高性能核生化防护、高功能伪装防护、电磁屏蔽和吸收、武装封装等国防军工领域用纤维基复合材料。开发战斗飞行服、宇航服、星载天线金属网、降落伞、缓降气囊等装备用高性能纺织复合材料。

7. 海洋产业与渔业用纺织品重点工程

研究编织、绞编、封边等绳缆成型和无结网成型工艺，开发海洋用高性能特种绳缆网。开发高性能系泊缆研发和工程应用研究，加快高性能绞捻、绞编、特种无结经编、有结节能网产品和智能编织技术的应用。

五、"十四五"发展保障措施

（一）构筑良好产业生态

1. 改善企业营商环境

发挥好行业协会的政策协调作用，进一步推动出台税收、财政支持措施，鼓励企业加大科技研发、技术改造、创意设计投入；持续推动棉花进口管理制度优化，促进棉花管理体制市场化改革。发挥好行业调研及反馈功能，及时向有关政府部门反馈纺织企业在融资、汇率、环保、新疆棉、境外投资等方面遇到的新情况新问题，提出政策建议。

2. 营造激励创新的氛围

总结推广骨干企业的创新发展经验，宣传优秀企业家的创业创新精神，大力倡导自主创新的价值导向。利用好行业资源及平台，促进企业管理者拓宽创新视野，提升创新素养。引导行业、企业统筹好激励创新与容错试错、知识共享与产权保护，形成勇于创新、保护创新的发展机制。

3. 推进社会责任建设与行业自律

持续推广企业社会责任体系，创造规范和谐、公平守信、绿色发展的产业环境，将良好社会责任形象打造成为企业无形资产。有序开展产能投建、知识产权保护、反不正当竞争等方面的行业自律，研究建立行业性信用信息记录、查询和评价系统，建设公平有序的产业环境。

4. 提升纺织行业社会形象

积极总结并广泛宣传新时代纺织行业在科技创新、国际化发展、富民惠农、乡村振兴、稳定边疆等方面的成就与贡献，更新社会舆论对纺织行业发展定位及公众形象的认知，改善企业综合发展环境。

（二）强化发展资源保障

1. 加强人才资源建设

促进高等院校纺织相关学科建设及学科交叉融合，优化高等职业教育、中等职业教育、继续教育课程设置及实操训练，提升教育教学能力，强化复合型、创新型、实用型人才输出。完善人才协同培养机制，促进企业技术中心、重大科研及工程项目转化为教育资源；鼓励校企共建教学、科研实践基地，共同开展联合培养、新学徒制等人才项目，共享专职、兼职师资资源。引导企业完善人才引进、培养、奖励等管理制度，着重完善科研、设计、技术人才收益分配激励措施，多种方式实现柔性引智，建立在岗学习进修通道，打造具有自主发展力的企业人才梯队。

2. 推动产业与资本市场融合发展

深化开展纺织企业上市融资培育与推介工作，发挥好行业组织对证监部门的资源协调作用。加强持续性服务，推动已上市公司做强做大，支持企业对国内外优质资源进行并购重组，提升企业市场价值。引导各类并购基金、私募股权基金参与纺织企业股改、并购，提升资本运作能力。

3. 改善中小企业融资环境

鼓励产业集群协调政、企及金融资源，搭建有效的中小企业的融资平台。稳妥引导建立行业性、区域性纺织产业创投基金，支持中小企业创新发展。深化与金融机构的交流对接，更新金融机构对于纺织行业的固有认知，研究建立纺织行业产融对接推介项目库和专家资源库。

（三）完善综合服务与管理

1. 加强公共服务能力建设

夯实基础服务能力，健全行业基础数据信息采集及分析平台，建立符合高质量发展需求的指数体系，在合规条件下有序实现信息开放共享。优化检验检测、专业会展、时尚发布、社会责任等长项服务功能，打造具有国际影响力的行业会展、时尚发布及国际交流平台。建设权威性产融合作、区域布局、对外

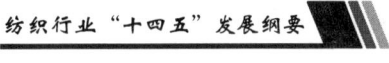

投资服务平台,强化宣传发声功能,助力企业升级发展,在现代社会治理体系中发挥积极作用。

2. 深入参与全球产业治理

积极参与纺织产业发展相关国际组织,主动搭建贸易、技术、投资、社会责任等产业合作平台,与各国业界广泛建立常态化的交流机制,在国际合作中主动传递分享、共赢的发展理念。研究建立全球纺织纤维、重点中间产品及专用装备的产量统计体系,开展热点问题研究和报告工作,提升国际影响力。

3. 强化重点产业地区政府的引领作用

鼓励重点纺织产业集群地政府部门加强对产业发展的指引和领导作用,成立工作专班或设立专业机构,强化规划引导和综合管理,推动技术创新、产能升级、产业转移、公共服务平台等重点建设项目落地实施,以财政、地方税收等政策激励措施推动纺织企业高质量发展。鼓励地方政府对当地纺织服装行业协会、商会加强工作指导,给予政策扶持,发挥好行业组织沟通政府与服务企业的桥梁纽带作用。

纺织行业是高度市场化的行业,本纲要提出的发展目标、重点任务和工程主要依靠市场主体自主实施。要充分发挥好纲要对纺织行业"十四五"高质量发展的指导作用,充分利用各种新闻媒体、行业活动平台开展宣讲解读工作,激发纺织生产及服务企业、科研机构、教育机构以及各级行业协会、商会组织的主动性和创造性,推动纲要任务落实和目标达成。中国纺联负责制订纲要评估工作计划方案,分阶段对重点企业、产业集群开展专题调研,对照行业发展情况评估纲要目标及任务合理性,适时进行修订完善。结合调研及评估工作成果,及时向有关政府部门反馈行业发展动态成果、趋势走向及存在的矛盾问题,提出相关政策措施建议。

纺织行业"十四五"科技发展指导意见

"十四五"时期是开启全面建设社会主义现代化国家新征程的第一个五年。《中华人民共和国国民经济和社会发展第十四个五年规划和2035年远景目标纲要》绘制了我国"十四五"乃至更长时期发展的宏伟蓝图，坚持创新在我国现代化建设全局中的核心地位，把科技自立自强作为国家发展的战略支撑，对科技创新发展和科技支撑高质量发展做出了重点部署。"十四五"时期，我国纺织科技将在创新能力和产出水平均实现较大跨越的基础上，坚持创新驱动发展，全面塑造行业发展新优势。围绕科技创新引领行业高质量发展，实现纺织科技高水平自立自强，编制本指导意见。

一、"十三五"纺织行业科技进步情况

（一）科技发展取得的成就

"十三五"时期，在以习近平同志为核心的党中央坚强领导下，创新驱动发展战略在行业深入实施，科技发展取得显著成效，创新能力稳步提升，创新成果竞相涌现，纺织科技实力正在从量的积累迈向质的飞跃，从点的突破迈向系统能力提升。2016~2019年，我国纺织行业规模以上工业企业科学研究与试验发展(R&D)经费支出从410.7亿元增长到495.2亿元，研发投入强度从0.57%增长到1%；行业科技成果丰硕，全行业共有11项成果获得国家科学技术奖，其中"干喷湿纺千吨级高强/百吨级中模碳纤维产业化关键技术及应用"荣获国家科技进步一等奖，398项成果获得"纺织之光"中国纺织工业联合会科学技术奖；行业发明专利授权量保持快速增长，共授权有效发明专利近4万件，较"十二五"期间授权发明专利增加60%以上。

1.纤维材料技术进步成效显著

先进基础纤维材料在高效柔性化和差别化、功能性方面持续提升。涤纶、锦纶大容量、柔性化及高效制备工艺技术总体达到国际先进水平，通用纤维的功能改性向双功能、多功能复合改性发展，拓展了应用领域，提高了产品附加值。

关键战略纤维新材料技术稳步提升，不断满足航空航天、国防军工、环境保护、医疗卫生等领域发展需求。碳纤维干喷湿纺和湿法纺丝工艺技术逐渐完善，生产效率进一步提升，高端产品品种逐步丰富，T1000级、M40、M40J、M55J等碳纤维已具备工程化制备能力，25K大丝束碳纤维实现产业化生产；千吨级对位芳纶工程化关键技术和装备取得突破，高强型、高模型对位芳纶产品实现国产化；高强高模聚酰亚胺纤维、间位芳纶、聚苯硫醚纤维、连续玄武岩纤维等实现快速发展。生物基纤维材料技术取得新进展，莱赛尔纤维产业化技术实现全国产化；生物基聚酰胺（PA56）纤维突破生物法戊二胺技术瓶颈，建立了万吨级生产线；聚乳酸纤维突破乳酸—丙交酯—聚乳酸技术，形成全产业链制备技术；PTT纤维产业化技术成熟，产品形成品牌效应；海藻纤维规模化制备技术取得突破，实现5000吨级产业化生产；纯壳聚糖纤维原料技术进一步优化，产品在高端敷料、战创急救、修复膜材、药物载体、组织器官等多领域应用。

2.先进纺织制品开发持续强化

健康防护、舒适易护理等功能纺织品开发取得显著成效，产品功能日益多样化，应用领域不断拓展。长效阻燃、抗熔滴、抑烟等阻燃纤维及制品实现规模化制备，满足了相关领域阻燃防护要求；导湿快干、凉感、发热保暖等系列热湿舒适功能纤维及织物实现产业化制备，进一步提升纺织面料穿着舒适性，满足人们在不同环境下的穿着需求；棉、羊毛等天然纤维面料高保形技术取得突破，提高了纺织制品抗皱性能和品质，降低了清洗与护理要求；高效低阻熔喷、纳米纤维材料和三拒一抗医用材料，大量应用于防护口罩、防护服、隔离服等，为抗击新冠肺炎的医护人员提供了高效防护。

随着成型、复合、功能后整理等关键共性技术和装备取得长足进步，产业用纺织品在应急救援、抗洪抢险、海上溢油处置等安全防护领域，天宫、北斗系列卫星、神舟飞船、运载火箭、天问一号等航空航天领域，机场、高速公路等基础设施建设领域，均发挥了重要的战略支撑和物资保障作用。超低排放过滤材料助力环境保护工程；智能土工格栅实现工程主体的监测和预警，粗旦聚丙烯长丝土工布的拓展应用提高了基础设施质量；极细金属丝经编、自润滑织物、多功能飞行服和个体防护装备等军民两用产品和技术，在航空航天和国防建设中发挥了重要作用；双组分纺粘水刺、多射流静电纺等技术突破，进一步提升了我国医疗卫生用纺织品的产业实力。

3.绿色制造工艺技术稳步提升

新型纺织绿色加工技术不断涌现，在行业内稳步推广应用。"十三五"期间，印染行业单位产品水耗下降17%，水重复利用率从30%提高到40%。纺织行业废水排放量、主要污染物排放量累计下降幅度均超过10%。针织物连续平幅前处理、化纤机织物连续平幅前处理、低盐低碱活性染料染色、冷轧堆染色、泡沫整理、无氟防水整理等技术应用面进一步扩大；活性染料无盐染色、液态分散染料染色、低尿素活性染料印花等关键技术实现产业化应用；超临界二氧化碳流体染色、张力敏感织物全流程平幅轧染、涤纶织物少水连续式染色等关键技术研发取得重要进展。

我国循环再利用化学纤维科技创新能力明显提升，废旧纺织品资源化利用水平进一步提高。循环再利用涤纶关键技术与装备形成多项创新成果，物理法连续干燥、多级过滤技术，物理化学法的液相增黏、在线全色谱补色调色技术、高效差别化技术，化学法的解聚、过滤分离、脱色、精制、缩聚及功能改性等技术进步明显。

4.行业智能升级改造效果显著

纺织加工过程智能化及装备技术水平取得明显进展，化纤、纺纱、印染、服装、家纺等智能化生产线建设取得明显成效，棉纺梳并联合机、高性能特种编织装备、全自动电脑针织横机等一批关键单机、装备实现突破。化纤智能示范工厂和智能车间实现了送配切片、卷绕自动落丝、在线检测、自动包装、智能仓储等全流程自动化生产；棉纺新一代数控技术广泛应用，新建了多条自动化、数字化纺纱生产线，减少用工至万锭15人；印染自动化和数字化不断升级，筒子纱数字化自动染色向智能化工厂方向发展；服装智能制造发展速度明显加快，已初步形成了包含测体、设计、试衣、加工的自动化生产流程及检验、储运、信息追溯、门店管理等在内的信息化集成管理体系，大规模个性化定制整体解决方案日趋成熟，涌现出一批先进的服装大规模个性化定制智能化系统平台。家纺床品、毛巾、窗帘自动化生产线超过300条，生产效率和品质得到显著提升。

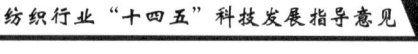

5.行业标准体系建设持续完善

纺织标准体系进一步优化，政府主导制定的标准与市场自主制定的标准协同发展、协调配套的新型标准体系已具雏形。纺织强制性标准由46项精简为2项，制修订推荐性国家标准、行业标准800项，纺织品安全、功能性纺织品、生态纺织品、高性能产业用纺织品、绿色设计产品与节能减排以及纺织装备等领域一批重点标准发布实施；纺织团体标准快速发展，在全国团体标准信息平台注册的纺织类社会团体50余家，发布纺织类团体标准600余项，其中中国纺联团体标准78项；积极推进国际标准共商共建共享，国际标准化能力不断增强，主导提出国际标准（ISO）提案16项，牵头制定并经ISO发布实施国际标准15项；完成40余项国家标准外文版的翻译工作，助力"一带一路"沿线国家标准互联互通。

6.科技创新平台建设稳步推进

"十三五"期间，行业不断增加的科技投入使科研基础条件大为改善，形成了包括国家制造业创新中心、国家重点实验室、国家工程研究中心（国家工程实验室）、国家企业技术中心以及纺织行业重点实验室、纺织行业技术创新中心等较完备的科研条件。截至2020年底，纺织行业的国家制造业创新中心2个、国家重点实验室6个、国家工程研究中心2个、国家企业技术中心81家（含5家分中心）；中国纺织工业联合会认定的行业重点实验室59个、技术创新中心37家，基本涵盖了纺织行业未来发展的重点领域，纺织行业的科研硬件设施得到持续改善。

（二）科技发展存在的主要问题

当前，我国纺织行业已进入高质量发展阶段，科技创新能力水平与新发展格局的要求相比仍显不足，自主创新能力、研发投入强度、成果转化实效、人才队伍建设、创新体制机制等方面仍存在一些待解决的问题，主要表现在：关键领域创新能力不强，一些关键核心技术受制于人；科研投入强度不够，重大原始创新偏少；研发应用产业链协同效率低，成果转化产业化进程慢；政府主导制定标准与市场自主制定标准的边界不明晰，部分团体标准同质化；科技领军人才少，人才激励机制不足；创新体制机制不够完善，创新效率亟待提高等。要解决这些问题，需要进一步优化纺织科技创新生态，对基础性、战略性领域的关键核心技术展开攻关，培养造就一大批具有先进水平的科技人才队伍，畅通科技成果转化链条，利用国际创新资源，从而实现纺织行业科技创新能力的系统提升。

二、"十四五"科技工作指导思想和发展目标

（一）指导思想

以习近平新时代中国特色社会主义思想为指导，全面贯彻落实党的十九大和十九届二中、三中、四中、五中全会精神，深入实施创新驱动发展战略，面向世界科技前沿、国家重大需求、国民经济主战场和人民生命健康，以增强原始创新能力为核心，加强协同创新，把握行业科技创新发展的新态势，全面提升科技创新供给能力、质量和效率，推动纺织行业高质量发展。

（二）发展目标

"十四五"期间，纺织工业科技发展将实现以下主要目标：

（1）规模以上企业研究与试验发展经费支出占主营业务收入比重达到1.3%。

（2）纺织行业认定重点实验室达到70家，技术创新中心达到50家，科技成果转化中心达到3~5家。

（3）国产高性能纤维自给率超过60%；生物可降解绿色纤维产量年均增长10%；产业用纺织品纤维加工量占全行业比重达到35%。

（4）印染行业单位产值能耗较"十三五"末降低13.5%，水耗降低10%，水重复利用率达到45%以上；循环再利用纤维年加工量占纤维加工总量的比重达到15%。

（5）形成行业重点领域示范智能车间/工厂，主要设备和工业软件实现自主研发；大规模个性化定制产品占同类产品达到20%，培育40个以上行业智能制造系统解决方案供应商。两化融合发展水平指数大于60%。

（6）规模以上企业每亿元主营业务收入有效发明专利数1.6件。

（7）新制定重点与基础通用标准100项以上，标龄5年以内标准占比达到95%,牵头制定国际标准累计突破40项，重点领域国际标准转化率达到90%，团体标准品牌效应增强。

三、"十四五"科技发展重点任务

（一）加快共性关键技术攻关，破解创新发展难题

积极推进纤维新材料、先进纺织制品、绿色制造、智能制造等关键共性技

术及装备的研发与应用，解决行业关键技术难题，在持续加大对基础研究长期稳定的支持力度基础上，加快形成行业关键技术攻关的综合支撑体系。逐步完善政产学研用一体化的合作机制，汇聚人才、技术、资本等创新要素，大力推动创新链和产业链的精准对接。深化企业主导的产学研合作体系，鼓励骨干企业牵头协同产业链企业、高校、科研院所形成协作攻关组，集中实施"卡脖子"项目攻关行动。

（二）促进纺织科技成果转化，打造行业发展新引擎

推进创新供给与创新需求的有效对接，促进科技成果转移转化市场化服务，完善从基础研究、小试、中试成果到产业化技术的中间平台建设。充分利用国家有关促进科技成果转移转化政策，建立纺织科技成果评估评价体系，完善纺织科技成果转移转化机构建设，加强纺织科技转移转化人才培养，搭建市场化纺织科技成果交易平台。集聚市场力量、科技力量、资本力量和人才力量，以市场需求为导向，构建纺织行业科技成果转化新机制、新模式、新体系。健全知识产权综合管理体系，打通知识产权创造、运用、保护、管理、服务全链条，提升专利质量和转化率，营造知识产权保护的良好环境。

（三）推进科技创新平台建设，凝聚科技创新力量

积极推进纺织行业国家重点实验室、国家制造业创新中心等国家级创新平台以及行业重点实验室和技术创新中心、产业技术创新联盟、产学研用联合体等创新平台建设，加强交叉学科、跨领域合作创新平台建设，建立创新平台协同机制，推进骨干企业、科研院所、高等院校科研力量优化配置和资源共享，增强科技创新平台建设对集聚创新要素、激活创新资源、培养创新人才、转化创新成果的引领作用。

（四）强化行业标准体系建设，引领行业规范发展

加强纺织标准化技术机构建设，优化标准化技术组织体系。加大现行标准整合力度，加强基础通用和产业共性技术标准的制修订，鼓励新型纺织纤维材料、功能性纺织品、智能纺织品、高技术产业用纺织品、消费体验、传统文化元素以及低碳绿色制造、智能制造等重点领域的标准制定，推动产业高质量转型发展。加强标准国际化支持力度，推动我国标准走出去，为国际标准建设贡献"中国智慧"。

（五）提升科技人才建设水平，筑牢行业创新之基

培育行业领军人才和专业技术人才队伍，发挥行业科技创新领军人才作用，建立国际领先水平的科技创新团队。发展高水平研究型纺织学科，培养基础研究人才。强化职业教育、继续教育、普通教育的有机衔接，扩大纺织专业性和复合型人才的培养规模。完善科技评价体系，优化创新生态。

（六）加强纺织科技国际合作，提高科技创新水平

聚焦前沿基础研究、关键技术领域和标准体系建设等，加强与国外高校、科研机构、企业深度交流合作，在技术研发、资本、人才等创新资源领域加大开放合作，打造国际创新资源开放合作平台，促进关键技术国际转移；深度参与全球纺织科技创新管理，全面提高我国纺织科技创新的全球化水平和国际影响力。

四、"十四五"重点突破的关键共性技术

重点突破四大类 30 项关键共性技术，其中纤维新材料 4 项，先进纺织制品 11 项，绿色制造 5 项，智能制造与先进装备 10 项。

（一）纤维新材料

（1）化学纤维高效柔性制备技术。研究聚酰胺 6 熔体直纺、氨纶熔融纺丝等关键技术，突破聚酯高效生态催化剂合成及产业化技术，开发新型环保高洁净聚酯纤维及制品。

（2）基础纤维功能化制备技术。通过共聚、共混、复合纺丝等技术，进一步提升差别化、功能性水平，实现纤维高品质、高效生产和低成本。开发智能化、高仿真、高保形、舒适易护理、阻燃、抗静电、抗紫外、抗菌、相变储能、光致变色、原液着色、生物可降解等功能及复合多功能化学纤维。研究开发 PLA、PBS、PBSA、PESA、PHA 等人体亲和、生物可降解高性能脂肪族聚酯纤维。

（3）高性能纤维一体化制备技术。重点攻克碳纤维、对位芳纶、超高分子量聚乙烯纤维、聚酰亚胺纤维等高性能纤维及其复合材料设计、加工、制造一体化技术，突破材料设计和应用瓶颈。研发高性能纤维高端产品、差别化产品关键技术，实现 T1100 和 M60J 等高级别碳纤维产业化，超高分子量聚乙烯纤维高品质、差别化、高效环保制备，高性能对位芳纶规模化制备，系列化高性能聚酰亚胺纤维、高性能液晶聚芳酯纤维关键技术突破，部分高性能无机纤

维实现批量生产。

（4）生物基化学纤维规模化加工技术。突破莱赛尔纤维专用浆粕和溶剂、纤维级 1,3-丙二醇、呋喃二甲酸、高光纯丙交酯等生物基单体和原料高效制备技术，研究聚乳酸纤维、莱赛尔纤维、生物基聚酰胺纤维、聚对苯二甲酸丙二醇酯纤维、聚呋喃二甲酸乙二醇酯纤维、海藻纤维和壳聚糖纤维等生物基化学纤维规模化生产关键技术，开发高品质差别化产品，加强应用技术开发。

2025 年，聚酯、聚酰胺等基础纤维材料高效柔性制备技术达到国际先进水平；高性能纤维、生物基化学纤维及其原料规模化制备技术达到国际先进水平，高性能纤维产能达到 24 万吨，生物基化学纤维产能达到 200 万吨。

（二）先进纺织制品

（1）功能纺织品加工技术。研究采用新型纤维材料、新型纱布加工技术、多功能整理技术等，开发出保暖、弹性、抗菌、导湿速干、防紫外、防异味等功能产品。

（2）高品质天然纤维制品加工技术。针对工厂化养蚕蚕丝和改良山羊绒纤维，研究其原料处理、纺织、印染等关键技术，建立高品质加工生产体系；开发全成形针织、细支羊毛高端经编技术和羊毛、羊绒抗起球、易机可洗产品等。

（3）智能纺织品研发技术。研发适用于可穿着电子设备的自供电及储能纺织纤维及制品，感知人体与环境信号的智能纺织品，智能纺织品的柔性集成、封装、成型技术及其评价体系等。

（4）多功能非织造布加工技术。加快突破闪蒸法、静电纺、熔喷等非织造加工关键技术，研发长效低阻的水驻极熔喷技术，研究微纳米纤维、防水透湿纳米纤维膜等高效规模化制备关键技术，开发出高品质口罩用熔喷布、医卫用 PLA 双组分纺熔非织造布、纺粘热风非织造布、高强粗旦丙纶长丝非织造布等制品。

（5）高性能医疗卫生用纺织品加工技术。研究防水透气、杀菌杀病毒、可重复使用等医卫防护材料；研发纺织基医用人体器官管道材料、手术缝合线和功能敷料等高端医用纺织材料及制品。

（6）高精度过滤用纺织品加工技术。研究高精度过滤材料、纤维基高性能微孔过滤材料等关键技术及相关产品；开发高效脱硝除尘一体化过滤材料。

（7）应急与防护用纺织品加工技术。研究化学毒剂降解型防护、核生化

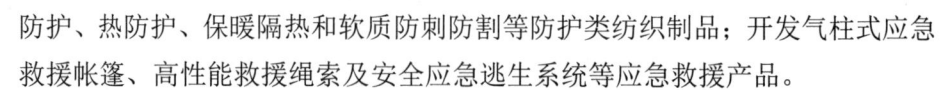

防护、热防护、保暖隔热和软质防刺防割等防护类纺织制品；开发气柱式应急救援帐篷、高性能救援绳索及安全应急逃生系统等应急救援产品。

（8）高性能纤维复合材料加工技术。研究碳纤维多轴向高速经编技术、碳纤织物复杂异型材拉挤成型技术、多向编织预制体制造技术及相关装备。

（9）高性能土工用纺织品加工技术。研究双组分长丝复合多功能土工材料、高性能土工格栅、矿用柔性加固网等产品和加工技术。

（10）柔性复合材料加工技术。研究大口径增强软管、软体储/运油囊、高强柔性膜材料、气柱式柔性复合材料、三维充气结构等纺织柔性复合材料及加工技术。

（11）海洋用特种绳缆网加工技术。研究编织、绞编、封边等绳缆成型和无结网成型工艺，开发海洋用高性能特种绳缆网等产品；开展特种绳缆网产品的深海深空实验验证、应用验证及大规模产业化应用研究。

2025年，高品质、功能纺织消费品和个体防护医卫用纺织品基本满足不断升级的居民消费和健康需求，高性能工业用纺织品基本满足下游高端应用需求。

（三）绿色制造

（1）绿色化学品开发及应用技术。重点研究绿色纤维油剂助剂及催化剂、替代PVA的环保型纺织浆料、高牢度纳米涂料印花、低尿素活性染料印花、分散染料碱性染色、液态分散染料印染及生物基纺织化学品等关键技术。

（2）少水印染及高效低成本处理技术。重点研究多组分纤维面料短流程印染、针织物平幅连续染色、涤纶织物少水连续式染色、活性染料无盐染色等关键技术；突破印染废水高效低成本深度处理及回用技术。

（3）非水介质染色技术。重点研究超临界二氧化碳流体染色、活性染料非水介质染色等关键技术。

（4）高速数码印花加工技术。重点研究开发稳定可靠、分辨率高的压电式喷头，圆网/平网+数码喷墨印花，高速数码喷墨印花等关键技术。

（5）废旧纺织品高值化利用技术。重点开展废旧纺织品成分识别以及分离相关基础研究；研究废旧聚酰胺6再聚合及纤维成形技术、细旦再生丙纶加工技术；突破废旧聚酯、聚酰胺纺织品化学法循环再生，废旧腈纶、氨纶的循环再利用，废旧棉等纤维素纤维纺织品清洁再生与高值化利用，废旧滤材绿色回收等关键技术。

2025 年，多组分纤维面料短流程印染、针织物平幅连续染色、超临界二氧化碳流体染色、活性染料非水介质染色、数码喷墨印花喷头等技术取得突破；废旧纺织品产业化技术取得显著进步，废旧纺织品资源化分级分类标准评价体系构建完成。

（四）智能制造与装备

（1）智能制造关键共性技术。研发工业互联网、大数据、人工智能、工业机器人、区块链等一批面向纺织行业应用的智能制造关键共性技术。

（2）智能制造示范生产线集成技术。进一步提升化纤、纺纱、织造、非织造、印染、服装和家纺等智能制造产业化技术研发及应用水平，实现关键软硬件系统突破，形成一体化解决方案和全流程智能制造技术集成，建设数字化、智能化示范车间或工厂。

（3）化学纤维关键装备加工技术。研发大容量莱赛尔纤维、高性能碳纤维、万吨级对位芳纶、超高分子量聚乙烯纤维和循环再利用化学纤维等成套装备，重点突破高速精密卷绕系统、基于人工智能的化纤生产在线检测和染判系统，集约式高速精密卷绕装备和全自动高速节能假捻变形机等关键单机，关键工艺环节机器人，研制复合纺、高性能纤维及产业用纤维高精度纺丝组件和高速假捻装置等基础零部件。

（4）纺纱智能装备加工技术。研发环锭纺纱智能成套装备和短流程纺纱智能成套装备，重点突破自动络筒机、全自动转杯纺纱机和喷气涡流纺纱机等关键单机，纺纱质量在线检测系统，棉条、细纱等自动接头机器人，研制自动络筒机、转杯纺纱机、喷气涡流纺纱机的关键基础零部件等。

（5）织造关键装备加工技术。研发数字化高速无梭织机、自动穿经机、智能纱架和物料自动更换与输送装备等机织关键单机，重点突破织机智能控制系统，研制高速开口装置、电子多臂等关键零部件，开发织造协同制造系统。研发数字化、网络化和智能化针织装备，重点突破立体成形装备，高速经编机等关键单机，多针床编织技术、全成形编织（织可穿）技术与复合针技术，基于虚拟现实（VR）技术的横机制版系统，研制织针等关键零部件。

（6）高效环保印染装备加工技术。研发连续式针织物和连续式纯涤纶织物平幅印染生产线，重点突破低浴比间歇式染色装备、高速数码直喷印花机、低能耗双层拉幅定形机等关键单机,织物生产加工在线质量检测系统,攻关针织物和涤纶长丝织物染色工艺与质量数控关键技术,多种织物数码喷墨技术,印染生产物料智能化输送关键技术,开发印染设备通信信息模型与网关转换装置,物料自动导航、运输、抓取装备和软件,实现印染装备互联互通与互操作。

(7)高速宽幅非织造布装备加工技术。研发宽幅高速水刺、针刺、纺粘、熔喷等非织造布成套装备,重点突破宽幅高速梳理机、交叉铺网机、针刺机和高速自动分切机等关键设备,非织造布生产加工在线质量检测系统,研制纺丝模头等基础零部件。

(8)智能化服装和家纺装备加工技术。研发三维量体、三维设计、服装增强现实/虚拟现实(AR/VR)系统、智能自动裁剪、吊挂输送、自动模板缝制和成衣物流智能配送系统与装备,开发自动识别、自动抓取、立体缝制和织物拼接缝合等服装家纺专用机器人等。

(9)先进纺织仪器制备技术。研发自动络筒机电子清纱器、并条机自调匀整系统、新一代锭子动态虚拟功率测试仪、高速锭子动态虚拟振动测试分析系统等;研发高端检测仪器,如单纤维分析系统、出汗暖体假人测试系统、纱线干湿状态下耐磨性能试验仪;研发重大工程、工业装备、生命科学、新能源、海洋工程、轨道交通等产业用领域各类纺织品相关检测仪器。

(10)纺织机械智能化加工技术。研发纺织机械和专用基础件智能生产线,重点突破高精度、高效率、高适应性的纺织机械专用加工装备、智能检测设备、专用新型传感器和机器人等;研发应用纺织装备全生命周期数字化设计及制造技术、纺织装备智能制造过程信息物理系统(CPS)关键技术、纺织装备制造智能供应链管理技术,建设纺织机械企业的数字化工厂(车间)。

2025年,基于大数据、人工智能和工业互联网平台等新一代信息技术,实现纺织生产的自动化、数字化和网络化制造;国产纺织装备国内市场占有率稳定在80%左右;国产纺织装备出口金额占比保持在全球的20%以上。

五、"十四五"推动实施的重点工程

围绕30项关键共性技术,"十四五"时期纺织行业将推动实施八大重点工程。

(一)纺织消费品多功能化开发重点工程

重点发展高品质、多功能纺织消费品,突破核心关键技术,形成从纺织品整体设计、纤维开发到纺纱、织造、印染、后整理和应用全产业链的加工制造体系。开发出抗皱易护理、高仿真、耐污易清洗、高效阻燃抗熔滴等功能及复合多功能聚酯纤维纺织品；耐低温、高强、弹性、低熔点等功能聚酰胺纤维纺织品；有色、抗菌、高强阻燃等功能性再生纤维素纤维及纺织制品；抗菌防螨、阻燃、抗紫外、抗静电、导湿、抗皱、发热等系列化高品质天然纤维纺织品；柔性可穿戴、环境自适应等智能纺织品，不断提升产业化应用技术水平，开拓应用领域。

通过增品种、提品质、创品牌"三品"战略深入实施，不断提高个性化、时尚化、品质化纺织消费品的供给质量和效率，加快促进产业向价值链高端延伸；实施国际化发展战略，以科技、绿色、时尚的高标准要求，打造具有国际竞争优势的高品质与功能性纺织消费品产业链。

（二）高性能纤维及制品协同创新工程

围绕高性能纤维及制品产业链安全与高质量发展，加强高性能纤维高效低成本化生产技术，提高已实现工程化、产业化的高性能纤维技术成熟度，提升现有产品质量的稳定性和均一性，满足下游应用需求；实现更高性能纤维品种产业化生产，满足高端领域应用需求；发展全芳族聚酯液晶纤维、芳杂环纤维、聚对苯撑苯并二噁唑纤维等高性能纤维，保障关键原材料自主供应；加大油剂、上浆剂、树脂、模具等研发力度，不断完善高性能纤维行业上下游产业链体系；加强高性能纤维国产关键装备设计、制造、优化提升，提高技术装备自主配套能力。加快推进大尺寸及复杂结构纺织复合材料预制件研制，开发出复杂喷管预制体、大尺寸发动机包容环、大型风力叶片等结构件和产品，形成样件试制及验证技术。

大力推动国家级碳纤维及复合材料创新中心建设，通过重点领域、重大需求、重大专项，加强产业链联合创新，形成产学研用协同创新机制，打造高性能纤维及复合材料行业多层次、网络化制造业创新体系，实现关键品种和产品的规模化制备及应用，部分品种达到世界先进水平。

（三）绿色纤维及制品产业化推广工程

重点推进生物基、可降解、循环再利用、原液着色等绿色纤维及纺织品研发应用，促进纺织行业绿色低碳循环发展。加快生物基单体、原料高效制备及生物基化学纤维重点品种规模化制备，实现生物基纤维及制品的高品质化、功能化、低成本化；不断提升可降解纤维加工技术水平，开展可降解纤维全生命周期评价；深入推进废旧纺织品循环再生体系构建，建立废旧纺织品分级利用机制，提升废旧纺织品再利用效率。

加快绿色纤维及制品全产业链发展，保障高品质原料自主供应，防范产业链风险，推动关键装备国产化，扩大重点品种生产规模和应用开发，实现低成本生产，拓展应用领域，不断完善绿色纤维及制品标准体系建设。

（四）生态印染加工与清洁生产工程

围绕印染高效低碳绿色加工，加快原创先进技术研发及应用，形成系列解决方案。加强清洁生产、污染防治和资源综合利用，围绕重点污染物开展清洁生产技术改造，加大节能减排工艺、技术和装备的研发和推广力度，加快推进绿色环保上浆工艺，发展应用自动化、数字化、智能化印染装备，进一步推广热能、水资源、染化料等的回收循环利用技术，提高资源利用效率。通过生态印染加工，提高纺织品功能属性，赋予产品价值再造，提升中高端产品供给能力。

全面推进印染绿色制造体系建设，强化产品全生命周期绿色管理，推进产业链协同治理，打造绿色供应链、生态产业链。加快完善清洁生产评价指标体系；鼓励高水平的质量控制和技术评价实验室、检测机构建设；强化绿色科技国际合作。逐步建立基于技术进步的清洁生产高效推行模式，有效削减企业的排污总量和单位产品能耗、水耗指标，提高印染全过程绿色低碳发展水平。

（五）高性能工程用纺织品拓展应用工程

大力发展土工建筑、应急救援、海洋、环境保护等领域的高性能工程用纺织品，不断满足国家在相关领域的重大需求。进一步加强高端工程用纺织品自主研发，加快提升材料整体技术性能和应用水平，实现关键工程用纺织材料自主生产和应用。开发出高性能土工格栅、矿用假顶网、土工管袋等土工材料，纺织基柔性路面、高强度大通量给排水软管、气柱式应急帐篷等应急救援用产品，特种绳缆网等海洋工程用产品，超低排放、高效低阻高精度工业过滤等环境保护产品。

加强重点工程领域创新平台建设，建立与主要工程应用领域的合作对接机制，创新合作模式；加大智能制造、绿色制造升级改造力度；加快推进重点领域、重点产品标准化研究和标准制修订；推进国产化装备、纤维和重点产品的推广应用。

（六）高端健康防护用纺织品研发推广工程

聚焦安全防护和生物医用纺织品全产业链高端化发展的薄弱环节，积极推进产业链基础再造和产业链提升工程，调整优化产业结构、拓展新应用。

加快发展医卫防护纺织材料，开发阻隔性能好、服用舒适、耐久防护及可重复利用口罩、防护服等医用防护纺织品，满足不同场景个体防护需要；发展高性能经济型阻燃防护、舒适性防割、防弹防机械伤害、软质防刺、核生化防护、电离辐射防护等安全防护纺织产品和相关技术。发展高端生物医用纤维，实现宽降解周期的可降解医用纤维材料及高生物安全性医用纤维的国产化，设计与制备可诱导组织定向再生的纺织基生物材料；发展对组织再生原位调控的食道支架、胆道支架、输尿管支架、运动损伤修复材料等响应性人工腔道材料及一体化成型成套装备；推进高端生物医用纺织品的工程化开发，实现关键产品的临床应用。

（七）高端纺织装备制造工程

发展重点纤维品种、纺纱制线、织造、印染、非织造布、特种织物等先进成套装备，提高纺织高端装备相关基础理论和跨领域交叉研究能力，进一步提升高端装备的国产化率和质量。重点发展纺织绿色生产装备、智能加工装备，包括生物基纤维、可降解纤维、再生纤维等化纤生产机械，绿色印染装备和纺织装备能源管理系统；纺织短流程和自动化装备、纺织专用机器人、纺织智能系统与检测、纺织集聚区智能化改造等。

加强纺织机械行业全产业链协同创新，建立先进纺织装备联盟，共同推进纺织重大技术装备和关键技术等创新与突破，鼓励和推动新技术、新装备在纺织行业示范应用。完善纺织机械智能制造标准体系建设，加大纺机行业标准的整合优化力度，推进标准化工作的国际化进程。在"双循环"新发展格局下，以技术引领发展，充分开拓国际国内两个市场，为国内纺织产业升级改造和高质量发展提供装备支撑。

（八）纺织行业智能制造示范工程

推进智能制造关键技术研发与应用，建设纺织生产全流程数字化、智能化车间，加强设计研发、生产制造、企业管理、市场营销、经营决策各环节在智能环境下的综合集成，形成智能化工厂。以纺织装备数字化与信息互联互通为基础，结合国家智能制造标准在纺织行业的应用实施，建立新一代纺织产业智能制造标准体系，优先完成纺织物联标识、纺织设备与系统、工业控制网、纺织工业云平台、纺织大数据平台等相关标准的编制，聚焦纺织智能制造特色技术和模式，构建纺织智能车间/工厂标准体系。

积极推动纺织企业利用新一代信息技术，开展定制化服务和远程运维服务，增强定制设计和协同制造能力，实现生产制造与市场需求的高度协同。加快发展纺织领域智能制造系统集成商，组建产学研用联合体或产业创新联盟，推动装备、自动化、软件、信息技术等不同领域及产业链各环节企业协同创新，逐步形成各领域龙头企业先行推进、细分领域"专精特"企业深度参与的智能制造发展生态。

纺织行业"十四五"绿色发展指导意见

纺织工业是责任导向的绿色产业，建立健全绿色低碳循环的产业体系，是实现整个行业高质量发展的重要标志和基础底线。"十三五"以来，全行业在节能减排、污染防治、资源综合利用、绿色制造体系等方面取得了明显成效，为基本建成纺织强国做出了积极贡献。"十四五"时期，在世界经历百年未有之大变局和我国构建"双循环"新发展格局背景下，在国家碳达峰、碳中和目标导向下，纺织行业推动绿色低碳循环发展、促进行业全面绿色转型将成为大势所趋和重要之策。根据国家和行业"十四五"发展的有关工作部署，在总结"十三五"纺织工业绿色发展状况基础上，现编制本指导意见。

一、现状和形势

（一）"十三五"绿色发展成效

"十三五"时期是建设纺织强国的冲刺阶段。纺织行业贯彻落实《工业绿色发展规划（2016—2020年）》《建设纺织强国纲要（2011—2020年）》《纺织工业发展规划（2016—2020年）》等任务要求，基本实现纺织强国可持续发展和"十三五"纺织行业绿色发展目标。

1. 能源资源利用效率持续提升

"十三五"期间，纺织行业在产能增加基础上，能源消耗量保持微增长，万元产值综合能耗下降25.5%。能源结构持续优化，二次能源占比达到72.5%。屋顶光伏发电技术得到应用，使用天然气大量替代传统燃煤锅炉。取水量逐年下降，万元产值取水量累计下降11.9%。

2. 清洁生产水平大幅提高

"十三五"期间，纺织行业加大节能环保技术装备的研发和推广力度，莱赛尔（Lyocell）纤维、生物基聚酰胺纤维、聚乳酸纤维、壳聚糖纤维等生物基纤维材料制备技术获得突破，原液着色纤维的制备规模和水平大幅提升；无聚乙烯醇（PVA）上浆技术得到发展；连续式机织物成套印染装备的自动化水平不断提高；低能耗气流染色机、气液染色机以及低浴比溢流染色机成为主流间歇式染色设备。

3. 污染减排成效显著

"十三五"期间，纺织行业废水排放量、化学需氧量和氨氮排放量累计下降超10%。废气治理和污泥无害化处置水平进一步提高。企业的化学品管控意识不断提升，产品生态安全性普遍增强。

4. 资源综合利用取得突破

喷水织造废水回用、印染废水分质处理、膜法水处理等废水资源化技术在行业内得到推广应用，印染废水热能回收、定形机尾气热能回收等热能回收技术得到普遍应用。化学法再生聚酯纤维产业化突破技术瓶颈，物理法和物理化学法循环再利用纤维产业化技术获得国家科技进步奖，旧衣零抛弃活动深入推进，废旧纺织品分类回收、科学分拣、高效利用等效率和水平稳步提升。

5. 绿色制造体系逐步形成

进一步推广中国纺织服装企业社会责任管理体系（CSC9000T），社会责任的维度和内涵不断拓展，并且向国内企业在海外投资的工厂覆盖，55家纺织企业加入时尚气候创新2030行动。绿色设计理念在行业内获得广泛认可，2016年以来共有251种绿色设计产品、91家绿色工厂、10家绿色供应链企业被国家列入绿色制造体系建设名录，完成40余项绿色标准制定和发布，头部企业尤其是品牌企业发挥了示范带动作用，全生命周期绿色管理正在加速融入纺织产业链体系。

"十三五"以来，纺织工业绿色发展取得了一定成绩，但也存在诸多困扰发展和需要持续关注的问题。主要包括：绿色环保创新投入偏低，创新型人才缺乏；产业链绿色协同发展相对较弱，产品全生命周期绿色管理能力有待提升；绿色制造体系建设进展较慢，绿色发展公共服务平台支撑作用不强，绿色产品有效供给能力不足，引导绿色可持续消费力度不够；废旧纺织品循环利用产业链体系建设缓慢等。

（二）"十四五"绿色发展形势

1. 应对全球气候变化新挑战

全球气候变暖带来的环境生态风险是人类生存面临百年变局中的严重威胁之一，减少二氧化碳排放越来越成为世界各国和地区的共同责任和战略措施。我国向世界作出碳达峰、碳中和承诺，需要纺织工业做出绿色变革的表率和责任践行，把行业的环境责任全面纳入产业价值体系、创新体系和管理体系，有效驱动行业绿色转型发展。

2. 建设美丽中国新要求

"十四五"期间，构建生态文明体系、促进经济社会发展绿色转型，成为国家建设人与自然和谐共生现代化的战略性构想。同时，全方位全过程推行绿色规划、绿色设计、绿色投资、绿色建设、绿色生产、绿色流通、绿色生活等，成为国家具体实施经济社会发展绿色转型的重要着力点。这些必然对纺织行业建立健全绿色低碳循环发展产业体系提出更高要求和迎来难得机遇。

3. 稳定经济发展新动力

新冠肺炎疫情引发的逆全球化促使各国出于供应链安全考虑，加速重构本国产业体系。一些发达国家实施贸易保护、设置绿色技术壁垒，将给我国供应链安全带来极大不确定性。构建信息透明、可追溯的绿色供应链体系是规避产业链供应链风险的重要手段。后疫情时代，全球将提供更多资金、技术和资源用以提振经济，绿色产业作为经济增长的新动力，将为经济社会稳定发展提供重要支撑。

4. 顺应消费升级新趋势

随着我国全面小康社会目标实现，国内居民人均纤维消费量达到中等发达国家水平，在国内消费升级大趋势引领下，绿色、健康、安全、舒适越来越成为消费者对纺织品服装的基本生活需求，尤其是经过新冠肺炎疫情考验之后，人们更加重视生命安全和健康，绿色化消费趋势将为纺织行业在国内大循环下提供正确的市场取向。

二、总体部署

（一）总体思路

以习近平新时代中国特色社会主义思想、党的十九大和十九届二中、三中、四中、五中全会精神为指导，深入贯彻落实纺织强国可持续发展战略，坚持履行环境责任导向，以绿色化改造为重点，以标准制度建设为保障，优化产业结构，加快构建绿色低碳循环发展体系，建立健全绿色发展长效机制，推动产业链高效、清洁、协同发展，为国内外消费市场提供更多优质绿色纺织产品，不断提升国际竞争力和影响力，引导绿色消费，推进纺织行业绿色低碳循环发展迈上新台阶。

(二)基本原则

1. 坚持市场性原则

强化企业主体地位，坚持市场导向，激发企业绿色发展市场原动力，把握绿色健康消费新趋势，让绿色资源变成绿色财源，形成绿色产品有效供给与消费观念升级良性互动，培育绿色发展市场机制新生态。

2. 坚持创新性原则

积极推进行业绿色发展理念、技术和体制机制创新，以绿色技术创新引领全局，强化产学研用创新融合，加强跨学科跨领域合作，推动环保装备、信息技术、生物技术等创新成果深度融合，推进重点领域关键技术突破，探索绿色发展服务新模式，增强绿色低碳循环发展新动力。

3. 坚持系统性原则

从原材料、研发、制造、产品、销售全面实施绿色转型，扩大绿色工厂、绿色园区、绿色供给链建设，逐步形成全行业绿色投资、绿色设计、绿色生产、绿色流通体系，统筹国内国际两个市场，增强企业绿色竞争力。

4. 坚持协调性原则

坚持行业发展与资源能源利用、生态环境安全相适应，产业结构与区域功能定位相统一，行业当前问题与长期发展相结合，内需市场与国际化发展相协调。

(三)主要目标

到2025年，在行业生态文明建设和履行环境责任取得积极进展下，生产方式绿色转型成效显著，产业结构明显优化，绿色低碳循环发展水平明显提高。

1. 能源利用效率显著提高

能源消费增速进一步减缓，主要产品能耗达到或接近世界先进水平，单位工业增加值能耗较2020年降低13.5%，清洁能源在能源消费结构中占比有所提高，碳排放强度明显降低。

2. 资源利用水平明显提升

水资源消耗量持续下降，单位工业增加值水耗较2020年降低10%，印染行业水重复利用率提高到45%以上。废旧纺织品回收再利用体系进一步健全，循环再利用纤维年加工量占纤维加工总量的比重达15%。

3.清洁生产水平持续提高

先进适用清洁生产技术基本普及，主要污染物排放总量持续减少，排放强度大幅下降，废气得到有效治理。

4.绿色制造体系更加完善

全面推行生命周期绿色管理，全力打造一批绿色工厂、绿色园区和绿色供应链示范企业，推出更多绿色纺织产品。将绿色纤维标志与认证体系建设纳入产品绿色设计中，鼓励龙头企业绿色采购，打通更多绿色产品销售渠道，引导绿色消费。

三、重点任务

（一）推进能源优化提升，积极促进低碳发展

1.推动能源消费优化升级

加强自备锅炉煤炭清洁高效利用，有效推进企业或园区实施煤改气和煤改电进程，鼓励企业继续提高二次能源消费比重，利用太阳能、风能等可再生能源作为补充能源，加快分布式能源中心建设。推动企业和园区做好二氧化碳排放量核算，开展大气污染物排放和碳排放消减"双降"试点示范。

2.促进能源效率稳步提升

强化节能减碳标准约束，引导支持企业低耗能、低耗水项目建设。运用能耗限额、取水定额、行业规范条件等标准法规，推动行业绿色升级改造，着力提高绿色产品设计开发能力，积极开发高附加值、低能耗纺织产品。开展能效领跑者引领行动，树立能源高效利用企业示范样板。

3.强化能源管理持续完善

推动重点用能企业能源管理体系建设，定期开展能源计量自查、能效评估和对标、设备管理人员节能培训，发掘节能潜力。开展重点用能企业能效提升专项行动，鼓励使用高效低耗电机、风机、水泵、压缩机等节能设备。加强重点用能设备保温保养，提高机台能效及余热利用水平，鼓励采用智能化纺纱、织造、染整、服装加工等技术装备，提高劳动生产率。加快制定行业节能低碳标准，鼓励厂房绿色设计。

专栏1　节能减碳重点工程

1. 纺织装备能效提升工程

加快突破闪蒸法、熔喷、静电纺、纤维素纤维溶液纺丝直接成网、熔融共混相分离等纤维材料的产业化制造技术及装备，开发大容量生物基纤维成套装备、废旧聚酯纤维及纺织品再生装备，研发编织一体化技术和装备，推广高效节能喷水织机，发展针织物和涤纶织物连续式印染成套设备、非水介质印染成套设备，突破高精度针织物圆网印花机、高速全幅宽数码印花机、针织物拉幅定形机等单机装备。

2. 公用设施能效提升工程

实施照明设备、电机、空调机组、空压机等用能单元系统化节能改造。

3. 节能低碳改造提升工程

推广低温前处理、冷轧堆前处理和染色、分散染料低温染色和印花、分散染料碱性染色、蒸汽热能分级利用等节能技术，推广太阳能光伏发电、工业窑炉化石燃料替代和余热利用技术，加快绿色纤维制备、废旧纤维循环利用等低碳技术的研发、示范与推广，加快纺织园区能源管理中心建设，提高可再生能源使用比例，加强园区集中供热制冷，余热余压梯级利用。

（二）加强污染消减力度，保障产业生态安全

1.强化清洁生产

以绿色技术驱动产业链各环节降低污染物产排量为核心，深化生产全过程和纺织园区系统化污染防治。制定有毒有害物质替代目录，加强无毒无害物质开发和应用，重视新兴污染物治理，加强可降解纤维材料研发应用，引导行业技术进步和产业结构优化升级。加大清洁能源使用，推进能源梯级利用。加大清洁生产改造力度，持续削减化学需氧量、氨氮、氮氧化物等重点污染物产排量。

专栏2　清洁生产水平提升工程

1. 有毒有害物质替代重点工程

加强高效环保型浆料、染料和印染助剂、高效环保化纤催化剂、油剂和助剂的研发及应用，开发推广绿色环保型阻燃、防水等功能性后整理助剂，推广生物酶技术在羊毛无氯丝光和防缩处理中的应用，在棉纺织行业推行无聚乙烯醇（PVA）上浆或少浆料上浆，在化纤行业推行无锑环保聚酯产品，在印染行业严格控制染化料助剂使用。

2. 生物可降解纤维材料核心技术攻关重点工程

攻克 PBAT（己二酸丁二醇酯和对苯二甲酸丁二醇酯共聚物）、PBS（聚丁二酸丁二酯）、PHBV（聚羟基丁酸戊酸酯）、FDCA 基聚酯（呋喃二甲酸基聚酯）等关键原料制备和高效聚合反应等核心技术，攻关莱赛尔纤维专用浆粕和 NMMO 溶剂、1,3-丙二醇、丙交酯等生物基单体和原料的关键制备技术。

3. 生物基化学纤维的制备和应用重点工程

突破莱赛尔纤维国产化装备大型化技术、低成本原纤化控制技术、溶剂高效回收技术，建立单线纺丝能力 6 万~10 万吨/年莱赛尔纤维生产线。开发 10 万吨级 L—乳酸—丙交酯—聚合—聚乳酸（含熔体直纺）纤维规模化高效制备技术。提升国产虾（蟹）壳、海藻原料高效提纯、制备关键技术，攻克万吨级海藻纤维产业化成套技术及装备、高浓度海藻纺丝液制备及清洁纺丝技术。攻克高效低成本壳聚糖提取关键技术及高效清洁化纺丝技术。

4. 清洁生产技术研发和应用重点工程

研发和推广锦纶 6 熔体直纺、氨纶多头纺丝技术，研发和推广高效短流程前处理、无碱或低碱前处理、低盐或无盐活性染料染色、生物质色素染色、活性染料低尿素或无尿素印花、电化学还原染色、等离子体印染、液氨整理、多功能机械整理等少化学品印染技术，重点攻关数码印花设备的打印喷头国产化关键技术，开发高速数码印花机及高精度打印控制与缺陷检测系统，研究 OnePass 设备、数码+网印联合机、双面数码印花机等新型数码喷墨印花设备。

2. 提高用水效率

大力推广先进适用的节水工艺、技术和装备，推进水资源高效利用和废水资源化，鼓励纺织企业加大循环水、再生水等非常规水资源开发力度，建设非常规水资源利用产业化示范工程。加快完善行业节水标准，推动企业用水效率对标达标。开展水效领跑者引领行动，加强用水管理和水系统集成优化，创建一批典型节水示范项目和标杆企业。

专栏 3 水效提升重点工程

1. 节水技术研发和应用重点工程

研发推广超临界二氧化碳染色、活性染料非水介质染色、针织物平幅连续染色、涤纶织物少水连续染色和分散染料免蒸洗印花等节水印染加工技术。进一步推广化纤机织物连续平幅前处理、针织物连续平幅前处理、小浴比间歇式染色、分散染料碱性染色、高牢度涂料印花、低尿素活性染料印花、低盐低碱活性染料染色、高速数码喷墨印花、泡沫整理等技术。

2. 非常规水资源利用重点工程

推进企业内部用水循环利用，提高重复利用率。推进园区内企业间用水系统集成优化，实现串联用水、分质用水、一水多用和梯级利用。开展废水再生利用水质监测评价和用水管理，推动重点用水企业搭建废水循环利用智慧管理平台。严控新水取用量，有条件的企业或园区，将市政再生水作为生产用水的补充来源。

3. 加强协同治理

深刻认识新阶段污染防治工作的新形势、新特征，以持续改善生态环境质量为核心，围绕产业链供应链开展减污降碳协同治理。推进化学纤维制造、化纤长丝织造、印染等重点行业产业集聚，推进纺织园区集中供热、供汽，统一进行废水处理、污泥处置，完善环境基础设施升级及配套管网建设，推进无组织废气收集和处理技术应用，控制挥发性有机物排放。控制珠三角、长江经济带、黄河流域等纺织产业聚集区污染物排放总量和强度，防控产业链生态安全和环境风险。

专栏4　污染防治重点工程

1. 水污染物治理重点工程

研发推广含盐染色废水循环利用、高级氧化、膜处理技术等印染废水深度处理及回用技术；研发低成本高回用率印染废水深度处理与回用技术、废水近零排放和定形机废气高效收集处理及余热回用技术。

2. 大气污染物治理重点工程

推进含量产品源头替代，督促企业建立原辅料台账，使用数码印花用油墨、涂料等符合标准的低挥发性有机污染物（VOCs）含量产品；推广粘胶纤维低浓度含硫废气治理技术；采用高效适用的定形机、涂层废气处理装置，在原辅料称间安装气体收集和处理系统；强化企业无组织排放管理，提高VOCs治理设施废气收集率、同步运行率和去除率水平，对重点企业依法开展强制性清洁生产审核。

（三）加强资源综合利用，持续推动循环发展

1. 推动园区循环化改造

加快对现有纺织园区的循环化改造升级，延伸产业链，提高产业关联度，实现集中供水、集中供热、集中治污，构建"废布再生短纤、中水循环利用、污泥焚烧发电、余热余压利用"的循环产业链。促进废旧纤维再利用企业集聚化、园区化、区域协同化布局，提升行业清洁化水平。

2. 推进废旧纺织品再利用

引入市场化机制推动废旧纺织品循环利用产业发展，推进旧衣"二手市场"的开放和建立，建设再生产品认证体系。促进以中心城市为载体的废旧纺织品回收分拣示范基地建设，与市场化回收和工业化再利用对接，注重引导和加强关键技术及成套设备研发、成果转化和应用推广。支持再生资源企业利用大数据、云计算等技术优化物流网点布局，建立线上线下融合的回收网络，加快互联网与资源循环利用融合发展。

3. 加强行业规范化管理

研究制定废旧纺织品循环利用领域标准规范，建立行业鼓励和约束机制，促进产业规范化发展。加快落实生产者责任延伸制度，探索再生产品全生命周期可追溯路径。深入研究废旧纺织品资源价值核算方法和评价指标，逐步构建支撑再生纺织品生态价值的市场机制。

专栏 5　资源综合利用重点工程

1. 循环再利用化学纤维重点工程 实施化学法循环再利用涤纶（DMT 法）产能提升项目，实现单线产能达到 5 万吨/年；实施化学法（BHET 法）循环再利用涤纶产业应用试点项目，建成 3 万吨/年生产线；实施瓶片直纺循环再利用涤纶长丝试点示范项目，建设年产 3 万吨高品质长丝产业化生产线。推进循环再利用锦纶、丙纶、氨纶、腈纶及高性能纤维等品种的关键技术开发。
2. 废旧纺织品再利用重点工程 重点突破废旧纺织品资源化学法聚酯醇解、胺解机理等再生利用关键工艺技术，推进含棉/粘胶纤维的废旧纺织品分拣、回收和绿色制浆技术，加大对废旧军服、警服、校服、各类工装等的定向回收、梯级利用和规范化处理，研发分拣、开松、成网一体化设备，以京津冀、长三角、珠三角、长江中部城市群等为中心，建设覆盖重点省市的废旧纺织品资源化回收、分拣、拆解、规范化处理基地。

（四）构建绿色制造体系，稳步提升绿色发展

1. 强化产品全生命周期绿色管理

开展绿色产品评价，发布绿色产品目录，促进绿色生产与绿色消费良性互动。鼓励企业和园区实施绿色发展战略，加快绿色化改造提升，严格执行环境保护相关法规，促进企业环境信息公开，建设绿色工厂和绿色园区。构建从采购、生产、物流、销售、回收等环节的绿色供应链管理体系，培育绿色供应链

示范企业。加快落实生产者责任延伸制度，建立重点产品全生命周期追溯机制。

2．建立绿色化规范化标准体系

着力强化标准引领约束，推动绿色标准贯彻实施，引导企业运用绿色技术进行升级改造，推进标准实施效果评价和成果应用。适时制修订重点产品能耗限额、取水定额及污染物排放相关标准，进一步完善纺织行业清洁生产评价体系，推动印染、化纤等重点行业清洁生产审核。制定"十四五"行业节能减排共性关键技术研发和推广路线图，建设行业绿色数据库，加强印染、化纤等企业清洁生产审核和行业规范管理，提高绿色发展基础能力。

3．开发推广绿色制造技术

推广无水/少水印染加工技术和装备，加快熔体直纺、印染短流程等节能技术推广应用，开发废水资源化、废旧纺织品循环利用新技术，实施定型机废气治理和污泥无害化处置，加强有毒有害化学品替代技术开发，逐步限制壬基酚、壬基酚聚氧乙烯醚等的使用，开发生物基纤维，扩大废旧纺织品在土工建筑、建材、汽车等领域的再利用水平。

专栏6　绿色制造体系建设工程

1．绿色化、智能化印染生产线重点工程

推进印染单机台自动化、数字化改造升级，提高染化料自动称量、配制、输送系统、印花自动调浆系统等自动化装备在行业中的覆盖面，拓宽高性能传感器和印染生产线在线监控系统的应用范围，构建智能化颜色及工艺管理、生产流程管理体系，推广应用半制品快速检测系统，实现对机械参数、工艺参数、能源消耗和过程质量进行全方位监控，提升印染全流程信息化整体水平。

2．绿色制造示范项目重点工程

加快开发具有无害化、节能、环保、低耗等特征的绿色纺织品，培育一批绿色设计示范企业；引导企业按照"厂房集约化、原料无害化、生产洁净化、废物资源化、能源低碳化"标准建设绿色工厂；优化纺织园区用地布局和产业链结构，提高土地集约化水平，加强能源资源循环利用，加快资源环境统计监测基础能力和公共服务平台建设，打造一批绿色纺织园区；通过建立采购、生产、营销、回收等全过程信息可追溯信息系统，推动龙头企业责任延伸，带动上下游供应链企业践行环境责任，形成一批绿色供应链企业。

（五）引导产品绿色消费，实现成果共享发展

1．开展国际交流合作

在"一带一路"等国际合作中贯彻绿色发展理念，着眼于全球资源配置，加强境外绿色纺织生产基地建设，推动绿色技术和绿色服务走出去。加强工业绿色转型、应对气候变化等领域国际科技合作研究，吸引全球尖端研发资源和先进技术向国内转移。推动多边政府部门、研究机构、行业协会、相关企业间的交流互动，支持开展具有国际影响力的绿色交流活动。

2. 提升绿色服务平台支撑作用

依托现有的各类纺织行业绿色发展联盟、协会组织，重点围绕绿色产业补短板、强弱项、锻强链。联合高校、科研院所、领军企业等共同开展重大科技项目攻关，加速绿色技术和产品的创新开发和推广应用。开发和构建纺织行业绿色数据库和信息服务平台。研究重点纺织产业集群生态环境状况和相关环保要求，识别生态环境敏感区和脆弱区，开展综合生态环境影响评估，加强环境应急预警领域的合作交流，提升生态环境风险防范能力。研究重点出口国或出口地区的绿色政策，加强国际交流合作，指导企业在"走出去"过程中履行环境社会责任，降低贸易风险。

3. 营造绿色发展良好氛围

采取多种形式开展政策解读和科普宣传，及时回应社会关切。深入开展生态环境保护宣传活动，引导公众践行绿色生活理念，引导绿色消费，推动构建全民参与的生态环境保护新格局。依法加大信息公开力度，主动接受社会监督。总结纺织行业践行习近平生态文明思想实践成果，完善宣传渠道和长效宣传工作机制，树立生态文明宣传教育工作优秀典型。

专栏 7　生态文明宣传引领工程

1. 优秀案例引领工程

引导和带动企业、院校及相关机构积极参加行业生态文明建设，总结形成一批行业践行习近平生态文明思想实践成果，树立生态文明宣传教育工作优秀典型。围绕可持续时尚、产业绿色转型、废旧纺织品回收利用等重要议题，推动和创建各具特色的宣传活动品牌，如中国纺织生态文明万里行、地球表白日、旧衣零抛弃等。

2. 绿色发展宣传平台创建工程

广泛动员各类媒体创新传播方式，拓展传播平台，以主题采访、拍摄宣传片、出版图书、报告等方式，加强优秀案例新闻宣传。鼓励有条件的企业和机构搭建或利用国际性会议、论坛、展会等平台，组织策划有影响力的宣传活动，全方位向世界展示绿色发展实践成果。

四、保障措施

（一）政策保障

严格环境准入，执行国家关于化纤、印染等重点行业排污许可管理。加快节能、节水、清洁生产、污染排放等标准制修订，围绕绿色产品、绿色工厂、绿色园区和绿色供应链构建绿色制造标准体系。充分发挥企业在标准制定中的作用，鼓励制定严于国家标准、行业标准的团体标准，促进工业绿色发展提标升级。鼓励企业、科研院所、行业组织围绕产品生命周期绿色管理和评价制定国际标准。

（二）资金保障

充分利用财税、金融等现有资金，多渠道筹措绿色转型发展资金，深化产融合作与投融资对接，利用绿色债券、税收优惠等形式，鼓励和支持社会资金转向科技创新、技术改造、绿色制造、行业服务平台建设等领域，推动纺织产业链优化提升。提高资金使用效率，确保发展目标和重点项目按计划推进。

（三）组织保障

行业协会充分发挥连接政府与企业的桥梁纽带作用，围绕纺织行业可持续发展强国战略，加强政策规划、标准法规等方面的建言献策和宣传引导。深入开展绿色发展相关企业调查、行业研究、信息咨询、技术推广、检测认证、贸易摩擦、展览展示、新闻宣传等服务工作，积极推进企业社会责任建设，加强行业自律，促进产业健康发展。引导纺织企业用好国家各项政策措施，及时反映行业发展动态、企业诉求，提出相关政策建议。

（四）人才保障

大力培养高技能人才，鼓励纺织高校、科研院所及行业龙头企业创新合作模式，结合市场导向和企业转型升级需求，培养一批"具有国际视野、掌握国际规则、熟悉环保业务"的复合型人才，形成一批具有影响力的科学研究基地和人才培养基地。拓宽人才引进渠道，促进人才向产业绿色化集聚。构建绿色发展的科技支撑体系，建立专家智囊团，为行业绿色发展提供更加坚实的人才保障和智力支撑。

（五）社会保障

提升行业生态文明建设宣教能力，加强信息传播能力建设，建立功能完善、互联互通的信息网络平台，做好产业政策宣传引导，加大信息公开和新闻宣传力度，维护公众的环保知情权。注重树立先进典型，讲好纺织环保故事，组织开展经验交流，营造绿色发展良好氛围。充分发动和依靠全社会力量，引导公众绿色消费，形成人民群策群力、共建共享的生动局面，为行业绿色发展提供保障。

纺织行业"十四五"时尚发展指导意见

根据《国民经济和社会发展第十四个五年规划和 2035 年远景目标纲要》，围绕中国纺织行业发展新定位，基于品质化、个性化、多元化、绿色化的消费需求迭代，顺应外延式扩张到内涵式发展的产业转型升级逻辑，中国纺织行业的时尚发展，将实现以创意设计为核心、科技创新为支撑、优秀文化为引领、品牌建设为抓手、可持续发展为导向的创意高密集、资源高融合、产品高附加值发展，旨在构建时尚资源的集成创新生态体系，最终引领时尚消费潮流、满足人民对美好生活的新期待，提升中国时尚话语权，创建世界纺织时尚强国。

一、现状和形势

（一）"十三五"纺织行业时尚发展成效

1. 时尚研发的先导机制初步确立

作为时尚发展的先导驱动，由专业机构、重点企业、产业集群、专业院校组成的流行趋势协同研究发布机制初步形成，全面覆盖了色彩、纤维、纱线、面料、服装、家纺等产业链各环节，有力保障了流行趋势的系统传导与价值转换。

2. 时尚设计的原创能力明显提高

作为时尚发展的核心能力，全行业的时尚创意设计能力从过去的简单模仿阶段，逐步过渡到主张原创设计、凸显中国特色的自主创新阶段，文化承载与运用能力明显提升，设计人才梯队有效建立。"十三五"期间，全国有超过 100 所本科院校、300 所高职院校设有服装设计与工程专业，为时尚设计人才队伍建设提供基础保障。

3. 时尚发展的科技应用能力不断增强

作为时尚发展的刚性支撑，全行业时尚发展的科技应用能力不断增强，新材料、新工艺、新技术大量运用，新制造、新产品、新体验不断突破。以环保为导向的功能性材料，小批量、个性化定制模式，从设计到生产全流程的数字化解决方案，3D 打印、虚拟试衣以及基于生物特征识别技术、基于环境的情境识别技术、基于全方面感知技术的智能可穿戴设备，成为时尚发展的重点与亮点。

4.时尚品牌的运营能力系统提升

作为时尚发展的主要价值载体，时尚品牌运作细分化、个性化、多元化趋势更加明显。"十三五"期间，国内主要大型商业实体的服装家纺自主品牌约 4500 个，增长近三成；时尚元素更多融入产品开发设计和零售渠道环节，以多品牌、多业务布局为特征的时尚集团日渐增多。原创潮流品牌消费规模逐年提升，占品牌消费的比重已超过 15%；一批优势品牌到国外开设终端店铺，超过百家品牌通过世界知名时装周展示中国时尚的魅力，中国品牌的国际影响力有所提升。

5.时尚消费的模式创新层出不穷

作为时尚发展的模式应用，智慧零售、跨界零售、无人零售、绿色零售等新业态、新模式发展，全客群、全渠道、全品类、全时段、全体验、全数据、全链路深度融合，移动互联技术、VR 技术、人工智能技术、裸眼 3D 技术不断创新流通业态、创新购物场景、创新服务体验。

（二）存在的问题

1.时尚创意的设计动力依然不足

时尚设计的高质量供给能力不足，抑制了有品类、有品质、有品位的消费审美，导致产品趋同、服务趋同下的产能过剩与低价竞争依然存在，适应中国消费市场的原创设计仍较匮乏。原创设计保护力度不足，设计文化创新驱动缺乏原生动力，尚未获得良好的成长环境。

2.时尚发展的科技支撑力有待加强

以时尚产品为服务目标的科技驱动力有待加强。新一代信息技术、生物技术、新材料等科技创新围绕时尚产品的应用转化率依然不足，时尚产品质量的稳定性、时尚新品的市场成熟度及时尚服务的体验感等方面仍有巨大提升空间。

3.时尚文化的引领能力尚显不足

行业缺乏具有较强文化引领能力的自主品牌，消费认知的能力有待进一步引导和培育。部分品牌尚未形成鲜明的品牌文化基因，导致风格识别性不够，产品附加值不高，文化自信不足。

4.时尚主流的话语影响力处于弱势

在全球产业链分工体系中，中国纺织行业的时尚创造力、感召力与公信力依然处于相对弱势地位。多媒介、有创意、有影响力的时尚舆论导向能力不强。具有符号意义的"大师、大事和大牌"在主流时尚话语权体系中呈现缺席状态，尤其是内涵深刻、技术先进，具有相当文化渗透力的世界级知名时尚品牌较少。

5.时尚人才的系统保障力仍需提升

伴随着时尚发展不断交叉、融合和渗透的趋势，具有自主创新能力的设计人才、创意人才以及生产性服务业人才，尤其是具备运营时尚产业综合技能的跨学科、跨行业领域的高端、复合型人才，在行业内呈现较为明显的结构性短缺，无法适应时尚需求的快速迭代。

（三）"十四五"发展趋势

"十四五"时期，中国纺织行业的时尚发展将重点呈现三个维度的时尚特征：

1.以需求驱动为特征的"生活时尚"

步入数字经济时代，以个性化需求、体验式服务、精神型消费为基础的生活时尚将不断引领生产方式的进化，基于快速反应、有效产能的柔性供应链将被重构。时尚新业态与时尚新商业模式的出现，将进一步提升时尚供给侧与需求侧的精准匹配与价值统合。

2.以时尚文化复兴为特征的"本土时尚"

以中国特色时尚文化复兴为特征，本土品牌将逐步摆脱由西方时尚文化主导的跟随型、依附型发展模式，基于传统与当代时尚文化资源的加速融合，时尚人格更趋原创、独立、丰富，国潮驱动下的"世界级时尚品牌"诞生有望。

3.以可持续发展为特征的"绿色时尚"

可持续时尚的发展，不断体现在发展观念与产业实践、供给侧到消费端的统一性，以及以绿色原料、绿色设计、绿色生产、绿色营销、绿色消费为抓手的绿色产品全生命周期管理，持续推动全产业链制造高效化、清洁化、低碳化、可循环化发展。

二、重点发展目标

"十四五"期间，围绕打造世界纺织时尚强国的产业愿景，中国纺织行业应加快建成具有中国特色、世界影响、时代特征的时尚生态，大力推动基于文化价值、美学价值、技术价值和商业价值的产业复兴与时尚创新，以科技赋能创新，以包容彰显个性，以人文塑造价值，实现纺织产业的创意高密集、资源高融合、产品高附加值，缔造时尚强国的中国精神、中国价值与中国话语权。

1.科技创新与设计提升目标

提升以智能预测、智能设计、智能时尚供应链、智能营销为一体的时尚产业链综合管理能力；加强新材料、新工艺、新技术与产业时尚发展的融合，引导个性化定制与柔性制造技术广泛应用；加大创新研发投入，注重提高企业研发设计人员占比，工业设计投入占企业研发投入比例达到30%以上，实现发明专利、实用新型专利、外观设计专利授权量持续增长。

2.文化赋能与品牌建设目标

培育一批体现新时代精神和中华优秀文化的纺织大工匠、工艺美术大师、行业设计人才，重点推广100位纺织工业文化先锋人物；培育一批品牌竞争力优势企业，推动企业品牌与区域品牌协调发展，培育百亿元以上品牌价值企业超过40家，重点培育3~5个时尚品牌集团跻身国际知名品牌阵营，培育千亿元以上品牌价值产业集群，提升区域品牌的全球时尚影响力。

3.责任践行与绿色发展目标

打造一批绿色工厂、绿色园区和绿色供应链示范企业，组织一批企业践行产品全生命周期绿色管理，加速气候创新行动，实现从碳达峰到碳中和的跨越，形成中国纺织行业绿色制造和绿色消费的可持续时尚生态。

三、重点任务及重点工程

（一）以文化为引领，提升时尚发展软实力

1.开展时尚文化的资源梳理与应用研究

提炼中国纺织行业的特色文化内涵，开展中华优秀文化与当代消费审美的创新性研究与跨学科研究，深化中国文化基因研究阐释，加强非物质文化遗产与产品的技艺融合、资源转换与市场应用。以纺织工业遗产、纺织工业旅游、纺织工业文化博物馆为载体，推动纺织工业文化与大众消费文化的融合，促进产业时尚向消费时尚的认知转换。

2.深化时尚文化的跨界融合与平台建设

注重发挥专业展会、时装周、设计大赛等时尚文化交流平台的作用，融合产业发展、城市建设与区域创新，促进跨界时尚资源的深度聚合。支持以中国元素、中国传统文化为设计灵感和风格的设计师与品牌"走出去"，遴选优秀设计人才予以重点扶持，布局设计价值转换的全球商业渠道，提升中国时尚的全球文化影响力。

专栏 1　时尚文化引领工程

1. "纺织非遗"的时尚再生工程
设立"纺织非遗"时尚再生基金，开展纺织非物质文化遗产与区域文化、民族文化与世界时尚文化之间的关联性与渗透性研究；组织纺织非遗传承人群研修研习培训，提高纺织非遗产品的设计研发能力，实现有效的活态传承。

2. "时尚文化"的跨界融合工程
建立以纺织服装为主体的时尚文化跨界联盟，围绕技术融合、产品融合与市场融合，打破行业界限，横向整合时尚商业、文化艺术、影视、电子、动漫、建筑等关联产业资源的泛时尚生态，提升研发、营销、传播一体的时尚发展综合能力建设。

（二）以设计为依托，提升时尚发展支撑力

1.培育复合维度下的时尚设计人才

优化时尚人才支撑体系，完善时尚人才培养和成长体制机制。推动培育纺织产业不同细分行业领域内，复合型、多梯度的专业时尚人才。重点培育能够代表中国时尚、风格鲜明，具有市场影响力的时尚设计大师。

2.培育平台协同下的时尚设计能力

加大工业设计平台建设，提升纺织工业时尚设计管理水平，加快纺织工业设计关键环节和共性技术的联合攻关和协同研发，建立健全纺织工业设计规范和标准体系。

专栏 2　时尚设计提升工程

1. "时尚大师"与"时尚大匠"重点塑造工程
启动服装、家纺、针织等细分行业领域内的"中国时尚大师"塑造计划，引导商业资本对其拓展全球市场开展扶持。启动丝绸、染织、刺绣等纺织工艺美术领域内的"中国时尚大匠"塑造计划，组织面料设计师评选、服装制板师大赛等职技竞赛，倡导"艺技融合"的工匠精神。

2. "高质量时尚设计平台"创建工程

创建可输出高质量产品设计的专业型研发平台。积极开展国家级省级纺织工业设计中心建设,培育评定一批特色鲜明、创新能力强、发展水平居全国先进地位的纺织行业企业工业设计中心,完善时尚设计创新组织体系。

(三)以科技为驱动,提升时尚发展硬实力

1. 加快纺织智能时尚的数字化升级

构建数字化、网络化、智能化的时尚设计体系,发展集成设计、系统设计、柔性设计、互动式设计和情感化设计等,加快3D、5G、AI、VR、传感等核心技术的交叉融合,加快智能可穿戴设备等时尚产品的研发与应用,利用虚拟技术提升智慧零售的时尚体验,强化数据对时尚供给侧与需求侧的双向赋能、赋值、赋智作用。

2. 加快纺织时尚柔性制造的模式升级

构建以数字化、智能化、柔性化技术为核心的时尚制造体系,促进以建模仿真、立体编织、3D打印等为代表的新型制造技术与时尚产品的跨界融合发展;紧跟流行趋势和消费需求,以小批量、短周期的生产模式实现适时、灵活、便捷、快速响应的定制生产。

专栏3 科技创新驱动工程

1. 人工智能时尚平台建设工程

建立产业大数据和人工智能创新应用示范中心,构建智慧趋势研究实验室,利用人工智能视觉识别技术开发色彩、图案、面料、款式等设计要素的识别模型;利用人工智能情感化计算框架和生成式设计模型,开展时尚创意设计。

2. 大规模个性化时尚定制升级工程

推进服装定制交互平台技术、模块化设计、便携式三维人体测量技术和装备的研发应用,采用虚拟现实、增强现实等技术,开发远程协同设计和3D动态时尚体验技术。

通过数字化技术在设计(CAD)、研发(CAE)、生产(CAM)的集成应用,实现人体数据采集、虚拟试衣、样板和工艺的自动生成、柔性生产加工的无缝连接,实现服装智能制造的设计研发生产新模式。

（四）以品牌为主体，提升时尚发展承载力

1.加强品牌的消费引领能力建设

培育一批承载中华文化、引领时尚消费的"国潮"品牌，推动企业与独立设计师开展时尚供给、创意设计与渠道建设等合作，提升参与国际竞争与合作能力，持续推进品牌价值评价，培育一批有中国特色、世界影响、时代特征的优势品牌。

2.加强品牌的资源集聚能力建设

制定区域品牌战略规划，着力提升区域内部协同发展能力；建立规范集体商标使用与管理机制，注重区域品牌美誉度与影响力提升；开展区域内竞争力优势企业遴选，充分发挥优势品牌的带动作用，持续推进区域品牌与企业品牌协调发展。

> **专栏4　时尚品牌建设工程**
>
> 1. "国潮"品牌培育工程
>
> 制定实施"国潮品牌培育计划"，培育一批中国文化特色明显的"国潮"品牌，借助数字化技术手段，开展潮流消费方式研究，鼓励支持中国品牌日、时装周、博览会、时尚节等行业活动设立国潮专区；持续深化"基于中华文化的当代礼仪着装指南"工作，鼓励支持基于中华优秀文化的礼仪服饰设计与着装应用。
>
> 2. "中国品牌消费节"工程
>
> 组织一批优势纺织服装自主品牌，通过线上线下多种渠道每年开展"中国品牌消费节"系列活动。联合线上平台在"510中国品牌日"、"618"、"双11"等期间开展网络直播、即秀即买等多种形式的消费节活动，设立中华文化特色、智慧生活、健康生活、匠心生活、以旧换新等特色专区；联合各地商业综合体、创意园区、特色小镇、文化老街、艺术博物馆等时尚文化地标，组织开展优秀品牌与非遗作品发布秀、DIY创意手工制作、线上及现场直播带货等多种形式的品牌消费节活动。

（五）以可持续发展为导向，提升时尚发展责任力

1.加强可持续时尚的标准体系建设

推广可持续供应链管理和企业社会责任实践，构建可持续时尚标准化评价体系，推动标准化评价体系与国家政策法规的有效对接；完善可持续时尚原料、技术、产品的认证，适时应用区块链技术建立基于"互联网+"的可持续时尚

追溯体系。

2. 引导可持续时尚的全生命周期管理

按照中国时尚产业的气候创新 2030 行动路线，提升时尚品牌的能源利用效率，强化产业协同，加速低碳化转型，推进时尚品牌从末端治理到产品全生命周期管理。基于新生代消费习惯与生活方式研究，组织编制《纺织品服装可持续时尚消费指南》，利用大型行业活动、社会媒体、网络直播平台等，加强对可持续时尚消费理念的宣传推广，促进可持续时尚对于消费理念和行为模式的广泛渗透，切实引导广大消费者践行可持续消费。

专栏 5　可持续时尚竞争力塑造工程

1．可持续时尚诚信供应链推广工程 建立以责任发展为目标、行业监督为约束、诚信效果可评价的行业企业诚信体系。以企业管理诚信建设为重点，以产业链诚信为突破口，以诚信文化、诚信人才建设为抓手，打造负责任和受尊重的中国纺织时尚新形象。
2．可持续时尚消费引导工程 建立基于"互联网+"智能可追溯体系；倡导避免过度消费、提高产品耐用性能与绿色审美倾向，鼓励企业通过开发修补、分享、租赁、转卖和定制等服务，鼓励消费者建立绿色、环保，具备文化自信力的消费价值观。

四、保障措施

（一）给予税收和金融支持

1. 加强税收政策支持时尚品牌发展

对于全链路数字化升级的纺织服装时尚企业，按照高新技术企业享受相应的企业所得税税收优惠；对于独立设计师品牌，一定期限内给予税收优惠，其中获得国内外知名设计类奖项的品牌给予适当期限延长；对于大学生从事纺织行业时尚发展相关的创新创业活动，一定期限内给予税收优惠。

2. 鼓励引导金融支持时尚品牌发展

鼓励引导国内外风险投资、创业投资、股权投资、天使基金等机构投资时尚发展的纺织服装企业和市场化独立设计师品牌；积极稳妥发展中小微企业的时尚供应链金融，为促进时尚发展提供高效便捷的融资渠道。

（二）引导加大资金支持

1. 加大纺织行业时尚发展专项资金的支持力度

支持优势时尚品牌企业布局海外市场，引进国外先进工艺技术与设备；支持独立设计师品牌、企业品牌和区域品牌参加国际知名时装周等展演活动。

2. 积极引导政府、企业、第三方机构等联合建立时尚发展基金

重点支持创意设计服务平台和时尚创意园区、特色小镇等时尚载体建设；支持产教结合的"订单式"人才培育模式，实施学校教师和企业师傅共同承担教育教学任务的双导师制度。

（三）发挥行业协会作用

1. 发挥行业协会协调、服务作用

组织开展优秀品牌、优秀人才、时尚载体的申报、推荐工作及品牌、人才培育活动，协助品牌"走出去"及资源"引进来"。

2. 发挥行业协会研究、监测作用

组织专业机构和行业专家建立健全城市时尚指数评价体系、时尚品牌竞争力评价体系、人体数据标准体系等基础研究体系，加强推广应用；及时监测行业发展状况，完善统计指标体系。

（四）实施示范引领

1. 加强优秀品牌的引领带动作用

选树优秀的区域品牌作为试点示范宣传推广，支持开展优秀企业品牌和设计师品牌遴选与宣传推广活动。鼓励支持各地围绕纺织行业时尚发展举办时尚论坛、专题研讨会等交流活动，加强政产学研商等各界交流，推广纺织行业时尚发展先进经验。

2. 有序推进时尚载体建设示范引领

由行业管理部门、地方政府、行业协会联动，加强创意园区、时尚街区、特色小镇建设，选树一批标杆持续开展试点示范，进行广泛宣传与经验推广。

（五）优化产业时尚发展的生态环境

1. 进一步改善营商环境

优化公平竞争的市场环境，切实保障时尚品牌在准入许可、经营运行、招投标等方面的话语权；持续改善规范线上营商环境，切实落实电商平台责任；大力倡导产业链诚信，约束失信企业，建立金融信保体系；强化知识产权保护

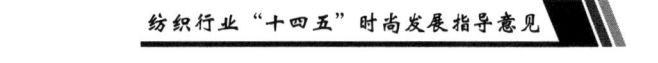

和服务，建立时尚品牌的知识产权信用公示制度和纠纷预警机制。

2. 引导社会各类媒介的正向推广

立足国内国外的时尚舆论体系引导主流媒体、新兴媒体和社交平台等各类媒介，加大对时尚文化、时尚品牌、时尚活动的多维度、创意化推广，广泛传播时尚消费理念，宣传健康消费方式，展示鲜活、立体、全面的中国纺织行业时尚发展面貌，打造融通中外的新理念、新范畴、新表述，提升中国时尚品牌影响力与中国时尚文化自信。

YELLOW BOOK 化纤黄皮书
of China Chemical Fibers Industry

综合规划篇
专题规划篇
专题研究篇
产业政策篇

纤维素纤维
聚酯涤纶
再生化学纤维
锦纶行业
氨纶行业
腈纶行业
丙纶行业
维纶行业
高性能纤维
生物基及原料
非纤用聚酯
化纤油剂助剂

2021~2025
中国化纤行业发展规划研究

The Study of the Fourteenth Five-year Plan for China Chemical Fibers Industry

"中国化学纤维工业协会·恒逸基金"奖
——化纤界的诺贝尔奖

优秀学术论文　软课题

杰出青年教师和优秀青年教师

杰出工程师和优秀工程师

杰出技术工人和优秀技术工人

中国化学纤维工业协会·恒逸基金，2013年由中国化学纤维工业协会和浙江恒逸集团共同发起，并由恒逸集团捐资设立，旨在深化基础理论研究，推动原创技术发展，鼓励行业切实有效地开展学术研究，深化基础研究水平，推动行业进步。奖项表彰在全国化纤行业基础研究、管理创新、成果推广中做出突出成就的个人以及化纤类高校的优秀教师及学生。

"中国化学纤维工业协会·恒逸基金"奖每年评选出优秀学术论文给予奖励，评选活动由中国科学技术协会指导，中国化学纤维工业协会和中国纺织工程学会联合举办，奖项设立以来，共收到学术论文2350篇，表彰论文865篇，表彰科技工作者4208人次，几十项化纤前沿新技术、新成果得到行业关注并在行业内推广，从而推动化纤行业的技术进步，论文作者得到行业肯定。该奖项已经成为行业内具有广泛和深远影响的学术奖项。

为了持续稳健地支持行业科技进步与创新，自2021年起增设"中国化学纤维工业协会·恒逸基金"卓越科技人才奖，该奖项分为三类：①杰出青年教师和优秀青年教师；②杰出工程师和优秀工程师；③杰出技术工人和优秀技术工人。

2020年起中国化学纤维工业协会·恒逸基金增设"软课题征文"，"优秀学术论文""软课题"常年征文，每年征文截至时间为当年4月20日。

投稿邮箱：
ccfanobel@163.com

投稿官网：
ctes.ccfa.com.cn

联系电话：
010-51292251-613、629

联系人：
李增俊

再生纤维素纤维行业"十四五"规划研究

中国化学纤维工业协会纤维素纤维分会

我国是全球最大的再生纤维素纤维生产国，主要包括传统再生纤维素纤维（粘胶纤维）、莱赛尔纤维及醋酸纤维（用于烟用丝束）等再生纤维素纤维产品。"十三五"期间，我国再生纤维素纤维产能产量稳步增长，产业结构进一步优化，以莱赛尔纤维为代表的新型再生纤维素纤维产品已经实现了关键技术突破，正在迎来快速发展期。

《再生纤维素纤维行业"十四五"发展规划研究》总结分析了"十三五"时期我国再生纤维素纤维行业取得的成绩和存在的问题，明确"十四五"期间行业的发展目标、发展重点、技术方向和主要任务，旨在为"十四五"期间再生纤维素纤维可持续、健康发展提供参考。

一、"十三五"行业发展概况

（一）产能产量持续增长

2020 年我国再生纤维素纤维产量约 400.0 万吨[1]，其中粘胶短纤维产量 379.0 万吨，粘胶长丝产量 16.5 万吨，莱赛尔纤维产量 4.5 万吨。再生纤维素纤维产量比 2015 年增长 15.91%，年均增长 3.0%（表 1）。

表 1 中国纤维素纤维产量情况表

单位：万吨

品种		2010 年	2015 年	2020 年
再生纤维素纤维		183.5	345.1	400.0
其中	再生纤维素短纤维	164.6	325.9	379.0
	再生纤维素长丝	18.9	18.3	16.5
	莱赛尔纤维	0	0.9	4.3

资料来源：根据国家统计局统计资料整理

---

[1] 醋酸纤维在纺织领域应用较少，该数据未包含醋酸纤维产量。

相比于产量的稳步增长,再生纤维素纤维产能变化更为明显。其中粘胶短纤维产能从 2015 年的 364 万吨增长至 2020 年的 519.5 万吨,年均增长 9.30%;粘胶长丝产能则从 2015 年的 17.6 万吨增长至 2020 年的 22.3 万吨,年均增长 6.14%;莱赛尔纤维产能从 2015 年的 1.6 万吨快速发展到 2020 年的 20.35 万吨,行业关键技术取得了技术突破。

(二)产能结构进一步优化

2020 年中国大陆有再生纤维素纤维生产企业 24 家(以集团公司为单位),行业整合持续进行,其中粘胶短纤维企业 14 家,粘胶长丝企业 5 家,莱赛尔纤维生产企业 9 家(部分企业为多主业)。

粘胶短纤维行业市场竞争激烈,行业兼并重组及产能扩张同步进行,超过一半企业在"十三五"期间投建新生产线或进行了扩能改造。短纤维行业 12 万吨生产线全面成熟,规模效应进一步显现,运行成本降低,经济效益更具竞争力。部分落后产能则相继退出或搬迁升级改造。目前年产 50 万吨以上规模的集团达到 3 家,其总产能占全行业总产能的 55.1%,6 万吨以下的企业已经基本退出(表2)。目前业内前 7 大企业已经控制了行业产能的 80.8%,占行业有效产能的 88.1%。

表2 再生纤维素短纤维产能规模统计

产能规模	2015 年 企业数	产能(万吨)	产能比重(%)	2020 年 企业数	产能(万吨)	产能比重(%)
50 万吨以上	2	100	27.8	3	286	55.1
20~50 万吨	6	183	50.9	4	134	25.8
6~20 万吨	7	63	17.5	6	56.5	10.9
6 万吨以下	4	13.5	3.8	0	0	0
未运行装置*	—	—	—		43	8.3
合计	19	359.5	100%	13	509.5	100

注 *装置存在但长时间停产/搬迁/改造,难以短时间复产的装置。

资料来源:中国化学纤维工业协会整理

截至 2020 年底，粘胶短纤企业的控制产能中，国有及国有控股占 46.5%，民营资本占 22.7% "三资"企业占 30.8%（表 3）。相比于"十三五"初期，以短平快经营理念发展的部分民营资本逐步退出；具有产业链协调优势，注重产品质量，规范管理，持续进行环保投入的国有企业继续发力；具有国际视野、技术优势、品牌优势、国内外资源协同优势的三资企业也在快速扩张。

表 3 再生纤维素纤维行业产能资本结构统计

单位：万吨

企业性质/年份	2015 年	比重	2020 年	比重
国有及国有控股企业	161	42.6%	241.5	46.5%
民营企业	143.8	39.2%	118	22.7%
"三资"企业	69	18.2%	160	30.8%
合计	378.3	100%	519.5	100%

资料来源：中国化学纤维工业协会整理

粘胶长丝行业在"十三五"期间经历了大幅调整，部分落后产能逐步退出，行业龙头企业进一步扩张，尽管产能产量增长有限，但行业结构及产品结构都有进一步优化调整。"十三五"末相比"十三五"初期，企业数量从 9 家减少到 5 家，降幅达到 44.4%，与此同时长丝年产 4 万吨以上骨干企业产能比重达到 89.7%，比 2015 年增加 36.51%，业内形成三足鼎立格局（表 4）。

表 4 再生纤维素长丝产能规模统计

产能规模	2015 年 企业数	产能（万吨）	产能比重（%）	2020 年 企业数	产能（万吨）	产能比重（%）
4 万吨以上	2	10	53.2	3	20	89.7
2~4 万吨	1	2.7	14.4	0	0	0
1~2 万吨	3	4	21.3	1	1.5	6.7
1 万吨以下	3	2.1	11.2	1	0.8	3.6
合计	9	18.8	100	5	22.3	100

资料来源：中国化学纤维工业协会整理

（三）莱赛尔纤维实现突破

我国从20世纪90年代初期开始对莱赛尔的纺丝工艺技术进行探索试验，经过多年的研究探索及技术引进消化吸收再创新，"十三五"期间，我国莱赛尔纤维实现了工业化生产并快速发展。保定天鹅于2015年建成国内首条1.5万吨级莱赛尔纤维生产线；中国纺织科学研究院则完成了全自主知识产权的国产化莱赛尔工程技术研发。目前我国已经有10余家企业在莱赛尔纤维行业进行投资布局，2020年行业产能达到22.3万吨，在建、规划产能超百万吨。

（四）产品种类进一步丰富

"十三五"期间，粘胶短纤维各个维度的创新百花齐放。原料来源方面，除棉浆、木浆、竹浆等差异化粘胶纤维产品外，利用回收的棉纺织品生产的"循环再利用粘胶纤维"开始受到终端服装品牌追捧。功能性开发方面，除传统的阻燃纤维、原液着色纤维外，相变储能纤维、植物改性纤维（如薄荷纤维）等品种相继推向市场。产业链创新方面，企业开始针对下游不同纺纱机型开发定制化纤维产品，进一步提升了下游的生产效率及产品质量。此外，受新冠肺炎疫情影响，无纺领域的高洁净度纤维用增长迅速，并被广泛应用于面膜、湿巾、医用纱布、一次性毛巾、一次性手套、外科用一次性手术服、一次性床单等领域。

粘胶长丝除了继续用于绣花线、澡巾、小花、被面等传统应用领域外，其在富丽绉、乔其绒、曲珠纱等领域的应用比例进一步增长；产品规格则从传统的120D逐步向50D、60D、75D等细旦化纤维转移，产品附加值进一步提升。

（五）装备水平持续提升

"十三五"期间，随着再生纤维素纤维生产技术、机加工能力的快速发展，中国设计单位、装备制造企业开始从服务国内企业向服务国内外企业升级。中国自主设计、自主研发、装备全面国产化的12.5万吨生产线已经全面成熟，成为国内外新上项目的首选。

与此同时，随着国内企业逐步掌握莱赛尔纤维生产技术。莱赛尔纤维生产装备的国产化程度也在快速提升。目前国产化装备已经能够满足主要生产单元需求，包括薄膜蒸发器等核心装备也已经初步实现国产化并被部分国内企业选用。

（六）节能减排进步明显

"十三五"期间，再生纤维素短纤维行业龙头企业带头践行绿色可持续发展理念，通过组建"再生纤维素纤维行业绿色发展联盟"加强协作创新能力，加强企业间相互学习并加大环保投入，积极开展国内外绿色发展的对标工作，清洁生产水平持续改进，生产中的废气、废水大幅度下降。行业环境治理指标在全面符合国内环保要求的基础上，正朝着国际先进水平看齐。

（七）行业管理更加优化

《粘胶纤维行业规范条件》全面实施。为引导再生纤维素纤维行业发展，工信部于 2017 年发布《粘胶纤维行业规范条件（2017 年版）》，对粘胶纤维工厂布局、工艺装备、资源消耗、环境保护等方面进行了要求。截至 2020 年底已有 21 家企业通过规范条件，对引导行业产业转型及高质量发展起到了重要的引导作用（表5）。

表5 已通过规范条件评审企业名单

编号	企业名称	备注
1	成都丽雅纤维股份有限公司	第一批
2	阜宁澳洋科技有限责任公司	第一批
3	河北吉藁化纤有限责任公司	第一批
4	恒天海龙（潍坊）新材料有限责任公司	第一批
5	湖北金环新材料科技有限公司	第一批
6	吉林化纤股份有限公司	第一批
7	兰精（南京）纤维有限公司	第一批
8	赛得利（福建）纤维有限公司	第一批
9	赛得利（江西）化纤有限公司	第一批
10	赛得利（九江）纤维有限公司	第一批
11	山东雅美科技有限公司	第一批
12	山东银鹰化纤有限公司	第一批
13	唐山三友集团兴达化纤有限公司	第一批
14	唐山三友远达化纤有限公司	第一批
15	新乡化纤股份有限公司	第一批
16	宜宾海丝特纤维有限责任公司	第一批
17	宜宾丝丽雅股份有限公司	第一批
18	浙江富丽达股份有限公司	第一批
19	玛纳斯澳洋科技有限公司	第二批
20	新疆天泰纤维有限公司	第二批
21	新疆中泰纺织集团有限公司	第二批

节能减排标准体系逐步完善。2018 年发展改革委、生态环境部、工信部联合发布了《再生纤维素纤维制造业（粘胶法）清洁生产评价指标体系》。指标体系从生产工艺装备及技术、资源与能源消耗、资源综合利用、污染物产生、产品特征、清洁生产管理等方面对行业节能减排工作提出了要求。2016 年《取水定额第 25 部分：粘胶纤维产品》（GB/T 18916.25）正式发布实施，标准进一步规范了现有、新建和改扩建再生纤维素纤维生产企业的取水量要求，促进行业进一步优化对水资源的利用。

进一步明确产业结构调整方向。2019 年发展改革委修订发布 《产业结构调整指导目录（2019 年本）》（表 6），明确了再生纤维素纤维行业中鼓励类、限制类、淘汰类的相关技术装备，进一步加强对行业发展的引导作用。

表 6　产业结构调整指导目录（2019 年本）节选

种类	内容
鼓励类	阻燃、抗静电、抗紫外、抗菌、相变储能、光致变色、原液着色等差别化、功能性化学纤维的高效柔性化制备技术；智能化、超仿真等功能性化学纤维生产；原创性开发高速纺丝加工用绿色高效环保油剂 采用绿色、环保工艺与装备生产新溶剂法纤维素纤维（Lyocell）、细菌纤维素纤维，以竹、麻等新型可再生资源为原料的再生纤维素纤维、聚乳酸纤维（PLA）、海藻纤维、壳聚糖纤维、聚羟基脂肪酸酯纤维（PHA）、动植物蛋白纤维 废旧纺织品回收再利用技术、设备的研发和应用，利用聚酯回收材料生产涤纶工业丝、差别化和功能性涤纶长丝、非织造材料等高附加值产品
限制类	半连续纺粘胶长丝生产线 粘胶板框式过滤机
淘汰类	R531 型酸性粘胶纺丝机 4 万吨/年及以下粘胶常规短纤维生产线

（八）品牌意识逐步增强

"十三五"期间，随着企业研发力度的不断深入，产品质量的持续提升，上下游合作的不断深入，越来越多的企业跳出传统的产销模式，开始在营销中注重企业文化表达，逐步塑造自己的品牌形象。各企业开始根据差异化产品特色，逐步构建自己的品牌矩阵，通过注册不同的子品牌、针对不同客户设置不同的推广策略。包括针对不同纺纱机型的"定制化产品"，通过可持续原材料、先进生产工艺及各项认证加持的"可持续纤维",通过添加示踪剂生产的"可追溯纤维"等。

二、"十四五"行业面临形势及挑战

（一）纺织产业链格局正在重塑

近年来,随着中美贸易摩擦的不断升级,纺织原材料已经逐步成为"战场"之一。对环保、人权等议题的不断炒作,已经在一定程度上影响国外终端品牌对我国纺织原材料的采购。此外,"后疫情时代"西方主要消费国将在较长时期内难以恢复疫情前的消费水平,未来国际终端纺织服装消费需求难以根本性好转。而随着我国"一带一路"倡议的深入实施,纺纱企业开始加速在东南亚、中亚、非洲等地的产业布局。随着纺纱产能的对外转移,其对我国再生纤维素纤维原材料的需求有望提升。

因此,在中美贸易战持久化、新冠肺炎疫情防疫常态化的背景下,行业未来发展进一步挖掘国内需求潜力,推进国际国内双循环战略。另外,需要更加关注国际形势变化,配合下游产业转移节奏,做好海外市场的开拓工作。

（二）绿色发展成为行业竞争的新赛道

随着我国经济实力的逐步提升,人民生活水平的逐步提高,绿色发展已经成为国家对再生纤维素纤维行业的核心诉求,也是推动行业转型升级的重要抓手。"十三五"期间,随着国家环保要求的不断提升,再生纤维素纤维行业普遍加大了环保投入,一批粘胶长丝企业因环保问题逐步关停。行业总体环境治理水平快速提升,行业部分指标已经处于国际领先水平。

从行业竞争层面,随着莱赛尔纤维实现产业化,其依托自身在环境影响方面的竞争优势,有望部分取代传统粘胶短纤维的市场份额。而传统粘胶企业也开始将"绿色可持续"作为企业发展的核心,并根据"双碳"目标,研究自身的减碳愿景。

从终端需求层面,绿色可持续正在成为纺织时尚行业的新风口。随着消费者越来越关注纺织品的绿色可持续属性,终端时尚品牌开始关注纤维材料的可持续属性,并从"可持续纤维出发"出发打造自身的绿色供应链及绿色产品。再生纤维素纤维源于自然、归于自然的可持续属性,已经受到终端品牌的广泛关注,业内企业也针对品牌的需求,在可持续产品领域展开了竞争。

（三）供需结构阶段性失衡

粘胶短纤维行业在 2017~2018 年产能增长高峰期，年均增长速度高达 13.1%。而"十三五"期间下游需求年均增长为 3%~6%。尽管该增长率高于纺织行业及化纤行业平均增速，但相比于粘胶短纤维行业产能扩张速度仍有较大差距，需要较长时间进行消化。粘胶长丝行业随着产能结构的调整，尽管表观产能增速明显，但由于产品向细旦化转型，年产量在"十三五"期间基本保持稳定，但由于粘胶长丝近半数产品直接出口，其在疫情期间受到了最为明显的冲击，在海外疫情未结束的情况下，行业需求难以根本性好转。莱赛尔纤维行业在"十三五"期间取得技术突破并迎来爆发式增长。但随着越来越多的工厂建成投产，下游需求迅速饱和，未来行业的进一步发展，需要进一步打通纺纱、印染等下游领域的技术瓶颈。

（四）莱赛尔产业链仍存在技术瓶颈

单线生产规模小。我国莱赛尔纤维生产线装备与全球先进生产线相比尚不具有竞争优势。早在 1992 年英国 Courtaulds 就已经建成了 1.8 万吨/年生产线，兰精目前最高单线产能已达 6.7 万吨/年。而我国现有莱赛尔纤维单线能力普遍为 1.5 万~2 万吨/年，新建项目有望达到 2 万~3 万吨/年，单线产能 5 万吨生产线刚刚进入试验阶段。国内莱赛尔技术水平与国外主流生产企业相比还具有较大差距。单线产能过小会在产品稳定性、生产成本中处于竞争劣势。

投资额高，企业财务压力巨大。目前莱赛尔纤维的万吨投资金额在 2 亿元以上，远高于粘胶短纤维的 0.9 亿~1 亿元。与此同时，企业完成生产线建设后，受技术及市场原因，企业在较长时间内难以达产，这进一步加剧了财务压力。

产品品种单一且质量不稳定。目前国产莱赛尔纤维质量相比国外莱赛尔纤维尚存在一定差距，集中表现在产品不匀率高、疵点多。这导致下游使用中断头多、纺速慢、加工效率低。此外，目前国内企业尚不能生产高品质的交联、半交联产品，极大地限制了下游的应用领域。

下游加工瓶颈仍待突破。莱赛尔纤维因呈现圆形截面，纤维成纱的抱合力偏弱，纱厂纺纱中容易出现端头问题。莱赛尔纤维微观上分子规整性较好、晶区比例更大，染料分子难以渗透入纤维也难以在表面附着，因此莱赛尔纺织品印染过程中上色、色牢度控制难度较高，极易出现色差、横档等问题。

（五）行业标准体系相对陈旧

目前我国再生纤维素纤维领域已经形成了较为成熟的标准化体系，截至 2020 年底，我国再生纤维素纤维行业共有标准 45 项。其中方法标准 19 项，产品标准 26 项。但是，"十三五"期间除了制定了部分功能化产品标准外，多数标准的标龄时间较长，其中 2000 年前制定的标准占标准总数的 22%，仅有 13% 的标准是在"十三五"期间进行了制修订工作，相关标准需要根据行业发展情况进行进一步修订（图 1）。

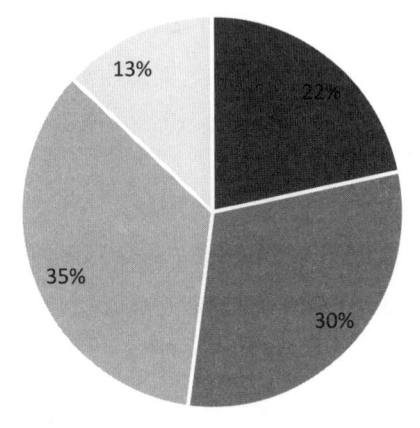

图 1　再生纤维素纤维行业标准标龄分布

（六）原料对外依存度高

"十三五"期间，受棉短绒供应、价格、产品质量、环保问题等方面的综合影响，再生纤维素纤维棉浆用量逐渐萎缩，据估算目前约占行业原料采购量不足 5%，预计未来还将进一步萎缩。

而目前再生纤维素纤维的主要原料——溶解木浆则主要源自进口，由于我国林业资源受限，行业进口依存度近年来一直维持较高水平且有继续升高的趋势。2015 年溶解木浆进口 224.7 万吨，2020 年则创纪录的达到 326 万吨，行业依存度也从 2015 年的 62% 增长至 2020 年的约 80%。

值得关注的是，随着莱赛尔纤维实现国产化，中国莱赛尔纤维用浆也正逐步成为行业"卡脖子"问题。尽管目前国内外诸多浆粕企业都开始进行莱赛尔浆的研发工作，但目前中国莱赛尔浆粕几乎全部来自美国进口。受中美贸易摩

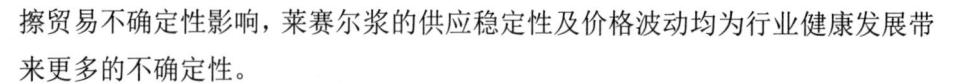

擦贸易不确定性影响，莱赛尔浆的供应稳定性及价格波动均为行业健康发展带来更多的不确定性。

三、"十四五"行业发展的指导思想和主要目标

（一）指导思想

以习近平新时代中国特色社会主义思想为指导，全面贯彻党的十九大和十九届二中、三中、四中全会精神，积极配合国家"五位一体"总体布局，以推动高质量发展为主题，以行业结构性调整为主线，在再生纤维素纤维行业内贯彻落实新发展理念，不断提升行业综合竞争力和可持续发展能力，打造全球领先的再生纤维素纤维产业。

（二）发展目标

1. 总体目标

引导行业有序发展，避免产能过剩风险

提升行业绿色发展水平，引领全球可持续发展方向

加强产品开发，拓展下游应用领域

打通绿色产业链，实现产品高值化利用。

2. 优化行业结构目标

各子行业协调发展。合理规划莱赛尔纤维与粘胶纤维的发展空间，形成相互促进的良性发展态势。协力解决再生纤维素纤维可持续发展中的共性问题，依托再生纤维素纤维源于自然、归于自然的可持续属性，充分挖掘纤维的应用潜力，提升整个再生纤维素纤维在纺织原料中的占比。

优化产业结构，打造国际品牌。培育企业形成中长期品牌发展战略，打造3~5个具有国际影响力的再生纤维素纤维品牌，高附加值产品比例超30%，在终端品牌客户中具有一定影响力。

进一步优化原料供应结构。进一步增强我国再生纤维素纤维企业浆粕议价能力，关注浆粕进口来源地森林的可持续问题，避免对单一国家和地区的浆粕依赖。

提高自主创新能力，提高差别化纤维比例。重点研究再生纤维素纤维在产业用领域的应用，使无纺用再生纤维素纤维占行业总产量的25%。

3. 科技发展目标

全面提升莱赛尔纤维生产工艺技术水平。全面提升莱赛尔纤维产品质量，

推进所有生产设备国产化，打通 3 万~5 万吨/年生产线工艺，开发交联纤维等差别化莱赛尔纤维产品，解决 NMMO 溶剂、莱赛尔浆粕国产化问题。

推进绿色制浆技术的产业化应用。研发适用于多种原料、小批量、绿色化、柔性化绿色制浆生产线的研究和产业化。

打通废旧纺织品的循环再利用体系。通过构建产业链合作机制，建立废旧纺织品循环利用试点项目，打造废旧纺织品循环再利用体系。

推进各种新型再生纤维素纤维的工业化生产。进一步加强产学研用合作，加强对多种溶剂体系的研发力度，建设工业化试验装置。

4. 绿色发展目标

吨产品综合能耗降低 15%。粘胶短纤维行业平均吨产品综合能耗由 900 千克标煤/吨降低到 765 千克标煤/吨，粘胶长丝行业平均吨产品综合能耗由 3500 千克标煤/吨降低到 3000 千克标煤/吨。

吨产品水耗下降 10%。粘胶短纤维行业平均吨产品水耗由 47 吨/吨降低到 42 吨/吨，粘胶长丝行业平均吨产品水耗由 220 吨/吨降低到 200 吨/吨。

全面提升含硫废气治理能力。粘胶短纤维行业所有企业全硫回收水平达 92%以上。粘胶长丝企业对有组织排放的废气进行有效收集处理。

进一步降低废水含盐量。进一步提升关键工段的 Na_2SO_4 提取效率，研究 Na_2SO_4 高值化利用技术。

5. 可持续发展目标

构建行业发展原料保障体系。对木浆来源进行源头追溯，确保木材可持续；鼓励使用棉浆、麻浆等农副产品来源的浆粕；充分挖掘竹浆潜力，提升竹浆用量；探索废旧纺织品资源综合利用体系，拓展原料来源。

进一步明确行业绿色发展方向。建立绿色产品、绿色工厂、绿色产品链评价体系；按照清洁生产标准评价体系要求提升企业清洁生产水平；加速淘汰落后产能、落后工艺，加快推动淘汰高能耗、高污染、低效率的生产工艺和设备。

打造行业可持续品牌。鼓励企业严格追溯浆粕来源，参照国内外相关标准，进一步降低工厂生产的环境影响，建立产品质量、安全及可追溯体系；鼓励企业通过可持续发展报告等方式主动披露企业环境绩效表现；鼓励企业积极参与、主导国内外可持续倡议及活动，展示行业在可持续发展领域的领导力。

四、"十四五"行业发展的重点任务

（一）行业结构调整顺势而为

1. 引导行业产能合理消化

粘胶短纤维：根据下游需求增量，逐步消化"十三五"期间的新增产能。严格按照行业相关文件要求，对行业落后产能进行淘汰，淘汰环保不达标、生产线规模小的常规粘胶短纤维生产线。着重加强产业链上下游合作，引导纺纱行业扩大再生纤维素短纤应用比例。提升在产业用纺织品领域的研发、服务能力，挖掘纤维在无纺布、湿巾、医用纱布、一次性毛巾、一次性手套、一次性床单等领域的潜力。

粘胶长丝：严格按照《粘胶纤维行业规范条件》要求，禁止新建常规半连续纺生产线；根据下游应用领域变化，动态调整行业机台分布；根据国内外客户的产品要求，进一步提升产品质量；根据各企业生产技术水平，进一步提升细旦、差别化纤维比例，提升产品附加值。

莱赛尔纤维：行业需要保持理性投资，研发3万~5万吨/年生产线技术，避免低水平重复建设；发展包括交联纤维、原液着色纤维、功能改性纤维等一系列差别化产品，丰富纤维品种；引导上下游产业链合作创新，打通纺纱、织布、印染、后整理等环境的技术瓶颈。

2. 丰富纤维原材料资源配置

稳定木浆粕供应。鼓励企业与国内外供应商签订长期合作协议，减少原材料价格波动，提升企业经营稳定性；鼓励国内浆粕企业、再生纤维素企业通过参股、收购、新建工厂等方式，进行全球浆粕产能布局，提升我国企业对行业原材料的掌控力度。

充分利用国内纤维素资源。鼓励行业进一步挖掘竹浆潜力，优化产品性能，引导国内外消费者选用竹纤维产品。鼓励企业研究麻浆、秸秆等其他天然纤维素制浆工艺。进一步推进绿色制浆技术产业化，研发适用于多种原料（木、棉、麻、废旧纺织品）的绿色制浆技术，以实现节能减排、污水资源化利用并能够制成多种下游制品（脱脂棉、精制麻、粘胶浆、莱赛尔浆等）。

加大废旧纺织品循环再利用技术研究力度。行业需要加强与上下游的协同创新，针对性建立对含棉纺织品的回收再利用体系，通过对废纱、下脚料、废布料、边角料以及各种消费后的含棉纺织服装、家纺制品的充分利用，形成良性循环，实现产业链闭环。

3. 加大产品开发与应用拓展力度

粘胶短纤维重点发展

（1）功能改性纤维：阻燃纤维、抗菌纤维、相变储能纤维等；

（2）定制化纤维：针对赛络纺、紧赛纺、气流纺、涡流纺等纺纱机型定制的能够提升纱线抱合力、纺纱速度、纱线强度的纤维；

（3）可持续纤维：原料来源可持续、生产过程低碳环保、具有示踪功能的纤维产品；

（4）原液着色纤维：在黑色纤维的基础上，进一步拓展纤维色系；

（5）高洁净度（无纺布用）粘胶短纤维：针对无纺布、湿巾、一次性毛巾等应用领域针对性开发定制化产品。

粘胶长丝重点发展

（1）超细旦纤维：长丝线密度在60旦以下及单丝纤度1.5旦以下品种；

（2）功能化产品：光致变色纤维、温感变色纤维、原液着色纤维。

莱赛尔纤维重点发展

（1）交联、半交联纤维：根据下游应用领域不同，定制具有不同湿态耐磨性能的交联、半交联纤维；

（2）功能改性纤维：探索"共混改性型""表面涂覆型""接枝改性型"等工艺路线的可行性。

（二）推进关键技术进步

1. 莱赛尔纤维行业关键技术装备

实现核心装备国产化。反应釜及薄膜蒸发器：重点攻克3万~5万吨/年的大容量薄膜蒸发器。溶剂回收净化装置：进一步提升溶剂回收净化装置的溶剂回收效率；进一步挖掘装置的节能潜力，降低生产线综合运营成本。

突破莱赛尔浆粕生产技术。掌握莱赛尔纤维用浆的技术参数，研究不同木材来源的莱赛尔浆粕的生产工艺；进一步探索竹浆、棉浆及其他浆粕来源使用莱赛尔工艺加工的可能性。根据竹、棉、阔叶浆、针叶浆等原料特点，制定莱赛尔纤维专用浆粕标准。

突破交联莱赛尔生产技术。进一步研究交联、半交联莱赛尔加工工艺、与相关企业合作研发交联剂并完善使用参数，掌握了交联莱赛尔的关键生产技术并保持稳定生产。

2. 节能减排技术装备

研究粘胶纤维低浓度废气治理技术。粘胶短纤：在现有废气处理装备的基础上，研究、应用进一步降低排毒塔浓度的治理技术，使粘胶短纤维全硫回收率达到95%以上。粘胶长丝：研发、应用再生纤维素长丝废气收集、富集及治理技术，为50%以上的现存连续纺设备生产线配备废气处理设施，新上产能100%配备废气处理装置。

提高自动化设备比例。继续研发提升大规模快速调节、稳定运行自动化控制装备，如全自动分级打包机及出入库系统、全自动拆包喂粕系统、酸浴自动过滤机等。

3. 废旧纺织品回收再利用技术

废旧化纤纺织品快速识别及分拣技术。重点解决废旧纺织品的回收分拣的核心技术，确保源头的稳定、高品质供应。具体包括快速分辨纺织品成分技术、便携式分辨设备研发、全自动分拣设备、全自动/半自动分拣生产线等。

废旧棉制品、再生纤维素制品的制浆技术。突破废旧棉制品、再生纤维素制品的制浆技术，重点解决含杂质纤维素原料预处理技术、纤维素纤维分子量智能调控技术、制浆的废水、黑液处理技术等。

循环再利用浆粕纺丝技术。针对循环再利用浆粕特点，研究浆粕分子量调控技术，浆粕调色、脱色技术，浆粕除杂技术等。

易回收纺织品设计。鼓励产业链进行协同创新，设计"易回收纺织品"。从毛巾、毛巾被、睡衣、T恤等主体材料为纯棉、棉/粘的纺织品入手，鼓励使用"同质异构"设计，尽量减少纤维种类，使纺织品能够进行快速分拣及处理后即可用于回收再利用。

4. 其他溶剂法纤维素产业化

继续加大力度研发低温碱尿素法、CC法、离子液体法等创新路线的再生纤维素纤维生产的工业化技术。重点研究新溶剂体系在粘胶长丝生产体系中的全面应用或部分替代。

（三）打造绿色可持续发展产业链

1. 打造企业绿色品牌

保证原料的绿色来源：行业要加强对原材料的追溯能力，确保源头的木材来源合规、合法，符合当地的法律法规，避免原材料采购过程对当地环境产生负面影响。

践行清洁生产：通过选用节能减排设备、绿色生产工艺、最大程度降低各项污染物排放，对生产过程进行严格管控，制定中长期节能减排目标并实践。

保证产品质量安全：生产产品符合相关国家、行业、团体标准要求，产品中不含有受限制的重金属及其他有害成分。

2. 打通绿色产业链

提升产业链透明度。产业链透明化是打造绿色产业链的基础，产业链相关从业者应该通过官方网站、展会、可持续报告、第三方审计等方式，积极展示自身的绿色可持续建设工作，接纳社会各界的监督。

建立可追溯体系。鼓励企业通过分子追踪技术、区块链技术等实施监测产品流向，确保最终制品的纤维来源。

行业协同创新。针对产业链共同面临的可持续发展挑战，产业链从业者应通过行业协同创新，共同研究、制定行业可持续发展方向，并通过产业链企业的合力，打造产业链绿色品牌，引导行业的绿色发展。

3. 建设行业管理和绿色评价体系

再生纤维素纤维行业是可循环、可持续发展的行业，具有广阔的发展前景。但行业基于不同生产技术，生产工艺路线、化学品使用、三废排放具有明显差异。针对当前行业发展形势，行业需要严格执行现行的相关法律法规，按照政策引导逐步推动绿色转型发展。同时按照国家绿色制造标准体系要求，制定完善各子行业的绿色工厂、绿色设计产品标准，引导行业绿色发展。

（四）完善行业服务体系

1. 完善行业标准体系

"十四五"期间，继续完善行业标准化工作。为适应行业发展，进一步优化国家标准、行业标准、团体标准、企业标准的结构；对标准进行及时制修订，提升产品质量；按照国家绿色制造标准体系总体要求，构建行业绿色制造标准体系。

方法标准：全面审核浆粕检测、纤维特性指标的相关方法标准的适用性，及时对部分老旧标准进行修订。

产品标准：进一步理顺国标、行标、团标关系，优化产品标准层级体系；

根据市场流行趋势，对功能改性产品进行及时的标准制修订工作，对部分老旧标准进行及时修订。

清洁生产相关标准：严格执行相关标准要求，全面提升行业清洁生产水平，针对行业可持续发展关键绩效指标，制定更严格的标准，引导行业进一步提升绿色发展水平。

绿色制造标准：按照国家绿色制造标准体系总体要求，构建行业绿色制造标准体系。申请制定"粘胶短纤绿色工厂标准""粘胶短纤绿色产品设计""莱赛尔短纤绿色产品设计"等标准。

2. 加强品牌培育能力

通过企业、咨询机构、营销服务机构的协调配合，解决 B2B 业务中的品牌建设方案，能够针对行业发展特点，企业管理结构，市场产品定位等因素，制定综合性的品牌建设方案，在企业内部及行业层面逐步完善品牌培育体系，协助企业打造品牌形象，提升品牌价值。

3. 培养行业复合型人才

加强行业复合型人才培养能力，通过行业生产与高校的合作交流，培养研发生产复合型人才，通过销售与终端品牌及服务机构的合作交流，培养销售品牌运作复合型人才，通过质检、标准组织、检测机构的交流合作，培养标准化复合型人才。通过环保、第三方组织、环保机构的交流合作，培养可持续发展复合型人才。通过企业经营、金融机构的交流合作，培养全面的管理人才。

4. 拓展产业链上下游合作渠道

鼓励企业通过商业链条加强与终端客户的交流合作外，打造覆盖从纺织原材料到终端纺织品全产业链的可持续时尚。鼓励行业开展相关合作交流，从价值链角度，以行业为整体与终端品牌进行全面接触，构建产业链间对话沟通的平台与渠道。

五、重点工程

（一）莱赛尔纤维及其原辅料国产化工程

突破莱赛尔纤维产业链关键环节的技术瓶颈，实现浆粕、溶剂等关键原辅料的产业化，降低对外依存度；深入研究莱赛尔纤维生产工艺，进一步优化纤维生产流程，提升产品质量。

专栏 1　莱赛尔原辅料研究开发与产业化应用

攻克莱赛尔纤维专用浆粕生产技术，掌握莱赛尔纤维用浆的关键技术指标及重金属去除工艺，实现国产莱赛尔纤维用浆的规模化生产。

突破 NMMO 溶剂高效制备技术，建设万吨级国产 NMMO 装置。根据国内企业技术装备水平，开发适合我国莱赛尔纤维的 NMMO 溶剂，制定莱赛尔纤维用 NMMO 标准。进一步降低 NMMO 溶剂单价。

突破莱赛尔国产化装备大型化技术、低成本原纤化控制技术、溶剂高效回收技术，建立单线纺丝能力 3 万~5 万吨/年莱赛尔纤维生产线。

提高国产活化反应器、高效薄膜蒸发器技术水平，优化浆粕预处理工艺流程、纺丝机系统工艺，自主开发溶剂回收及处理系统。

建立莱赛尔纤维微观结构与性能表征方法，研究表征莱赛尔纤维性能指标的新方法、新装备。通过相关技术研究，进一步指导优化莱赛尔生产工艺参数。

研发莱赛尔交联剂，研究、表征交联剂对莱赛尔微观形态产生变化的原理和过程，优化交联剂成分。

突破莱赛尔长丝高效低成本制备及应用产业化技术，建设工业化生产线，实现规模化生产。

（二）粘胶纤维绿色制造工程

继续挖掘粘胶纤维原料加工、生产工艺过程的节能减排潜力，依托各企业的区位优势，打造具有全球示范意义的再生纤维素纤维产业绿色转型样板。

专栏 2　粘胶纤维可持续发展关键技术

推动新资源型（竹、麻、秸秆）纤维素纤维的绿色高效制浆技术，拓宽纤维素纤维原料资源，引导传统纤维素纤维转型升级。

进一步提升短纤维企业低浓度含硫废气处理能力，根据自身装备技术情况，综合选用 WSA、锅炉焚烧、生物吸附技术、络合铁技术、催化氧化技术等工艺路线，进一步处理低浓度含硫废气。

探索长丝废气处理技术，对连续纺生产车间的废气进行富集，使用碱喷淋、生物吸附技术等手段，对浓度相对较高的含硫废气进行处理。探索半连续纺车间的含硫废气处理技术。

依托各企业区位优势，打造地区循环利用体系。提高元明粉回收比例并进行高值化利用，半纤维素的回收与利用，污泥硫酸锌提取，含硫废气的处理利用，含盐废水的综合处理等。

（三）废旧纺织品综合利用工程

加强废旧纺织品综合利用领域的研究力度，突破关键技术瓶颈，进一步丰富再生纤维素纤维的原料来源。

专栏3 废旧纺织品综合利用重点攻关技术

建立含棉/再生纤维素纤维生产废弃物，如废丝、废纱、边角料等的回收再利用体系，形成对消费前废弃物的高值化利用。

制定完善废旧纺织品回收标准体系，明确废旧纺织品回收过程中，消毒、分拣、后处理等流程的具体要求，从标准层面形成规范性指导。

促进国内外研究机构与上下游生产企业间有机紧密结合，突破纺织品成分快速分辨技术、全自动分拣技术、全自动/半自动分拣生产线等关键技术装备瓶颈。

建立完善的分销体系，确保废旧纺织品回收再利用产品通过国家许可的渠道进行分销，建立透明供应链，确保行业规范运行。

（四）品牌工程

以产品质量、研发、服务为基础，逐步向下游客户、终端品牌渗透企业品牌影响力，根据终端客户及消费者需求，定制高附加值的纤维产品。

专栏4 再生纤维素纤维品牌建设

根据工信部绿色制造要求，进一步细化再生纤维素纤维行业绿色工厂、绿色产品标准；引导企业申报绿色工厂、绿色产品，培育绿色品牌。

制定再生纤维素纤维行业原料绿色采购规范，提高对溶解浆的追溯能力，提升行业透明度。

关注企业产品质量、提升企业差别化产品研发能力，打造专业的售后服务团队，培养复合型人才，提升企业品牌硬实力。

鼓励企业制定明确的品牌战略，依托展会、论坛、时装周等渠道，提高企业的曝光度。

引导再生纤维素纤维企业与终端品牌交流合作，共同合作开发主题系列产品，突出企业的品牌价值。

六、重点政策和措施保障建议

（一）加快建设完善行业管理体系

进一步细化绿色制造要求，制定行业相关的绿色工厂、绿色设计产品、绿色园区、绿色供应链管理体系评价标准，引导企业按照绿色制造标准进行提升改造，提升行业可持续发展水平。

根据行业技术装备水平，及时对政策进行制修订，加强对行业的指导作用。及时修订《粘胶纤维行业规范条件》《产业结构调整指导目录》等文件，引导行业使用先进的技术装备。

鼓励和支持行业推动和开展清洁生产审核、合同能源管理以及碳足迹认证等工作，推动行业节能减排和循环经济发展。

（二）加强废旧纺织品综合利用产业顶层设计

逐步完善废旧纺织品回收再利用领域的法律法规。推动废旧纺织品回收再利用产业链各个环节的标准化建设。从法律、标准层面理顺行业发展路径，引导合规企业发展壮大。

国家相关部门在废旧纺织品再生回收方面给予一定政策扶持与税收等支持，鼓励有能力的企业在废旧棉纺织品回收方面进行投资，同时，在废旧纺织品分类回收方面加强宣传引导，在相关设备、仪器开发方面给予企业相关支持。

借助协会等平台加强对相关废旧纺织品再生回收技术如废旧棉纺织品高值化再生回收技术的宣传，将该技术的成熟经验在行业内推广，同时加强业内信息共享，共同推动循环再利用行业发展成熟。

（三）加强科技支撑

鼓励和支持化纤企业与科研院所、高等院校在节能减排领域共性重点技术的合作研发，并加快技术的工程化进程和新技术、新工程的市场推广，鼓励生产企业采用国内节能减排的先进技术和工程。

鼓励和支持引进重点节能减排技术装备。对于目前国内还无法解决的一些污染治理技术，要鼓励企业引进世界先进技术，同时结合国内相关公司尽快消化吸收，实现工程全国产化，从而大幅降低工程成本，推动技术和工程在行业内大面积推广应用。

鼓励和支持企业在莱赛尔纤维领域加大研发力度，提高单线生产能力，推动设备国产化和集成化，提升产品品质。同时继续加大对其他溶剂法纤维的研究，如离子液体、多聚磷酸、低温碱尿素等体系。

（四）加大财政支持力度

中央财政和省级地方财政安排节能专项资金，支持节能技术研究开发，节能技术和产品的示范与推广，重点节能工程的实施，节能宣传培训，信息服务和表彰奖励等。

继续加强对国家产业政策的宣贯力度，引导行业理性投资，着力化解产能过剩，加快结构调整。引导金融机构增加对节能项目的信贷支持，为符合条件的节能技术研究开发、节能产品生产以及节能技术改造等项目提供优惠贷款。推动和引导社会有关方面加大对节能的资金投入，加快节能技术改造。

（五）加强标准体系建设

发挥标准的基础支撑作用，鼓励企业积极参与标准的制修订工作，一方面鼓励企业对现行标龄较长的标准进行修订，提升标准的适用性。另一方面鼓励企业制定功能性纤维、清洁生产、节能减排、加工贸易单耗等标准，助力行业转变发展方式。鼓励企业参与国际标准化工作，提升我国再生纤维素纤维行业在国际标准领域的话语权和影响力。

（六）严格控制新增产能，加速落后产能淘汰

政府主管部门及各地方需要进一步加强对再生纤维素纤维行业的管理工作。严格按照《粘胶纤维行业规范条件》《产业结构调整指导目录（2019年本）》《再生纤维素纤维制造业（粘胶法）清洁生产评价指标体系》对企业进行考核，鼓励企业提升新增产能的技术水平，对不符合要求的产能进行淘汰。

（七）发挥社会组织作用，增强行业服务能力

重点加强对行业重大问题的跟踪分析和调查研究，加强行业发展规划制定、重大问题研究，加强国际交流与合作，积极应对国际贸易摩擦，切实维护行业利益。为企业提供信息咨询、品牌建设、宣传展示、人才培养等专业化服务。立足区域行业和企业实际需求，为特色集群、基地提供专业、定制化服务。

（撰稿人：张子昕　靳昕怡）

聚酯及涤纶行业"十四五"发展规划研究

中国化学纤维工业协会聚酯及涤纶短纤专业委员会
涤纶长丝专业委员会、聚酯工业长丝分会

"十三五"期间，中国聚酯及涤纶行业实施创新驱动战略和加快供给侧结构性改革，产业链整体行业运行良好。炼化一体化建设取得初步进展；技术继续向高端迈进，品牌建设与标准制定取得显著成效，智能制造及绿色制造得到有效推进，产融结合取得新进展，实现了行业高质量、可持续和健康稳定发展，为我国化纤工业高质量发展起到了积极的推动和引领作用。

"十四五"期间仍是聚酯及涤纶行业的高质量发展机遇期，行业需要把握从规模增长向质量提升的重要窗口期，把握全球新一轮科技革命和产业变革机遇，实现新旧动能顺畅接续转换，围绕"高品质、低能耗、智能驱动、绿色高端、结构合理、科技创新、世界领先"的目标，不断推动聚酯及涤纶行业的高品质、数字化、智能化、绿色化、柔性化、国际化发展。为促进"十四五"期间聚酯及涤纶行业健康可持续发展，特编写发展规划研究。

一、"十三五"聚酯和涤纶行业发展取得的突出成绩

"十三五"期间，我国聚酯和涤纶行业在科技进步、市场需求拉动、消费产品升级和出口增加带动下，产量进一步提升，巩固了在全球的原料供应及成本优势，民用长丝、短纤及瓶级聚酯切片的产品质量处于国际先进水平，工业长丝水平进步明显。行业国际竞争力持续增强，"十三五"期间我国涤纶产量增长情况统计详见表1。

表1　2015~2020年中国涤纶纤维产量统计表

品种	2015年（万吨）	2016年（万吨）	2017年（万吨）	2018年（万吨）	2019年（万吨）	2020年（万吨）	2015~2020年年均增长率（%）
涤纶	3918	3959.00	3934.26	4014.87	4751	4922.75	5.12
其中：涤纶长丝	2958	2996.96	3009.32	3125.57	3731	3869.28	6.16
涤纶短纤	959.9	962.04	924.94	889.29	1020	1053.47	1.95

资料来源：国家统计局、中国化学纤维工业协会

（一）积极推进全产业链一体化发展战略，行业国际地位进一步增强

1. 龙头企业炼化一体化发展，产业链一体化优势明显

"十三五"期间，以恒逸集团、荣盛集团、恒力集团、桐昆集团、盛虹集团等聚酯及涤纶企业实施上下游全产业链一体化发展战略，从纺丝、聚酯、PTA等产品逐步向上游延伸产业链，以规模化、一体化、基地化模式进入炼化行业，构建了"原油—芳烃、烯烃—PTA、MEG—聚酯—纺丝—加弹一体化"产业链。规划了轻烃路线装置，为研发特殊化学品及单体提供了条件。截至2020年底，我国PX的产能达到2664万吨，进口依存度逐年降低。2015~2020年中国PX产能产量统计情况详见表2。

表2　2015~2020年中国PX产能产量统计表

品种	2015年（万吨）	2016年（万吨）	2017年（万吨）	2018年（万吨）	2019年（万吨）	2020年（万吨）	2015~2020年年均增长率（%）
全球PX产能	4953.4	5173.4	5193.4	5393.4	6383.4	6861.4	7.70
中国PX产能	1439.6	1439.6	1439.6	1444.6	2284.6	2664.6	17.02
中国PX产量	911.5	976.6	1027.0	1100.9	1441.6	2037	24.70
进口依存度	56.5%	55.9%	58.5%	59.1%	50.9%	42.71%	—

资料来源：根据公开资料统计

新建的炼化一体化项目建设效率高，投资成本低。采用最新生产技术及工艺路线，规模优势明显，产品质量稳定，处于世界先进水平，具有较强国际竞

争力,炼化一体化的发,也推动了我国 PTA 及 MEG 的发展水平。截至 2020 年底,我国 PTA 总产能已经增至 6022 万吨,MEG 产能超过 1583 万吨,保障了聚酯及涤纶生产所需原料的供给,2015 年到 2020 年中国 PTA 及 MEG 产量情况统计表见表 3。

表3 2015~2020 年中国 PTA 及 MEG 情况统计表

年份	2015 年(万吨)	2016 年(万吨)	2017 年(万吨)	2018 年(万吨)	2019 年(万吨)	2020 年(万吨)	2015~2020 年年均增长率(%)
PTA 产能	4693	4912	5132	5132	5572	6022	5.66
PTA 产量	3094	3253	3574	4056	4484	4944.7	11.96
PTA 进口依存度	2.4%	1.6%	1.5%	2.0%	2.33%	—	—
MEG 产能	752	820	829	1053	1084	1583	22.10
MEG 产量	454	521	610	679	764	889.9	19.20
MEG 进口依存度	66.21%	59.60%	58.87%	58.82%	56.40%	56.40%	—

数据来源:根据公开资料统计

聚酯及涤纶行业炼化一体化发展,除了聚酯及涤纶企业逐步实现上游石化产品 PX 及 PTA 供给外,还可根据炼化装置进行聚酯及涤纶生产一体化产能布局,如桐昆集团在南通市如东县洋口港规划了石化聚酯一体化项目,可实现从炼化到 PTA 到聚酯涤纶生产的物质一体化、能量一体化、系统一体化协同,降低生产及运营成本。有助于公司抵御单个产业链环节盈利波动对公司业绩带来的影响。同时强化规模效应,进一步加强行业抗风险能力,稳固我国聚酯及涤纶行业在国际的龙头地位(表4)。

表4 中国聚酯企业炼化项目情况统计表

企业/项目	一期	二期	远期规划
恒逸集团恒逸(文莱)PMB 石油化工项目	原油加工能力 800 万吨/年,年生产 150 万吨对二甲苯和 50 万吨苯。1400 万吨/年原油加工能力,150 万吨/年乙烯,200 万吨/年对二甲苯	1400 万吨/年原油加工能力,150 万吨/年乙烯,200 万吨/年对二甲苯	

续表

企业/项目	一期	二期	远期规划
恒力集团大连长兴岛2000万吨炼化一体化项目	原油加工能力为2000万吨/年，芳烃联合装置公称规模为450万吨/年	大连长兴岛2000万吨炼化一体化项目	
盛虹集团盛虹炼化一体化项目	年产1600万吨炼油、年产280万吨对芳烃、年产110万吨乙烯及下游衍生物的炼化一体化项目		
荣盛集团浙江石化项目	2000万吨/年炼油、400万吨/年对二甲苯、140万吨/年乙烯及下游化工装置	2000万吨/年炼油、400万吨/年对二甲苯、140万吨/年乙烯及下游化工装置	2000万吨/年炼油及其他

2. 产业集中度继续提升，行业企业结构稳定

经过"十三五"期间的快速发展，我国聚酯涤纶行业已经形成恒逸集团、恒力集团、盛虹集团、桐昆集团、三房巷集团、荣盛集团、中国石化仪征化纤、新凤鸣集团、古纤道等一大批营业收入超百亿元、产业链上下游配套的龙头企业。至2020年底涤纶长丝前六家产量集中度（CR6）达到了53.0%，形成了以江苏龙杰、徐州斯尔克、江苏欣欣高纤、上海德福伦、江苏索力得科技等专注于细分领域的小而强的企业，行业形成了稳健的龙头企业群体和小而强专业化生产企业的合理布局。

龙头企业和专业化企业重视科研投入、技术创新、产品升级、设备更新和人才培养，已经发展壮大成为行业发展的中坚力量。他们紧跟世界聚酯工业发展的步伐，在运用新技术、新工艺和新装备上走在世界聚酯生产发展的前列。随着骨干企业的持续壮大和数量的不断增多，对我国聚酯涤纶行业发展所起示范引领作用将越来越明显。

3. 企业治理模式健全，行业运行质量稳定

"十三五"期间由涤纶长丝为主的化纤龙头企业经过多年的良性发展，完善了公司治理结构，加上信息均衡，看待市场更为理性。同行业竞争模式与盈利模式也将由原先的单一业务竞争和被动适应周期波动转向全产业链协同和主动抵御周期起伏。"十三五"期间，涤纶制造业利润总额逐年增加，亏损企

业亏损额基本呈减少趋势（表5）。聚酯涤纶行业的运行波动从2000年以来4~5年一个景气周期，到现在周期会超过4~5年或更长时间，同时周期振幅变小，周期时间拉长，周期对行业的影响会有所放缓。

这些拥有行业最经济的规模化装置、最齐全的基地化配套、最均衡的上下游产能组合的企业发展模式。能协同产能一体化成本、最强的专业管理和技术研发与市场开发能力，就将用低的运行成本和最优的产品结构锁定最丰厚的全产业链盈利，并占据未来行业市场发展的制高点。

表5 "十三五"期间涤纶行业经济效益统计表

纤维	利润总额（亿元）					
	2015年	2016年	2017年	2018年	2019年	2020年
化纤制造业	313.40	366.44	357.06	393.89	311.00	263.48
涤纶制造	121.11	152.39	168.80	210.11	172.84	122.82

纤维	亏损企业亏损额（亿元）					
	2015年	2016年	2017年	2018年	2019年	2020年
化纤制造业	39.63	35.59	28.42	39.11	63.70	81.93
涤纶制造	20.11	19.94	8.63	8.83	16.10	31.39

纤维	营业收入利润率（%）					
	2015年	2016年	2017年	2018年	2019年	2020年
化纤制造业	4.30	4.78	5.63	4.93	3.63	3.30
涤纶制造	3.36	4.12	5.60	5.12	3.71	2.73

资料来源：国家统计局

（二）专注高品质制造及核心工艺，技术进一步向高端推进

1. 科技创新取得突破，技术进一步向高端推进

"十三五"期间，随着涤纶行业技术的研发的快速推进，聚酯涤纶企业重视科技投入，重视原创技术及基础研究，加速科研院校研究成果产业化。"十三五"期间，聚酯及涤纶行业特别是龙头企业研发投入比超过1.2%，科研投入逐步增加，科技进步明显，技术进一步向高端推进。

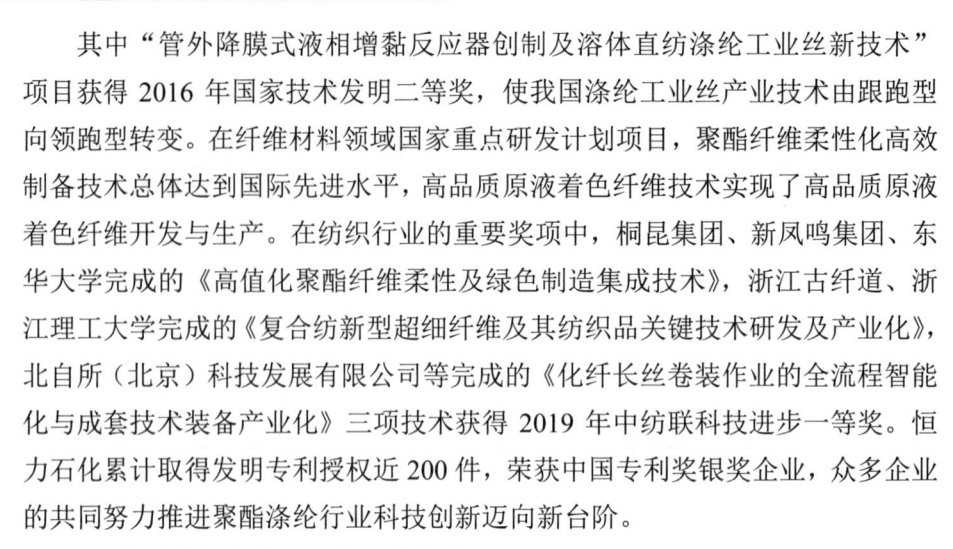

其中"管外降膜式液相增黏反应器创制及溶体直纺涤纶工业丝新技术"项目获得 2016 年国家技术发明二等奖，使我国涤纶工业丝产业技术由跟跑型向领跑型转变。在纤维材料领域国家重点研发计划项目，聚酯纤维柔性化高效制备技术总体达到国际先进水平，高品质原液着色纤维技术实现了高品质原液着色纤维开发与生产。在纺织行业的重要奖项中，桐昆集团、新凤鸣集团、东华大学完成的《高值化聚酯纤维柔性及绿色制造集成技术》，浙江古纤道、浙江理工大学完成的《复合纺新型超细纤维及其纺织品关键技术研发及产业化》、北自所（北京）科技发展有限公司等完成的《化纤长丝卷装作业的全流程智能化与成套技术装备产业化》三项技术获得 2019 年中纺联科技进步一等奖。恒力石化累计取得发明专利授权近 200 件，荣获中国专利奖银奖企业，众多企业的共同努力推进聚酯涤纶行业科技创新迈向新台阶。

2. 产业升级和产品结构调整成效明显

聚酯及涤纶企业在产能增长的同时，注重产业升级及产品结构调整。纺织纤维的加工量中服装、家用、产业用三大终端产品加工比例由 2015 年的 46.4∶28.1∶25.5 提升到 2020 年的 40∶27∶33，门类齐全、品种丰富、品质优良、结构优化的现代纺织产业体系优势全面显现，产业用纺织品比例进一步提升。我国涤纶短纤、长丝差别化率进一步提升，满足了人民美好生活的需求。

同时聚酯及涤纶企业差异化发展，减少常规产品的生产量，优化产品结构。如桐昆集团产品包括涤纶 POY、涤纶 FDY、涤纶 DTY、涤纶复合丝四大系列一千多个品种。恒力化纤持续强化新产品研发与加快新市场开发，推出 50D/216F、50D/288F，单丝做到了 0.174dpf，新品 80S、95S 细旦仿棉和珍珠纱等产品。国望高科的差别化、功能性民用涤纶长丝产品包括全消光系列纤维、超细纤维和"阳涤复合"等多组分纤维等。这些企业在技术研发、客户与品牌、营销模式、生产管理等方面具有一定优势，将生产及研发的重点放在了产业链的先进技术、高端品质和利润相对较高的产品。

3. 科技创新平台建设取得成效，为后续发展提供保障

"十三五"期间，我国化纤相关从业者在基础理论研究、工程设计、产品研发等领域取得了一系列突破性进展，已经具备了推进化纤行业产业升级的基础。为了整合产业链上下游各类创新资源，引领以聚酯及涤纶为代表先进基础材料的发展，以新机制、新模式组建了跨领域、跨区域为全行业提供关键共性

技术服务和通用产品开发的战略创新平台。创新平台突出协同创新取向，以产业关键核心技术和产品开发及成果转移扩散为任务，主要功能定位围绕突破共性关键技术问题。作为推进聚酯及涤纶行业技术以及深入推进供给侧结构性改革的重要突破口以涤纶长丝企业牵头的创新中心建设已经取得实质性进展。

国家级创新中心江苏新视界先进功能纤维创新中心有限公司2019年获得国家批复组建，以桐昆、新凤鸣、恒逸、荣盛、恒力、盛虹、古纤道等聚酯涤纶企业创建的浙江省先进功能纤维制造业创新中心成功被评为2018年浙江省制造业创新中心，东华大学纤维材料改性国家重点实验室，以东华大学为依托单位的纺织行业智能纤维技术与制品重点实验室，以四川大学为依托单位的纺织行业弹性聚酯纤维重点实验室等国家重点实验室等研发平台面向产业创新发展的重大需求，提供从前沿共性关键技术研发到转移扩散到首次商业化应用的跨界型、协同型新型创新载体。

同时更多的企业创新中心及重点研发平台企业研究院、重点实验室也陆续建设中，这些创新中心、创新平台面对当今世界新一轮科技革命和产业革命，致力于解决以聚酯及涤纶等化纤制造业产业实施创新驱动发展的要求，加快推进以聚酯涤纶行业向化纤强国迈进。

（三）企业品牌影响力增强，行业标准制定有效推进

1. 聚酯及涤纶企业品牌意识增强，品牌建设取得初步成果

"十三五"期间，随着中国纤维流行趋势的持续引领和带动下，聚酯及涤纶企业注重品牌建设和品牌宣传。据最新数据统计，因入选中国纤维流行趋势而获得的产品订单平均比例达20%；入选中国纤维流行趋势2020/2021的产品销售利润率达到22.6%，是行业平均水平的5.1倍，在入围的中国流行趋势产品中，聚酯及涤纶产品占到了54.1%。

同时，在品牌影响力和广告效应下，入选流行趋势产品的高溢价能力增加了企业的获得感、满足感。企业加大了差异化、高附加值产品开发力度，研发投入不断提高，入选流行趋势产品的企业平均研发投资比例从2011年的1.8%提高到2020年的5.76%，达到行业平均水平的3.27倍，形成了良性循环。

2. 标准化建设取得进展，为行业高质量发展提供支撑

标准是行业发展的技术支撑，是确保行业可持续、有序、健康发展的基础性制度。"十三五"以来，我国聚酯及涤纶行业标准快速发展，标准体系初步

形成，全行业标准化意识普遍提高。"十三五"期间，聚酯及涤纶共完成 26 项标准的制修订工作，功能性差别化产品标准增多，优化了标准化体系，及时规范市场，对满足国内外市场需求发挥了重要作用，为行业的高质量发展提供标准支撑。

由国家发展和改革委员会、生态环境部及工业和信息化部联合发布的《合成纤维制造业（聚酯涤纶）清洁生产评价指标体系》、国家标准《聚酯涤纶单位产品能源消耗限额》（GB 36889—2018）等清洁生产相关标准，为相关行业的发展和转型升级提供了必要的基础技术支撑，中国纺织工业联合会团体标准《聚酯涤纶长丝车间》等智能制造标准也在陆续制定中，顶层规划我国聚酯及涤纶行业智能制造发展方向。

（四）智能制造取得新进展，智能制造体系有序推进

1.智能化装备和工艺有突破，设备互联互通取得成效

"十三五"期间，聚酯及涤纶企业特别是涤纶长丝企业新增产能和生产装置改造中，智能制造成为行业关键词。企业主动拥抱智能制造，引入大数据、工业机器人、人工智能等先进技术和理念，规划化纤智能制造顶层设计，推进"两化融合"，推进机器换人和建设现代化智能车间。聚酯及涤纶行业在智能落筒系统、智能铲板系统、智能喷丝板检测和组装组件系统、在线质量监测及管理系统、智能包装系统、智能自动化立体仓库、输送系统均取得了一定的进展，初步实现从纤维制造、物流全面实行全流程自动化、智能化生产作业，目前涤纶长丝行业制造设备初步实现互联互通，为进一步推进全流程智能制造打下基础，

在新建项目中，桐昆集团恒邦三期年产 20 万吨高功能全差别化纤维项目，采用国产差别化聚酯工艺技术，新建一套"一头三尾"聚酯装置，配置 12 条具有国际先进水平的纺丝卷绕生产线，并配套自动包装、智能立体仓储等设施，是世界上第一套聚酯及纺丝一体化设计装置，也是国内第一家全流程自动化工厂。行业内已有江苏国望高科纤维科技有限公司的生物基纤维智能制造项目获得了工信部 2017 年智能制造试点示范项目，桐昆集团股份有限公司获得了工信部 2017 纺织工业践行"智能制造示范企业和试点企业"称号。恒逸集团推动智能制造建设，化纤工业互联网平台对推动制造业转型升级新动能，获得浙江省认可。新凤鸣集团建成"5G+工业互联网"智能制造平台-凤平台，获工信

部等部门评选的中国智能制造标杆企业,"互联网+化纤"工业大数据融合创新应用示范项目上榜国家工业和信息化部 2020 年大数据产业发展试点示范项目。通过这些智能制造项目的建设运行,建立了工业化、智能化、信息化融合的样板企业,为我国聚酯及涤纶行业推行智能制造起到了引领和示范作用。

如福建百宏聚纤科技实业有限公司的涤纶长丝熔体直纺智能制造数字化车间、桐昆集团恒邦厂区二期智能工厂项目等,以北京自动化所、北京中丽公司为代表的高端装备制造企业也研制出了适用于我国合纤需求的自动化生产线装置和数字化立体仓库,这些试点示范带动了全行业智能制造水平的提高;另外数字化智能化装备和工艺有所突破,智能落丝系统、智能清板系统、智能喷丝板检测系统、质量监测及管理系统,智能包装及仓储系统等数控新技术开始在一些骨干企业应用,使国产化纤装备基本实现自动化,并逐步向数值化、智能化方向发展。

2. 智能制造系统建设及智能制造标准有序推进

行业内也涌现出了服务聚酯及涤纶行业智能制造系统建设的公司,杭州阿里云、北京用友软件、杭州优时、西门子、北京三联宏普等公司,为聚酯及涤纶提供企业云和大数据基础设施建设、企业平台体系和服务建设、企业智能系统和应用建设和工艺、能源优化提升建设。通过云计算、大数据技术与服务支持,逐步实现化纤研发平台的统一,数据的自然汇聚,进而推进统一数据流能够快速落地。实现从企业业务驱动向数据驱动的转型升级,并通过智能制造系统建设实现智能化经营决策与预测,这些专业服务与智能制造建设的公司的崛起,将加快聚酯及涤纶行业推进智能制造进程。

由中国化学纤维工业协会、东华大学研究院等牵头制定的《聚酯长丝智能车间》《聚酯短纤智能车间》及《涤纶工业丝智能车间》等标准,将化纤智能车间标准定义为智能制造车间为制造工艺先进、自动化水平高、数字化网络化互通互联、生产组织物流质检财务管理等全流程高度融合的化纤生产车间,为智能车间提供建设规范,标准的制定工作正在有序推进中。

(五)国际化发展取得新进展

"十三五"期间,聚酯涤纶企业响应国家"一带一路"倡议,积极推进国际化布局,取得良好效果。恒逸文莱大摩拉岛石油化工项目,项目一期规划炼油年产能 800 万吨,是中国"一带一路"倡议在沿线国家落地的重大项目之一，被文莱媒体称为两国的"旗舰合作项目"。广州泛亚有限公司在沙特投资的 100 万吨/年瓶片项目，位于沙特吉赞经济城，建成后预计可年产 250 万吨 PTA、100 万吨瓶片、20 万吨工程塑料、20 万吨薄膜以及 20 万聚酯纤维。为 2016 年我国重点推动建设的 20 个产能合作项目之一。浙江海利得新材料股份有限公司在越南建设涤纶工业长丝项目，形成年产 11 万吨差别化涤纶工业长丝的建设规模。"越南百宏实业有限公司日产 600 吨聚酯熔体直纺的长丝项目"其中一期工程投资 2.2 亿美元，建设"年产 25 万吨聚酯瓶片项目"和"年产 20 万吨涤纶长丝及切片项目"；二期建设"年产 25 万吨聚酯瓶片项目"。

北京三联虹普新合纤技术服务股份有限公司完成对瑞士 Polymatrix Holding A.G（PHAG）的收购，通过对 PHAG 的收购，三联虹普的技术实力实现了跨越式发展，且具备了面向全球近 30 个国家和地区提供技术服务的基础，借助海外收购实现了技术及设备的出口。

（六）行业绿色制造水平取得新进展

"十三五"期间，聚酯及涤纶行业采用新的生产聚酯及涤纶行业相继制定绿色制造有关标准，由国家发展和改革委员会、生态环境部、工业和信息化部发布的《合成纤维制造业（聚酯涤纶）清洁生产评价指标体系》，规范了聚酯涤纶产品的能耗、物耗和排放指标和先进做法，中国国家标准《聚酯涤纶单位产品能源消耗限额》聚酯涤纶产品主要工序单位产品能源消耗限额的等级、技术要求、统计范围和计算方法，并设定了不同的指标体系，引领行业减少能源消耗。这些绿色制造等相关标准的制定，为行业绿色发展提供依据。积极开展绿色制造理念及新技术宣传、培训活动，加强绿色制造发展典型示范引领，以点带面加快绿色制造体系建设，推动聚酯涤纶行业绿色发展。

"十三五"期间，聚酯及涤纶行业积极加强绿色制造体系建设，截至 2020 年 2 月，已经获得工业和信息化部认定绿色工厂 8 家、绿色设计产品 3 种和绿色供应链管理示范企业 1 家（表 6）。以桐昆集团股份有限公司牵头的"绿色多功能差别化聚酯纤维制造与应用技术集成创新"工信部列为绿色制造系统集成项目，已经顺利通过验收，该装置既能发挥大产能规模优势，又可通过在线添加装置的技术研发应用，实现多品种小批量柔性化生产。

表6　"十三五"期间聚酯及涤纶行业入围工业和信息化部绿色制造体系建设名单（截至2020年2月）

企业名称	产品	项目	批次
恒力石化（大连）有限公司		绿色工厂	第一批
江苏国望高科纤维有限公司		绿色工厂	第一批
徐州斯尔克纤维科技股份有限公司		绿色工厂	第三批
江苏虹港石化有限公司		绿色工厂	第三批
新凤鸣集团湖州中石科技有限公司		绿色工厂	第三批
福建经纬新纤科技实业有限公司		绿色工厂	第三批
亚东石化（上海）有限公司		绿色工厂	第四批
逸盛大化石化有限公司		绿色工厂	第四批
华祥（中国）高纤有限公司	FDY	绿色设计产品	第四批
新凤鸣集团湖州中石科技有限公司	涤纶长丝（POY）	绿色设计产品	第四批
四川润厚特种纤维有限公司	聚酯涤纶包覆纱	绿色设计产品	第四批
新凤鸣集团湖州中石科技有限公司		绿色供应链管理示范企业	第四批

资料来源：中国化学纤维工业协会

（七）与资本市场及金融工具融合加大，实现资本市场和实体企业双赢

1. 更多企业进入资本市场，新建项目引领行业产能结构调整

"十三五"期间，涤纶行业新凤鸣、国望高科及苏州龙杰等成功登陆A股市场，这是市场对聚酯及涤纶行业健康发展的肯定，也是对行业未来发展的一种看好，大型龙头企业通过登陆资本市场，获得较为优惠的资金及融资手段，进一步进行产业投资和新建聚酯及纺丝项目，引领了聚酯及涤纶行业新一轮发展。聚酯涤纶行业新增产能主要集中在聚酯及涤纶上市企业是"十三五"期间呈现出的一大鲜明特点，新建产能已经很少见到新进入者，这些优势企业采用高技术水平建设及新上装置的先进性、产能规模、能耗、一体化水平等综合因决定这些企业的新建产能，具有成本和技术优势，带动了整个行业的生产水平的提升和产能结构调整。

2. 利用资本市场加大并购重组规模，有效推进行业供给侧结构性改革

"十三五"以来，聚酯及涤纶行业积极响应国家供给侧结构性改革政策，

以恒逸集团为代表的聚酯龙头企业，通过资本市场实行并购重组，对有一定技术实力、但因资金链断裂而陷入破产的企业进行快速整合，快速扩大聚酯规模。同时注入较大的资金对原设备进行整理提升，纳入自身的管理体系中，进行两个企业供应链的整合、销售市场的整合、管理经营思路的整合、生产系统的整合、信息系统对接等，对并购的企业优化企业治理结构、强化企业管理机制、优化内部人才配置和优化制度流程等控制体系。

这样利用资本加快落后产能淘汰和僵尸企业出清力度，通过优势企业整合不具备竞争力的产能，进行设备技术改造，恢复产业内优质产能，完善退出渠道。优势企业依托并购基金，募集社会资本，增强龙头企业产业整合能力，通过不断提升产品品质，注入品牌等，实现利润的最大化，最终实现给集团带来利润，提升企业的综合估值，注入上市公司后，获得较好的议价空间。通过资本市场的力量降低了投资风险，同时以市场化手段实现了行业供给侧结构性改革。

二、"十三五"期间我国聚酯涤纶行业存在的问题

（一）部分产品仍存在结构性阶段性产能过剩

"十三五"期间，我国聚酯及涤纶部分产能增长过快，产能结构继续呈现阶段性结构性过剩问题仍然存在，下游装置需求低于纺丝产能增速，部分产品开工率降低，加工区间减少。部分行业企业盈利能力减弱，企业进入微利运行，在中型企业表现较为突出。部分建设时间较久、生产工艺落后、能耗物耗较高的企业，特别是早期的切片纺和单线产能较小的熔体直纺产能等不具备竞争力的产能仍然存在。同时过快过大的新增产能，必经伴随较大的设备采购及厂房等固定资产投资，长周期的设备采购推高了设备的供应价格，在化纤新技术升级换代较快的情况下，较长的订货周期容易造成设备落后的风险，产能的过快增加也会影响企业的边际效益。

"十三五"期间涤纶短纤企业未能享受到聚酯企业炼化一体化发展红利，上游缺乏炼化一体化企业 PX 利润的支撑，下游未能充分体现出与粘胶纤维、棉花及再生聚酯纤维的竞争优势。在"十三五"期间产能释放的影响下，开工率降低，企业利润率下滑。

（二）自主创新能力尚需加强

"十三五"期间，聚酯及涤纶产品中常规产品占据比重较大，特别是涤纶短纤中高附加值的高技术、多功能、超仿真差别化纤维和高质化产品缺乏，涤

纶工业丝与美国、日本等同行在强度、质量稳定性及差异化产品方面仍有差距。

在工艺技术、品种开发和产品创新上仍需加强，在汽车、高铁、海洋工程、环保、大健康、防护等重大应用领域需求的高强高模、高防护性能、耐高温与高可靠性等纤维品种与国外品种仍有差距，涤纶纤维与油剂、助剂及化纤母粒、催化剂等跨学科的研究仍需加强，核心技术受制于人。存在"重设备引进、轻消化吸收，重模仿生产、轻技术研发，重投资上规模、轻管理上水平"的现象。

研发实力集中在龙头企业，行业研发投入仍需加强，聚酯涤纶行业平均研发投入经费支出占总产值的 1.2%，低于国际先进行业平均水平（约 3%）。劳动生产率、专利数量和质量，以及专利成果转化亟待加强。

（三）智能制造及绿色制造处于初步阶段

目前，我国聚酯及涤纶行业智能制造正处于起步阶段，智能制造概念尚需梳理，智能制造水平不均衡，自主创新能力较弱，数字化网络化需要加强，智能化应用处于初级阶段。智能制造专业服务机构欠缺，智能制造人才匮乏。

聚酯及涤纶行业在绿色制造体系建设，节能减排、清洁生产等绿色发展方面的开发和利用等方面仍需提升，效率低、工艺落后、能耗高不具备竞争力的装备仍未全部淘汰。和国家进的环保要求仍有差距。绿色催化剂、油剂、助剂及化纤母粒的工业化应用技术滞后于化纤发展水平。与智能制造及绿色制造相关的标准仍然缺乏。

（四）品牌建设、标准等软实力建设需进一步加强

我国化纤制造业总体规模已居全球首位，但缺少国际知名品牌，品牌建设远远落后于世界先进水平，缺乏系统性及持续性。目前聚酯涤纶产品的差异化程度越来越高，很多小品种、功能性纤维等需要有相应的标准进行规范，同时行业技术及工艺的进步，产品的性能指标也取得了很大进步，需要对现有的标准进行修订。社会消费水平的提升，需要更加健康环保的纤维产品，也需要对提升聚酯涤纶纤维产品的检验方法和检验手段。随着聚酯涤纶产品出口的增加，缺乏和聚酯及涤纶行业规模和技术水平相符的国际、国家行业及团体标准，标准专业人才短缺。

（五）纤维循环再利用建设需要加强

当前以聚酯涤纶纤维为主的废旧纺织品数量巨大，对生态环境造成巨大压力。同时原油资源等石化产品的不可再生性，也限定了聚酯涤纶产品需要发展再生循环产品。世界部分著名品牌，已经发布了陆续减少原生聚酯纤维的使用比例。目前我国每年使用后报废的纤维制品高达 800 万吨，而回收再生率不足 5%，废旧纺织品大多被当成垃圾填埋、焚烧，这既造成了资源浪费，又污染了环境，废旧纺织品的回收及高质化应用，无论从资源节约的角度和环保的角度都非常必要，同时还将促进我国聚酯涤纶生产和消费理念的转变。

三、"十四五"化纤工业发展指导思想、基本原则和发展目标

（一）指导思想

以习近平新时代中国特色社会主义思想为指导，全面贯彻党的十九大和十九届二中、三中、四中、五中全会精神，把握行业从规模增长向质量提升的重要窗口期，把握全球新一轮科技革命和产业变革机遇，着力以解决人民日益增长的美好生活需要和不平衡不充分的发展之间的矛盾，推动产业高质量发展，实现新旧动能顺畅接续转换，推进聚酯及涤纶行业迈向先进制造进程，抢占全球产业发展制高点。围绕"数字引领、智能驱动、绿色高端、结构合理、科技创新、世界领先"的目标，坚持以供给侧结构性改革为主线，以市场为导向，以创新驱动为动力，以智能制造为主攻方向，以提质增效为中心，加快产能结构与产品结构调整。着力拉长产业链、补强创新链、提升价值链。不断推动聚酯及涤纶行业的智能化、绿色化、柔性化、国际化发展，推动聚酯及涤纶行业由规模增长向质量提升转变，不断增强行业核心竞争力和可持续发展能力，为推进化纤强国建设提供坚实基础。

（二）基本原则

坚持市场为导向，推进供给侧结构性改革。坚持以数字赋能、智能制造为主攻方向，全面提升行业数字化及智能制造水平。坚持以绿色发展为底线，坚持以创新驱动为驱动力，坚持以提质增效为中心，加强企业治理，坚持把国际领先作为赶超目标，聚焦于打造世界级聚酯纤维产业链及世界级聚酯纤维企业群体；打造世界级聚酯纤维品牌；打造创新优势突出，能够引领聚酯纤维的发展趋势的世界级聚酯纤维科研中心；打造世界级聚酯纤维企业总部中心，总部经济明显，具有税收供应效应、产业聚集效应、产业关联效应、消费带动效应、就业乘数效应、资本放大效应等明显的外溢效应。合理产业布局，促进区域产业生态完善，对国内外辐射能力强，是石化产品、化纤产品贸易及金融中心，具有全球的聚酯产品定价权。

（三）发展目标

1. 经济效益目标

化纤制造业发展质量和效益水平达到国内先进水平。到 2025 年，聚酯涤纶主营业务收入利润率年均提高 0.3%左右，化纤百强企业涤纶企业平均劳动效率提升到 280 吨/（人·年）。

2. 创新能力目标

提高化纤制造业研发投入。到 2025 年，化纤百强企业涤纶企业平均研发投入 3%。

3. 数字化转型目标

建成一批行业领先的智能工厂、数字化车间和示范企业。到 2025 年，淘汰一批高能耗、高排放设备，智能化改造投资年均增长 10%以上；机器人应用水平全国领先，骨干企业装备数控化率和机器联网率每年提升 2 个百分点；建成一批行业机器换人示范生产线、示范企业、数字化车间和智能工厂，制造业与互联网融合新业态模式发展水平位于世界先进水平。

4. 绿色发展目标

化纤制造业绿色制造水平明显提升，清洁生产、节能减排技术等绿色制造模式得到普遍推广应用，绿色工厂、绿色产品、绿色园区、绿色供应链建设以及节能减排主要指标国内领先水平，单位增加值能耗、废水排放量、用水量等达到《合成纤维制造业（聚酯涤纶）清洁生产评价指标体系》Ⅰ级基准值，资源利用效能进一步提高。

5. 结构调整目标

提升产品品质及功能，进一步提升产业用纺织品用纤维的比例，到 2025 年产业用纺织品纤维的占比提升 1 个百分点。

6. 品牌建设目标

加强企业品牌建设，重点培养一批具有较强国际竞争力的品牌企业，品牌认可度、产品美誉度显著增强，推动企业品牌国际化。到 2025 年，培育国内知名品牌企业 5 家以上，形成知名化纤品牌 20 个以上。

根据对聚酯涤纶行业"十四五"发展情况的判断，列出了"十四五"期间我国聚酯涤纶行业主要发展目标（表7）。

表7 "十四五"期间我国聚酯涤纶行业主要发展目标指标表

类别	指　　标	2020年	2025年	年均增长	累计
	涤纶总产量（万吨）	4922.75	5700	3.2%	
	涤纶长丝产量（万吨）	3869.28	4550	3.5%	
	涤纶短纤维产量（万吨）	1053.47	1150	1.8%	
	化纤百强企业涤纶企业平均劳动效率［吨/（人·年）］	232.61	280	4.1%	
创新能力	化纤百强企业涤纶企业平均研发投入（%）	2.51	3		
产业结构	产业用纺织品中涤纶比重（%）	—			
	聚酯产业产量集中度（前6家规模占比例）（%）	53	60	—	
绿色制造	聚酯熔体或切片能耗（kgce/t）	95	90	-1.1%	
	熔体直接纺丝短纤能耗（kgce/t）	110	100	-1.8%	
	熔体直接纺丝POY能耗（kgce/t）	50	48	-0.8%	
	熔体直接纺丝FDY能耗（kgce/t）	80	60	-5.0%	
	聚酯单位产品化学需氧量产生量（kg/t）	4.0	2.3	-8.5%	
	长丝单位产品化学需氧量产生量（kg/t）	2.0	1.8	-2.0%	
	短纤单位产品化学需氧量产生量（kg/t）	2.0	1.8	-2.0%	
智能制造	智能化改造投资			10%	
	数控化率和机器联网率			2%	

注　绿色制造项中2020年基准值采用《合成纤维制造业（聚酯涤纶）清洁生产评价指标体系》Ⅱ级基准值。

四、"十四五"发展的重点任务

（一）打造世界级聚酯纤维产业链

1. 完善炼化一体化建设，提升产业链的国际竞争力

鼓励行业龙头企业继续向产业链上游延伸，进一步完善优化原油—石脑油—PX—PTA—PET—化纤—织造的全产业链一体化运作模式，稳定原料的供给，增强产业协助能力、盈利空间与抗风险能力。采用不同的炼化路线，加大烯烃产品的开发力度，开发特种化学品和单体的研发，满足化纤产业的差别化生产和高附加值产品的开发和应用，增加聚酯化纤产业的国际比较竞争优势。

推进关联产业发展、增强配套能力，实现集聚集约发展，培育一批领先全球的大型企业群体。巩固龙头企业现有聚酯制造业竞争优势，优化聚酯纤维的产业生态布局，建设聚酯新材料高质量发展设备、辅助材料等卡脖子企业。

2. 整合全球资源与开拓国际市场，培育具有全球影响力的跨国公司

支持优势企业开展基于优化全球资源配置和提高国际化运营水平的全球兼并收购活动；在价值链整合、研发、生产、销售等方面开展国际化经营，利用全球资源促进产业创新，加强与化纤发达国家和地区的技术交流，推动先进技术的引进与合作；推动部分重点企业和重点项目走出去发展，加强国际高端技术研发人才和经营管理人才的引进与培养，提升化纤行业的国际化经营管理能力和国际化水平，逐步形成若干具有较高国际知名度和影响力的跨国公司，打造一批大型企业集团。

鼓励龙头企业建设具有全球引领性的管理总部、研发总部、营销总部等总部，根据不同国家及地区的资源禀赋及消费需求，分散布局生产工厂及贸易、物流机构。形成总部具有税收供应效应、产业聚集效应、产业关联效应、消费带动效应、就业乘数效应、资本放大效应等明显的外溢效应。生产单位具有贴近资源、贴近需求、贴近劳动生产力、贴近不同税收及关税政策分布发展。

（二）打造世界聚酯纤维企业群体及合理企业结构

1. 推进兼并重组及落后产能退出

鼓励龙头企业通过推进兼并重组实现产能有序增长，并购及重组特点在于投入人力少和见效快，省去了复杂的可行性研究、土建施工、设备安装等环节，能够当年投产，当年见效，资金成本得到最大化的利用。在实际操作上，并购能够带来差异化的发展，相对应的扩大产品的地域空间，并购具有特殊技术的小微企业，还能够实现技术的飞跃。支持发起设立产业并购基金，经过市场化实施并购整合，扩大自身产业规模，提升竞争力。在不增加行业总产能的情况下，优化了存量产能。但是这种方式需要较高的管理水平，对生产设备、生产经营、营销、供应、资本等进行全面整合。

同时建立健全公开透明的市场规则，强化市场竞争机制和倒逼机制，发挥市场配置资源的决定性作用，优化供给结构，促进优胜劣汰，推动落后产能的退出机制，实现不具备竞争优势的产能有效退出。

2. 优化国内聚酯涤纶生产区域布局

根据地区资源禀赋及、资源环境容量及消费承载能力，贴近炼化一体化基

地及产业链纺织集群，引导企业向资源禀赋丰富、承载能力强、下游市场集中的区集聚，结合国家的"一带一路"倡议，引导企业向"一带一路"沿线布局，向东南亚沿海、欧洲及东北亚临近区域布局，引导创新要素向雄安新区集聚。促进产业集群式、园区化发展，提高综合竞争力；加快下游织造、染整、服装等配套产业发展，构建石化—化纤—纺织产业链上下游、价值链各环节相协调的产业布局体系，促进上下游产业链配套发展。

坚持在产能布局和转移中发展低能耗、低污染、高效率、高品质的先进生产力，鼓励民营资本和企业、外资参与化纤区域结构调整，特别是参与现有国企改造、改组、重组，通过横向联合与垂直整合，实现存量资产的重组和进一步夯实优势企业基础。

3. 聚酯涤纶中小企业差异化发展

坚持将创新作为推进聚酯涤纶中小企业行业转型升级和可持续发展的手段。加强对中小企业创新平台、创新体系建设。全面统筹引导，坚持有所为，有所不为。明确发展方向，有序推动中小企业全方位产业升级发展。聚酯中小型企业多以切片纺企业为主，充分利用现有装置，发挥现有切片纺的柔性化优势，利用品种切换便捷性特点，开发专业化领域的定制，根据客户订单定制生产，做到专业领域内规模最大、品质最好；提高产品档次，实现高端制造领域聚集地。促进中小企业专业化分工协作，提升产品差别化水平。侧重改性聚酯以及新产品的开发；使规模产能竞争力的企业转型发展，从而促进企业的健康持续稳定发展。培育创新企业，发展行业服务型企业，为聚酯及涤纶行业高质量发展提供保证。形成一大批在聚酯纤维差异化领域具有鲜明特色的专、精、特、新企业。

（三）打造世界级聚酯纤维产品，引领聚酯纤维的发展趋势

1. 生产具有高品质、绿色化等特征的聚酯纤维产品

"十四五"期间聚酯涤纶产品应具有产品品质高、成本低、制造过程智能、绿色低碳，具有差别化、高功能、智能化及高附加值特征。关注先进生产工艺及节能环保技术的应用，着重加强研发创新，引领企业向高品质、低成本、制造过程智能和绿色化发展。通过多学科技术融合、分子结构设计、原位聚合等手段，推动功能性、差别化化纤维生产由物理改性向化学改性发展，实现突破纤维材料的如本征阻燃、防熔滴阻燃、吸湿排汗、抗菌抑菌、相变储能、导电、

电磁防护、智能响应等功能。通过在线添加技术和多功能原液着色聚酯连续聚合技术等，实现纤维的原液染色、抗起球、抗静电、抗紫外、远红外、抗化学品等功能，实现高附加值纤维的生产及制造。

2. 推动民用纤维的升级换代以及向产业用纺织品（技术纺织品）和高性能应用领域拓展

（1）纤维产品升级换代。采用非重金属催化剂，减少重金属开采对环境造成的不可逆影响；减少重金属催化剂（锑系催化剂）和部分添加剂（醋酸钴调色剂）在染整加工过程中对水资源的污染；减少重金属对人体的负面影响；纤维油剂均应当采用不含生物毒性的环保性油剂，包括在油剂合成过程中的中间产物；大幅度降低有害小分子（乙醛）含量；进一步规范和监督熔体染色和染整染料、助剂选择（根据 Okotex100-诚信纺织品的要求），大幅度降低有毒有害染料的使用；大幅度降低碱减量传统染整工艺，降低水资源消耗和大幅度减少污水排放。通过对聚酯和纤维的改性[共聚、共混（包括原位聚合）、表面改性]提高亲水性、染色性和穿着舒适性。

（2）开发差别化、功能性聚酯（PET）的连续共聚改性[阳离子染料可染聚酯（CDP、ECDP）、碱溶性聚酯（COPET）、高收缩聚酯（HSPET）、阻燃聚酯、低熔点聚酯、非结晶聚酯、生物可降解聚酯、采用绿色催化剂生产的聚酯等]；阻燃、抗静电、抗紫外、抗菌、相变储能、光致变色、原液着色等差别化、功能性化学纤维的高效柔性化制备技术；智能化、超仿真等功能性纤维生产，利用聚酯回收材料生产涤纶工业丝、差别化和功能性涤纶长丝、非织造材料等高附加值产品。发展方向：高品质、产业用。环境友好。高仿真与功能化，高性能与产业用。染色、收缩、强度、染色、收缩、强度、质感、弹性、舒适。

（3）采用聚合物改性（共聚、共混、增黏扩链）、纤维（复合纺丝、表面改性）改性等技术手段，与应用加工领域密切合作，开发产业用纤维、织造物以及复合材料等，在 12 项专业领域的应用。①现代农业（例如：涤纶工业丝防护网、非织造布无土栽培等）；②建筑（例如：屋顶用聚酯纺粘非织造布沥青布）；③工业（例如：光学产业用复合纺丝超细纤维超洁净擦拭布）；④交通（例如：涤纶工业丝轮胎帘子布）；⑤防护（例如：熔喷非织造布医疗防护服）；⑥体育运动（例如：弹性纤维泳衣、运动鞋面料等）；⑦环保（例如：纺粘、熔喷非织造布废水过滤、烟道过滤等）；⑧功能性服装（例如：亲水排汗、抗菌、理疗、抗紫外线、防辐射等）；⑨包装（例如：涤纶工业丝篷盖布等）；⑩土工（例如：涤纶工业丝土工格栅、超短纤维沥青混凝土用于高速公路等）；⑪家居（例如：BCF 涤纶地毯、涤纶长丝阻燃窗帘等）；⑫医疗（例如：涤纶长丝编织人造血管等）。

（4）开发新一代生物基原料、生物亲和、生物可降解、超高性能聚芳酯等纤维和织造物，适用于高新能产业应用领域。纺织产业科技与信息科学技术、生命科学与技术、现代材料科学技术等新兴科技交叉与融合，形成多维发展空间，呈现极限、多元、智能、绿色、融合、服务等发展主题，其应用领域超越传统纤维产业，是先进制造业、智能与功能消费品、医疗与健康、环保与防护、现代建筑与农业、新能源等的关键基础材料和核心材料，是国家供给侧结构性改革的重要突破口，已成为纤维新材料发展的时代特征。

3. 推动常规纤维的军民融合

"十四五"期间，常规纤维不仅要在满足重大民生需求、支撑能源替代、应对环境的挑战，还应当支撑军民两用装备、支撑战略性新兴产业、特种防护用纺织材料等发展，满足军民两用纤维的生产。

中国化学纤维工业协会连续编制了《军民融合深度发展纤维新材料与产品推荐目录》，推进军转民、民参军步伐。军民科技协同发展已经成为新的行业增长点，涤纶长丝企业应从军民融合前沿技术、纤维新材料、智能纺织品、安全与防护、标准体系建立方面展开交流，与军民产业对接论坛，从军民融合产品的开发与应用方面，聚焦对人体生存、生活一体化持续保障能力方面展开交流，提升纤维的科技水平，加快先进基础材料、关键战略材料、前沿新材料在单兵系统、智能装备等军工领域形成持续保障能力，参与的军民融合创新平台，布局军民融合前沿技术及高性能材料的长远发展。以需求引领、供给侧改革，推动聚酯涤纶纤维在军民两用先进纤维材料融合发展。

（四）打造世界级聚酯纤维科研中心

1. 加大研发投入及分享研发平台红利

聚酯及涤纶行业应加大研发投入，扛起世界聚酯涤纶行业科技发展大旗，构建完善"产学研"联动的技术创新体系。结合当前新一轮科技革命和产业变革，利用大数据的形成、理论算法的革新、计算能力的提升及网络设施的发展驱动人工智能等，加大聚酯涤纶产品的设计，使智能化成为研发和产业发展的重要方向。到 2025 年，规上企业 R&D 经费投入占主营业务收入比重达到 3%，新产品产值率达到 40%。

鼓励企业创办高等级研究院、创新中心等研发平台，面向全球吸引行业优质科技教育资源，着力打造聚酯涤纶产业高地上的"科技珠峰"，形成科研成果转化互相促进模式，形成世界聚酯涤纶纤维科技创新高地。

2. 加大人才培育及机制建设

以企业为主体，依托高校等专业培训机构，推进课程体系与培养基地建设，采取多种方式加强对实用工程人才、卓越工程师和交叉型人才培养。遵循科技人才发展和科研规律，以行业及企业重大项目及工程，重点培育战略型人才和创新型领军人才。完善科学设计评价目标、指标和方法，引导科研人员从事基础研究。加强顶层设计，优化人才发展环境，引导高端人才向企业流动。

（五）打造世界级数字化转型及绿色制造典范

1. 推动聚酯及涤纶企业数字赋能，推进行业智能生产进程

加快推进化纤产业数字化改造，利用先进数控技术开展装备智能化改造，提升加工效率、生产精度和控制水平。支持企业以工业互联网平台大规模应用为核心开展智能化改造，推进全过程数字化管控，打造一批智能示范车间、智能工厂。将"互联网+""大数据+"、云计算规模应用，不断提升数字化、网络化、智能化水平，以智能制造促进转型升级。围绕聚酯涤纶生产关键工序智能化、关键岗位机器人替代、供应链优化、生产过程智能优化控制、在线检测、远程诊断维护等，初步实现大数据技术在聚酯涤纶生产中的应用，将信息技术和先进测控技术应用于聚酯涤纶生产过程的建模、控制、优化、管理等过程。加快先进制造，推动互联网、大数据、人工智能和实体经济的深度融合，探索低成本、高成效省生产数据采集模式，打造产销一体、管控衔接、财务业务一体化的聚酯及涤纶数字化工厂。

加强企业治理能力建设，利用互联网、物联网等实现供应链协同，以提质增效为中心，实现设计、生产各环节的数据共享和策略一致。对接电商大数据，关注实时订单数据、需求预测数据等，建立连接市场最终客户、制造业内部各部门、上下游各方的实时协同的治理体制。

2. 开发数字化系统体系建设，提升行业智能制造整体水平

"十四五"期间研发智能驱动运营管理，数据驱动战略决策提升采购、生

产、销售、物流、研发等各个环节以及与上下游业务过程的协同性；以最小管理单元为基础的大数据管理，还可以提高产品的个性化、定制化和精细化，对客户需求快速反应，进而提供更加精准服务，加快聚酯涤纶行业人工智能步伐。加快推进产业数字化改造，利用先进数控技术开展装备智能化改造，提升加工效率、生产精度和控制水平。支持企业以工业互联网平台大规模应用为核心开展智能化改造，推进全过程数字化管控，打造一批智能示范车间、智能工厂。打造中国化纤工业互联网平台——化纤数智城，推进纤维新材料在工艺制造、节能减排、产品研发、供应链管理等方面与大数据、物联网、人工智能的深度融合。搭建集聚研发设计、生产制造、供应链管理等环节的化纤行业互联网平台，加快企业上云。力争每年实施行业数字化改造项目30个以上。

专栏1 基于在线监测的长丝质量工程系统

自主开发在线测量技术及检测硬件，并研发相配套的数据传输技术和硬件。建立在线测量指标和事后测量指标的相关性数据模型，在此基础上由事后测量改为在线测量，由低频率抽检物理指标改为在线全程检测，大幅提升质量保证能力。建立聚酯长丝制造5G工业互联网平台和行业标识解析二级节点，挖掘质量大数据价值，建立涵盖供应链、客户及制造全流程的长丝质量工程系统，全方位提升长丝产品品质和服务。

专栏2 上下游产业链大数据工程系统

通过开发全局可视就是采集公司全量数据，包括经营管理数据、生产过程数据、生产设备数据，整合到数据中台，实现企业运营可见，随时洞察企业状态。全局可析，就是基于第一阶段的数据，通过深入分析，发现运营过程中出现的问题，并做根因分析，帮助管理者做出准确快速的决策。全局智能，根据前俩阶段的成果，利用人工智能技术，实现了预测、预警、自适应，模拟未来的不同场景，并找出最优解决方，带动产业模式的创新。

3. 构建新时期绿色制造体系建设

贯彻落实《中国制造2025》，深入实施绿色制造工程，坚持低能耗、循环再利用，加快应用先进节能减排技术和装备，完善绿色制造的技术支撑体系。积极推广绿色纤维标志产品，全面推进行业清洁生产认证和低碳认证体系建设，提高资源综合利用水平，加快制造方式的绿色转型。一是加大绿色工厂、绿色设计产品、绿色园区和绿色供应链示范企业，完善绿色制造体系建设；二是着力推进中小企业的绿色化改造，加快节能减排先进技术的产业化应用；三是着力优化清洁生产审核重点和方式，促进制造业生产过程绿色化；四是着力提升制造业资源综合利用水平，促进资源绿色化循环利用；五是着力探索推进制造业绿色发展的途径、举措，构建促进绿色制造体制机制。

推广绿色催化剂、油剂助剂、母粒的研发与生产。供应链建设，节能减排主要指标处于全国同行业领先水平，密切关注并积极开展绿色法规、技术壁垒和市场准入条件等的研究，将能耗与碳值作为重要的技术指标和认证指标，制定绿色纤维产品技术标准。明确绿色纤维定义及产品范围，建立不同纤维品种检测指标体系及评价体系、吊牌认证管理体系。加大绿色制造体系的国际化宣传及认证工作。

专栏3　无重金属聚酯纤维产业化与应用（新型环保聚酯纤维）

开发钛系或多元金属新型催化剂聚合技术。通过新型催化剂聚合装置进行专业化设计和加入点的选择，改善熔体热稳定性与色相的助剂体系研发，高效钛系合成与产业化研究等，推动聚酯纤维产业绿色发展。

4. 发展循环再利用技术与可降解产品

加快废旧聚酯产品的高效高品质循环再生利用与产业化，开发可降解聚酯生产技术的提升与规模化应用。通过绿色设计、制造、回收再制造等技术攻关。加大生物可降解聚酯类（PLA、PBS、PHA、PBST等）产业化步伐，优化生产技术，降低原料成本，提高生物可降解聚酯的综合使用性能。生产技术和高质化功能化再生聚酯纤维生产技术及装备，加大可降解聚酯纤维生产技术和循环再生聚酯纤维新技术、新工艺、新设备的市场推广力度，完成技术应用的示范线建设，实现纯涤纶纺织品回收至制造聚酯原料的产业化。

开发回收再生聚酯醇解工业化技术，完善工业化醇解物分离、纯化、再聚合等工艺和装备。研究化学法再生聚酯纤维技术，运用共混、共聚、异形、超细、复合等技术手段，开发系列改性和高品质高附加值再生聚酯纤维（例如：热熔粘纤维、人造革用高收缩纤维、易染色、抗菌、抗紫外、阻燃抗融滴等）。实现高附加值、低成本再生聚酯纤维的产业化。

（六）加大品牌建设与标准规范体系

1. 加强品牌建设，扩大品牌的影响力

加强企业品牌建设，扩大优质品牌的影响力，利用大数据等技术，探索适合电子商务消费模式下的品牌建设模式。重点培养一批具有较强国际竞争力的品牌企业，推动企业品牌国际化。打响国家级化纤品牌，加大化纤品牌的宣传推广力度。提升企业在行业的主导地位和国际影响力。推动产品质量提升，引导企业对标国内国际先进水平，不断提高产品档次。完善先进质量管理体系，支持采用先进技术装备和信息系统提高产品质量控制水平通过纤维流行趋势发布，强调与下游产业链、渠道、价值的整合，产业链协同创新、技术进步和品牌建设，带动纺织产业链配套向以新产品开发、创新拉动需求为导向的价值链整体提升和根本转变，实现产业链共赢。通过对重点纤维产品的质量认证、进行流行趋势产品认证，绿色纤维认证标志、绿色纤维制品认证，提升产品的权威性。"十四五"期间打造品牌企业5~10家，形成知名化纤品牌20~30个。

2. 加强标准体系建设，建设国际领先的标准体系

发挥化纤产业技术创新战略联盟、聚酯循环再生技术创新联盟的作用，形成上下游紧密衔接、产学研用紧密合作的机制，加快制订完善行业清洁生产标准及评价体系。

充分发挥行业和企业在制定标准中的作用，借助中国化纤标准化技术委员会、中国化学纤维工业协会标准化技术委员会及亚洲化纤联盟的力量。加快化纤及其原料和制品的国家标准、行业标准和技术规范等的制订和完善，重点加强功能性、超仿真、清洁纤维、循环再利用纤维标准的制订，加强产品标准与下游技术规范的结合与配套。支持龙头企业主导或参与制（修）定国际标准、国家标准和行业标准，支持采用先进技术装备和信息系统提高产品质量控制水平支持企业参与行业标准、国家相关标准的制定，鼓励企业参与国际标准化活动，全面实现与国际接轨。逐步健全行业标准、法规、认证体系，鼓励和支持建立行业的公共检测平台、技术交流平台、中小企业服务平台等。

（七）积极对接国家政策及资本市场，取得行业长远发展

充分发挥资本市场在优化资源配置中的重要作用，积极对接《纺织行业产融结合三年行动计划》，金融服务实体经济是国家金融政策的主基调。当前，聚酯涤纶行业正处于"供给侧结构性改革"和转型升级的关键时期，产融结合

创新发展是一条行之有效的途径。支持规模企业实施规范化公司制改制，通过上市、挂牌、发债等多种方式，积极对接境内外多层次资本市场，拓宽融资渠道，降低融资成本，提高企业直接融资比重。鼓励引导企业发行绿色债券、双创债券等创新品种，大力支持企业运用"民营企业债券融资支持工具"等创新产品，通过发行公司信用类债券方式进行直接融资，引进资本运作方面的高级管理人才或专业团队，积极培育企业股改上市，制定企业兼并重组政策，鼓励龙头企业通过横向联合与竖向整合，拉长产业链，做大产业规模。

五、重点工程（专栏）

专栏 4　高洁净纤维及制品制备技术

通过多重技术的实施，制备的纤维本身不含有重金属、低含量有机挥发物（VOC），具有高耐磨与柔韧特性，在洗涤过程中不易产生纤维微塑料，同时纤维表面具有良好的抗污性能，有效降低洗涤次数。

专栏 5　医用及生化防护用纤维材料及制品制备技术

通过联合攻关，开发抗病毒功能材料及其改性的纺织品和制品，实现生化防护用纤维及制品结构功能一体化设计、生化防护用纺织品高效复合与集成技术实现攻关，建立生化防护纺织品重复使用下安全评价体系，开发出可重复使用的医用及生化防护用纤维材料及制品，满足我国医用生化防护应用需求，显著提高我国生化防护纤维制品的自给率。

专栏 6　PBT 聚酯纤维高效制备及柔性化成套技术

开发高效专用复合催化剂及热稳定剂、催化剂高效利用工艺、低聚物粘结层和缩聚小分子副产物高效脱除技术、聚合动力学强化工艺，结合专属工程化设计体系，实现万吨级大容量 PBT 聚酯的稳定化高品质生产，特性黏数波动$\leqslant \pm 0.02 dL/g$，b 值$\leqslant 5$。通过研究短流程熔体输送技术、高压挤出、低温冷却加工技术，实现 PBT 聚酯熔体直纺工艺的突破，纤维断裂强度$\geqslant 3.0 cN/dtex$。开发 PBT 复合纺丝技术，开发低熔点纤维、复合弹性纤维等产品。

专栏 7　热塑性聚酯弹性体合成及复合纺丝技术

　　TPEE 合成材料的本身的软硬度可调、结构设计灵活的优势，采用复合纺丝工艺，充分发挥热塑性弹性体软、弹、熔点可调等优势，开发系列高技术、功能化、差别化的复合纤维（如智能传感纤维、高保形纤维、高柔韧耐磨纤维、低熔点热黏合纤维等），在纺织领域有较好的前景。研发聚酯基热塑性弹性体合成技术、热塑性弹性体柔性化制备技术及一步法高效高稳定复合纺丝技术，开发出高弹纤维、吸湿速干弹性纤维等系列产品，纤维耐氯、耐高温，弹性回复率≥80%、纤维卷曲弹性率≥90%，弹性持久，断裂强度≥2.0 cN/dtex、抗起球起毛等级达 4~5 级。

专栏 8　高功能仿生纤维及制品研发（智能超仿真纤维）

　　高功能仿生纤维是新一代高仿真纤维的标志性产品，类似天然动植物纤维的形态结构和质感，同时又保留了化学纤维优良特性，其织物具有亲肤柔软、隔热保暖、透气导湿、防风防雨等功能，满足消费者在不同气候环境下运动休闲等使用需求。开发具有亲肤柔软、隔热保暖、透气导湿、防风防雨等功能性的高仿棉、高仿雀羽、高仿蝉翼、高仿鹿绒等高仿真纤维产品，并形成万吨产能，满足消费者在不同气候环境下运动休闲等使用需求。

专栏 9　全生物降解聚酯纤维的制备及成形技术

　　我国是化纤生产大国，传统非生物降解型化纤纺织品与自然环境的冲突日益加剧，开发全生物降解聚酯纤维，能有效缓解或解决上述问题。主要产品及技术包括：（1）生物基单体高品质、低成本制备技术；（2）聚羟基酸大容量稳定化聚合及熔体直纺技术；（3）聚二元酸二元醇酯性能调控及纺丝工程化关键技术；（4）全生物降解聚酯非织造技术。

专栏 10　分散染料低温染色聚酯及其纤维

　　对聚酯大分子化学结构的精心设计，共聚引入了间位结构的间苯二甲酸（IPA）和亲水性柔性链聚乙二醇（PEG），添加必要的助剂通过不断调整，开发出的 NEDDP 纤维及其织物，具有优良的低温染色性能，且各项色牢度指标达到国标 4 级或以上。无须做任何吸湿排汗助剂整理，也无须借助于吸湿性优良的棉、粘胶纤维等进行交织或混纺，即可具有永久性的吸湿—排汗—速干功能。

专栏 11　专业化防护用先进功能纤维

主要研究抗紫外、抗菌、防螨功能材料的纳米化制备。开发安全环保型防护用材料，包括抗紫外、抗菌、防螨纳米材料和微胶囊，具有防护功能的同时，在生产使用过程中安全、环保，兼具可加工性和防护功效。通过将防护功能材料与聚酯熔体复合，制备出功能母粒，重点研究防护功能材料与对苯二甲酸、乙二醇原位聚合，一步法制备出功能母粒或熔体直纺长丝。

专栏 12　新一代绿色长效阻燃抗熔滴聚酯纤维

开发阻燃聚酯切片高速纺技术及成套装备，实现长效阻抗熔滴聚酯纤维的产业化生产，系统阐明纤维的阻燃抗熔滴机理，实现长效阻燃抗熔滴聚酯纤维生产。

专栏 13　开发新一代工业丝纤维材

开发新一代工业丝纤维，加大大容量聚酯固相缩聚增黏反应器设计及配套工艺研发及聚酯品质影响因素评价与控制技术，实现新一代工业丝的柔性化生产，增强在海洋工程（海洋钻井平台缆绳）、安全防护（交通安全护栏、边坡防护网、煤矿支护巷道）用网等领域的应用。

六、政策措施建议

（一）加强产业政策扶持

构建有利于控制常规化纤产品新增产能，淘汰落后产能的政策体系，政策体系建设有利于提升纤维新材料产能在化纤产业总产量中的比重，推动行业发展模式由"成本和规模"向"高附加值、全价值链服务"转变。有利于传统通用化纤材料的改造提升力度，加强纤维新材料的拓展攻坚。有利于开发特种化学品和特种单体，满足纤维新材料产业的差别化生产和高附加值产品的开发应用。有利于拓展纤维新材料产品在汽车轻量化、航天、航空及军事领域的应用。

（二）强化财政金融支撑

加大对包含聚酯涤纶工业技术创新、绿色发展、数字化转型和公共服务的财税支持力度。发挥财政资金对社会资金的引导和倍增效应，支持化纤企业开展技术改造。鼓励金融机构加大对化纤工业高质量发展支持力度，引导银行业金融机构按风险可控、商业可持续原则，增加化纤企业长期贷款、信用贷款。发挥好重点企业和重点项目融资信息对接清单及产融信息对接服务平台作用，构建全周期、全类型、全覆盖的产业信息对接合作服务网络。加快推进高技术型化纤企业上市融资，加大对化纤企业债券融资支持力度。

（三）鼓励引导行业企业加强国际合作

围绕"一带一路"倡议，支持企业用好相关金融支持政策，推动国际化布局和相关并购重组，开拓海外市场，有效利用海外资源，解决化纤关键原料和单体供应。充分发挥本地产业集聚优势和市场规模优势，积极扩大先进新技术和关键设备、零部件进口，以及行业急需的研发设计、环境服务等知识、技术密集型生产性服务进口，提高国际资源配置能力。

（四）培育"专精特新"企业

创新金融等支持政策，鼓励中小企业发展，着力培育一大批以"专精特新"为特色的中小型企业。强调"专精特新"，就是要鼓励创新，做到专业化、精细化、特色化。聚焦主业、苦练内功、强化创新，把企业打造成为掌握独门绝技的"单打冠军"或者"配套专家"。

（五）发挥行业协会作用

支持行业协会对行业重大问题开展跟踪分析和调查研究，为政府部门决策提供支撑。鼓励行业协会加强行业运行、统计监测、市场供需、产能利用等方面的信息发布，引导企业资金投向，促进行业规范发展。支持行业协会对企业开展分类指导和评价，引导资金、土地、能源等要素向优势企业集聚。鼓励行业协会为企业加强平台建设、品牌打造、技术交流、人才培训、信息服务、社会责任、行业自律等方面的工作，促进行业健康发展。

（撰稿人：万雷　张凌清　刘青）

循环再利用化纤行业"十四五"发展研究

中国化学纤维工业协会循环再利用化学纤维分会

循环再利用化学纤维是利用回收的废弃聚合物材料和废旧纺织材料，包括废丝、废块、废布料、边角料、废弃包装膜、废弃聚酯瓶等，加工制成的化学纤维，行业习惯称为再生纤维。循环再利用纤维是纤维新材料的重要组成部分，是解决我国化纤行业资源短缺和环境压力双重问题的关键，是我国化纤产业真正走向可持续发展道路的重中之重。

为引导我国循环再利用化学纤维行业在"十四五"期间的规范健康发展，编制本发展研究。本研究所指循环再利用化学纤维行业包括再生涤纶、再生锦纶、再生丙纶、再生氨纶、再生聚苯硫醚纤维、再生腈纶等子行业。

一、"十三五"行业发展情况
（一）"十三五"行业取得的成绩
1. 规模品种有序增加

在循环再利用纤维中，再生涤纶是其中的主要品种，占总量的95%以上。"十三五"期间，再生涤纶行业所面临的环境发生着深刻的变化，国家强化环境保护、禁塑令、垃圾分类等政策对行业带来深刻影响，下游用户，特别是国外终端品牌商对于再生涤纶制品的热衷提振了行业的信心。从2016~2020年，行业走了一个小幅的过山车变化，2016~2017年，产能较快增加至1050万吨左右，受原料供应的影响，2018年以后，行业整体在调整中，产能减少至1000万吨左右。受新冠肺炎疫情影响，2020年，我国循环再利用涤纶产量在420万吨，相比2019年下降19%。2020年世界循环再利用涤纶产能见表1。

表1 2020年世界循环再利用涤纶产能

单位：万吨

国家或地区	产能	产量
亚洲	1400	600
其中：中国	1000	420
印度	200	80
东南亚	130	70
其他	70	30
欧洲	45	30
美洲	50	40
中东	100	70
非洲	50	30
合计	1645	770

数据来源：中国化学纤维工业协会

整体而言，"十三五"期间，再生涤纶和再生丙纶结构继续优化调整；再生锦纶实现从研究探索到产业化，多家原生锦纶企业进行了物理法或化学法再生锦纶的生产或研究，将废料和废丝重复利用，目前可以批量供货；聚苯硫醚纤维、氨纶、腈纶等也突破循环再利用技术瓶颈，具备了量产的能力（表2）。

表2 "十三五"期间循环再利用化学纤维产能产量变化情况

单位：万吨

指标	品种	2015年	2016年	2017年	2018年	2019年	2020年
产能	再生涤纶	960	1110	1050	980	1020	1000
	再生丙纶	42	45	50	45	45	45
	再生锦纶	—	0.2	0.5	1	3	5
	再生聚苯硫醚纤维	0.3	0.3	0.3	0.3	0.3	0.3
	再生腈纶					0.5	0.5

续表

指标	品种	2015 年	2016 年	2017 年	2018 年	2019 年	2020 年
产量	再生涤纶	530	560	600	550	520	420
	再生丙纶	33	36	42	38	37	35
	再生锦纶	—	—	0.1	0.5	0.5	1.2
	再生聚苯硫醚纤维	0.15	0.15	0.15	0.15	0.15	0.15
	再生腈纶					0.1	0.1

资料来源：中国化学纤维工业协会

2. 产业结构进一步优化

产业布局更加合理。江苏、浙江、广东继续保持区域优势，湖北、河南、安徽等地资本进入，原料加工、纤维生产稳定增长。再生涤纶产能，江苏排第一，占37%，浙江占22%，广东占8%，福建6%，四川5%，山东、湖北、河北各占3%，辽宁、河南、江西等都有企业分布，而且随着东部沿海地区环保压力加大，循环再利用涤纶企业往中西部转移的趋势正在加快。

企业规模化、规范化程度普遍提高。"十三五"期间，有34家再生涤纶生产企业通过工信部行业规范条件评审；目前，国内已形成的几个典型的产业集群：浙江慈溪以涤纶短纤填充料和再生涤纶长丝为主；江苏江阴以棉型再生有色涤纶短纤为主；福建晋江以无纺用涤纶短纤维为主；广东普宁以半消光高强低伸棉型再生涤纶短纤为主；浙江富阳以填充和差别化涤纶短纤为主。

产业整合和集中度更高，部分企业退出。2017年，禁止废塑料进口政策实施后，行业积极调整结构，部分工厂减产停产转产、部分企业向境外原料产地转移。由于环保与安全的监管力度不断提升，部分小、散、乱、污的企业逐步退出市场。部分大中型企业因不同原因也被迫退出再生化纤行业，包括由于政府拆迁而退出，还有部分多元化投资失败或资金链断裂而退出等。"十三五"末期，行业集中度明显提高。与此同时，一批大型企业进入循环再利用化纤领域，行业的发展将更有后劲。

3. 行业技术进步成效显著

（1）科技创新取得新突破。"十三五"以来，循环再利用化学纤维行业充分发挥产、学、研、用等各环节联合优势，在工程院、科技部等课题支持下，科技创新成绩明显。物理法、化学法、物理化学混合法的回收再利用关键工艺、技术、装备取得突破，其中有废旧纺织品预处理、分离、分拣工艺技术装备、循环再利用纺丝工艺技术装备等，为产业升级提供了支持。循环再利用聚酯纤维产业链技术装备的创新主要体现在：原料清洗线高速分色、分材质装置；物理法的连续干燥、多级过滤；物理化学法的液相增黏、低熔点/再生聚酯皮芯复合纤维熔体直纺技术、在线全色谱补色调色及高效差别化技术等；化学法的解聚、过滤分离、脱色、精制、缩聚技术及功能性改性技术等。

"十三五"期间循环再利用化学纤维行业获得众多国家级和联合会科技进步奖，其中《废旧聚酯高效再生及纤维制备产业化集成技术》获得2018年度国家科技进步二等奖，是循环再生行业发展里程碑，标志着行业技术进步达到一定高度；《高品质差别化再生纤维关键技术及装备研发》等获得中国纺织工业联合会科技进步一等奖，《化学法再生聚酯纤维制备技术》项目列为国家科技部重点课题（表3）。

表3 十三五时期循环再利用聚酯纤维行业荣获科技奖项列表

序号	年份	单位	项目	获奖等级
1	2016年	海盐海利环保纤维有限公司	高品质差别化再生聚酯纤维关键技术及装备研发	一等奖（中国纺联）
2	2016年	上海市纺织工业技术监督所	循环再利用聚（PET）纤维鉴别技术研究	二等奖（中国纺联）
3	2017年	浙江绿宇环保股份有限公司 宁波大发化纤有限公司 优彩环保资源科技股份有限公司	废旧聚酯纤维高效高值化再生及产业化	一等奖（中国纺联）
4	2017年	龙福环能科技股份有限公司	废聚酯瓶片料生产再生涤纶BCF膨化长丝关键技术及产业化	二等奖（中国纺联）
5	2018年	宁波大发化纤有限公司 东华大学 海盐海利环保纤维有限公司 优彩环保资源科技股份有限公司	废旧聚酯高效再生及纤维制备产业化集成技术	二等奖（国家）

（2）标准体系日渐完善。"十三五"期间，行业共制修订26项标准，包含检测方法、安全性及原料、短纤维、长丝等产品标准，基本建立了以循环再利用涤纶为主体，国家标准、行业标准、团体标准多层次协调配套的标准体系。

标准体系的建立和完善，为行业发展提供了技术基础，使行业有标可依，推动行业科技创新，市场贸易更加规范。"十三五"期间，科技部研究项目《循环再利用聚酯纤维鉴别技术的研究》结果落地实施并标准化，于 2019 年形成国家标准《循环再利用聚酯（PET）纤维鉴别方法》。结合化纤循环再利用的特点，并兼顾下游纺织品的安全和绿色评价体系，研究适宜的安全性评价要求和评价方法，形成了国家标准《循环再利用涤纶安全性评价》。

（3）产品创新快速发展。在行业技术和装备创新的支撑下，循环再利用化纤新产品不断涌现，包括高柔软性、高压缩弹性、抗菌、阻燃、石墨烯改性、远红外等功能化、差别化涤纶短纤维；开发出适用的专用母粒，建立颜色补偿新方法和颜色复配体系，生产多规格多系列的再生色丝；再生竹炭、再生吸湿排汗、再生阳离子可染、再生复合纤维等功能性涤纶长丝等品种。"十三五"期间，再生化纤产品品质快速提升，行业内多家企业与国际终端品牌商进行战略合作，进入其原料供应商体系，我国已经成为国际范围内主要再生涤纶供应产地。

4.绿色发展持续深入

"十三五"期间，工信部发布了《再生化学纤维（涤纶）行业规范条件》生产企业名单第一批和第二批的公告，共包括 34 家企业达到规范条件要求。辽宁胜达、福建百川、浙江海利等企业通过了工信部绿色制造集成项目，获得绿色制造专项资金支持。"十三五"期间有 13 家循环再利用涤纶生产企业通过绿色纤维标志认证。

"十三五"期间，循环再利用化学纤维行业通过采用新技术、新工艺和新装备，行业平均能耗和水耗明显下降。得益于技术进步的集成效应、规模化生产和中水回用率的大幅提升，再生涤纶原料处理用新鲜水耗量明显下降。2020年，再生聚酯原料毛瓶片处理的单位产品综合能耗为 35kgce/t，比 2015 年下降 8%；再生涤纶长丝 POY 能耗为 110 kgce/t，比 2015 年下降 45%；再生涤纶短纤维吨产品能耗由 2015 年的 260 kgce 降至 2020 年的 190 kgce，降幅超过 28%。2020 年，再生聚酯原料毛瓶片吨产品加工水耗相比 2015 年的降低 20%，整瓶水耗下降 25%（表 4）。

表4 "十三五"期间循环再利用涤纶单位产品综合能耗与水耗

品种		2015年		2020年		累计降幅（%）	
		能耗（kgce/t）	新鲜水（t/t）	能耗（kgce/t）	新鲜水（t/t）	能耗	新鲜水
原料处理	毛瓶片	38	1.5	35	1.2	7.9	20
	整瓶	47	2.0	45	1.5	4.3	25
短纤		230	3	165	2.5	28.3	16.7
长丝	POY	200	1.9	110	1.65	45	13.2
	FDY	260		190		26.9	

资料来源：中国化学纤维工业协会

（二）当前存在的主要问题

1. 企业结构仍需优化

"十三五"期间，循环再利用化学纤维的产业集中度提高，区域布局更加合理，但总体企业缺乏规模优势，产业链不够完善，企业管理、品牌运作以及话语权等都非常欠缺。由于世界更可持续的消费潮流兴起，推动了资源循环利用原料的消费热潮，原生聚酯龙头企业看到了行业发展的新动向，并且加快进入再生领域，再生涤纶短纤龙头企业利用自身的产品优势，也侧身进入原生聚酯领域。原生化纤巨头进入循环再利用化纤领域，一方面有利于行业整体形象的提升，另一方面对现有再生企业形成更大压力。在"十四五"期间，行业亟须进行整合，以资产重组、兼并整合作手段，淘汰落后产能，鼓励先进生产力发展。

2. 不规范企业带来无序竞争

长期以来，我国的再生资源回收行业积累了很多历史遗留问题，突出表现在再生资源回收体系不完善，一些散、乱、污小企业由于违法成本过低、受利益驱动，纷纷投资再生资源回收加工。再生企业多数不在工业区生产，在土地、工商、税务、用电、用水、用气、环评等方面未全部办理或仅办理一部分，没有形成良性信用积累，没有形成规模效益。由于这些不规范回收站点和加工企业缺乏管控、不按规定申报税项，而履行社会责任的龙头企业遵纪守法、照章纳税的同时，却无法取得进项税发票，无法抵扣税款，造成税负过重。由此，违法企业和守法企业之间形成了严重的不公平竞争，扰乱了市场秩序，并形成了恶性循环。

3. 产品同质化严重，自主创新能力不强

循环再利用涤纶产品结构主要为短纤维和长丝，短纤维以再生普纤和再生中空为主，占全部再生涤纶的80%以上，行业内大多数企业生产再生短纤维。"十三五"后期，出现了原生涤纶短纤维对于再生产品的反向替代，2019年江苏市场再生中空短纤维被替代率超过60%。总体上循环再利用行业普遍企业规模较小，资金实力较弱，高端技术人才缺乏，研发投入明显不足，创新能力和后劲不强。

再生长丝方面，低端产品产能在"十三五"期间已经基本完成淘汰，后期市场发展方向主要在高品质长丝方面，面临的问题是下游需求能否持续放量以及功能性产品开发速度是否跟上市场节奏，否则可能出现供过于求的现象，从而竞争导致产品价格下跌，利润压缩。

4. 循环再利用化纤在国内的应用尚存在障碍

我国目前再生纺织品鉴别、认证及安全评价等体系尚待完善，原生冒充再生扰乱市场秩序，国内政策和宣传不到位等现状，导致终端客户和消费者对循环再利用化纤产品认识不足、误解多、接受程度不高对其所内涵的环保绿色理念认知度和行动力大大落后于国际品牌客户，这极大限制了再生化纤产品的国内市场容量。国内品牌企业对于环保产品使用率依旧不高，国内循环利用理念仍需要加强引导，需要对再生绿色纤维加大市场推广力度，给予使用绿色纤维的下游纺织企业相关的优惠扶持政策，增加国内绿色纤维标志的品牌影响力。

二、"十四五"行业发展面临的国内外形势

（一）国际终端品牌成为引领循环再利用化纤的风向

"十三五"期间，不少知名品牌已经在履行其再生化纤替代原生纤维战略，宜家、阿迪达斯、ZARA等相继制定使用再生环保材料的计划目标，并从国内采购各种再生纤维。据不完全统计，2019年底国际品牌企业从国内采购的循环再利用涤纶占其总量的60%~70%。国际品牌商对于循环再利用涤纶，特别是高品质环保纤维的需求，为再生聚酯发展提供了新的机遇，引发高等级瓶片、高端客户定制纤维的热潮，基于产品品质及价格的综合竞争优势，我国成为国际品牌客户再生纤维最重要的采购基地。

（二）原料制约依然较长时期存在

再生聚酯涤纶原料依然以废旧聚酯瓶料为主，废旧纺织品再利用的突破和量产尚需时日。2017年禁塑令实行以后，瓶片进口量锐减90%以上，再生聚酯原料几乎都需要靠国内解决。随着终端用户对纤维品质的需求提升，高品质原料市场供应依然偏紧。行业利用物理化学法来提升瓶片、废旧纺织品来做高等级切片，利用物理化学法把混杂原料用来生产有色化纤已成为主流工艺路线。聚酯类废旧纺织品采用BHET化学法来生产再生化纤技术工艺装备的有待成熟。

（三）行业受政策变化影响大

绿色发展理念及绿色制造政策的实施，对资源循环再利用产业是长期利好。废塑料进口政策及再生PET进口标准的变化，将对原料形成重大影响。环保、税收、行业规范条件等政策的实施程度，也是促进行业结构调整的重要因素。随着地方新旧动能转换扶持加大，再生化纤产业布局更加广泛。随着国际品牌商对再生产品的重新定位和认识，形成了对再生产品作为新材料和消费的新时尚，各地方政府加大扶持力度，产业由最初的江浙闽粤为主导，山东、河北为辅，现已在全国遍地开花。

（四）原生聚酯原料对行业长期施压

原生聚酯方面产能继续投拓，PX、PTA、MEG新增产能快速增加，到"十三五"末期，PX产能在3650万吨，PTA增至5738万吨，MEG增至1700吨，这部分产能在"十四五"期间将陆续释放出来并继续增加。聚酯原料的产能及产量快速增加，加之由于新设备、新技术带来的成本更低，对于国内聚酯产品价格成本有明显打压作用，从而使得原生涤纶价格继续塌陷，导致常规的再生涤纶短纤及再生长丝产品价格更加缺乏竞争优势，被原生产品不断反替代在"十四五"期间将长期存在。

三、"十四五"行业发展指导思想和主要目标

（一）指导思想

深入贯彻党的十九大和十九届二中、三中、四中、五中、六中全会精神，以习近平新时代中国特色社会主义思想为指导，以加快实现循环再利用化纤行业高质量发展方式为主线，以技术创新、升级换代为主攻方向，以满足市场需

求为出发点，着力提高自主创新能力，努力开发适应市场需求的高品质、差别化产品，推进产业链协调发展。在"等量置换"或"减量置换"的前提下，借助资本市场力量，优化调整方式，提高产业整合度，推动行业的可持续发展，加强规范化、标准化、品牌建设，全面提高行业的国际综合竞争力。

（二）发展目标

到 2025 年，加大循环再利用化纤先进技术、工艺和装备的研发力度，加快行业绿色改造升级；积极推行低碳化、循环化和集约化，提高行业资源、能源利用效率；强化产品全生命周期管理，增加绿色产品、绿色服务等有效供给，推进绿色纤维标志与认证体系建设，提升循环再利用纤维产品的市场认知度、认同度；借助资本力量，实现优势企业整合，推进行业规范化、规模化、品牌化发展，国际影响力初步显现。"十四五"期间我国再生化学纤维行业发展目标见表 5。

1. 行业增长目标

到 2025 年，再生化学纤维总量达到 810 万吨左右。其中，再生涤纶产能达到 1200 万吨，产量 750 万吨；再生锦纶产能 15 万吨，产量 10 万吨；再生丙纶产能 60 万吨，产量 45 万吨；再生腈纶产能 1 万吨，产量 0.5 万吨；再生高性能纤维产量 1 万吨。实现废旧化纤纺织品再生资源高值化利用率达 50%。突破高品质聚酯高效再生、聚酰胺纤维再生、高性能纤维再生及混杂纤维再生复合材料等技术瓶颈。

2. 结构调整目标

到 2025 年，行业内符合工信部规范条件的企业达到 60 家以上。2025 年，3 家以上企业实现 IPO。产品结构不断优化，高品质、差别化、多功能性再生化学纤维比重大幅提升，应用领域不断拓展。

3. 科技创新目标

到 2025 年，推进设立循环再利用化学纤维国家重点实验室，力争建立国家工程技术研究中心、国家级企业技术中心 1~2 家，省级以上企业技术中心、工程技术研发中心达到 10 家，行业平均研发费用占销售收入比重达到 1.2%以上，新产品贡献率达到 30%以上，骨干企业自主创新能力进一步增强。2025年，再生化学纤维行业经济效益明显提升，劳动生产率进一步提高，达到 180 万元/人。

4.绿色发展目标

到 2025 年,行业万元产值综合能耗降低 10%,三废排放量进一步减小,水重复利用率达到 92%以上,主要污染物排放总量比 2020 年下降 10%,其中:COD 排放总量下降 10%,SO_2 排放总量下降 10%。通过绿色纤维认证的企业达到 50 家(表5)。

表5 "十四五"期间我国再生化学纤维行业发展目标

类别	指标		2020年	2025年	年均增速	累计提高或下降
行业发展	再生化学纤维(万吨)	总产能	1050	1280	4.0%	
		总产量	460	810	12.2%	
	再生聚酯(涤纶)(万吨)	总产能	1000	1200	3.7%	
		总产量	420	750	12.3%	
	再生丙纶(万吨)	总产能	45	60	6.0%	
		总产量	35	45	5.2%	
	再生锦纶(万吨)	总产能	5	20	32.0%	
		总产量	1.2	15	65.7%	
	再生腈纶(万吨)	总产能	0.5	1	14.9%	
		总产量	0.1	0.5	38%	
	再生高性能纤维(万吨)	总产能	—	1		
		总产量	—	0.5		
创新能力	规模以上企业R&D经费内部支出占主营业务收入比重(%)		1.0	1.2		[0.2]%
	国家工程技术研究中心(个)		0	1		[1]%
	国家级企业技术中心		0	1		[1]%
	省级及以上(家)	企业技术中心	5	≥10		[5]%
		工程技术研究中心				
	新产品产值率(%)		≥25	≥30		[5]%
	劳动生产率(万元/人)		150	180	3.71%	
资源节约和环境保护	水重复利用率(%)		86	92		[6]%
	综合能耗下降(%)					[10]%
	主要污染物排放总量下降(%)					[10]%
	COD 排放总量下降(%)					[10]%
	SO_2 排放总量下降(%)					[10]%

资料来源:中国化学纤维工业协会

四、"十四五"期间行业发展的主要任务

（一）加快结构调整升级

依据国家有关法律、法规和产业政策，按照调整结构、控制总量、有保有压、鼓励创新、合理布局、节约资源、降低消耗、保护环境和安全生产的原则，坚持贯彻执行《循环再利用化学纤维（涤纶）行业规范条件》，通过规范条件的逐渐提升和评价体系的逐步完善，在再生涤纶纤维生产集聚区，由相关企业自主申报，并经市、省相关部门审核和工信部评审公示，不断增加符合国家规定的循环再利用化学纤维（涤纶）规模型企业数量，由此引导行业结构调整和产业升级，防止低水平重复建设，减少资源浪费，加快产业链垂直整合，重构产业利润链，降低产业风险，推动产业可持续健康发展。

力争通过3~5年的整合、规范，淘汰一批技术落后、清洁生产水平低、产品质量差、以低价扰乱市场的企业，扶持一批有技术、懂管理、重品牌、善开发、勇于承担社会责任的优势企业，使我国再生化学纤维行业逐步实现有序、优质、高效、协调发展。到"十四五"结束，行业内符合工信部规范条件的企业达到40家以上。

（二）推进废旧纺织品回收再利用

根据我国实际情况，加快推进废旧纺织品定向回收，加大对废旧军服、校服、警服、各类工装、制服的回收再利用力度，特别是要加快落实废旧军服回收高质化再利用这一重要工程。加大废旧纺织品回收再利用的科技创新力度，以企业为中心，产学研用相结合，尽快攻克废旧纺织品生产技术关键难点，建成若干条产业化生产线。以职业装为突破口，加快纤维制品再利用关键技术的研发应用，并逐步推广至日用服装、家纺和产业用纺织品领域，解决每年上千万吨废旧纤维制品回收利用问题，"十四五"末期，废旧服装资源占全部再生化纤资源的比重达到30%以上。"十四五"期间，继续优化废旧军服回收再利用体系，有序落实推进校服、制服回收再利用工程。

专栏1 废旧纺织品回收再利用专项工程

1. 推动优化废旧军服回收再利用体系，实现废旧军服资源高值化利用，2~3家有实力的企业进入体系中。
2. 建立校服、制服等废旧纺织品资源高效回收再利用体系，完善标准、认证手段，提高循环再利用化纤在校服、制服中的应用比例。

（三）提升化学法路线综合水平

从发展方向来看，再生化纤行业应当着力于发展高附加值产品。在"十四五"期间实现发展加速，对差别化产品（复合、色丝、云绒等等）继续深入研究和发展，让产品向绿色环保概念靠拢，使得生产过程不但能够减少对石化产品的消耗，并且赋予再生产品一定的功能性。发展 BHET、DMT 等先进再生工艺的鼓励项目，品牌商陆续发布和更新了可持续发展战略报告令再生在"十四五"期间也带了更多机遇，帮助企业进一步提升化学纤维绿色化、科技化、时尚化水平，推动厂家与品牌纺织品合作联动。"十四五"期间，化学法工艺更加优化，综合竞争力更强，2025 年，再生涤纶长丝中化学法路线产品占比超过 30%，达到 30 万吨以上。

（四）加强标准体系建设

完善循环再利用再标准体系，"十四五"期间，行业新制定 25~30 项标准，建立比较完善的标准体系。加强标准化工作程序管理，落实责任制。尤其是立项时，对第一起草单位严格审核，选择有技术实力、管理严格和负责任的企业。依据循环再利用行业涉及面广的特殊性，尝试建立跨行业的标准技术协作平台。为行业企业争取标准方面的技术利益，规避技术风险。

（五）深入推进绿色发展

从政策制定角度来看，完善再生原料和纤维相关产业政策，推动再生行业的规范化发展，加快绿色纤维认证等相关环保认证体系建设，通过开展绿色纤维体系/产品认证、低碳认证、吊牌等形式，使再生产品、制品的生产、利用、应用增值最大化。"十四五"末期，通过绿色纤维认证的企业达到 50 家。

利用原料的多样性及产品的专属性特点，对现有装备进行专项改造，来生产复合型、功能性、差别化的附加值高的再生产品。推广使用高效破碎、分离、全自动分拣设备，连续干燥、多级过滤设备，高效液相增粘技术和装备、大容量再生聚酯皮芯复合纤维纺丝技术和装备、在线全色谱补色调色及高效差别化技术和装备、低压纺装备等提高原料处理、物理法、物理化学法生产再生涤纶产业水平，降低能耗，提升产品品质。

（六）推进行业智能制造

以循环再利用化纤制造业与"5G"互联网、云计算、大数据、人工智能等新一代新技术 深度融合为主线，以循环再利用化纤制造业创新能力提升与结

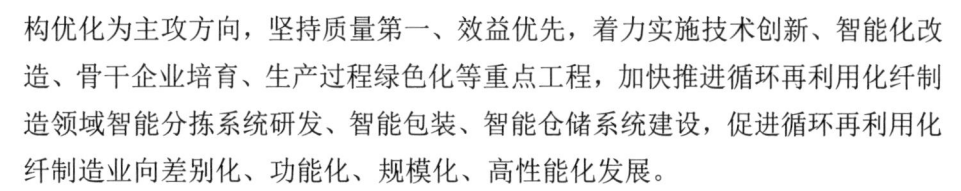

构优化为主攻方向，坚持质量第一、效益优先，着力实施技术创新、智能化改造、骨干企业培育、生产过程绿色化等重点工程，加快推进循环再利用化纤制造领域智能分拣系统研发、智能包装、智能仓储系统建设，促进循环再利用化纤制造业向差别化、功能化、规模化、高性能化发展。

（七）积极拓展应用领域

加大功能性再生产品研发力度，稳步提升产品品质，研究再生纤维的纺纱、机织、针织、非织造、染整等关键技术，拓宽再生产品应用领域，稳定家纺领域应用比例，大幅提高在运动、休闲等服装领域用量，进入并快速增加在产业用纺织品中的使用比例。通过与国际大品牌的战略合作，引导国内再生企业加强品牌战略管理，明确品牌定位，提升循环再利用化纤品牌文化内涵，提高品牌产品附加值和性价比。

（八）提升循环再利用锦纶、丙纶、氨纶、腈纶、粘胶纤维等发展水平

提升再生锦纶产业化水平。改进废旧的聚酰胺材料的收集、粉碎、熔融、挤出或者注塑工艺和设备，建立科学的聚酰胺材料回收再利用体系，增加物理法再生锦纶产量，提升其品质，并开发功能性、差别化产品。研究高压蒸汽水解法、过热蒸汽酸解法和过热蒸汽碱解法等化学法处理工艺，改进单体提纯技术，提升试验线能力，PA6单体收率95%以上，PA66单体收率90%以上。研究废旧聚酰胺再聚合及纤维成形技术，制备再生聚酰胺及纤维，纤维强度与原生媲美，满足应用要求，实现原生产品替代。

加快再生丙纶综合性开发。采用改性技术，使再生丙纶生产线使用回收料生产工程纤维，应用于消防水带的生产；使用聚丙烯回收料生产细旦、超细旦再生丙纶纤维；开发聚丙烯（PP）/聚乙烯（PE）塑料混合回收技术，拓宽原料回收范围。

加紧对高性能纤维的可回收利用研究。通过纳米改性提高再生聚苯硫醚纤维性能，并以复合织造方法及手段，使制品的耐高温水平达到400℃以上。争取包括碳纤维、芳纶等再生高性能纤维产品的开发利用有重大突破。

加快其他化学纤维及混棉制品回收再利用的研发。加快对氨纶、维纶、腈纶及其他高性能化纤材料的物理、化学法回收利用，争取有中试产品。推动以旧纺织品中的棉制品（毛巾、毛巾被、睡衣等纯棉制品）和粘胶制品为原料开发绿色制浆的中试及产业化，进一步满足粘胶纤维原料来源及产品需求。

五、重点发展专项

（一）化学法再生聚酯工业化突破

研究开发对苯二甲酸乙二醇酯（BHET）直接聚合及共聚改性、酯交换及对苯二甲酸二甲酯（DMT）脱色与精制关键技术，并结合再生熔体特点开发再生细旦 FDY、DTY 纤维制备技术，达到国际先进水平。通过交联、接枝、嵌段、扩链、解聚等方法，改变再生聚酯的特性，生产阻燃、抗菌、阳离子、无锑等功能性差别化产品，提高产品附加值。化学法的化纤产量由目前的不足 5 万吨/年，发展到 2025 年的 20 万~30 万吨/年。

专栏 2　化学法再生聚酯专项工程

1. 强化聚酯醇解、胺解机理等再生循环基础研究、关键技术研发及转化。
2. DMT 法提高单线产能，单线产能达到 5 万吨/年，进一步降低成本，增加产品竞争力。
3. BHET 法实现工业化生产，建成 3 万吨生产线，工艺成熟后，逐步实现 10 万吨/年产业化放大生产线建设。

（二）废旧纺织品循环再利用

针对废旧化纤混纺制品识别分类难、敏感性杂质含量高等导致分离效率低、混纺再生困难问题，研究混纺织物快速识别技术将混纺识别正确率提高到 99.5%以上，识别时间由≤0.1s/次缩减到≤0.05s/次；废旧纺织品分拣技术分拣速度提速至≤1s/件；建立全自动识别分拣生产线，建立并完善国家标准实现成分快识别码的设计与推广。针对目前混纺面料组分杂、回收过程组分分离困难，回收成本高、效果不理想的问题，建立混纺废旧纤维制品的分级分类标准评价体系，实现不同混纺织物的梯度再生处理及后道应用。对可分离混纺织物，研究混纺织物的溶解性、解聚性，结合成分特性重点突破涤棉织物分离技术，实现涤棉完全分离、分别利用的目的。对于分离成本过高的织物，根据织物性质，研究复合材料成型制备、复合纤维制品制备等高附加值应用技术。研究涤棉等混纺制品的化学法再生循环技术，实现涤棉等混纺制品的高品质、全量再利用。

（三）高品质差别化再生聚酯纤维关键技术及装备研发

通过原位聚合工艺，提升再生聚酯切片品质，研究开发功能性循环再生切片；研发再生涤纶专用色母粒，开发颜色复配和颜色补偿新方法，建立标准色卡体系,提升再生色丝品质;加强对原料处理、纺丝过程中的常温、低温清洗剂的开发利用,减少能源消耗,提高效率;短程纺再生涤纶短纤纺丝技术的国产化、规模化及推广。再生涤纶短纤、长丝熔喷技术取得重大突破,由目前的中试,实现熔喷技术的规模化及推广。研究再生聚酯纤维的纺纱、机织、针织、非织造、染整等关键技术,不仅部分替代原生聚酯纤维,而且有所突破与提升,实现再生真正融入主流纺织品应用。

专栏 3 产品结构升级工程

1. 改进单体抽滤、醇解平衡工艺,打通瓶片直纺再生涤纶长丝工艺路线,生产高品质长丝产品,建立年产 3 万吨产业化生产线。
2. 改善再生涤纶短纤维产品结构,加快抗菌、阻燃、高柔软性、高压缩弹性等功能性纤维开发生产,增加产品附加值和竞争力,差别化率达到 40%以上。
3. 加快再生聚酯纤维应用技术和应用领域开发,提高再生聚酯纤维在服装面料、鞋材、地毯、汽车内饰、土工等领域的高端应用比例。

(四)完善循环再利用化纤标准体系

根据环保部、海关和质检总局的要求,多方联合上下游及各技术对口单位,持续推进再生聚酯瓶片国标的制定和行标的发布。对照国内再生造粒企业的产能扩充、技术改进,修订再生聚酯切片、制定泡料产品标准。举办《循环再利用涤纶定性鉴别方法》和安全性标准宣讲和培训,根据行业发展情况,适时启动循环再利用纤维的定量鉴别研究,推进认证与鉴别的协同。优化鉴别方法标准并推广使用,建立完善的再生聚酯标准体系,研究制定再生锦纶、再生高性能纤维系列标准,推进循环再利用标准国际化。

六、政策措施

(一)加强对循环再利用化纤行业的政策指导

认真落实《产业结构调整指导目录》《战略性新兴产业重点产品和服务指导目录》《外商投资产业指导目录》《限制用地项目目录》和《禁止用地项目目录》等国家政策。进一步提高行业准入门槛,严格节能、环保、土地、安全方面的约束。运用大数据,云平台等技术手段,加强整个行业的运行数据收集与分析,提供科学的参考决策依据。继续落实和完善资源综合利用税收优惠政策。研究制定并完善促进废旧纺织品再生资源回收体系建设的税收政策,增值税退税率建议由现行的50%提高到70%及以上。

(二)加大对行业自主创新和技术改造的支持力度

加快科技创新体系建设,进一步加强以龙头企业为主体、市场为导向、产学研用相结合的协同创新体系建设,建立产业技术创新联盟,重点引导和支持创新要素向产业及应用推广体系集聚。加强纤维绿色加工技术研究,重点攻克低成本、高稳定性制造技术和装备,提高原辅材料和装备配套能力。推进企业技术中心、重点行业工程中心和技术服务平台建设,促进上下游产业链集成开发。加快推动在关键领域拥有知识产权的核心技术成果的工程化推广和产业化应用。加强金融政策对循环再利用化纤领域科技创新的引导作用,积极探索多渠道、多元化的投融资机制,加大对化纤纺织品再生循环科技创新的投入。

(三)营造行业发展的良好市场环境

建立对国家认定再生产品、体系、碳足迹、绿色采购等的推广机制,加大政府采购支持力度,优先采购循环再利用化学纤维产成品。发挥政府投资的引导作用,吸引社会资金投向循环再利用化学纤维行业。鼓励银行业、金融机构对重点项目给予包括信用贷款在内的多元化信贷支持。加快资产证券化,支持符合条件的企业申请境内外上市和再融资。给予循环再利用化纤企业各项优惠政策,例如增值税退税衍生到产业链等。鼓励发展循环再利用化纤的企业参加国家再生示范企业认证,符合条件的同等享受相关的税收减免及专项补贴等优惠政策。

(四)推进行业规范、标准化建设和认证工作

推动通过工信部《再生化学纤维(涤纶)行业规范条件》的企业与金融、税收、环保等政策优惠的挂钩。加强行业调研和前期准备工作,认真落实循环再利用化纤标准体系建立,强化标准实施与监督,提升再生化纤行业标准化技术基础和人才队伍建设。鼓励循环再利用化纤企业积极开展绿色纤维标志认证,进一步提升绿色纤维标志认证的权威性和国内外的认可度。全面完善再生化学纤维产品的基础标准和产品标准,引导行业龙头企业主动参与全方位国际认证,在加大对再生化学纤维产品的消费时尚、消费理念等方面的宣传、推广和应用的同时,逐步摸索建立具有中国特色的再生产品体系和碳足迹认证体系。

(撰稿人:李德利 林世东)

锦纶行业"十四五"发展规划研究

中国化学纤维工业协会锦纶分会

"十三五"期间,我国锦纶行业在科技进步、市场需求拉动、消费产品升级和出口增加带动下,行业稳步发展,己内酰胺、锦纶产能产量大幅增长,原料国产替代化基本完成。行业集中度提高,龙头企业占有率提升,产业集群蓬勃发展。差异化、功能性产品供给量增加,产品有效供给能力提升。规范赊销效果显著,市场公平竞争环境优化。行业科技进步明显,绿色制造和智能制造转型步伐加快。但行业仍存在产能结构性过剩风险,行业创新能力不足,新产品研发进程较慢的问题。为贯彻新发展理念,推动行业高质量发展水平,特编制《锦纶行业"十四五"发展规划研究》。

一、"十三五"锦纶行业发展情况

(一)"十三五"锦纶行业发展取得的成绩

1. 锦纶产量持续增长,产品应用领域不断拓宽

2020年我国的锦纶产量为384.25万吨,比2015年锦纶产量增长了33.75%,年均增长率为5.06%。同期产能增长速度高于产量,增长49.37%,年均增长8.46%,达到475.00万吨。锦纶产能利用率下降说明行业发展过快,产能有过剩的风险。进出口数据显示,近年来锦纶进口数量持续下降,出口大幅提高,出口数量远大于进口数量,表观需求量为365.66万吨(表1)。

表1 2015~2020年我国锦纶纤维供需情况

项目	2015年(万吨)	2020年(万吨)	比2015年增长(%)	年均增长(%)
产能	318.00	465.00	49.37	8.36
产量	287.28	384.25	33.75	5.99
进口量	12.57	6.31	-49.80	-12.88
出口量	16.86	24.90	47.69	8.11
需求量	282.99	365.66	29.21	5.26

资料来源:国家统计局、中国海关

在应用方面，锦纶凭借优良的性能，除了在袜类、泳装、内衣以及运动休闲、防寒服、帐篷、绳索、箱包等传统应用领域以外，还通过后整理加工改变纤维的形状，开发出深受年轻消费者喜爱的如赋予针织服装羽绒感的羽毛纱，羽毛纱这款产品的开发给锦纶工厂带来了较好的收益；以及应用在羊毛衫上的仿羊绒、仿兔毛短纤维，这两个短纤品种的成功开发，带动了锦纶短纤维行业的发展，使锦纶短纤维产能短时间内增加了30%。

2. 头部企业格局形成，产业链向前端延伸

"十三五"期间，我国锦纶行业头部企业格局形成，福建恒申集团、福建永荣集团等企业发展迅速，产业链向上游己内酰胺行业快速延伸，形成了己内酰胺—聚合—纺丝全产业链的竞争优势。其中，福建恒申集团完成跨国收购荷兰福邦特己内酰胺业务后，成为全球最大的己内酰胺供应商。锦纶行业头部企业的形成，提升了行业集中度，增强了企业的国际竞争力（表2、表3）。

表2 我国锦纶民用长丝重点企业产能情况

企业名称	产能（万吨/年）
福建永荣锦江股份有限公司	40.0
恒申合纤科技有限公司	37.0
义乌华鼎锦纶股份有限公司	20.0
长乐凯邦锦纶有限公司	15.0
浙江嘉华特种尼龙有限公司	11.5
广东新会美达锦纶股份有限公司	11.0
福建鑫森合纤有限公司	9.4
长乐万鸿纺织有限公司	8.0
浙江亚特新材料股份有限公司	7.5
浙江新纶化纤有限公司	7.5
福建锦程高科实业有限公司	5.5
南通文凤化纤有限公司	5.0

资料来源：中纤网

表3 我国锦纶工业丝重点企业产能情况

企 业 名 称	产能（万吨/年）
神马实业股份有限公司	11
江苏骏马化纤股份有限公司	10
山东时风双星轮胎有限公司	8
海阳科技股份有限公司	7
金轮集团淮安锦纶有限公司	6
江阴强力化纤有限公司	4
杭州帝凯工业布有限公司	4
山东翔宇化纤有限公司	3

资料来源：中纤网

福建永荣锦江股份有限公司、恒申合纤科技有限公司、义乌华鼎锦纶股份有限公司、神马实业股份有限公司等企业入选工信部单项冠军示范企业，树立了行业高质量发展的标杆，有助于引导行业注重创新和产品质量提升，推动产业向中高端发展。

3. 己酰胺供应瓶颈打通，推动锦纶6行业快速发展

"十三五"期间，我国己内酰胺行业快速发展，民营资本成为市场主体，己内酰胺产能产量均有大幅提高。我国己内酰胺产能从2015年的230万吨增长到2020年的431万吨/年，产能大幅增长87.39%，年均增长率达到13.38,%，占全球己内酰胺总产能的54.12%，原料自给率从2015年的89.2%提高到2020年的93.27%，为锦纶行业的快速发展奠定了基础（表4、表5）。

表4 2015~2020年我国己内酰胺供需情况

时间	2015年（万吨）	2020年（万吨）	2020年/2015（%）	年均增长（%）
产能	230.00	431.00	87.39	13.38
产量	183.00	370.80	102.62	15.17
进口量	22.36	26.80	19.86	3.69
出口量	0.21	0.05	-76.19	-25.00
表观消费量	205.15	397.55	93.79	14.15

数据来源：中纤网

表 5　我国己内酰胺重点企业产能情况

企业名称	地理位置	产能（万吨/年）
巴陵恒逸	浙江萧山	45
南京东方	江苏南京	40
申远新材料	福建福州	40
天辰耀龙	福建	35
鲁西化工	山东聊城	30
巴陵石化	湖南岳阳	30
神马股份	河南平顶山	30
永荣集团	福建莆田	28
山东海力	山东淄博	20
山东方明	山东菏泽	20
江苏海力	江苏大丰	20
阳煤化工新材料	山西太原	20

数据来源：中纤网

4. 工艺、装备技术进步明显，促进行业健康发展

我国锦纶行业技术进步明显，高温高压水解工艺技术、MVR 萃取水浓缩蒸发技术、聚酰胺 6 多点添加改性关键技术、全消光切片生产技术、全流程自动化智能生产技术、单体抽吸与环吹风一体化技术、生物基戊二胺产业化技术的应用为行业高质量发展奠定了基础。

大容量锦纶 6 聚合柔性添加及全量回用工程关键技术、高频电磁螺杆加热技术、单组双喷真头纺技术以及聚酰胺 6 切片智能输送与管理系统、粗旦锦纶 6 单丝及分纤母丝纺牵一步法高速纺关键技术与装备等 5 项科技成果获中国纺织工业联合会科技进步奖。

5. 开展清洁生产、节能减排工作，助力行业可持续发展

我国锦纶行业绿色发展进程不断推进，新会美达锦纶股份有限公司、义乌华鼎锦纶有限公司、福建永荣锦江股份公司 3 家企业通过绿色纤维标志认证，再生锦纶、原液着色锦纶和生物基锦纶等环保产品供给能力提升，优化行业产能结构。义乌华鼎锦纶股份有限公司、福建申远新材料有限公司入选国家级绿色工厂。行业绿色发展标准支撑体系逐渐健全，2018 年发改委、生态环境部、

工信部联合发布了由广东新会美达锦纶股份有限公司牵头制定的《合成纤维制造业（锦纶 6）清洁生产评价指标体系》，指标体系从生产工艺装备及技术、资源与能源消耗、资源综合利用、污染物产生、产品特征、清洁生产管理等方面为行业开展清洁生产评价提供了依据。2020 年 GB/T 18916.49《取水定额第 49 部分：锦纶产品》正式发布实施，标准进一步规范了现有、新建和改扩建锦纶生产企业的取水量要求，促进行业进一步优化对水资源的利用。

恒天中纤纺化无锡有限公司、广东新会美达锦纶股份有限公司、福建申远新材料有限公司等多家企业生产的再生锦纶获得 GRS（纺织品服装全球回收标准）认证，提升了企业的"绿色"和"环保"的市场竞争力。

企业通过 MVR 节能工艺、关键设备能耗分析与节能改造、空调系统改造等节能措施，降低行业资源能源消耗，推动行业绿色制造水平。

6. 重视产品开发与品牌建设，践行高质量发展理念

我国锦纶行业深入贯彻供给侧结构性改革，不断增品种、提品质、创品牌，行业新品开发进程加快，企业品牌意识增强。神马实业股份有限公司锦纶 66 工业丝、义乌华鼎锦纶股份有限公司锦纶弹力丝等公司产品入选工信部单项冠军产品。行业新品研发成果显现，纳米抑菌、全消光、导电、蓄热、石墨烯改性、原液着色、抗紫外、高强等功能性新品种，再生、原液着色、生物基等环保型新品种和中空、仿皮草、涤锦复合纤维、异形、低纤度、幻彩等新品种增加了行业品种多样性。锦纶行业 30 余种纤维品种入选中国纤维流行趋势，部分企业入选中国品牌日活动，产品品质和品牌影响力提升。

7. 加强行业自律行为建设，销售赊欠之风得到扭转

由锦纶分会牵头，行业龙头企业参与的规范赊销活动自开展以来，企业从开始的"要我做"发展成主动的"我要做"自律行为，扭转了行业销售的赊欠之风，营造了健康公平市场营销环境，并在整个产业链树立起"重合同、守信誉"的新风气。

（二）当前存在的主要问题

1. 锦纶主要原料供应问题依然突出

"十三五"期间，我国己内酰胺产能快速增长，从数量上已经能够满足下游市场的需求，但产品质量仍需提高。2020 年国内己内酰胺产能增加 32 万吨，来自神马 20 万吨/年新装置投产，以及福建永荣和兰花科技分别在原生产装置

脱瓶颈的 8 万吨和 4 万吨。常规己内酰胺和聚酰胺切片产能存在阶段性过剩风险，高附加值、功能性聚酰胺切片进口比例仍然较高。己二腈国产化进展缓慢，部分供给结构有待完善。高品质消光剂二氧化钛、前纺 FDY 和 POY 油剂等依赖进口，国产产品质量与国外进口产品仍然存在较大差距。

2. 纺丝装备国产化率偏低，智能化工厂推进缓慢

高速纺丝用卷绕头、导丝器等关键设备国产化不足，出现"卡脖子"现象。行业自动化生产取得突破，部分企业实现自动络筒、分拣、包装和入库，但行业智能制造水平有待提高，智能工厂、数字化车间建设进度较慢，行业尚无企业入围国家级智能制造试点示范项目。无论是装备的国产化率还是智能化工厂建设与涤纶行业都存在不小的差距。

3. 锦纶产品结构需进一步优化

"十三五"期间锦纶民用长丝比重过大，锦纶工业丝、地毯丝增长缓慢。锦纶民用长丝差别化和功能性纤维新产品研发滞后，常规产品竞争激烈，锦纶短纤行业发展缓慢，产品结构较单一。

目前国内聚酰胺主要应用在纤维、工程塑料及薄膜方面，其中纤维部分占比 74%，工程塑料占 20%，薄膜占 6%。纤维是锦纶主导应用领域，我国锦纶纤维品种相对齐全，可细分为服用长丝、产业用丝、棕丝、BCF、短纤 5 大类，其中 2020 年服用长丝产量为 276 万吨，占纤维总量的 72%、产业用丝产量为 54 万吨，占总量的 14%、渔网棕丝产量为 15 万吨，占总量的 4%、短纤产量为 31 万吨，占总量的 8%、BCF 产量为 8 万吨，占总量的 2%（图 1）。

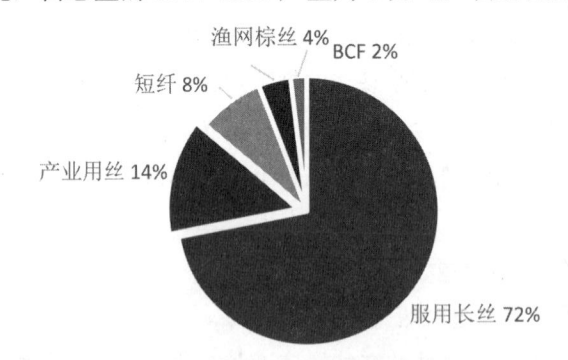

图 1　2020 年中国锦纶纤维产品结构图

资料来源：中国化纤协会锦纶分会

再生锦纶大多以工业废丝、废料为原料，经物理法制备而成，环保效益较低。生物基锦纶产业化进展缓慢；原液着色产品颜色种类不够丰富；锦纶在军用领域应用量过少。

4. 绿色发展、品牌建设等需进一步加强

行业绿色制造标准体系不完善，缺少绿色设计产品评价技术规范，致使行业无法参评工信部绿色产品。缺少能源消耗限额标准，行业用能水平提升缓慢；缺少排放标准，使得各地环保部门要求企业安装应用价值较小的污染物治理及检测设施，变相增加了企业经营成本；缺少能源消耗限额国家标准，行业能效利用水平有待提高。行业绿色工厂和节水型企业标准编制进度也有待加快。绿色环保工艺技术推广缓慢。行业品牌意识严重分化，部分企业积极通过展会、发布会、产品认证等活动加强品牌建设，多数企业品牌意思不强、品牌建设步伐缓慢。

二、"十四五"行业发展面临的国内外形势

（一）行业发展面临的国际形势

1. 全球竞争格局多变，贸易保护主义抬头

当今世界正经历百年未有之大变局，国际环境日趋复杂，不稳定性、不确定性明显增加，贸易保护主义、单边主义、霸权主义对世界和平与发展构成威胁。锦纶行业需密切关注别国对我国锦纶及其制品出台的加征关税和部分原料的出口限制政策，提高自身对国外贸易保护主义及反倾销措施的应对能力。

2. 资源性原料对行业带来的不确定性

各国经济的发展依赖资源性原料供给，国际油价方面，美国页岩油产量、国际原油谈判、地缘政治风险等问题为国际油价提供种种不确定性，尽而给苯、己内酰胺等锦纶原料的价格带来了波动，增加了锦纶行业的经营风险，尤其增加了中小企业的经营风险。

3. 世界纺织化纤产业格局调整继续深入

我国纺织行业面临发达国家"再工业化"和发展中国家大力推进工业化进程的"双重挤压"，在一定程度上降低了我国纺织品的全球市场竞争力，加大了世界纺织产业格局调整的可能性。我国纺织行业面临国内资源要素成本和环境污染治理成本增加的问题。发达国家在科技、品牌等方面保持竞争优势，同时制定"再工业化"和智能制造发展战略，依托贸易保护政策，加快制造业

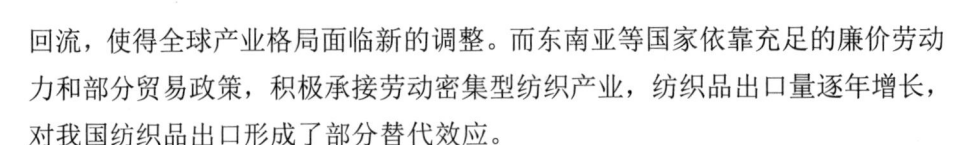

回流，使得全球产业格局面临新的调整。而东南亚等国家依靠充足的廉价劳动力和部分贸易政策，积极承接劳动密集型纺织产业，纺织品出口量逐年增长，对我国纺织品出口形成了部分替代效应。

4. 新冠肺炎疫情的全球蔓延影响深远

新冠肺炎疫情还在全球继续蔓延，现在很难有效预测疫情对世界经济的长期影响以及未来的格局变化。但可以肯定的是，疫情加剧国际政治和各国社会大分裂，加剧中美大博弈；加剧"逆全球化"进程，进一步割裂自由贸易体系；加剧全球产业链和供应链本土化、区域化和分散化"三化"调整。

（二）发展面临的国内形势

1. 国内宏观经济形势和高质量发展新要求

我国正处于实现中华民族伟大复兴的关键时期，也处在转变发展方式、优化经济结构、转换增长动力的攻关期，"三期叠加"影响持续深化，经济下行压力加大。但我国经济稳中向好、长期向好的基本趋势没有改变。

2. 行业市场需求升级

随着消费习惯和生活方式的改变，锦纶市场需求升级明显，特别是休闲户外、健身运动等领域的锦纶民用长丝需求；终端品牌引领的科技、绿色、可循环的消费理念，将促进再生锦纶、生物基锦纶、可降解锦纶等产品市场需求空间将进一步增长。

"十三五"期间，我国己内酰胺需求量年均增长率为14%，预计"十四五"期间，我国己内酰胺市场需求量年均增长速度为10%左右，2025年需求量将达到640万吨。预计锦纶切片年均增长率为8%，2025年锦纶切片市场需求量为600万吨。"十三五"期间，我国锦纶民用丝年均需求增长率为6%，预计"十四五"期间行业年均增速为8%，2025年民用丝需求为390万吨。"十三五"期间我国锦纶工业丝需求量增长缓慢，预计"十四五"期间行业小幅增长率4%，2025年我国锦纶工业丝需求量为60万吨。

3. 绿色可持续发展的更高要求

资源能源利用效率是衡量制造业竞争力的重要因素。构建科技含量高、资源消耗低、环境污染少的锦纶绿色制造体系，建设资源节约型、环境友好型锦纶行业，形成行业绿色发展方式是行业高质量发展的必然要求，是提升国际竞争力的必然途径。

4. 科技创新趋势

创新是产业升级的重要推手，新型行业创新体系将强化企业的创新主体地位，深化产学研结合。行业自动化应用水平将继续提升，原料自动配送、自动落筒、在线检测、自动打包和自动出入库技术等工序的建设完成，将加速行业"机器换人"的步伐。新一轮科技革命和产业变革，催生了5G和工业互联网等先进信息技术，将为行业开展智能制造，推动高质量发展提供了重要抓手。

三、"十四五"发展指导思想和主要目标

（一）指导思想和基本原则

以习近平新时代中国特色社会主义思想为指导，全面贯彻党的十九大和十九届二中、三中、四中、五中、六中全会精神。把握行业从规模增长向质量提升的重要窗口期，着力解决人民日益增长的美好生活需要和不平衡不充分的发展之间的矛盾。以坚持新发展理念和供给侧结构性改革为主线，充分发挥市场在资源配置中的决定性作用，坚持以创新驱动为引领，突破行业关键共性技术，加快绿色制造和智能制造建设步伐，推动行业高质量发展。

（二）发展目标

1. 总体目标

发挥锦纶行业在我国化纤行业中的重要增长极作用，坚持稳中求进工作总基调，扎实推动行业产能结构调整。营造行业公平竞争市场环境，培养企业成为创新主体，发挥企业市场竞争主体作用，行业发展效益显著提升。

2. 标志性目标

"十四五"期间，行业经济效益维持化纤行业前列。常规产品盈利状况好转，高附加值产品占比提高。龙头企业产业链延伸，炼化一体化步伐加快，增强产业链竞争优势。

3. 技术目标

规模以上企业研发投入占主营业务收入的比重继续提升。行业发展关键共性技术如锦纶6熔体直纺技术、己二腈国产化取得突破。行业"机器换人"进程加快，服务型制造业进程加快。行业专利申请量逐渐增长，建设一批企业创新中心和企业重点实验室，完善企业的创新主体地位。

4. 节能减排目标

进一步降低行业资源能源消耗水平，提高再生锦纶生产能力，加大可降解

锦纶开发力度。完善行业环保标准体系建设，积极开展行业清洁生产评价工作。强化生命周期影响评价，建设一批国家级绿色工厂、绿色产品，鼓励更多企业开展绿色纤维标志认证。

四、"十四五"锦纶行业发展的重点任务

（一）行业结构调整和优化升级

1. 优化产能结构

坚持供给侧结构性改革为主线，推动"问题企业"处置，为行业优质产能腾挪空间，警惕赊销卷土重来。强化风险意识，控制行业杠杆水平，提升企业现金流管理能力和抗风险能力。加强产融结合工作力度，有效缓解企业融资难、融资贵等问题。支持更多企业获评国家级单项冠军企业，提升企业专业化能力和水平。培育具有国际竞争力的大企业，推动行业整体迈向全球价值链中高端。推进龙头企业炼化一体化进程，提升产业链竞争优势。完善行业企业结构的合理化水平，推动大企业做到大而强的同时，鼓励更多的中小企业专注细分市场，满足差异化市场需求。

2. 优化产能布局

以各产业集群发展规划为抓手，推动行业产能分布集约高效、协调优化，充分利用产业集群协同竞争优势和区域品牌优势。

3. 优化产品供给结构

警惕部分常规产品产能过剩风险，强化功能性、差异化、绿色化锦纶产品供给能力，提升行业产品供给质量，推动行业产能利用率和经营效益稳步增长。

（二）推进科技进步、提高创新能力

1. 提升纺丝油剂、母粒、助剂国产化水平

锦纶差别化、功能性产品的开发与纺丝油剂、助剂、母粒有着密切的关系，目前锦纶高速纺丝使用的油剂主要依赖进口，国内众多的油剂生产企业还无法提供合格的高速纺丝油剂；提高锦纶抗氧化，耐候性等性能的助剂主要依靠进口，国内企业目前替代进口还需要一个过程；生产功能性纤维的功能性的母粒大部分还需要进口解决；国产二氧化钛团聚现象严重，导致可纺性降低。

2. 突破关键技术和装备，提升生产装备自主化水平

专栏 1　锦纶 6 熔体直纺工艺技术

锦纶 6 熔体直纺工艺技术已经申请列入纺织行业"十四五"重大关键攻关技术，熔体直纺技术相对于传统的生产工艺，可以省去铸带、切粒、萃取、干燥、螺杆熔融等流程，在大幅降低能耗的同时也可大幅简化生产流程，单线产能可大幅提高。

专栏 2　锦纶 6 化学法回收技术

随着锦纶 6 使用量的增加，环境问题的日益凸显和公众环保意识的增强，废料处理及其循环利用成为普遍关注和亟须解决的问题。通过化学方法使聚合物材料解聚并回收相应单体，最大程度体现环境效益和社会效益。

专栏 3　生物基聚酰胺产业化技术

通过优化工程菌株提高生物转化效率，达到一步法戊二胺的产业化生产，实现戊二胺、长碳链二元酸高效高品质低成本制备，单体高效提纯及品质稳定化技术、生物基单体聚合技术、生物基聚酰胺纤维及其制品应用推广。

专栏 4　实现己二腈产业化生产

我国锦纶 66 主要原料己二腈多年来全部依赖进口，己二腈生产技术成为"卡脖子"技术，目前国内有多家企业对该项技术进行技术攻关，有些企业已经进行产业化尝试，突破锦纶 66 主要原料生产关键技术与装备将对我国锦纶 66 行业可持续发展提供保障。

专栏 5　可降解锦纶 6 技术

作为人类生产和生活必不可少的纤维材料，其废弃物也备受关注，锦纶是人工合成的化学纤维，难以降解，已成为新的污染源。可生物降解材料的发展和应用正呈方兴未艾之势，在纺织行业，采用可降解锦纶纤维，走对环境无污染的"绿色纺织"之路，将是必然趋势。

3. 提高智能化制造水平、带动行业创新发展

推广原料自动配送、自动落筒、在线检测、自动打包和自动出入库装备技术，扩大智能仓储系统应用比例，提高仓储系统竞争力。建设智能物流系统，建设智能车间和智能工厂，引领行业高质量发展。

4. 完善创新体系建设，优化创新资源配置

建立企业为主体，市场为导向，产学研深度融合的技术创新体系，支持大中小企业和各类主体融通创新，优化创新资源配置。创新科技成果转化机制，积极发展新动能。强化标准引领，提升产业基础能力和产业链现代化水平。推动行业创新中心、国家级重点实验室建设。突破关键共性技术，提高关键环节重点领域创新能力促进科技成果转化。

（三）提升绿色制造水平，促进行业可持续发展

1. 重点推广行业绿色技术，提高绿色化发展水平

坚持节约资源，重点开发熔体直纺技术，提高聚合反应充分和均匀程度。提升行业三废治理能力，降低行业环境负荷。推广行业节能减排新技术及装备，提升行业余热利用水平。大力研发原位聚合原液着色技术，提升母粒着色技术，提高行业绿色设计能力，引领行业可持续发展。

2. 大力发展循环经济，提升资源利用效率

重点发展化学法再生锦纶、原液着色锦纶、生物基锦纶、可降解锦纶等绿色产品。有效落实控制污染物排放许可制度，推动企业完成排污许可证申领工作。鼓励企业开展绿色纤维标志认证等第三方认证工作，规范产品供给质量，搭建品牌优势。

（四）规范行业发展模式，促进高质量发展

1. 巩固规范赊销成果，营造公平竞争市场环境

加强行业诚信体系建设，保护规范赊销工作的劳动成果，营造良好的销售氛围。警惕常规产能过剩对行业的冲击，营造行业公平竞争的市场秩序，创新企业合作方式，避免无序竞争。加强与产业链上游企业沟通，降低己内酰胺价格非市场性波动对锦纶行业盈利状况的影响。

2. 加强标准体系建设，引领高质量发展

结合行业需求和产品供给结构，完善产品标准覆盖领域，为新产品研发工作质量作保障，重点补齐生物基锦纶标准短板。推动行业绿色发展标准制定工作。加大标准宣传推广工作力度，做好标准实施工作。发挥企业主体作用，鼓励企业制定严于国家标准和行业标准的企业标准，鼓励更多企业参与协会团体标准制修订工作。

3. 加强品牌建设，提高产业链附加值

依托中国纤维流行趋势、绿色纤维和展会等平台，推进行业品牌建设进程，塑造行业品牌优势。加快行业品牌建设，打造具有国际竞争优势的龙头企业和单项冠军企业，带动产业链高质量发展。

（五）加强行业人才建设，为企业输送高级人才

随着锦纶行业特别是头部企业兼并、收购以及新项目快速建设，企业对高素质人才的需求变得十分迫切，因此，培养新一代高素质复合型企业管理人才，提高企业综合营运管理能力，是锦纶行业特别是规模型企业的当务之急。

依托恒逸基金等平台，深化行业基础理论研究，推动行业技术进步，构建产学研交流平台。加强工程技术人员培训，依托行业高级复合人才培训班等多种渠道，提高专业技术人员职业素养和业务水平，满足行业对创新型、复合型人才需求。

五、重点政策措施保障

（一）完善产业政策指导，引导行业可持续发展

围绕国家相关产业政策，坚持供给侧结构性改革为主线，优化产能结构，避免低水平重复建设。推广节能减排技术，推进绿色制造。支持龙头企业提升炼化一体化水平，提升行业综合竞争力。支持企业用好产融结合相关工具，扩大直接融资比重，控制行业杠杆率，引导行业龙头企业借助资本市场做大做强，有效缓解小微企业融资难、融资贵等问题。用好智能制造、绿色制造和单项冠军等产业政策，支持创新中心、重点实验室、产学研结合等平台建设。

（二）加强标准体系建设，提升行业话语权

加强行业标准体系建设，发挥团体标准引领作用。支持企业开展标准化相关工作，保障产品质量。鼓励行业专家、企业专家参与行业标准化相关工作。制定锦纶绿色设计产品标准，支持企业申报绿色工厂、绿色产品。制定行业排放标准，促进行业技术进步和可持续发展。做好标准宣贯工作，引导企业用好标准，依托标准，推动绿色制造、智能制造发展水平。推动企业开展相关认证工作，提高产品附加值

（三）加大对外开放合作，构建国际化布局新优势

围绕"一带一路"倡议，支持企业用好相关金融支持政策，推动国际化布局和相关并购重组。做好东南亚纺织行业发展情况调研工作，关注下游企业产

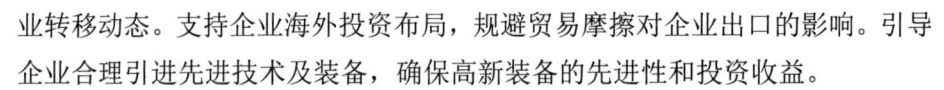

业转移动态。支持企业海外投资布局，规避贸易摩擦对企业出口的影响。引导企业合理引进先进技术及装备，确保高新装备的先进性和投资收益。

（四）发挥社会组织作用，增强行业服务能力

发挥企业和政府间的桥梁作用，创新服务内容和方式，做好行业咨询、培训和宣传推广工作，推动行业高质量发展。研究行业发展趋势和重大课题，做好企业间协调工作，营造公平竞争市场环境。关注贸易摩擦动态，帮助企业应对贸易摩擦。做好"十四五"发展战略研究宣贯工作。

（撰稿人：邓军　刘世扬　封其都）

氨纶行业"十四五"发展规划研究

中国化学纤维工业协会氨纶分会

近年来,随着氨纶行业快速发展,在纺织品中的使用含量逐渐增加,应用领域也不断扩大,现已由"纺织工业味精"逐步成为大众消费的流行材料。

"十三五"期间,随着氨纶行业的技术进步,中国已经成为全球最大的氨纶生产和消费国。2020年全球氨纶市场规模已超120万吨,中国的市场规模已超80万吨,占全球比重已超过70%,且新增产能主要集中在中国。同时,氨纶下游应用领域也不断扩大,氨纶差别化产品的开发以及产品质量也已逐步达到国际先进水平。

在取得一系列成绩的同时,氨纶行业在"十三五"期间依然存在阶段性投资过快、同质化产品竞争严重、行业自律有待进一步规范、待淘汰落后生产技术还少量存在等问题。虽然在2020年下半年,氨纶行业防疫常态化的背景下取得了"十三五"期间最佳的市场效益,但相关问题并未得到根本解决。为推动氨纶行业创新升级和高质量发展,根据《化纤工业"十四五"发展指导意见》编制本规划研究,以促进氨纶行业的健康发展,培育竞争新优势。

一、氨纶行业"十三五"发展情况

我国氨纶行业在"十三五"期间发展相对平稳,产能、产量均有所增长。据统计,"十三五"期间,由于库存增多,行业下游需求增长放缓等因素,很多计划中的氨纶新增产能均推迟投产,2020年我国新增氨纶产能仅为2.2万吨(表1),氨纶总产能达到93.2万吨,比2015年增长了49.4%;2020年氨纶产量达83.2万吨,较2015年的51.2万吨增长了62.5%。另外,2020年下半年开始,受疫情影响,氨纶在口罩耳带方面的应用大量增加,随着居家办公的增多及大众健身意识的增强,各类运动服及瑜伽服的需求量明显提升,而国际市场也开始逐步回暖,氨纶市场于2021年第四季度呈现出强劲的回升势头,氨纶企业也开始筹备展开新一轮的扩产计划。

表1 2020年国内氨纶行业扩产情况

企业名称	淘汰产能（万吨）	新增产能（万吨）
浙江华峰氨纶股份有限公司	—	3
诸暨华海氨纶有限公司	—	2
新乡化纤股份有限公司	2	—
浙江薛永兴氨纶有限公司	0.8	—
2020年新增产能合计（万吨）	2.2	

资料来源：中国化学纤维工业协会

"十三五"期间，我国氨纶行业在大厂家产能持续增长的同时，部分工艺设备较落后（特别是依然采用间歇聚合）的小微企业已通过与大企业合并或关停等方式逐步退出市场竞争。据统计，"十三五"期间，氨纶行业共有超过10万吨产能退出市场，氨纶行业的竞争愈加激烈，先进工艺带来更高的生产效率直接增强了企业的竞争力，也使老旧设备及工艺更难以在市场中生存。

2020年氨纶进口量为2.9万吨，同比2015年的2.6万吨增加11.5%。越南是"十三五"期间最大的进口源头，占总进口量的二分之一左右，越南的氨纶产能除本土厂商外，韩国晓星在越南的工厂也占了较大比重。越南、新加坡、韩国、日本、英国五个国家基本处在进口方的前五位，共占进口总量的90%以上，东南亚地区的市场竞争更加激烈。但鉴于我国氨纶产量的不断增加以及产品品质的逐年提升，国内氨纶市场的进口依存度始终较低。

2020年氨纶出口总量为7.9万吨，同比2015年的5.2万吨增长51.9%。从出口流向上看，随着"一带一路"倡议的推动，对土耳其、巴西、越南、巴基斯坦、孟加拉国的出口量基本占据出口市场的前5位。其中对土耳其的出口量相对较多，主要是由于土耳其地处欧亚连接处，是传统的纺织强国，氨纶需求相对旺盛，而当地氨纶供应相对有限。"十三五"期间国内氨纶工厂加大开拓力度，如华峰氨纶已设立土耳其子公司，对促进当地氨纶销售起到了重要的作用。

"十三五"期间，氨纶主要原料聚四亚甲基醚乙二醇（PTMEG）供应量随市场需求而上下浮动，产能于2018年一度接近80万吨，2020年总产能为75.6万吨，比2015年的76.1万吨减少了0.66%。作为氨纶的最主要原材料，PTMEG大约占氨纶生产成本50%左右，随着PTMEG市场供应充足，价格一度处于下行状态，2020年下半年，随着整体产能的下降与下游需求的提升，PTMEG价格回升迅速。2020年氨纶的另一个主要原料二苯基甲烷二异氰酸酯（MDI）产能达到341万吨，比2015年的255万吨大幅增长33.7%，使纯MDI的价格与PTMEG同样一直处于下行状态，并在2020年下半年开始出现明显增长。

氨纶产品的价格自2016年持续走低，2017年随着下游纺织服装业的复苏带来的补库存行情叠加原料MDI涨价的成本支撑，价格有所反弹，但2018年至2019年随着行业扩产叠加贸易摩擦引起的出口环境的变化导致需求下滑，价格再次持续下跌。2019年下半年40D氨纶价格较2018年初下调将近25%；部分厂商40D氨纶价格已跌至2.7万~2.8万元/吨，个别甚至低至2.6万元/吨，已跌至历史低点。2020年下半年40D氨纶价格跌至历史低点后触底反弹，而后价格持续走高，到2020年底价格回升至3.9万元/吨，并且在持续走高（图1）。

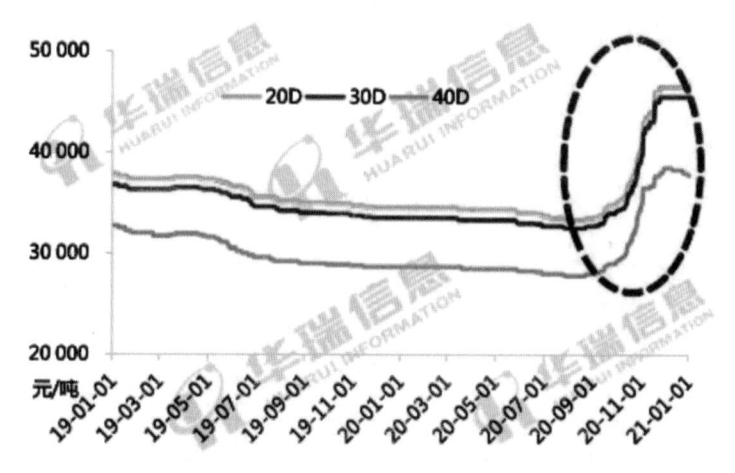

图1 主要规格氨纶价格走势图

资料来源：中国化纤经济信息网

二、"十三五"期间取得的成绩

（一）行业技术进步成效显著

"十三五"期间，氨纶生产工艺技术取得进一步的发展提升，通过企业自主创新，国产化技术更加成熟，在产能快速增长的同时，生产效率和产品品质也得到明显提高。国内自 2015 年起新投产的氨纶项目,在技术革新的基础上,生产效率显著提升。

"十三五"期间,间歇聚合设备由于难以满足日益严格的环保要求,且生产效率相对较低,已基本退出市场竞争,大部分厂家的生产设备均升级为连续聚合。行业内使用连续聚合纺丝工艺的厂家比例已由 2015 年的 64%大幅提升至"十三五"末的 95%。且连续聚合在"十三五"期间的年均增长率为 15.3%,高于全部产能 9.5%的年均增速。此外,多头纺、高速纺工艺技术也被新增产能广泛采用,大大提高了生产效率,降低了生产成本。行业内纺丝卷绕头从至少 16 头或 24 头已发展到至少 60 以上,多数厂家已在使用 80 头或 96 头,个别厂家已发展至 120 头,甚至在试用 160 头;纺速由 2015 年时平均的 800m/min 提升至 2020 年的 900m/min,个别已达到 1000~1200m/min 的速度。同时,"十三五"期间,氨纶行业的智能化、信息化技术得到广泛运用,自动落桶、自动包转、智能仓库等技术大大提升了生产效率,节省人力成本。国产连续聚合技术装备主要技术指标比较见表 2,2015~2022 年国内氨纶连续聚合产能比例变化见表 3。

表 2　国产连续聚合技术装备主要技术指标比较

项目	"十二五"末期	"十三五"末期
装置规模(t/天)	15~20	20~30
建设周期(月)	8~9	8~9
单位投资(万元/吨)	2.5~3.5	2.4~3.0
单位运行成本(元/吨)	4500~5000	2500~3000
综合能耗(tce/t)	1.9	1.5
装备国产化率(%)	80~90	95
工艺特点及水平	15~20 吨/天大容量连续聚合;900 m/min 高速纺丝;DCS 控制;DMAC 清洁环保工艺	大容量连续聚合装置最高已可达 40 吨/天;智能化、自动化包装和络筒装置比例提升;自动化立体仓储已经成为新建工厂标准配置

资料来源:中国化学纤维工业协会

表3 2015~2020年国内氨纶连续聚合产能比例变化

项目	2015年	2016年	2017年	2018年	2019年	2020年
产能（万吨）	62.4	69.1	79.7	81.6	91.0	95
其中：连续聚合（万吨）	39.9	49.8	66.9	72.6	86.5	92
产能占比（%）	64	72	84	89	95	97

资料来源：中国化学纤维工业协会

（二）清洁生产水平持续提升

随着节能减排技术不断发展，氨纶行业广泛采用了纺丝溶剂回收系统热管余热利用技术、新型原液脱泡技术、高效精致技术等节能减排新技术。为推动氨纶的清洁生产，《合成纤维制造业（氨纶）清洁生产评价指标体系》及《取水定额 第44部分：氨纶标准》于"十三五"期间相继出台，对氨纶行业在生产中的综合能耗、取水量、废水排放、COD排放等提出了明确的标准要求。标准划分了国际领先、国内领先及国内基础水平三个等级，不但为氨纶的生产要求设定了基本门槛，也对在绿色生产方面做出突出贡献的企业予以肯定，并为行业中相关企业提出了进一步发展的方向与具体目标。

2020年，氨纶行业单位产品综合能耗约为1450kgce/t，比2015年下降11.72%；单位产品取水量为16t/t，比2015年下降20.36%；废水产生量约为5t/t，比2015年下降45.95%；单位产品COD产生量为8.18kg/t，下降60.33%；单位产品氨氮产生量为0.20kg/t，比2015年下降33.3%；而工业用水重复利用率则由2015年的91.81%提升至2019年的97%，增幅为5.65%；废丝、废料综合利用率达100%（表4）。

表4 氨纶行业能耗统计表

指标		2015年	2020年	变化幅度
单位产品综合能耗（kgce/t）		1642.41	1450	-11.72%
取水量	单耗（t/t）	20.09	16	-20.36%
单位废水	产生量（t/t）	9.25	5	-45.95%
单位COD	产生量（kg/t）	8.18	13	

续表

指标		2015 年	2020 年	变化幅度
单位氨氮	产生量（kg/t）	0.30	0.2	-33.3%
工业用水重复利用率（%）		91.81	97	5.65%
废丝、废料综合利用率（%）		100	100	0

注　品种规格按折标旦数 40D 统计。
资料来源：中国化学纤维工业协会

（三）产业集中度不断提高

目前国内主要氨纶企业约有 30 家，主要集中在浙江、广东、江苏、山东等地，其中产能最大的供应商分别是浙江华峰氨纶、晓星氨纶、新乡白鹭、泰和新材、华海氨纶等。

规模较大的氨纶企业产能扩张速度也相对较快，使行业产能愈发集中，截至 2020 年，5 万吨及以上企业产能占比预计将由"十二五"末期的 34%提升至 63%，总产量占比将达到 70%左右。

截至 2020 年，国内氨纶行业产能排名前八位的企业占全行业的比例大约为 66%，优势企业通过产能扩增战略布局，进一步降低生产成本，提高盈利能力，提升市场占有率；而落后产能则是随着生产效率的差距不断加大、成本增加、产品同质化等问题，竞争愈加激烈，利润空间被压缩，面临关停的局面。预计随着优势企业产能的扩张，技术的进步，其成本优势将进一步体现，而那些规模小、技术升级慢、运行成本高的企业将面临淘汰压力，行业的集中度将进一步提高，特别是华峰氨纶、晓星氨纶、新乡白鹭等大企业都已开始实施较大规模的产能增加计划。

（四）产品结构丰富、应用领域扩大

"十三五"期间，氨纶的差别化率和功能化水平继续提升，氨纶产品结构更加优化，在耐温、耐氯、易染等差别化氨纶产品的基础上，继续开发出性能更加优异的超耐氯氨纶、耐高温黑色氨纶、易定型可染氨纶等新品种，使氨纶在更广泛的应用领域，特别是高端应用方面拓宽了应用途径。此外，"十三五"期间，再生氨纶得到了氨纶企业的广泛关注，华峰氨纶凭借再生氨纶产品获得了 GRS 认证，为氨纶的循环再利用起到了重要的推动作用。

氨纶在面料中的平均添加量已由 3%~6%提高到 8%，部分高档面料的氨纶

含量已超过 20%，如连裤袜等终端产品的最高含氨量已达到 40%以上。同时应用范围和广度也不断扩大，尤其在机织面料上的应用日趋广泛，涵盖了几乎所有服装制品，包括西服、牛仔裤、弹力裤、衬衣等，在家纺、医用纺织品、汽车内饰等方面也均有使用。截至 2020 年，内衣、袜子和运动服等针织产品依然是氨纶最大的应用市场，占约 60%的比例；卫生医疗用品虽属于较新的应用领域，但应用比例增速较快，特别是在 2020 年新冠肺炎疫情期间，口罩耳带及防护服等应用快速增长，与休闲服饰共同占 20%左右；家纺用品占比约为15%；内衣蕾丝等领域应用比例相对较低，仅为 5%左右。

（五）相应产品标准继续完善

"十三五"期间，《氨纶工业清洁生产水平评价指标体系》及《取水定额第 44 部分：氨纶标准》2 项管理标准编制完成并发布实施，从生产工艺及装备指标、资源能源消耗指标、资源综合利用指标、污染物产生指标、清洁生产管理指标等多方面系统地为氨纶行业的绿色生产提出先进水平指标，使企业进一步提升绿色生产水平有据可依。

此外，5 项氨纶方法标准完成制定并发布，从耐热性能、耐氯性能、抱合性能、预牵伸及横截面积等方面提供了标准的试验方法，使氨纶产品在完善传统短板性能等方面有了基本标准依据，为氨纶产品的品质进一步提升打下基础。

另有 3 项氨纶产品标准在"十三五"期间完成制定并发布；其中《纤维级聚氨酯切片》产品标准的制定及发布，为国产化熔纺氨纶切片生产奠定了基础，使熔纺氨纶的规模化生产具备了标准依据。而耐氯氨纶长丝及有色氨纶长丝产品标准的制定与发布使氨纶的耐氯性及染色性有了具体的标准依据，为差别化、功能性氨纶产品的研发奠定了基础。

上述相关标准的制定与发布为氨纶行业提供了更全面的评价依据，使产品生产更加规范，产品贸易有据可依，有效地促进行业健康发展（表 5）。

表 5 "十三五"期间氨纶相关标准一览表

序号	标准号	标准名称	标准类型
1	FZ/T 50033—2016	氨纶长丝 耐热性能试验方法	方法标准
2	FZ/T 50034—2016	氨纶长丝 耐氯性能试验方法	方法标准
3	FZ/T 5003—92018	氨纶长丝 抱合性能的试验方法	方法标准

续表

序号	标准号	标准名称	标准类型
4	FZ/T 50042—2018	氨纶长丝　预牵伸试验方法	方法标准
5	FZ/T 50045—2019	氨纶长丝　横截面积试验方法	方法标准
6	FZ/T 54092—2016	耐氯氨纶长丝	产品标准
7	FZ/T 54120—2019	有色氨纶长丝	产品标准
8	T/CCFA 01016—2018	纤维级聚氨酯切片	产品标准
9	2018 年第 17 号	合成纤维制造业（氨纶）清洁生产评价指标体系	管理标准
10	GB/T 18916.44—2019	取水定额　第 44 部分：氨纶标准	管理标准

资料来源：中国化学纤维工业协会

（六）国际合作进一步加强

"十三五"期间，氨纶行业在国际合作方面取得了进一步的发展。2019年1月31日，山东如意控股集团全面完成了对美国英威达公司服饰及高级纺织品业务板块的收购，包括 LYCRA®纤维在内的多项氨纶品牌产品及原料的生产，同时包括相关的生产资产、研发中心、销售办事处，以及遍布全球的相关技术、产品专利、商业、运营和行政人员等。交易完成后，新公司被命名为美国莱卡集团，如意成为莱卡集团的控股股东，将以独立子公司进行运营，保持其独特的定位、企业愿景、发展战略及组织架构。如意与英威达的原股东美国科氏工业集团将继续保持密切合作，这将协助并确保交易后业务的顺利过渡及交接，更为重要的是将树立新形势下中美企业间经济合作的新典范。

除海外并购外，重点氨纶企业在海外投资方面也取得了一定的进展。华峰氨纶产品除出口突尼斯、印度尼西亚、孟加拉国、厄瓜多尔、韩国和巴基斯坦等国家外，于 2015 年 7 月投资 150 万美元在土耳其伊斯坦布尔设立第一家境外全资子公司，于 2018 年 12 月在越南的胡志明市设立办事处，于 2019 年 10 月出资 10 万美元在韩国设立境外全资子公司。华峰氨纶计划进一步加快国际布局，拓展东南亚、巴西等新兴市场；提升土耳其贸易公司的运营能力以及开展海外建厂可行性研究。

三、发展中存在的问题

（一）产能依然阶段性过剩

"十三五"期间，氨纶市场行情先扬后抑，在行情较好的阶段行业又进入了新一轮的投资增长期。尽管氨纶的需求在应用领域不断丰富，添加比例持续提升的基础上，每年都有不同程度的增长，但从实际的产能增加幅度来看，与需求并不同步。2015 年至 2019 年，氨纶裸纱、包芯纱、包覆纱的综合增速约为 7%~8%，但产能的年均增速达到了 13%，超过了氨纶下游应用的增速；此外，随着氨纶企业不断扩产，从近年的趋势来看，每一次扩产高峰都将引起后续氨纶价格的下跌，为行业整体发展带来较大压力；"十三五"期间氨纶行业整体开工率基本保持在八成左右，下游无法消化的产能使行业处于阶段性剩状态，从而也导致氨纶产品价格大幅下跌，如 2019 年底 40D 氨纶跌至历史低点，仅约 2.7 万元/吨，氨纶行业的效益也受到了很大影响。

（二）行业自律亟待进一步规范

"十三五"期间，氨纶市场行情起伏较大，特别是 2016 年之后，市场行情处于下行态势，部分企业在行情下行的压力下采取了不符合市场规范的举动。如为迎合下游客户的需求，不顾行业标准，擅自改变销售品种的规格，且数偏差较大，在销售中赠送重量的情况也仍然存在。另外，由于企业对市场容量、自身资源及项目技术水平的情况考虑不到位，并且缺乏有效的调控机制，加上贸易摩擦、行情波动等因素使氨纶行业的市场竞争加剧，特别是在行情下行周期会处在无序的状态，部分企业为争夺有效的市场资源，除了采取低价销售等手段外，还采用了赊销，且赊销时间较长，严重影响了企业的效益和行业的有序发展。

（三）行业落后产能还少量存在

我国氨纶工业基础相对薄弱，虽然在近年来生产技术进步很快，但氨纶企业发展水平依然参差不齐，龙头企业已采用连续聚合、高速纺丝，不但生产效率大大提高，且节能减排成效显著，但仍有小部分中小型规模企业在沿用间歇聚合、60 头以下纺速在 400m/min 以下的卷绕头等老旧设备，不但生产效率低，而且高能耗较高。因此，行业的生产装备与工艺技术升级仍有待提高，需进一步加大节能减排、清洁生产的投入，加大技术改造力度，淘汰落后生产工艺和设备，提升行业的智能化制造水平，采用更加绿色环保的氨纶生产技术。

（四）熔纺氨纶发展进度缓慢

熔纺氨纶由于生产流程短、成本低、污染少等优势，符合长期绿色发展的需求。熔纺氨纶一直以来发展缓慢的原因是其最关键的原料切片由国外企业控制，国内厂家在多方面受制于国外企业的原料供应。在此背景下，我国氨纶行业中仅拥有的3家熔纺氨纶生产企业，产能规模很小，合计产能仅占我国氨纶行业总产能的5%左右。"十三五"期间，保定邦泰通过自主攻关，生产出了熔纺氨纶切片，已实现了国产化生产，具备进一步规模化发展的重要基础，为熔纺氨纶有规模化生产奠定了基础。

四、"十四五"期间面临的形势

（一）世界产能进一步向中国转移

中国是全球最大的氨纶生产和消费国。截至2020年，世界氨纶产能前三的国家分别为中国、日本和越南。除了美国、韩国及东南亚地区等根据当地的需求尚有一些氨纶工厂生产外，绝大部分的氨纶工厂都在中国。韩国晓星虽然是世界上氨纶产能最大的单个生产企业之一，但其产能分布主要在中国及东南亚部分国家，韩国本土的产能比较有限。在世界化纤格局进行巨大结构性调整的大背景下，随着中国氨纶行业的技术进步和低成本化、高效率化，中国氨纶占世界总量的比重预计将进一步提高，未来两三年内的新增产能仍将主要集中在中国，其中也包括晓星大规模扩产的新增产能。

（二）国际贸易局势仍然严峻

"十三五"期间，受国际贸易环境和中美贸易摩擦的影响，氨纶的下游需求一度表现低迷，随着2020年下半年氨纶行情的全线回升，对韩国、中国台湾、印度尼西亚等主要出口市场的出口数量都恢复增长，价格也快速提升。韩国晓星、印度拉玛等公司拥有国际尖端的氨纶生产技术，并有后续扩产计划，同时加大出口。东盟的零关税制度对中国氨纶行业的冲击影响也较大，特别是韩国晓星公司在越南等东南亚国家布置的产能通过零关税已成为中国最大的氨纶进口来源国，使整个东南亚市场的竞争更加激烈。预计"十四五"期间我国氨纶行业仍将受到国外企业全球布局的不断冲击，对氨纶市场形成一定的竞争压力。

（三）绿色生产要求持续升级

党的十九大明确提出了绿色发展理念，各行业都加强了对绿色发展的总体

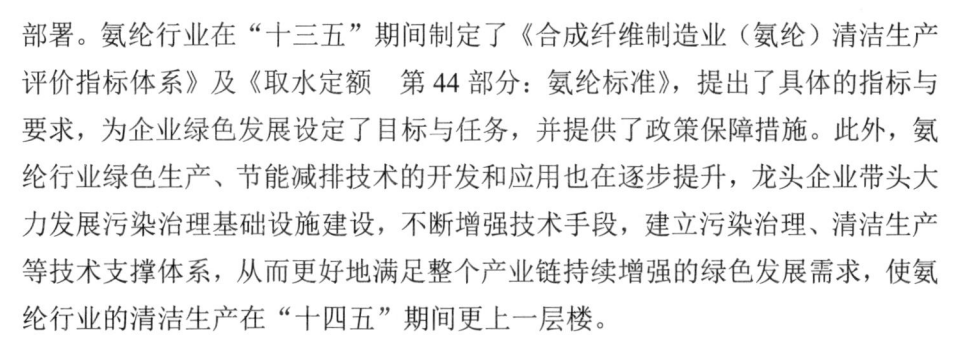

部署。氨纶行业在"十三五"期间制定了《合成纤维制造业（氨纶）清洁生产评价指标体系》及《取水定额 第 44 部分：氨纶标准》，提出了具体的指标与要求，为企业绿色发展设定了目标与任务，并提供了政策保障措施。此外，氨纶行业绿色生产、节能减排技术的开发和应用也在逐步提升，龙头企业带头大力发展污染治理基础设施建设，不断增强技术手段，建立污染治理、清洁生产等技术支撑体系，从而更好地满足整个产业链持续增强的绿色发展需求，使氨纶行业的清洁生产在"十四五"期间更上一层楼。

（四）品牌建设与细分市场的进一步增强

国外氨纶企业虽然规模不大但非常重视技术创新与品牌建设。我国的氨纶企业的品牌意识也越来越强，无论是规模较大的龙头企业或中小规模的特色企业，都开始尝试从做产业转变为做品牌，从成本定价原则过渡到品牌定价原则，通过品牌提升产品附加值。参加中国纤维流行趋势等品牌发布，参加国际纱线展展示品牌实力，在打造品牌的基础上，开发各种功能性差别化品种，并根据下游应用领域的不同进行市场细分，开发专属于某一特定应用领域的专用氨纶产品，定向满足相应市场的需求，从而推动氨纶行业的进一步创新升级。

（五）应用领域扩大，添加比例提升

经过多年的发展以及技术的进步，国内氨纶企业的产品品质已明显提高。对氨纶的消费量也在持续的稳步增长。氨纶的下游应用正由袜类、内衣、健美织物向卫生医疗领域（绷带、创可贴、护膝）、军需装备（飞机安全带）、汽车等领域拓展。在氨纶应用领域的不断扩大的同时，市场也会对氨纶产品提出新的要求，下游用户对氨纶的要求正越来越多元化，对功能性和差别化品种的需求与日俱增。"十四五"期间将有望构建出氨纶差别化产品的新优势，从而为企业打开更多的市场通道。

在舒适、健康理念下，氨纶应用升级，同时也将带动氨纶在纺织品中添加比例的提升，部分高档内衣的添加比例已提高到 10%左右；美国的 Spanx 塑身内衣面料中氨纶含量高达 20%，从而实现极强的弹性回复力，2016 年甚至研发出氨纶含量高达 35%的针织塑身面料。预计"十四五"期间氨纶在各类织物中的添加比例还会进一步提升。

五、指导思想、基本原则及目标

（一）指导思想

坚持以习近平新时代中国特色社会主义思想为指导，认真贯彻落实党的十八大、十九大和十九届二中、三中、四中、五中、六中全会精神，深入贯彻习近平总书记系列重要讲话精神，适应把握新发展阶段、贯彻新发展理念、形成新发展格局的要求，以《中国制造2025》、"互联网+"和"一带一路"倡议等国家战略为指导，推进绿色循环低碳可持续发展，以增品种、提品质、创品牌为重点，推动氨纶行业智能制造、绿色制造。增强企业自主创新能力，推进供给侧结构性改革，加快功能性、差别化品种开发。

（二）发展目标

"十四五"期间，我国氨纶行业发展深入降速提质。加大研发力度，提高产品差别化、功能化水平。到2025年，总量保持适度增长，总产能达120万吨，年均增速约4%；差别化品种开发成为重点，差别化率提升到65%，增长10个百分点；主要原料自给率达98%，提升2个百分点；吨纤维综合能耗下降30%，吨纤维废水排放量下降约3%（表6）。

表6 "十四五"氨纶行业主要发展目标预测

项目	2020年	2025年	年均增速	2025年/2020年
氨纶纤维差别化率（%）	55	65		[10]
主要原料自给率（%）	>96	>98		[2]
非纺织用氨纶比例（%）	>25	>30		[5]
吨纤维综合能耗（kgce/t）	<1800	<1260		-30%
吨纤维废水排放量（t/t）	16	15.5	-3%	

注 产能是按40D产品折算，产量、需求量按实际数量计算，[ ]内的数据为百分点。
资料来源：中国化学纤维工业协会

六、重点任务

"十四五"期间，氨纶行业发展的着力点不在于追求总量和增速，而是要在增量适度增长的基础上进一步优化产品结构，着力提高质量和效益；提高科技创新的贡献率，推动氨纶行业向中高端升级，实现又好又快的发展；根据下游需求细分目标市场，同时对产品进行细分，加强对氨纶功能化和应用的基础

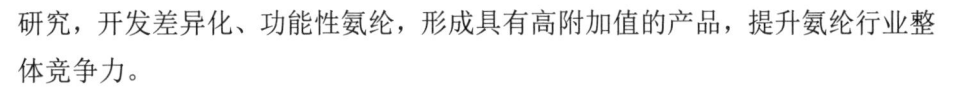

研究，开发差异化、功能性氨纶，形成具有高附加值的产品，提升氨纶行业整体竞争力。

（一）淘汰落后工艺，化解产能过剩

通过氨纶行业会议、相关企业走访等方式持续宣贯国家节能环保相关政策、法规及行业相关节能环保、清洁生产标准与管理办法；从而推动企业继续加快淘汰落后产能，完全淘汰间歇聚合、引导淘汰 60 头以下卷绕头。全面采用先进的连续聚合、高速纺丝、高效节能的 SM 溶剂回收系统促进产业升级，引导中小企业把发展的重点转移到功能性、差别化产品开发与应用上来，从而提升市场竞争力，同时避免产品同质化竞争。此外，通过新型产品研发继续扩大氨纶的下游应用领域，提高氨纶在弹性面料中的使用比例，以科技进步引领消费、创造消费，进一步化解产能过剩。

（二）推动技术进步，提高生产水平

全面建立集工艺技术与成套装置，差别化、功能化与结构性能于一体的氨纶生产快速反应体系。一是优化干法纺丝工艺，对聚合、溶解、精制、纺丝单元在线精确控制，实现氨纶的高速纺丝（＞1200/min）和生产稳定性，提高生产效率；二是发展大容量连续聚合，开发 40~50 吨/天的反应器及相应的系统，提升单套聚合能力及单位甬道高密度纺丝能力，进一步降低氨纶工厂的投资成本和运行成本。三是推动企业在差别化、功能性产品方面的研发与生产，特别是对于在常规产品规模化生产方面缺乏竞争力的中小企业，加强产业升级。

（三）增强创新能力，培育竞争优势

企业保持生机活力的关键是创新发展能力，随着氨纶下游应用领域的不断丰富及在织物中添加比例的持续提升，针对不同面料的要求开发具有耐氯、耐高温、易染且色牢度高等特定性能的氨纶品种，以适应下游市场不同需求的变化成为氨纶行业面对的重要课题。要加强产业链协同创新，针对下游不同领域开发具有不同功能与特点的差别化氨纶品种，从而更好地满足细分市场的需求，全面推动上下游产业链合作，通过产品创新建立新的竞争优势。

七、"十四五"期间发展的重大工程

紧紧围绕氨纶行业"十四五"发展目标，推动行业绿色制造、智能制造，推进健康生活，提升人民健康水平，重点实施以下重大工程，努力实现氨纶行业发展新跨越。

专栏 1　绿色制造工程

　　鼓励企业加大技术改造力度，采用 90 头以上的单位甬道高速纺丝等先进工艺、连续聚合装备和更加环保的 DMAC 溶剂，进一步推广高效节能的 SM 溶剂回收系统，在万吨级以上的氨纶企业内推广使用率达到 100%。

　　鼓励发展高品质熔纺氨纶技术，加大对熔纺氨纶的技术开发，攻克熔纺氨纶规模化生产的技术难题，实现产业化低成本化生产。熔纺氨纶产能占比提升至 10%。

　　加强再生氨纶的研发推广力度，在现有的废丝纺工艺技术的基础上，攻克从废旧终端用品中将氨纶分离出来进行回收再利用，进一步拓宽再生氨纶的原料来源。

专栏 2　智能制造工程

　　积极推进两化融合、智能制造，运用信息技术提升氨纶制造业竞争力。推动 5G、大数据、互联网、物联网技术在氨纶生产中集成创新和应用，深化信息技术在研发、设计、制造、营销等全流程的集成应用。

　　对物流、能流、物性、资产的全流程监控，建立数据采集和监控系统，生产工艺数据自动数采率达到 90% 以上；采用先进控制系统（APC），工厂自控投用率达到 90% 以上，关键生产环节实现基于模型的先进控制和在线优化。

　　通过生产执行系统（MES），实现生产过程动态优化，制造和管理信息的全程可视化，提升氨纶企业在资源配置、工艺优化、过程控制、产业链管理、节能减排及安全生产等方面的智能化水平。

　　采用先进的管理系统（ERP），实现企业经营、管理和决策的智能优化，实现工艺、生产、检验、物流等制造过程各环节之间，以及制造过程与数据采集和监控系统、生产执行系统（MES）、企业资源计划系统（ERP）之间的信息互联互通。结合智能分拣包装及立体仓库控制系统，建成了整套氨纶生产全流程数字化工艺。

专栏 3　品牌建设与推广工程

　　充分发挥大企业在常规氨纶产品方面的规模化优势，打造以"量大质优"为特色的企业品牌及产品品牌，同时创立差别化、功能性品牌。

　　推动中小企业打造专、精、特产品品牌，结合企业文化及下游应用创造独有的品牌亮点，从而保持自身的市场竞争力。

　　根据不同的下游应用领域建立定向性专属化产品，如牛仔服用氨纶、医疗卫生用氨纶、运动服用氨纶、西装用氨纶等，通过与下游品牌联合，提升专属品牌形象，使下游用户对产品的了解更加直接，采购意向更加明确。

　　通过线上及线下多种不同途径加强品牌宣传推广，如展会、新品发布会、线上发布会、上下游产业链合作推广、行业论坛及线上大讲堂宣讲等；此外，充分利用微信小程序、抖音直播等线上平台开展各类宣传活动。

八、政策保障与措施

（一）推动产业准入政策实施，鼓励行业创新发展

加强对氨纶行业的产业政策指导，加强对行业的运行分析，根据氨纶行业发展情况，提出产业投资指导目录，针对氨纶行业投资过热、产能增长过快的问题，建立氨纶行业的市场准入制度和预警机制，规范行业发展。根据国家《产业结构调整指导目录》，鼓励企业技术改造，加强数字化、智能化管理，提高装备自动化水平；加大研发投入，自主创新，发展差别化、功能性氨纶的生产。

（二）执行行业自律公约，规范市场运营秩序

加强行业自律，严格执行《氨纶行业发展自律公约》，开展诚信经营，进一步加强行业运营法制建设和信用体系建设，提高企业服务能力；严格各项标准及管理办法的贯彻和执行力度，把集中整治和制度建设结合起来，杜绝采取降低实际纤度来迎合下游客户等违反市场规范的做法；杜绝恶意赔偿，规避市场风险；将行业赊销的时间大幅度缩减，鼓励现款现结；引导行业整体健康发展，为企业营造公平的竞争环境。

（三）促进产业链协同创新，引导技术升级与消费需求

不断加大技术改造和产品研发投入，构建产业链协同创新机制，联合研发新功能、新品种，满足下游用户的不同需求；鼓励针对下游不同领域的细分服务，推动专属化、定制化的下游服务体系，更有针对性地开展定向服务；创建市场分析与智能营销服务产品的研发体系，持续提升下游产品的质量和稳定性，不断提高差别化、功能性氨纶的使用比例，引导消费、创造需求，推动产品升级。

（四）完善标准体系，搭建品牌推广平台

建立健全氨纶行业标准化体系，加快制订和完善各类氨纶行业标准，针对氨纶产业快速发展和标准老旧问题，进一步加快制定、修订和完善氨纶的产品标准、方法标准，以协会标准为助力，加快行业标准与国家标准的建立，加强标准的宣贯和执行力度。

在具备完善标准体系的基础上，继续发挥"中国纤维流行趋势研究与发布"等系列活动的平台优势，将企业最新、最前沿、差异化程度高的新产品推荐给下游企业和终端消费者，借助行业品牌活动提升企业品牌与产品品牌，再造产业竞争新优势。

（撰稿人：戎中钰　靳昕怡　李增俊）

腈纶行业"十四五"发展规划研究

中国化学纤维工业协会腈纶专业委员会

中国是世界上最大的腈纶生产国和消费国,"十三五"期间,我国腈纶行业经历了规模扩张、结构调整等过程,展望"十四五"发展,世界腈纶工业产业调整进一步深入,腈纶消费占纤维总消费比例呈下降趋势,腈纶面临下游需求被替代、产业链发展不平衡、资源和环境约束日益趋紧等问题。面对日益复杂的国内外产业发展环境,腈纶行业应主动适应行业经济发展新常态,加快推动结构调整和技术进步及产业链协调发展,实现行业高质量可持续发展。

一、腈纶行业"十三五"期间发展情况

1. 产能和产量情况

"十三五"期间,我国腈纶行业经历了新一轮产能扩张,有效总产能从"十三五"初期的 72 万吨增长到 2020 年的 83 万吨。规模扩张和同质化竞争加剧,加上其他合成纤维品种的竞争加剧,下游消费空间有所萎缩,腈纶产量占合成纤维产量比例逐年下降,从 2015 年的 1.6%继续降至 2020 年的 0.97%(表1)。

表 1　2000~2020 年中国腈纶产量占合纤比例

年份	2007 年	2010 年	2015 年	2020 年
腈纶产量(万吨)	81.93	65.7	72	55.03
占合纤比例(%)	3.37	2.3	1.6	0.97

资料来源：中国化学纤维工业协会整理

2020 年我国腈纶行业总产能为 86 万吨,分企业情况来看,中石化三家生产企业(上海石化、齐鲁石化、安庆石化)总产能为 29 万吨,占比 5%,中石油大庆石化分公司腈纶厂一家企业产能 6.5 万吨,占比 8%,吉林化纤集团 3

家企业（吉盟、奇峰和河北艾科瑞）总产能38万吨，占比44%，此外宁波中新和杭州湾两家民营企业产能各5万吨和7万吨，分别占比5%和8%。

2. 市场供需情况

2010~2017年以来，腈纶表观需求维持在82万~89万吨/年，国内产量基本维持在66万~72万吨规模，腈纶进口量在化纤总进口量中占比最高，平均进口量在18万~20万吨，主要来自日本、中国台湾、土耳其、韩国等。其中来自日本的进口产品多以差别化品种为主。2018~2019年以来，产量和表观消费量骤降，主要因为受新一轮扩张造成产能过剩的局面，加上原料暴涨暴跌导致腈纶下游对市场丧失信心，造成下游进一步需求萎缩，加之中美贸易摩擦对下游市场的影响进一步影响终端需求等（表2）。

表2 近年来腈纶产量、进出口和表观消费量变化

单位：万吨

年度	产量	进口	出口	表观消费量
2005	72.83	46.00	0.19	118.64
2006	79.26	33.71	0.25	112.72
2007	79.18	28.06	0.24	107.00
2008	59.64	14.57	1.02	73.20
2009	67.76	18.00	0.51	85.25
2010	66.80	19.64	0.44	86.00
2011	70.71	19.53	0.405	89.84
2012	69.35	18.65	0.578	87.42
2013	69.43	21.22	0.938	89.71
2014	67.24	15.86	1.93	81.17
2015	72	15.84	1.95	85.89
2016	71.99	13.82	3.01	82.8
2017	71.91	14.74	4.5	82.15
2018	61.45	16.93	1.98	76.4
2019	58	8.95	2.5	64.45
2020	55.03	6.77	3.11	58.69

资料来源：国家统计局、中国海关

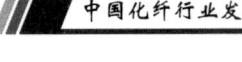

3. 技术进步和产品开发情况

"十三五"期间，行业针对下游需求特点和缺口，重点投入研发和生产差别化产品，包括高收缩、高光泽、超细旦纤维、扁平纤维、抗起球、抗静电的双抗纤维；具有羊绒质感、滑爽细腻的超柔超亮纤维；绿色环保、色牢度高的原液染色纤维；具有保暖、保健功能的蓄热纤维；超柔细腻、美观时尚的混纤度腈纶丝束产品等。重点企业还开发了4D原液着色腈纶、0.6D超细旦产品、2.5D抗静电丝束等新产品。其中4D褐棕色原液着色产品为首次生产，2.5D抗静电腈纶丝束则实现了生产周期的延长，各项性能指标均达到客户指标。

总体来看，差别化腈纶表现出迅速持续增长的良好态势，但是与国际差别化腈纶28%的水平相比，国内差别化18%的比例仍然偏低。通过改性增加差别化腈纶纤维的产品用途是未来市场发展的重要途径，下游对染色、阻燃、抗起球等差别化腈纶产品投入了更多的关注，家纺、产业用领域在逐步拓展。

"十三五"以来，行业龙头企业加大研发投入，如中国石化成立了合成纤维加工应用中心（FTC）开放实验室，着力打造面向中国石化生产和销售企业的资源共享平台，通过引进国际先进仪器设备及技术，为高性能纤维及复合材料、非纤产品提供强有力的表征分析技术保障。其中腈纶的FTC实验室在碳纤维拉挤、缠绕，热塑性碳纤维粒料制备以及腈纶新产品开发改进等领域取得进展。

4. 绿色发展情况

从生产工艺发展来看，我国自20世纪60年代首次引进英国考特尔斯NaSCN湿法一步法以来，通过不断引进和消化吸收，生产工艺路线也由单一的NaSCN湿法一步法，发展到现在的四种工艺路线：硫氰酸钠一步法、硫氰酸钠二步法、采用美国杜邦公司的技术、以二甲基甲酰胺为溶剂的有机干法工艺路线以二甲基乙酰胺为溶剂的有机湿法工艺路线。由于干法腈纶纺丝中DMF溶剂的毒性问题，根据国家相关产业政策要求，DMF溶剂法腈纶生产工艺被列为淘汰类工艺，齐鲁石化分公司腈纶厂于2020年完成DMAC溶剂替代DMF，实现干法腈纶生产工艺变革，DMAC溶剂法干法腈纶生产综合技术属国内首创，具有自主知识产权。

循环再利用腈纶也取得进展，2019年底，河北艾科瑞纤维有限公司通过全球回收标准认证（GRS），并注册了瑞优丝商标，这也是中国首款通过认证的再生腈纶，标志着腈纶的回收利用方面取得了突破性进展。再生腈纶是以废旧腈纶为原料，通过分类回收、溶解、提纯等一系列自有专利技术，用不低于50%的回收原料制作出的腈纶产品，再生腈纶其断裂强度≥2.0cN/dtex，断裂伸长率≥30%，回潮率为1.8%~2.3%；生产的再生腈纶与非再生腈纶性能相近，其表面沟槽和/或凹陷一定程度上提高了纤维的吸湿性，并且回收原料可为纯的腈纶制品也可为腈纶与其他纤维的混纺制品，同时织物具有更柔软、抗起球、可识别、可检测的显著特征，循环再利用腈纶的开发降低了行业企业对不可再生资源的依赖，饯行了绿色发展理念。

上海石化腈纶事业部不断加大对原液着色腈纶的研发，到2020年原液着色产品实现100多种色系，销量达到近5000吨，大幅减少腈纶后道染色产生的有色废水，促进行业绿色发展。

二、腈纶行业"十四五"发展面临的背景和形势

（一）全球腈纶生产及消费趋势

世界腈纶工业在20世纪50年代实现工业化，经历60~70年代快速发展，进入80年代规模停滞，差别化品种开发成为主流，90年代后，早期的一些腈纶生产国因能耗物耗和环境等问题纷纷削减产能，欧洲、美国、日本和韩国出现负增长，产能向发展中国家转移，与此同时腈纶消费占纤维总消费比例持续下降。目前全球产能基本维持在220万吨，总产量约190万吨。中国在承接产业转移基础上逐渐成为世界腈纶生产和消费中心，但经历了2008年金融危机之后，中国腈纶行业又进行了一轮结构调整，产能规模继续缩小。

目前，从全球腈纶产能分布来看，中国大陆占世界总产能的近40%，其余国家或地区如土耳其约占14%，日本占11%，德国、泰国、墨西哥、韩国等分别占8%和4%，产能相对比较分散。此外从消费量分布来看，中国大陆占世界消费总量的51%，土耳其占22%，伊朗占7%，印度占6%，主要分布在纺织业较为发达或集中的国家或地区。

根据近几年的全球腈纶生产和消费情况，全球产能基本保持在220万吨规模，但自2016年以来，受其他纤维品种的竞争、原料成本、环保要求、终端需求、消费习惯等多种因素影响，全球消费量呈下降趋势。

（二）上游原料供应和下游分布情况

1. 丙烯腈的情况

腈纶的上游原材料丙烯腈属于基础有机化工产品，丙烯腈主要用来生产腈

纶、丙烯腈—苯乙烯—丁二烯共聚物（ABS 树脂）、丁腈橡胶和丙烯酰胺等，其中腈纶对丙烯腈原料的需求基本保持 1/3 左右。

目前全球丙烯腈总产能为 726 万吨，其中中国大陆近 200 万吨，占比约为 27%，美国 156 万吨，占比 22%，日本 79 万吨和韩国 78 万吨，分别占比 11%。中国台湾 52 万吨，占比 7%。从丙烯腈下游消费领域来看，我国丙烯腈下游消费领域的比例为 ABS 占 40%以上，腈纶约占 26%，丙烯酰胺约占 24%，其他领域约占 10%。从全球丙烯腈供需情况来看，近十年供需基本平衡状态，自 2018 年以来，随着下游需求的增长，产能增速加快，2020 年总产能超过 800 万吨，主要和中国市场需求量增长和在建项目产能集中爆发有关。

"十三五"末，中国丙烯腈总产能约 224.9 万吨，按生产企业所占比例划分，中石化约占 43%，中石油约占 37%，民营企业约占 20%。近年来，我国丙烯腈进口依存度呈下降趋势；虽然丙烯腈产量在上升，但国内供应仍稍有缺口；主要消费市场腈纶的需求增长受到限制，消费占比将下降；由于美国生产成本高于亚洲，未来丙烯腈扩能仍将集中在亚洲，尤其是中国（表3）。

表3　2019~2022 年中国丙烯腈生产企业新/扩增情况

新增项目	新增产能（万吨）	建后合计	分布地点	投产时间	备注
江苏斯尔邦	26	52	江苏连云港	2019年	扩增（已投产）
东方石化	20	20	海南东方市	2021年	新增
浙江石化	26	26	浙江舟山	2020年	新增
南浦环保科技	14	14	河南洛阳	2021年	新增
中化泉州	26	26	福建	2021年	新增
山东科鲁尔	13	26	东营	2020年	扩增
昊庆化工	13	13	大庆	2021年	新增
广东炼化一体	13	13	广东揭阳市	2021年	新增
金能科技	26	26	青岛黄岛	2021年	新增
山东开泰	8	8	淄博	2021年	新增
盛虹炼化	52	104	连云港	2021年	扩增
卫星石化	26	26	连云港	2022年	新增
合计	263	354			

资料来源：根据公开数据整理

随着新增产能的释放，全球丙烯腈供应格局将会发生变化，根据下游新装置扩产情况，"十四五"期间，从丙烯腈传统下游产业的发展趋势和扩产趋势来看，ABS 将成为拉动丙烯腈消费的主力军,其他应用领域需求没有大幅增长。

未来三年中国大陆丙烯腈的新项目产能将集中释放，会出现供大于求的趋势，中国将由进口国演变成出口国，在市场供应宽裕或供需基本平衡的条件下，丙烯腈的市场价格导向将逐渐摆脱供需束缚，转变为由成本决定价格，从而实现丙烯腈上下游产业链的健康发展，腈纶行业受制于高价位原料成本的情况会有所好转，这将推进腈纶产业链的利润的合理回归，腈纶产品的市场竞争力有望得到提升。

2. 腈纶下游产业分布情况

我国腈纶的直接下游纱线企业的主要区域分布为江苏（占比 70%）、山东（占比 10%）、浙江（占比 8%）、广东（占比 5%）、福建（占比 2%）等省份。腈纶产业链终端产品的生产主要集中在以下地区：专业的毛衫市场（东莞大朗，汕头澄海，台州椒江，桐乡濮院，嘉兴洪河，山东海阳，江苏横扇）；专业的毛绒产品集散地（宁波慈溪，山东青岛，浙江嘉兴）；手套及围巾、袜子等集散地（浙江义乌，浙江桐庐，浙江上虞，江苏镇江，吉林辽源）。

从下游应用领域来看，世界范围内 44%的腈纶应用于毛纺，棉纺用途占 17%，半精纺占 11%，差别化应用比例较高，达到 20%。我国腈纶超过 50%用于毛纺，棉纺和半精纺分别占 17%和 14%，差别化应用占 18%。我国差别化腈纶应用比例相对偏低，说明国内差别化腈纶有继续升级的空间，以替代国外进口产品。目前产业用纺织品的应用加速发展，腈纶企业也加快聚丙烯腈纤维在非织造布、土工布和 PAN 基碳纤维方面的研发并开拓腈纶纺织品市场的新应用。

三、我国腈纶行业发展存在的问题

（一）产能过剩和产业链发展不平衡

近几年，腈纶行业整体运行困难，造成这种困难局面的因素很多，行业产能过剩和行业内的结构性因素起到了关键作用。自 2017 年以来，国内腈纶产能扩大 12 万吨，形成两大集团为主的格局，中石油和中石化旗下 4 家企业共 34.5 万吨，吉林化纤集团旗下三家产能为 36 万吨；两家民营企业合计 12.5 万吨；目前行业总体规模小，各厂家装置运行以及下游客户群都比较稳定，平衡难以打破，在行业需求量萎缩的情况下，扩大产能无疑是雪上加霜。产业链上下游发展不平衡，上游原料丙烯腈主导下游产品成本，腈纶作为三大应用领域，不具有足够的话语权，并且需求呈现萎缩趋势，丙烯腈的暴涨暴跌加剧了产业链风险，原料过山车式的行情，动辄几千元的跌涨幅度，也导致腈纶下游对市场丧失信心，造成下游需求进一步需萎缩。

（二）差别化产品研发不足，来自其他合纤的竞争越发激烈

目前，我国腈纶产业在高附加值、功能性产品和产业用腈纶的开发方面，与日本等国家的先进水平相比还有待提高，目前腈纶消费市场仍处于衣着类用途占主导地位，产业消费领域的开拓落后于发达国家，在潜力可观的装饰和产业领域的消费还有较大的市场空间。此外，因产业规模和产品应用领域、纤维品种竞争等因素，科研院所和相关机构对腈纶行业的基础研究和投入动力减弱，产品研发和技术突破相比其他纤维品种偏少。每年我国还需从国外进口一定数量的腈纶，进口品种主要是阻燃、抗起球纤维，扁平纤维等差别化品种，目前国内市场对差别化腈纶的需求约占总需求量的25%以上。

此外，腈纶与其他合纤原料相比，在相同的领域存在成本劣势，不断受到来自其他合成纤维如涤纶短纤和粘胶短纤的竞争，应用领域被逐渐替代。此外，受原料价格暴涨暴跌影响，加之下游纱厂生产结构和原料选择的多样性，价格暴涨会进一步导致其他竞争品种介入，如近两年的包芯纱。

（三）环保、节能减排对行业可持续发展的更高要求

目前，行业发展面临趋于更加严格的环保标准和监管力度以及逐渐高于发达国家和地区要求的排放标准，腈纶行业工艺路线多样，企业规模化相对偏小，节能减排工作尤其面临更大压力。因为各企业工艺路线分散，还未制定统一的《清洁生产评价指标体系》和取水标准，缺乏对清洁生产的规范和标准要求。

环境保护部发布的《环境保护综合名录》，把腈纶及其主要原料丙烯腈列入"高污染、高环境风险"产品目录，建议有关部门采取差别化的经济政策和市场监管政策，鼓励企业采用环境友好工艺，逐步降低重污染工艺的权重，并加大环境保护专用设备投资，达到以环境保护倒逼技术升级、优化经济结构的目的。

四、"十四五"发展目标和重点任务

（一）发展目标

1. 指导思想

全面贯彻党的十九大和十九届二中、三中、四中、五中、六中全会精神，认真落实党中央、国务院决策部署，统筹推进"五位一体"总体布局和协调推进"四个全面"战略布局，牢固树立和贯彻落实新发展理念，适应把握引领经济发展新常态，坚定不移深入推进供给侧结构性改革。以改善供给、满足需求、创造需求、引领需求为出发点，以转型升级、提质增效为主线，着力提高自主创新能力，加大研发力度、开发高附加值产品，推动行业节能减排、环境友好的可持续发展方式。

2. 总体目标

（1）到 2025 年，腈纶消费量基本保持稳定，能够满足国内不同领域需求。

（2）加快技术进步，加大研发力度，高附加值产品比例提高到 40%以上，替代进口，拓宽和优化产品的消费结构，满足并引导市场需求。

（3）单位产品能耗、用水量达到国家约束性指标和相关标准要求。推动绿色生产，加大技术改造和环保投入，实现行业的节能减排和清洁生产。努力降低加工成本，推动管理体系整合发展。

（4）提升企业的综合竞争力，形成处于全球主导地位、拥有知名品牌、核心能力强、具有国际竞争优势的生产企业。

（二）重点任务

1. 推进结构调整，促进产业链平衡和稳定发展

以供给侧结构性改革为主线，以需求为导向，以提高供给质量效率为目标，加快淘汰落后产能和行业结构优化以及保持市场规范化运行。一是根据各企业生产实际情况，适度提高能耗、物耗、环保、安全等方面的标准，特别是能耗、环保标准，使落后产能能够按照标准自动退出。二是强化对企业产能、产量和效益等情况的统计调研，跟踪企业和产业链动态情况，加强行业自律和相关信息引导，使企业能够及时了解产品供求关系状况，以便科学决策，降低大面积供求关系严重失衡的风险。

2. 推进差别化品种开发和应用领域拓展

腈纶以丙烯腈共聚物为原料，丙烯腈这一高分子结构决定了制备聚丙烯腈的所有工艺均以游离基为基础，其所具备的C、N三键极性较强与相邻部位氰基易闭合环化发生亲核反应，通过与一个或更多单体的聚合，使这种聚合反应工艺集"聚合反应速率快、易于控制、性能良好且在多数情况下能与理想的共聚单体和上染位置结合"等优点于一身，达到改善纤维特性的目的，也因此促进了从常规腈纶拓展到多种功能性的差别化产品的开发，如阻燃腈纶、抗起球腈纶、有色腈纶等。

满足下游用户对不同品种的要求，创建市场分析与智能营销服务产品的研发体系，持续提升下游产品的质量和稳定性，不断提高差别化、功能性腈纶的使用比例，并加大自主创新和产品开发力度，拓展应用领域。要做好产品在纺织服装、装饰用和产业用领域的市场消费结构细分，挖掘需求领域，优化腈纶产品后道应用领域。制备以功能化和服用舒适性为特点的高档次服用和家纺纤维，充分发挥聚丙烯腈不可替代的优点，巩固与拓展其在增强、阻燃防火、环保等产业用领域的地位。

针对服装、玩具类的针织成衣、袜类、手工毛线领域，开发舒适型产品，如抗菌纤维、高吸湿纤维、微孔纤维、芳香纤维、蛋白改性纤维等；在人造毛皮应用领域，开发仿真纤维，如异型纤维、细旦纤维、粗旦纤维、有色、三维卷曲、仿毛皮麻毛条等；在装饰类领域，如宽幅家纺制品、毯制品，要发展有色纤维、高收缩纤维、微细旦纤维等；要挖掘产业用领域的市场潜力，如工程用纤维领域，开发用于沥青增强的聚丙烯腈纤维等。继续提高功能性腈纶长丝的工业化生产水平。

3. 推动科技进步及做好下游链接和指导应用

要以科技进步和产品研发为根本抓手，构建产业链协同创新机制，企业建立技术开发中心或研究机构，加强技术团队和专业研发队伍建设，搭建研发创新的平台，提升企业生产技术与创新能力。

企业要加大研发装备设置投入，推进和完善小试、中试生产线建设。跟踪国际先进工艺、设备技术的发展与应用，通过有规划的技术改造对现有的工艺、设备进行更新和改造，节能降耗，增强企业的生产能力，提升产品质量，促进生产效率和产品的精细化控制程度得到大幅度的提高。

腈纶产品的特殊性对后道的技术匹配、产品的售后服务提出了特殊的要求，产品的差别化与营销服务的差异化密不可分。要创新上下游合作开发的模式，强化客户信息"大数据"管理，实施销售"定制"服务；充分运用"互联网+"信息平台，实施渠道整合、信息共享，促进供销链上下游企业间的合作，提高市场反应速度和应对能力；在营销服务上，需结合下游用户的需要，针对用户的特定生产条件，与下游用户开发生产差别化产品，通过与下游客户一体化营销服务，获得差异化竞争优势，提高企业竞争力。

4. 全面提高清洁生产水平，促进可持续发展

改造和提升工艺、装备、过程控制及管理问题，生产过程中最大限度降低原料和单体及溶剂的损耗，减少用水量，提高水的循环利用率；合理控制反映液位、温度和压力等参数，减少能源用量、减少或避免副反应发生、提高产品质量；回收原料、废丝废料和可利用能源；实施设备节能改造、更新维护和采用风机变频等节能技术，从而达到节能、降耗、减排、增效的效果。开发绿色产品，推广凝胶染色、原液着色等产品，加强软技术推广，如合同能源管理、低碳认证等。加强对《清洁生产评价指标体系》的贯彻执行。

5. 提高企业管理水平和行业软实力

做好企业的发展规划和定位，提高产业集中度；实现向上下游延伸发展，形成大型规模化、具有全球竞争优势的专业腈纶生产集团。

提高智能制造水平和互联网运营水平。加快两化融合，积极探索智能装备、智能生产、智能服务和智能物流，充分依托两化融合和互联网平台推进智能制造，提升产品和服务质量，提高劳动生产率，降低运行成本，提高装置管理水平，增强企业核心竞争力，发展品牌产品。

加强行业标准、知识产权对新产品开发的支撑作用。加快健全腈纶行业标准化体系，针对腈纶新产品开发和标准老旧问题，要加快制定、修订和完善腈纶的产品标准、方法标准，以协会标准为推动抓手，发挥标准对新产品开发和应用的支撑作用。

提升行业品牌影响力，积极关注并参与"中国纤维流行趋势研究与发布"活动，将企业最新、最前沿、差异化新产品推荐给下游企业和终端消费者，再造腈纶产品竞争新优势。

五、政策保障与措施

（一）加强政策的引导，规范市场秩序

加强对腈纶行业的产业政策指导，加强对行业的运行分析，根据腈纶行业

发展情况，提出产业投资指导意见，提出整治提升标准，规范行业的发展。根据国家出台相关政策，鼓励企业技术改造，运用数字化、智能化管理，提高装备自动化水平；加大研发投入，自主创新，发展差别化、功能改性产品。

（二）推动节能减排、清洁生产技术应用

鼓励企业加大技术改造的力度，建议在政策和资金上给予支持，淘汰落后工艺、装备，采用更加环保的溶剂，开发推广高效节能的溶剂等回收系统。加强回收和再利用系统工程的建设，进一步推动节能减排与清洁生产新技术的应用。

（三）增强行业服务能力

加强对行业重大问题的跟踪分析和调查研究，及时反映企业诉求，为企业提供信息咨询、成果推广、人才培养等专业化服务；推动行业自律和信用体系建设，开展诚信经营，创造公平竞争环境，监督规范企业的安全生产和市场竞争，加强产业链合作，规范进口市场秩序，积极应对贸易摩擦，切实维护行业利益。

（撰稿人：付文静　薄广明）

丙纶行业"十四五"发展规划研究

中国化学纤维工业协会丙纶分会

一、"十三五"期间丙纶行业发展情况

"十三五"期间,我国丙纶行业加快调整产业结构,持续推进科技创新;功能性产品不断推出,差异化产品稳步增长,行业集中度进一步提高,龙头企业规模效应逐渐显现。在化纤产业稳步提升的大环境下,丙纶以其优良的产品性能,丰富的原料来源,清洁环保的生产工艺以及广泛的适用性占据稳定的市场份额,行业整体保持平稳、可持续的发展态势。

(一)取得的成绩

1. 产业规模平稳增长

"十三五"期间,我国丙纶行业保持平稳的增长态势。据中国化学纤维工业协会统计,截至 2020 年底,我国丙纶产能 91.88 万吨(不含膜裂纤维和熔喷非织造布),与 2015 年产能 103.55 万吨相比略有减少。国家统计局统计显示,2020 年丙纶产量为 41.22 万吨,较 2015 年增长 58.91%,年均增长 11.78%。丙纶占我国纤维总产量的 0.68%,比 2015 年提高 0.15 个百分点。59 家规模以上丙纶行业主营业务收入 708989 万元。随着行业的快速发展,化纤市场的竞争进一步加剧,多数规模较小的丙纶企业逐渐转变为的经营理念,2020 年丙纶产量同比减少 2.19%,低于全行业的平均增长率 3.4%,2020 年产能万吨级以上丙纶企业见表 1。

表 1 2020 年产能万吨级以上丙纶企业

公司名称	产能(吨)
福建三宏化纤有限公司	70000
湖北博韬合纤有限公司	50000
泰州市海仑化纤有限公司	50000
广东蒙泰高新纤维股份有限公司	34000

续表

公司名称	产能（吨）
浙江四通新材料科技股份有限公司	30000
慈溪市东丰合纤有限公司	30000
艺爱丝维顺（苏州）纤维有限公司	28000
江苏开利地毯有限公司	26000
宁波鄞州立鹤化纤有限公司	18000
宁波大众化纤实业有限公司	15000
常州市君盛化纤有限公司	15000
清远毅通织造有限公司	12000
绍兴前瞻化纤有限公司	10000
淄博市博山彤望福利化纤有限公司	10000
上海易迈纤维有限公司	10000
合计	408000

2. 创新能力不断增强

丙纶具有轻质、保暖、疏水、耐酸碱等优良性能，产品在产业用领域广泛使用。随着丙纶应用领域的不断拓展及高质量发展的不断推进，丙纶行业加大研发力度，持续推出创新性产品。高熔指原料可降低丙纶纺丝温度，助力企业节能降耗；亲水聚丙烯弥补丙纶性能缺陷，提高丙纶舒适性能；原生回收日臻完善，实现资源高效循环；拨叉卷绕设备的应用，解决了丙纶纺丝成型问题，提高了纤维纺丝速度；细旦、阻燃、抗菌、可染、抗静电、吸附等功能性产品的推出，提高了丙纶的附加值，扩大了丙纶在服饰、家纺、医疗卫生及产业用的应用范围。国家功能性聚丙烯纤维研发生产基地、聚丙烯纤维装备研发制造基地的设立引领行业技术创新，推动全行业的高质量发展。

3. 清洁生产技术进步

丙纶具有生产工艺路线短、原料和综合能耗低、生产过程清洁环保等特点，是所有化纤行业中能耗最低、污染最小的行业。"十三五"期间，丙纶行业持续推进供给侧结构性改革，淘汰行业落后产能；加快推进技术改造，提高企业生产效率。丙纶再生纺技术的突破，有效解决了废旧聚丙烯白色污染的问题；

在线添加、原液着色技术在丙纶行业的大规模应用，不仅降低企业生产成本，而且省去了染色流程，降低印染废水排放，对推动行业清洁生产和节能减排起到一定促进作用。

4. 国产装备配套升级

"十三五"期间，我国已成功开发全国产化、先进、实用、性价比高的丙纶纺丝设备和配套用高速全自动卷绕头，纺丝速度可达 1600~3000m/min，纺丝头数也从原来的 4 头、6 头转为目前的 8 头、12 头、16 头，并在工程化、市场化等方面取得了进展，为我国丙纶工业的高速发展创造了更好的条件和技术基础。

5. 标准工作取得进展

为解决我国丙纶行业标准落后的问题，"十三五"期间，以广东蒙泰高新纤维股份有限公司为首的丙纶企业主导参与了中国化学纤维工业协会组织的丙纶团体标准的制定，包括《丙纶工业长丝》（T/CCFA 01041—2019）、《粗旦丙纶全牵伸丝》（T/CCFA 01042—2019）、《有色丙纶全牵伸丝》（T/CCFA 01043—2019），为丙纶工业长丝、粗旦丙纶全牵伸丝（FDY）、有色丙纶弹力丝的生产提供了参考依据，标准自 2019 年 6 月 1 日在行业内实施。

（二）存在的问题

1. 缺乏原料的定价权

"十三五"期间，国内聚丙烯新增产能逐渐释放，2020 年聚丙烯产能为 2882 万吨/年，较 2015 年 1842 万吨增加 56.46%。2020 年受新冠疫情影响，聚丙烯供应量高速增加，纤维用聚丙烯原料进入常态化生产。据统计，纤维在聚丙烯下游中的需求占比在 10%左右，其中生产量最大的为非织造布，占产品总量的 70%以上。因纤维用聚丙烯原料占聚丙烯产量较少，多数丙纶企业缺乏应对原料价格影响因素的预防和调节措施，企业生产成本随原材料价格波动大幅变化，成本控制能力弱。建议丙纶企业积极关注原油市场动向及聚丙烯期货行情，适时调整原材料库存量，保证企业生产正常、连续、稳定地进行，提高企业应对原材料价格变动的能力。

2. 生产装备相对落后

丙纶企业生产规模相对较小，低水平重复建设现象较为严重，行业普遍存在技术装备落后、自动化水平低、产业链配套能力不足等问题。建议丙纶企业摒弃以往拼规模、拼数量、拼价格、拼成本的粗放式发展，引进新设备，积极研发多重改性与差别化、功能化的产品，促进丙纶行业的高质量发展，提高企业的核心竞争力。

3. 行业开工能力不足

2020年我国丙纶产能91.88万吨（不含膜裂纤维和熔喷非织造布），受疫情影响，除部分行业龙头企业满负荷生产外，多数规模较小的丙纶企业开工率不足50%。建议中小型企业贯彻差异化战略，走小批量、快速反应路线，通过高质量可定制化服务，满足下游用户的个性化需求。

4. 终端应用尚需拓展

丙纶行业市场推广力度不够，品牌价值有待提高。目前，丙纶长丝主要应用在传统的箱包、绳网等领域，短纤主要应用在土工布、工业滤布等领域。虽然功能性服用纤维，如细旦丙纶、抗菌丙纶、保暖/调温丙纶、抗静电丙纶等产品都已研发出来，但宣传力度小，下游应用甚少，目前以出口为主；对有竞争优势的产业用纤维品种，如草坪丝、工程纤维、土工布等应用，虽然阻燃丙纶、混凝土用丙纶等各种改善品种已经问世，但也由于推广力度不足，市场份额逐渐被挤压。建议丙纶企业积极开拓下游市场，通过展会、品牌宣传等方式加大市场推广力度，拓展丙纶在产业用、服饰、卫材领域的应用，并针对下游应用重点宣传功能性纤维，实现丙纶产业链互利共赢。

5. 统计意识亟待强化

丙纶企业全部是民营企业，且多数丙纶企业生产规模较小，企业参与统计工作存在一定困难和问题。国家统计局统计的丙纶企业只有50余户，而实际企业超过200余家，产能近100万吨。因此，丙纶企业的统计意识亟待强化。

二、"十四五"丙纶行业面临的国内外形势及市场需求预测

"十四五"期间丙纶行业面临复杂严峻的国际环境和国内经济多重挑战。对外，世界经济处于缓慢复苏进程中，贸易保护主义、逆全球化等趋势抬头，复杂性、不稳定性、不确定性进一步凸显。对内，我国经济下行压力加大，消费增速下滑，实体经济困难突出，结构性矛盾凸显。

（一）丙纶行业发展面临的形势

1. 国际聚丙烯产业格局深入调整

全球聚丙烯产能高度集中，主要分布在亚太地区。2020年，全球聚丙烯

新增产能606万吨/年，产能达到9051万吨/年，其中亚太地区聚丙烯产能5398万吨/年，约占全球聚丙烯产能的59.6%。"十四五"期间，以口罩等第三产业为代表的服务业将推动国内聚丙烯结构升级及消费体量的扩展，随着中国聚丙烯新增项目产能的释放及新冠肺炎疫情期间高熔指聚丙烯原料的推广，中国聚丙烯的产量将大体满足市场需求。中国一直是聚丙烯的需求大国，引领全球聚丙烯市场，原来依靠进口的数量被国内产品替代后，必将引起国际聚丙烯产业格局的深入调整。

2. "一带一路"提供发展契机

"一带一路"沿线国家绝大多数为发展中国家，在基础设施、轨道交通、城市综合开发等方面存在大量机会。持续大规模的基础设施建设将成为中国土工用纺织品的增长点。像高强丙纶长丝编织的土工布，在筑围堰、打坝排水等领域有速度快、工效高、投资省、质量好等优点，更加适合公路、铁路、机场、海堤、水渠、水库、港湾及桥梁等工程项目建设。利用其耐酸碱、抗腐蚀、强度高、不吸水、质轻、稳定性好、滤物剥离好等优点，还可制成高强丙纶滤布，用于冶金、选矿、化工、轻工、食品、环保等行业。因此深耕"一带一路"，空间巨大，未来可期。

3. 国内市场竞争加剧

我国是化纤生产大国，2020年的化纤总产量已达到6025.12万吨，其中丙纶产量41.22万吨，占全部化纤产量的0.68%。近年来，随着聚酯纤维的规模化生产及其功能性产品的不断推出，聚丙烯纤维的竞争优势逐渐降低，行业竞争逐渐加剧。

4. 可持续发展提供契机

践行可持续发展理念已经成为全球共识，也是新时代中国经济转型升级，实现高质量发展的必然选择。丙纶具有生产流程短、能耗低、清洁环保、原料可再生循环等特点。作为环境友好型纤维，丙纶符合新时代"两山"理念与高质量发展主旋律，具有良好的发展契机。

（二）市场需求预测

丙纶具有质轻、耐磨、耐酸碱、抗老化、低导热性、耐海水腐蚀、不吸湿、断裂强度大等优点，在箱包、过滤布、汽车内饰等产业用领域应用较广。2020年，我国丙纶的表观需求量为36.71万吨，较2015年提高了10.07%。"十四五"期间，随着我国三胎政策的放开、汽车轻量化的推广及"一带一路"沿线国家基础设施的落地，丙纶在卫材、汽车、土建工程等产业用领域的需求将有所增加，我国丙纶的产量亦将小幅上涨，出口也将有进一步的增加。

三、"十四五"丙纶行业发展指导思想和目标

（一）指导思想和基本原则

1. 指导思想

坚持以习近平新时代中国特色社会主义思想为指导，贯彻落实党的十八大、十九大和十九届四中全会精神，聚焦行业变革新动态，把握新技术、新产业、新业态、新模式发展趋势，着力推进产学研用激发产业发展动力，努力创新服务模式扩大产品应用领域，重点夯实人才培养激发人才创新活力。聚焦行业的规模化差异化生产，推进丙纶在纺织服装、产业用领域及医疗卫生领域的规模化应用，从而推动丙纶工业高质量发展。

2. 基本原则

坚持创新引领，不断开发新产品；坚持合作共赢，积极开拓新市场；坚持优胜劣汰，逐渐淘汰落后产能；坚持开放共享，源头引领行业发展。

（二）发展目标

1. 总体目标

新时期，新机遇，新挑战，在纺织时代高速发展的潮流中，丙纶行业必须加快创新驱动，推动行业技术进步；加大研发力度，提高功能化、差别化水平；拓宽并优化产品消费结构，满足并引导市场需求；加大技术改造，提升装备自动化水平；积极推进企业兼并重组，优化行业结构；到"十四五"末期，企业新产品研发及应用初见成效，丙纶统计产量达到 45 万吨，全方面、多角度为纺织行业的高质量发展献计献策。

2. 标志性目标

到 2025 年，丙纶规上企业产量达到 45 万吨，年均增速达到 2.5%；企业功能性和高附加值产品比例提高到 35%；丙纶在服用领域应用占比提高到 7%；培养丙纶龙头企业 5~10 家，打造 2~3 家 10 万吨级企业或企业集团；丙纶规上企业达到全行业的 10%，产量覆盖化纤全行业的 1%。单位产品能耗、用水量等达到国家约束性指标和相关标准要求。

3. 技术目标

原料来源方面：通过优化聚合催化剂，量产熔融指数大于 30g/10min 的高熔指聚丙烯原料，扩大其国内生产量，满足国内丙纶非织造布或服用丙纶的生产需求。

产品开发方面：以静电纺丝技术为基础，探索纳米级聚丙烯纤维的批量化、产业化制造问题，满足纳米级聚丙烯纤维在生物医用材料、过滤及防护等方面的应用。

制造体系方面：以信息物理融合系统（CPS）为核心环节、大数据为驱动基础，从产品全生命周期、制造价值链和层次化架构三个维度，打造大数据驱动的适合丙纶行业的智能制造平台架构体系。

应用开发方面：从聚丙烯化学结构出发，通过物理改性或共聚改性，研发集智能与功能为一体的多功能聚丙烯纤维，满足服用聚丙烯纤维的工业化生产；开发抑菌、高强聚丙烯纤维或环保、可回收再利用聚丙烯纤维，满足聚丙烯纤维在卫材领域的大规模使用；开发改性聚丙烯纤维，满足"一带一路"沿线国家复杂的市场需求和环境考验；研究高效聚丙烯纤维回收纯化技术与再利用技术，解决聚丙烯弃后对环境造成的危害。

四、"十四五"丙纶行业发展的重点任务

（一）优化行业结构，提高产业集中度

规范丙纶行业准入条件，鼓励企业在产业链集中区的江苏、浙江、福建、河南、湖北、广东、山东等地区协同布局，以基础好，规模较大的企业为重点发展对象，培育具有技术开发、市场竞争及下游应用等综合优势的龙头企业。鼓励龙头企业积极做大做优做强，利用企业规模提高产品竞争力；通过企业并购重组，积极淘汰行业落后产能，形成一批具有特色产品的中、小企业，走差异化、个性化道路，满足高档服饰及产业用领域的需求。

（二）加强产业链合作，推进技术创新

1. 建设研发基地，推进行业创新

推进产学研用一体化，加强企业与高校、科研院所的联系，落实企业与科研院、高校对接工作，以新产品研究与应用开发为抓手，共建国家级丙纶研发基地、国家级丙纶应用研究基地，推进高校科技成果落地转化，推进丙纶行业的创新发展。

2. 致力新品研发，满足市场需求

以市场需求为导向，借鉴涤纶、锦纶研发模式，针对性开发满足服饰领域应用轻质、抑菌、亲水、调温保暖、抗辐射、多彩、柔软等多功能产品；针对"一带一路"沿线基建项目，开发具有阻燃、易分散、抗老化等性能的混凝土专用丙纶；开发具有抑菌、亲水、易降解、易回收、高强度的丙纶产品，满足医疗卫生领域的应用需求。

3. 转换新旧动能，提高生产效率

把握新一代人工智能、大数据、量子信息等科技革命和产业变革的方向，结合丙纶行业实际情况，通过引用智能制造与数字化管理，推动产业链链接，量身打造企业生产销售管理体系，通过柔性化定制、网络化管理、数字化分析提升产品品质和良率。

（三）加强品牌建设，引领高质量发展

加强品牌建设，增加优质供给。瞄准人民群众的新需要和不断升级的市场需求，着力增品种、提品质、创品牌，弘扬企业家精神和工匠精神，提高品牌影响力，使丙纶品牌伴随中国制造走向世界、享誉世界。

同时，综合利用行业媒体、会议、展会、企业网站、微信平台等宣传路径，向潜在下游用户和终端消费者传递行业新产品研发动态及企业动态。通过客户走访、问卷调查、电话回访等方式，及时了解客户需求及市场走向，实现上下游企业信息互通，协同创新。

（四）夯实人才建设，提升企业软实力

加强人才培养，构建适合企业自身发展需要的人才规划体系。对内善于挖掘与培养优秀人才，任人唯贤，建立人才培养机制与激励机制，鼓励员工学习与工作相关的知识和技能；对外，加强与院校的沟通与合作，以服务企业、提升技能、促进就业为目标，储备适应行业需求的全方位应用型人才。

五、政策与措施

（一）加强产业政策指导

聚焦《中国制造2025》、供给侧结构性改革等国家调整产业结构、促进产业升级的相关政策，坚持"创新驱动、质量为先、绿色发展、结构优化、人才为本"的基本方针。以市场为导向，鼓励企业开展科技创新、产品创新、管理创新、市场创新和商业模式创新，通过收购、并购、入股等方式进行兼并重组，

加大复合型人才的培养力度，对创新型企业给予政策鼓励与支持，提升丙纶行业的竞争力，促进丙纶产业升级。

（二）发挥行业协会的桥梁作用

充分发挥行业协会服务政府和企业的双向桥梁作用，支持行业协会开展丙纶企业调查、运行监测、行业统计、市场调研等工作，组织丙纶相关企业开展品牌推广、人才培养、产业链对接等活动；引导企业落实国家政策，及时反映行业动态和企业诉求，提出完善企业发展的政策建议，促进行业健康发展。

（三）建立地方政府协调推进机制

建议地区行业主管部门牵头建立医疗卫生、建筑工程、水利交通、环保、质检等协商小组，协调丙纶行业新纤维、新技术、新工艺在医疗卫生和产业用领域的推广应用。特别是丙纶高性能工业丝、工程纤维、纺粘针刺土工布等高附加值产品开发创新的生产过程中，要注意产业链的紧密合作、与国际标准接轨。

（四）多措并举促进中小企业健康发展

中小企业是国民经济的生力军，促进中小企业发展是稳增长、稳就业乃至稳定社会发展大局的关键。建议尽快落实政策红利，将中小企业减税降费优惠政策落到实处；鼓励企业创新升级，走专精特新发展道路；加强企业基础性工作建设，完善企业信用、统计等制度；要从根本上引导并增强广大丙纶企业的发展信心，多措并举促进行业健康发展。

（撰稿人：窦娟　李增俊）

维纶行业"十四五"发展规划研究

中国化学纤维工业协会维纶专业委员会

中国的维纶工业经历了半个多世纪的发展，目前聚乙烯醇（PVA）及维纶的产能、产量均已居世界首位。产品的应用也由发展之初的单一普通民用，转向高档服装服饰用、特种防护服、造纸、建筑、水利工程、新型显示等产业应用领域。特别是在"十三五"期间，维纶行业新产品的开发、新工艺的研发、新技术的研究和新设备的研制等方面都取得了较大的成绩和突破，节能减排、清洁生产等方面也有了较大的提升和进步。

"十四五"期间，在中国经济步入高质量发展新阶段的大背景下，维纶行业同样面临着新形势、新机遇、新挑战。扎扎实实做好发展稳中提质，推广产品在下游产业链中的应用，全面提高整体水平，向经济效益好、可持续发展、生态文明的业态迈进。

一、"十三五"行业发展概况

（一）行业产能产量快速发展

1. 聚乙烯醇（PVA）

"十三五"期间，我国聚乙烯醇的产量变化不大，年产量基本保持在 80 万吨左右。我国聚乙烯醇行业通过"十三五"的发展，其产能和规模空前，管理与技术上有了一定的提高，聚乙烯醇工业得到长足的发展，呈现出单线生产能力大、PVA 品种多、新技术应用多、生产能耗低的特点。工艺流程优化和管理技术水平提升，在经济技术指标、品种、质量、综合能耗等方面缩小了与世界 PVA 生产强国的差距。

聚乙烯醇按原料路线分为联产法电石乙炔法、天然气乙炔法、石油乙烯法及生物乙烯法，其中约 63.1%的产能经联产法电石乙炔法制得。联产法电石乙炔法生产聚乙烯醇的工艺路线，属于煤化工范畴，符合我国富煤少油贫气的国情。随着西部大开发和中部崛起战略的逐步实施，特别是国家发改委第 15 号令颁布的《西部地区鼓励类产业项目》中将 6 万吨/年以上聚乙烯醇列入内蒙古、陕西、宁夏三地区鼓励类项目，部分企业在中西部地区投资办厂，大力发展联产法电石乙炔法聚乙烯醇，其产能快速增长，西部已逐步成为聚乙烯醇主要生产地区。如安徽皖维集团有限责任公司将聚乙烯醇的主要产能由安徽巢湖地区转移部署到内蒙古乌兰察布市的内蒙古蒙维科技有限公司，已形成 20 万吨/年聚乙烯醇生产能力的产业优势。中国石化集团长城能源（宁夏）化工有限公司在宁夏回族自治区灵武市宁东能源化工基地形成了 10 万吨/年聚乙烯醇的生产能力。宁夏大地化工有限公司在宁夏回族自治区平原北部平罗工业园区分两期投产，已形成 13 万吨/年聚乙烯醇生产能力，三期规划 20 万吨已通过环评并完成土建。还有内蒙古双欣环保材料股份有限公司鄂尔多斯市蒙西高新技术产业园拥有 13 万吨/年聚乙烯醇生产能力。目前国内聚乙烯醇产能已达 129.1 万吨（表 1），远远高于国际上其他国家和地区装置总和，形成了产业优势。

聚乙烯醇产品的生产规模一直伴随着国民经济的发展，尤其是纺织工业和房地产业的快速发展呈周期性、阶段性扩大趋势。"十三五"期间，中国大陆生产能力 10 万吨/年及以上的企业有 6 家（表 1）。目前国内生产聚乙烯醇的企业共有 11 家。其中电石乙炔法占主导地位，采用电石乙炔法生产的企业有 6 家，合计产能为 81.5 万吨，约占国内总生产能力的 68.43%；采用石油乙烯法生产的企业有 2 家，约占国内总生产能力的 13.94%；采用天然气乙炔法生产的企业有 1 家，约占国内总生产能力的 13.43%；采用生物乙烯法生产的企业有 1 家，约占国内总生产能力的 4.2%。

表 1　"十三五"聚乙烯醇（PVA）产能

序号	企业名称	产能（万吨/年）	原料路线	比例（%）
1	上海石化股份公司化工事业部	4.6	石油乙烯法	3.86
2	中国石化集团重庆川维化工有限公司	16	天然气乙炔法	13.43
3	山西三维集团股份有限公司	10	电石乙炔法	8.39
4	安徽皖维集团有限责任公司	6	电石乙炔法	5.04
5	中国台湾长春化学（江苏）有限公司	12	石油乙烯法	10.08

续表

序号	企业名称	产能（万吨/年）	原料路线	比例（%）
6	湖南湘维有限公司	9.5	电石乙炔法	7.98
7	广西广维化工有限责任公司（皖维全资）	5	生物乙烯法	4.2
8	内蒙古双欣环保材料股份有限公司	13	电石乙炔法	10.92
9	宁夏大地化工有限公司	13	电石乙炔法	10.92
10	内蒙古蒙维科技有限公司（皖维控股）	20	电石乙炔法	16.79
11	中国石化集团长城能源（宁夏）化工有限公司	10	电石乙炔法	8.39
		119.1		100

资料来源：中国化学纤维工业协会

2. 聚乙烯醇纤维（维纶）

我国维纶的产能和产量均居世界之首。国内主要产品有水溶性聚乙烯醇纤维、高强高模聚乙烯醇纤维、阻燃聚乙烯醇等差别化纤维。产品应用由单一普通民用转向建筑、水利、造纸等产业用领域。"十三五"期间，维纶总产能小幅下降，2015年维纶总产能为16.69万吨，2020年总产能为12.81吨，与2015年相比有23.2%的跌幅，而且是逐年递减的（表2）。

表2 "十三五"聚乙烯醇纤维总产能

维纶	2015年	2016年	2017年	2018年	2019年	2020年
总产能（万吨）	16.69	16.13	16.11	15.15	14.80	12.81

资料来源：中国化学纤维工业协会

维纶生产企业有中国石化集团重庆川维化工有限公司、安徽皖维高新材料股份有限公司、永安市宝华林实业发展有限公司、内蒙古双欣环保材料股份有限公司、宁夏大地循环发展股份有限公司、上海全宇生物科技遂平有限公司、新乡白鹭新材料有限公司等。

高强高模维纶：具有高强度、高模量、低伸度、耐碱性、耐候性、亲水性等特征，是无机复合材料当中一种很好的增强纤维，可替代石棉作为水泥以及混凝土的加固材料，是水泥制品理想的防裂材料、橡胶的加固材料，还可用于制作缆绳、渔网等，应用广泛。目前，国外高强高模维纶只有日本的可乐丽和尤尼契卡两家生产商。我国高强高模维纶总产能在"十三五"期间基本平稳，实际产量从2016年3.22万吨到2020年4.48万吨，增幅为39.13%（表3）。高强高模维纶主要出口欧洲、南美洲、非洲及东南亚等区域，国际市场稳定，但国内应用市场尚未完全打开。随着高强高模维纶应用开发的不断深入以及需求量进一步放大，世界高强高模维纶将继续保持强势发展的态势。

表3 "十三五"高强高模维纶总产能和实际产量

高强高模维纶	2016年	2017年	2018年	2019年	2020年
总产能（万吨）	7.28	7.04	7.04	6.40	6.26
实际产量（万吨）	3.22	3.47	4.53	4.05	4.48

资料来源：中国化学纤维工业协会

水溶性维纶："十三五"期间，我国水溶性维纶装置总能力呈现逐年下降趋势，从2016年8.85万吨降至2020年6.55万吨，跌幅为25.99%。实际产量呈现逐年下降趋势，从2016年5.65万吨降至2020年4.04万吨，跌幅为28.50%（表4）。产品主要应用于水溶性非织造布（占比约为65%）和水溶纱（占比约为35%）。市场主打产品主要是90℃水溶性维纶，而低温水溶性维纶的使用量比较有限。

表4 "十三五"水溶性维纶总产能和实际产量

水溶性维纶	2016年	2017年	2018年	2019年	2020年
总产能（万吨）	8.85	9.07	8.11	8.40	6.55
实际产量（万吨）	5.65	5.54	5.39	3.86	4.04

聚乙烯醇水溶性维纶的应用市场容量较小。一方面最大用途的下游水溶性非织造布作为电脑绣花基布的需求呈现萎缩趋势；另一方面是水溶纱因印染行业环保督察影响，也略有萎缩。

（二）技术进步比较明显

1. 聚乙烯醇（PVA）

"十三五"期间，国内聚乙烯醇生产企业通过不断的技术创新、技术改造，在研发方面也取得了一定成绩：内蒙古蒙维科技有限公司采用固定床醋酸乙烯合成和特种 PVA 生产技术，建成年产 25 万吨醋酸乙烯、10 万吨 PVA 生产装置，进一步提升了产品品质、降低了生产能耗。安徽皖维集团有限责任公司成功生产出 PVC 悬浮聚合用分散剂，打破该产品几乎完全依赖进口的局面；实现了 PVB 胶片和 PVA 光学膜的产业化生产，其中建筑级 PVB 胶片已销往国内台玻集团并出口印度、秘鲁等国家；宁夏大地化工有限公司在 PVA 产品的高低聚合度、醇解度的开发、分子低分散性控制以及低醋酸钠、灰分、低挥发分等的控制已完成了良好的技术储备。中国石化集团重庆川维化工有限公司开发出特种低黏度 PVA 系列产品的生产技术，可提供聚合度 300~3500，醇解度 80%~100%，黏度 3~110mPa·s 范围内各种规格的颗粒或粉碎状聚乙烯醇系列产品，满足国内各领域的用途。

2. 维纶纤维

"十三五"期间，国内工业化维纶生产工艺路线已从一种发展到三种：一是传统普通湿法技术，我国掌握得最为成熟，还进行了一些改良，除可生产常规短纤和牵切纱外，也可生产水溶温度在 70℃以上的水溶性维纶和强度在 7cN/dtex 以下的各种产业用纤维；二是硼法生产技术，已经具备一定的生产能力，由此制得的高强高模维纶强度可达到 14cN/dtex、模量达到 320cN/dtex 以上；三是 "3S" 生产技术已经具备一定的生产能力，用此技术可以生产水溶温度在 70℃以下的水溶纤维。生产技术的多样化为维纶的发展奠定了坚实的基础。

"十三五"期间，我国维纶行业在新产品开发、新工艺研发、新技术研究等方面取得了一定的成绩和突破：研制成功多牌号的高强高模维纶产品和 ECC 专用聚乙烯醇纤维；重庆川维采用的湿法冻胶纺丝技术生产得到高强高模维纶，其强度更高、均匀稳定性更优；同时研发的 FS-18 悬浮分散剂成功将维纶产品中的不溶物从 3.0%降到 1.0%以内。永安宝华林公司以市场需求为导向，在差异化细分市场保持竞争优势，突破了产业用维纶的核心关键技术，研发出特殊规格混凝土专用高强高模维纶，实现工程化生产，打破了日本长期以来的

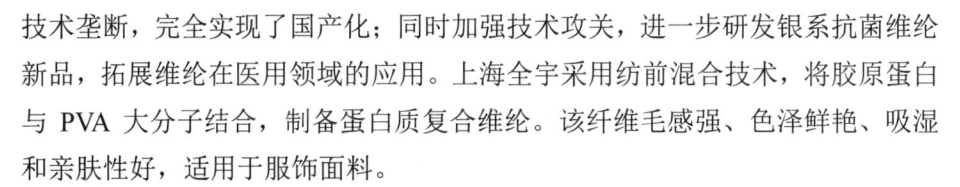

技术垄断，完全实现了国产化；同时加强技术攻关，进一步研发银系抗菌维纶新品，拓展维纶在医用领域的应用。上海全宇采用纺前混合技术，将胶原蛋白与 PVA 大分子结合，制备蛋白质复合维纶。该纤维毛感强、色泽鲜艳、吸湿和亲肤性好，适用于服饰面料。

（三）节能减排效果显著

维纶及聚乙烯醇行业以环境友好为目标、以社会负责为己任，通过加强环保工作考核，合理调控高浓度废水排放，加大环境治理技术革新，加大烟气、VOCs 综合治理，加大中水及各类清洁废水的有效利用，提高固体废物综合利用率，有效推进了环境保护的稳步发展。传统电石乙炔法生产聚乙烯醇的企业对工艺进行技改，通过增加气体吸收塔、乙炔发生及清净废水回收利用装置、配套建设电石渣生产水泥装置，做到电石渣"变废为宝"，废水降至 0.07 吨，吨产品废气排放量降至 7.1×10^{-5} 千克，大幅度降低了单位产品能源消耗和水耗，达到了行业清洁化生产先进水平。

重庆川维将环保设施纳入生产、设备一体化管理，开展环境监测工作，实施了"碧水蓝天"环保专项治理行动以及一般工业固废处置场项目，固废妥善处置率 100%。安徽皖维对照"三废"排放新标准，实施 1000 吨/年工业废弃物综合处置、污水处理厂提标改造项目；蒙维科技实施了电石渣、石灰石、兰炭堆场改造和动力厂锅炉烟气改造等环境整治项目，特别是实施了中水深度处理项目，实现了工业废水的零排放，为行业绿色发展起到了示范作用；广西皖维充分利用新技术，将甘蔗废液"吃干榨尽"，发酵过程中产业的废气用于食品级二氧化碳的制造；废渣生产的黄腐酸钾生物肥，走进千家万户。

二、"十三五"期间行业存在的主要问题

（一）产能依然阶段性过剩，品质仍需提升

"十三五"期间，凭借丰富的能源资源优势，西部地区大力发展聚乙烯醇，目前国内聚乙烯醇产能已接近 130 万吨/年，实际有效产能约为 80 万吨/年，已形成产能相对过剩的局面。我国常规聚乙烯醇品种齐全，改性聚乙烯醇处于起步阶段，高模高强维纶的均匀性及强度与日本可乐丽仍存在一定差距。

（二）优势 PVA 下游产业链产能不足

我国聚乙烯醇消费中，10%用于制造 PVA 纤维，3%用于制造 PVA 膜、PVB 树脂，其他投放市场。由此可见，优势产业 PVB 树脂及胶片、PVA 光学膜、高强高模维纶等高附加值产品产能较小，无法高效发挥优势产业的市场价值，国内聚乙烯醇的消费结构也表明有效的自我消化率较低。

（三）高强高模维纶与水溶性维纶国内应用情况表现平淡

国内维纶主要的两个品种为高强高模维纶和水溶性维纶。我国高强高模维纶产能 7 万吨左右，可替代石棉应用于建材领域，已录入在我国相关部委发布《国家鼓励的有毒有害原料（产品）替代品目录（2012 年版）》中，但因国内尚未禁用石棉，因此市场并未真正打开，产品基本外销。水溶性维纶应用市场不太理想，一方面最大用途的下游水溶性非织造布作为电脑绣花基布的需求呈现萎缩趋势；另一方面是水溶纱因印染行业环保督察影响，也略有萎缩。目前，国内生产维纶的企业较少，产品同质化严重，市场容量小且竞争激烈，发展空间受限，企业长期处于或微利、或保本、或亏损状态。

（四）企业整体研发能力偏弱，创新意识不强

行业整体对科研投入和新产品开发能力普遍偏弱，创新不足。目前只有皖维、重庆川维、内蒙古双欣、永安宝华林设有相关的工程技术研究中心。科研平台利用率不高，产品同质化现象普遍，致使特殊领域用途的高附加值聚乙烯醇产品一直为国外企业控制。仪器设备总体上相对落后，仅满足常规实验和分析的基本需求，新材料检测设备尤为欠缺。

（五）环保趋势迫使行业面临巨大压力

国家对环保日益重视，日趋严厉的环保法对聚乙烯醇及维纶行业来说是严峻的考验，整个行业将面临巨大压力。行业在生产过程中存在能耗高、污染重、工艺及设备落后等局限，面临着整体的升级改造。此外，外部环境对原材料电石、焦化产业发展的制约会愈发明显。企业的安全环保及节能减排的投入会越来越大，成本上升，利润空间越来越小。

（六）高素质科研人才依然短缺

随着行业发展的需要，博士研究生等高学历、高素质人才十分短缺，导致行业科研力量不足。行业整体缺乏研发经验丰富的技术创新人才，缺乏新兴领域的专业人才，科技领军人才更是匮乏。很多企业还普遍存在对法律、金融、管理等各类人才引进不够。此外，人才的引进、培养还受到时间、地域、成本等因素制约。

三、"十四五"行业发展面临的国内外形势及市场需求

（一）国外形势

当前世界经济再次来到十字路口：单边贸易保护主义对全球产业链布局造成严重干扰，经贸摩擦和投资争端加剧，地缘政治因素不确定性持续加大，全球产业格局和金融稳定受到冲击，世界经济运行风险和不确定性显著上升，全球经济增长进入周期性低点。

世界聚乙烯醇生产能力和产量居前四位的国家依次为是中国、日本、美国、朝鲜，纵观世界聚乙烯醇的市场变化，未来其他国家或地区的生产能力将会逐步减少，新增产能主要来自中国。随着传统 PVA 产品市场的竞争日益加剧，近年来，国外老牌聚乙烯醇生产商，如可乐丽、合成化学、杜邦等均已不再新增常规用聚乙烯醇产能，并逐步退出转而发展聚乙烯醇下游新型应用材料。全球聚乙烯醇产能已逐渐向中国转移，中国在全球传统聚乙烯醇产品市场的地位越来越重要。

国内聚乙烯醇产品内在质量与国外产品相比，还存在不小的差距，特别是聚乙烯醇分子量分布、高纯度等问题没有得到有效解决，严重制约了聚乙烯醇应用领域的拓展。今后国内聚乙烯醇产品主要是向膜用高端聚乙烯醇、膜用高端 PVB 树脂、功能性超高模聚乙烯醇纤维、高吸水性聚乙烯醇树脂等科技含量高、附加值高的方向发展，彻底解决高端聚乙烯醇严重依赖进口和低效产能的问题。

（二）国内形势

目前，国内聚乙烯醇产能接近 120 万吨/年，实际有效产能量约为 80 万吨/年，处于弱平衡状态。在消费结构上，近年来随着聚乙烯醇非纤维用途的不断开拓，我国维纶的消费量不断减少，而聚乙烯醇非纤用量的比例却在不断增加。

"十三五"期间，虽然维纶和聚乙烯醇的研发有了很大进步，但是与先进国家的水平还存在着一定差距。国内聚乙烯醇行业整体研发能力偏弱、创新意识不强，各生产企业的科研投入和新产品研发力度不足，产品同质化现象普遍，特殊领域用途的高附加值聚乙烯醇产品一直为国外企业控制。因此，国内聚乙烯醇行业只有加大科研力度，推出适合市场需求的高品质产品，最大限度地挤压国外产品的市场空间，才能推动我国聚乙烯醇行业的发展和壮大。

碳达峰、碳中和已成为世界主题，在此大背景下，内蒙古自治区政府制定

了更为严格的能源双控措施，"十四五"期间原则上已不会再审批新的现代煤化工项目，电石按 1.25∶1 实施减量置换，电石法 PVA 生产路线将受到较大冲击。

从中长期看，随着中国对外开放的不断提高，在中国经济结构调整、产业升级、区域经济结构优化、新型城镇化建设、内需扩大的条件下，中国经济仍将保持稳定的增长。同时，随着高支高密高档纺织品内需与出口增加，医疗用品、高档造纸业发展加快，汽车、建筑用安全玻璃需求快速上升，为聚乙烯醇新产品、新技术、新工艺的研发提供了广阔的发展空间。总体而言，聚乙烯醇行业未来发展趋势是，一方面向高聚合度（高黏度）、低醇解度的高精细化工产品方向发展，其助于高标号胶黏剂、高强高模维纶以及水泥增强剂等领域的发展；另一方面，向低聚合度、低醇解度的特种产品方向发展，主要应用于有特别要求的水溶性胶黏剂与水溶性维纶等领域。而维纶行业未来发展方向则以常规缩醛化纤维、水溶维纶、高强高模维纶、功能性和差别化维纶开发为主。预计"十四五"期间，我国聚乙烯醇和维纶行业有望向有效产能与需求基本平衡的状态倾斜。

四、"十四五"发展指导思想与目标

（一）指导思想

全面贯彻落实党的十九大和党的十九届四中全会精神，深入贯彻习近平总书记系列重要讲话精神，以全面建成小康社会、《中国制造2025》、"互联网+"和"一带一路"等国家战略为指导，推进绿色低碳发展，以增品种、提品质、创品牌为重点，推动维纶行业智能制造、绿色发展。增强企业自主创新能力，推进供给侧结构性改革，加快转型升级，促进"十四五"时期行业高质量可持续发展，做强聚乙烯醇和维纶产业，为我国经济社会发展作出贡献。

（二）总体目标

（1）加快创新驱动，推动技术进步，加大研发力度，提高功能化、差别化水平，拓宽和优化产品的消费结构，满足并引导市场需求。

（2）推动智能制造和绿色发展，加大技术改造，提升装备的自动化水平，实现行业的低能耗和清洁生产，进一步降低成本，提升竞争力。

（3）加快创新体制机制的建设，鼓励企业走出去，培育优势企业，加大新产品的研发力度，推进品牌建设。

（三）发展目标

"十四五"是维纶行业的产品转型期，发展速度和规模将会有所控制，行业发展重点应该集中在结构调整和产业升级上，主要包括产品结构调整、产业链延伸和应用领域的拓展。到"十四五"末期，国内维纶总产能预计将达到17万吨/年，产品结构更加合理，形成8.5万吨/年高强高模（PVA）纤维、8.5万吨/年水溶性纤维和2万吨/年高附加值特殊产业用纤维格局（表5）。聚乙烯醇差别化率明显提高，国际竞争力显著增强，到"十四五"末，聚乙烯醇差别化率由现在的20%，增长到40%左右。

表5 "十三五"国内维纶主要产品发展目标

产品	2020年 产能	2020年 产量	2025年 产能	2025年 产量	2025年/2030年增长 产能	2025年/2030年增长 产量
高强高模纤维（万吨/年）	6.26	4.48	8.5	6.5	35.78%	45.09%
水溶性纤维（万吨/年）	6.55	4.04	8.5	6.3	29.77%	55.94%
合计（万吨/年）	12.81	8.52	17	12.8	32.71%	50.23%

资料来源：中国化学纤维工业协会

五、"十四五"行业发展的重点任务

（一）大力发展聚乙烯醇及其下游新产品，优化产业结构

继续加快淘汰聚乙烯醇行业的落后产能，进一步提高产品质量，降低生产成本。不断加大研发新型牌号产品及下游产品，增强聚乙烯醇分流消化能力，优化产业链结构。实现 PVC 悬浮分散剂、瓷砖黏结用胶粉、建筑适用性高强高模维纶、低温水溶性维纶等产品的质量升级，提高核心竞争力；扩大 PVA 光学膜、膜级和胶片级 PVB 树脂等产品的产业规模，降低成本和能耗，进一步降低进口依赖。

（二）推进维纶的新品开发及扩大应用领域

1. 增强创新能力，培育新的竞争优势，推动产业链合作发展

继续开展维纶科技创新和新产品研发，开发具有超高模、超低温水溶、高强阻燃、抑菌等差别化功能化维纶。加强产业链协同创新，针对不同应用领域开发具有特定性能的维纶品种，如特种造纸用维纶、电池隔膜专用维纶、原液

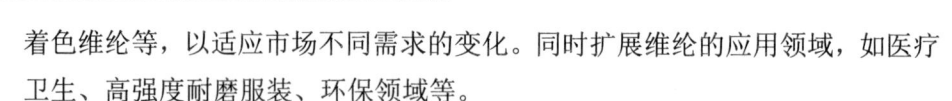

着色维纶等，以适应市场不同需求的变化。同时扩展维纶的应用领域，如医疗卫生、高强度耐磨服装、环保领域等。

2. 推进高强高模维纶向下游建材应用的延伸

随着国家环保政策的不断加强，国内高强高模维纶替代石棉用作水泥制品将成为可能。加大高强高模维纶生产企业与高校、科研机构合作，开展混凝土专用维纶与水泥浆结合的配比、分散性、抗裂性、抗压强度的基础研究，大力推广在码头、水电站大坝、高层建筑转换梁柱、楼板等场景的应用。进一步加强高强高模维纶生产企业与建材企业合作，开发节能环保型新型建筑材料，如轻质墙板、GRC 板、保温板等。

（三）推动技术进步，提高行业整体智能制造水平

运用数字化信息技术，建立维纶生产全流程数字化工程模型，对工艺参数施行在线监测与实时管控，实现产品性能的可设计化。采用智能仓库、视频监控、计量等三大信息系统，提升企业质量管控、成本管控、物流管控等管理水平和效率。

（四）全面提高清洁生产水平，促进可持续发展

牢固树立"绿水青山就是金山银山"的理念，贯彻维纶行业清洁生产标准，促进清洁生产先进技术开发和推广，树立节能环保、循环经济概念。加大环境治理技术革新，加强环保工作考核，合理调控高浓度废水排放，加大中水及各类清洁废水的有效利用，进一步提高固体废物综合利用率。

（五）组建行业创新联合体，加速推进行业技术进步

当今世界正经历百年未有之大变局，我国发展的内部条件和外部环境正在发生深刻复杂的变化，反倾销的失利再一次给我们敲了警钟。集全行业优势资源，组建创新联合体，可以在一些共性技术研究上开展合作，加速缩小与国外企业的差距，如开展 PVA 应用技术研究，拓展 PVA 新的应用领域，抢占高端市场，消化产能过剩的局面；针对能源双控问题，联合开展煤制乙炔、煤制乙烯等新技术研究，进一步提高行业的绿色发展水平。

六、重点项目

（一）PVB 树脂项目

聚乙烯醇缩丁醛（PVB）是在催化剂作用下，聚乙烯醇与正丁醛水溶液进行缩合反应而得到的合成树脂，它具有极其优良的强韧性、可挠性及低温耐冲

击性，并且其颜料分散性、树脂互溶性等性能也十分优异，对玻璃、金属、木材、陶瓷、皮革、纤维等材料有较好的粘接性能，因此得到广泛应用。

PVB树脂目前最主要的用途是在层压安全玻璃制造中作为中间黏合薄膜层，在受到外界强烈冲击时，PVB膜能够吸收冲击能量，不产生破碎片。这种安全玻璃广泛用于汽车、高层建筑、航空、航海等领域。

目前，PVB树脂市场被美国首诺、日本积水化学、美国杜邦和日本可乐丽四家企业垄断了80%。国内PVB树脂生产企业规模普遍偏小，年产量总共才7.2万吨左右，品质一般，多用在建筑领域。除大量进口PVB胶片和废胶片用于安全玻璃生产外，国内每年需进口各种用途的PVB树脂10万吨，且随着国内经济的发展，随着国家对进口洋垃圾打击力度加强，国内对PVB树脂的需求量在不断增加，供需缺口在不断扩大。

（二）聚乙烯醇光学薄膜项目

聚乙烯醇光学薄膜是制造偏光片的主要材料，主要用于电视、计算机、手机、可视化操作界面、3D眼镜等产品的生产。随着国内液晶面板产业的迅速扩张，偏光片的国产化进程加速，作为偏光片主要原材料的聚乙烯醇光学薄膜，特别是大宽幅的聚乙烯醇光学薄膜的需求量将会逐年增大。目前，聚乙烯醇光学膜生产技术基本被日本可乐丽和合成化学两家公司垄断，极大限制了我国液晶显示产业的发展。

为适应国内宽幅偏光片生产线的需求，实现聚乙烯醇光学薄膜产品进口替代，应鼓励聚乙烯醇光学薄膜，尤其是大尺寸液晶显示器（LCD）上大宽幅产品生产线的建立。

（三）EVOH树脂项目

EVOH树脂是目前世界上工业化生产的三大阻隔树脂（PVDC、EVOH、PA）之一。它是一种集乙烯聚合物的加工性和乙烯醇聚合物的隔气性于一体的新型高分子材料，具有高阻隔性能、吸湿性能、热封性能和力学性能。

近年来，国内EVOH市场需求快速增长，极具市场潜力和开发价值。EVOH树脂由于其优异的隔气性能，在包装领域得到了广泛使用，它能明显延长食品的贮藏时间，提高食品的保香性。医用材料方面，它可以用于制造医用选择性渗透膜。在纺织材料方面，由于它对纤维具有优越的黏结性和耐水洗性，适用于纤维织物的热熔黏合和涂层，应用于服装加工制造。日本可乐丽公司通过对

EVOH 进行改性并采用与聚酯一起进行双组分纤维纺丝加工，制得了高柔软、蓬松、吸湿、有光泽、易染的具有天然纤维特性的纤维，又通过加入 0.5%的 SiO_2、Fe_2O_3、CuO 和 Al_2O_3 结晶粒子，制得了远红外 EVOH 纤维，用于保健服装的生产。

（四）开发维纶新技术和新产品

（1）采用更加节能的纺丝和热处理装置，进一步开发维纶新纺丝技术，推广湿法凝胶纺丝关键技术，根据凝胶纺丝需要，采用凝胶化更为完全、均匀的环形喷丝板、喷丝组件及采用立式纺丝装置。进一步研发半熔融纺制备高强高模维纶工艺，该纺丝工艺纤维成型时收缩小、纺速较高、生产过程中基本无三废污染，适于制备较高线密度、断裂强度和初始模量高的维纶。

（2）全面提高现有高强高模维纶纺丝装备和技术水平，使其综合性能达到国际先进水平，强度 14~15cN/dtex、模量 330~380cN/dtex、断裂伸长率 6%~7%，水中分散性好、CV 值小。开发丝束总旦数为 5000~10000dtex 的高强高模 PVA 长丝，用于缠绕法增强全塑复合高压气瓶，实现车载高压天然气瓶及其安全性。

（3）开发功能性维纶，利用 PVA 的乳化和与其他物质的相容性特性，通过共混或共聚纺丝技术制备各种功能的纤维，如无熔滴 PVA 基阻燃纤维、原液着色维纶、远红外发热维纶、负离子维纶和生物反应维纶等。

七、"十四五"行业发展建议

（一）加强产业政策指导，鼓励行业创新发展

提高国家对维纶行业的关注和支持，充分挖潜和利用好国家发展的政策，积极争取国家相关部门的扶持资金、专项资金或吸纳民营资本进入企业参股，有条件的企业可以通过上市募集资金，为企业发展提供资金保障。鼓励企业不断推出适合市场需求的产品，开发出高附加值产品，提高市场竞争力，促进我国维纶行业的发展。

（二）寻求顶层推动力量，大力推进高强高模维纶替代石棉

积极推动相关行业制定高强高模维纶代替石棉生产建筑材料的技术标准，解决我国石棉建材生产过程中，劳动者防癌致癌问题。协调各方面的力量，建议国家有关部门在建筑、水利工程、市政建设等行业在使用石棉问题上立法，规范使用。针对特定领域的特定建材制品，强制要求高强高模维纶替代石棉，

提高工程质量，减少环境污染，提高对人民生命健康的重视。

（三）加强海外投资与合作，构建国际化布局新优势

结合国家的"一带一路"倡议，鼓励企业生产高品质产品，实施走出去战略；加强国际交流合作，深入研究海外市场，积极参与海外市场竞争。同时鼓励企业通过产品出口、技术输出及合资共建项目，构建维纶新竞争优势，释放国内产能。

（四）加强人才和品牌等软实力建设

加强人力资源储备和管理，不断培养与引进专业高素质人才，树立人才强企的战略理念。鼓励企业加强人才队伍建设，加大人力资源培训力度，建立人才激励机制，为行业发展提供人才保障。发挥中国纤维流行趋势发布、中国国际纺织纱线展等平台优势，将企业最新、最前沿、差异化程度高的新产品推荐给下游企业和终端消费者，借助行业品牌活动提升企业品牌。

（五）充分发挥行业协会作用，促进行业协调发展

充分发挥行业协调作用，定期发布信息，让行业内各企业与社会正确了解维纶与聚乙烯醇行业发展实际情况，助力维纶与聚乙烯醇产供平衡。推动行业法规、标准化建设和认证工作，进一步完善维纶与聚乙烯醇标准体系。开展行业企业间协作，积极推动企业内部安全、环保、技术、市场各层次间交流与互访，实现资源共享，创造良好市场发展环境。

（撰稿人：杨涛　张远东）

高性能纤维行业"十四五"发展规划研究

中国化学纤维工业协会高性能纤维专业委员会

高性能纤维是新材料产业的重要组成部分，是我国化纤行业重点发展的关键材料，其发展水平关系到国民经济发展和国家战略安全。本研究报告中的高性能纤维是指具有特殊结构、性能和用途，对外界作用力、化学、高温、辐射等不易产生反应，在恶劣条件下能保持本身性能的化学纤维，可分为高强度高模量纤维、耐高温纤维、抗燃纤维、防切割纤维和耐强腐蚀纤维等，主要包括碳纤维、芳纶、超高分子量聚乙烯纤维、聚苯硫醚纤维、聚四氟乙烯纤维、聚酰亚胺纤维、聚醚醚酮纤维、连续玄武岩纤维、碳化硅纤维等。

一、发展成绩

"十三五"期间，我国高性能纤维行业狠抓关键技术攻关，着力拓展下游应用，在产业规模、技术进步、体系建设等方面取得了明显成就，为我国制造业核心竞争力提升注入新动力，对航空航天、国防军工、风力发电、土木建筑、汽车轻量化、海洋工程等领域高质量发展做出重大贡献。

（一）产业整体规模稳步扩大

2020年，我国高性能纤维总产能约17万吨，产量约8.4万吨，碳纤维、芳纶、超高分子量聚乙烯纤维和连续玄武岩纤维等产量已突破万吨，聚苯硫醚纤维、聚四氟乙烯纤维等产品稳步发展，聚醚醚酮（PEEK）纤维、碳化硅（SiC）纤维、聚对苯撑苯并二噁唑（PBO）纤维、全芳香族聚酯纤维等制备关键技术取得新进展（表1）。目前，我国已成为全球品种覆盖面最广的高性能纤维生产国，高性能纤维产能产量均已居世界前列。

表 1 我国主要高性能纤维产量情况汇总

品种	2015 年	2020 年	年均增长率（%）
碳纤维（吨）	3500	18000	38.8
芳纶（吨）	10000	13100	5.5
超高分子量聚乙烯纤维（吨）	7680	21300	22.6
聚苯硫醚纤维（吨）	5000	7200	7.6
聚酰亚胺纤维（吨）	500	1000	14.9
聚四氟乙烯纤维（吨）	2000	3000	8.4
连续玄武岩纤维（吨）	8000	20000	25.6

资料来源：中国化学纤维工业协会

（二）技术装备水平显著提高

近年来，高性能纤维产业技术不断提升，纤维质量以及系列化、差别化水平有了显著提高。

1. 高性能碳纤维

聚丙烯腈基碳纤维原丝生产工艺体系更加多元化，干喷湿纺和湿法纺丝工艺技术逐渐完善，纺丝速度大幅提高；T1000 级、T1100 级、M55J 级、M60J 级、48K 大丝束碳纤维关键技术实现突破，自主创新开发的基于湿法工艺 T700 级碳纤维产品已应用于航空领域，25K 大丝束碳纤维、T800 级碳纤维实现产业化生产。

2. 有机高性能纤维

对位芳纶突破了千吨级产业化关键技术，高强型、高模型对位芳纶产品实现国产化；超高分子量聚乙烯纤维差别化技术进一步提升，超高强、高模、细旦、耐热、抗蠕变等新产品，以及新一代纤维专用树脂制备技术实现突破；聚酰亚胺纤维形成了高耐热型、耐热易着色型、高强高模型三大系列，并自主研发了聚酰亚胺纤维原液着色技术；聚苯硫醚纤维开发了细旦化产品（1.1 旦），可进一步提高过滤材料的过滤精度；聚四氟乙烯纤维通过形态结构控制，创新纤维制造技术和成套生产设备，提高了纤维滤料的过滤精度和强度。

3. 无机高性能纤维

连续玄武岩纤维规模化池窑、一带多漏板技术取得新进展，形成高强型、高模型、耐碱型三大系列产品；连续碳化硅突破第二代关键技术，在航空发动机、核电 ATF 事故容错材料组件等领域开展复合材料试验。

4. 高性能纤维

聚酰亚胺纤维批次聚合反应釜、纺丝组件、计量泵、卷绕机、热处理装备等均已实现国产化；超高分子量聚乙烯纤维实现成套装备国产化，并逐步优化升级，单线产能达到 300 吨/年；碳纤维突破 2000 吨级整线装备设计制造技术。2015-2020 年"纺织之光"科技进步一等奖项目汇总见表 2。

表 2　2015~2020 年"纺织之光"科技进步一等奖项目汇总

年份	项目名称
2015 年	干法聚酰亚胺纤维制备关键技术及产业化
2016 年	千吨级干喷湿纺高性能碳纤维产业化关键技术及自主装备
2018 年	静电喷射沉积碳纳米管增强碳纤维及其复合材料关键制备技术与应用
2019 年	基于湿法纺丝工艺的高强 PAN 基碳纤维产业化制备技术
2019 年	对位芳香族聚酰胺纤维关键技术开发及规模化生产
2019 年	多轴向经编技术装备及复合材料制备关键技术及产业化
2020 年	百吨级超高强度碳纤维工程化关键技术

资料来源：中国化学纤维工业协会

（三）产品应用能力不断提升

随着国内对高性能纤维认识理解的不断深入，国产高性能纤维质量不断提高，应用水平也持续提升。一是产品应用领域逐步拓展。目前高性能纤维已广泛应用于航空航天、国防军工、风力发电、土木建筑、汽车工业、轨道交通、海洋工程、光缆通信、安全防护、环境保护、体育休闲等领域，并已形成特定领域的稳定应用。二是产品应用规模逐步扩大。2020 年总消费量约 13.5 万吨，其中碳纤维用量约为 48800 吨，芳纶用量约为 25600 吨，超高分子量聚乙烯纤维用量约为 21700 吨，均较 2015 年实现较大增长。

（四）创新平台作用持续发挥

目前全行业已初步形成涵盖基础研究、关键技术研发和应用示范的科技创新平台体系。现有国家碳纤维工程技术研究中心、碳纤维制备及工程化国家工程实验室、国家芳纶工程技术研究中心等平台，以及北京化工大学、中科院山西煤化所、中科院宁波材料所、山东大学、东华大学等科研院所和高校，进一步深化产学研合作，积极开展"卡脖子"核心技术攻关，增加技术创新有效供给，在高性能纤维的基础理论研究、关键技术研发和应用示范推广取得显著成果，对高性纤维质量提升、高端产品研发、技术升级发挥了重要作用。此外，国家先进功能纤维制造业创新中心的成立将进一步推动行业科技成果转化，促进我国高性能纤维产业升级和可持续发展。

（五）产业政策环境日益完善

为加快突破高性能纤维行业技术瓶颈、缓解国外进口依赖、促进产业高质量发展，国家出台了一系列支持产业发展的政策，为高性能纤维行业发展营造了良好环境。《"十三五"国家科技创新规划》《"十三五"国家战略性新兴产业发展规划》《新材料产业发展指南》《工业强基工程实施指南（2016—2020年）》《"十三五"材料领域科技创新专项规划》等产业政策，进一步明确了关键新材料产业发展的目标和任务，并细化到具体材料、产品、技术指标等，为高性能纤维材料持续发展奠定了基础。高性能纤维的科技攻关、产业化及重点领域应用示范也被列入增强制造业核心竞争力、技术改造、工业强基、国家重点研发计划等，国防科工局和军委装备发展部也对国防军工用高性能纤维给予专项资金支持，为高性能纤维行业提升基础研究能力，提高产业化发展水平，推动高性能纤维应用示范发挥了重要作用。

二、行业存在的问题

"十三五"期间，我国高性能纤维产业虽然取得明显进步，基本解决了军民用高性能纤维有无问题，但与国外发达国家相比，在质量一致性和稳定性、标准检测、应用设计与拓展、产业规模效益等方面还存在差距，究其原因主要是基础理论研究、技术人才队伍、产业配套能力、技术专利布局等方面仍有不足。

（一）基础理论研究仍有待提高

目前我国几乎所有高性能纤维均实现了国产化与产业布局，但支撑纤维性能向更高发展的一系列基础理论研究，包括聚合物分子量及其分布有效控制、液晶行为与纺丝工艺的关联性、高速纺丝动力学以及热处理过程中结构演变规律等仍需深入和系统性研究，以进一步提高纤维均匀性与质量稳定性，满足下游使用要求。

（二）产业规模层次仍有待优化

总体来讲，我国高性能纤维行业产能利用率依然偏低，产业布局合理性仍需进一步优化。碳纤维、芳纶重点企业已在能源成本较低的西部投资建厂，个别高性能纤维品种仍出现低水平产能一哄而上的局面，且水平参差不齐，不利于我国高性能纤维行业产业体系良性发展，影响行业整体水平提升。此外，国内企业对品牌培育认知不足、推广手段匮乏，特别是对下游用户服务能力较弱，参与国际标准化程度不高，同类产品国内外价格差未能有效改善，制约产品档次和附加值提升。

（三）技术人才结构仍有待完善

近年来，我国高性能纤维及其复合材料领域相关企业、高校、科研院所培养了一批优秀专业人才，但行业人才队伍规模有限，且掌握关键技术的人才依然严重匮乏。同时人才分布不均，特别是大量复合材料设计和工艺技术人才主要集中在航天航空领域，工业应用领域的设计和工艺技术人员严重缺乏，直接影响了高性能纤维复合材料在工业领域的推广应用，难以支撑我国高性能纤维及其复合材料行业的整体发展。

（四）产业配套能力亟待加强

一是支撑高性能纤维开发的高品质关键原辅材料依赖进口，包括超高分子量聚乙烯纤维、聚苯硫醚纤维用高品质树脂；碳纤维用油剂、上浆剂、树脂等；二是关键装备尚不能满足使用需求，碳纤维用宽幅预氧化炉、高低温碳化炉、高速卷绕机等，对位芳纶用聚合主反应器、高精度计量泵等，国产设备运行稳定性和精确性不足，制约产品质量提升；三是在标准化、检测评价方面缺少技术支撑和专业化管理机构，下游使用规范、法规认证、数据库与标准等也未完全建立，制造与应用技术衔接不紧密，大多数应用行业缺乏高性能纤维及其复合材料设计—评价—验证能力。

（五）技术专利布局亟待发力

整体上看，国外企业围绕高性能纤维在国内专利布局中，无论是数量，还是覆盖面依然占据较大优势，特别是在碳纤维、芳纶等主要高性能纤维已经形成遍布上中下游的稳定专利技术链，对国内高性能纤维企业自主创新形成壁垒，延缓我国高性能纤维技术创新步伐，影响我国高性能纤维行业国际竞争力。

三、"十四五"发展面临的形势

"十四五"时期是我国由全面建设小康社会向基本实现社会主义现代化迈进的关键时期，是"两个一百年"奋斗目标的历史交汇期，也是全面开启社会主义现代化强国建设新征程的重要机遇期。对于高性能纤维行业而言，经过多年发展积累，"十四五"是行业发展的重要机遇期，但也面临着国内外诸多严峻挑战，准确判断形势，把握机遇，应对困难。

（一）国内形势

1. 国家政策形势

近年来，国家高度重视高性能纤维所属的新材料产业的发展，将其列入重点战略性新兴产业和《中国制造 2025》十大重点领域，并制定出台了一系列产业政策大力推动新材料产业的发展，产业战略地位持续提升。2016 年国家成立新材料产业发展领导小组，彰显国家大力发展新材料产业的决心。

当前国家新材料产业政策已形成以《中国制造 2025》为总体纲领，以《新材料产业发展指南》为发展指南，以国务院各部门制定的新材料相关领域的专项规划、发展指南、行动计划等为具体实施纲要的产业政策结构，为高性能纤维行业指明发展方向、确定发展目标、明确发展任务。同时，这些政策的制定出台也为高性能纤维行业提供了财政、税收和人才等多方面支持，为企业创造了良好的经营环境，有力地促进了高性能纤维行业发展。可以预见的是，"十四五"期间国家有关部门仍将围绕新材料发展，聚焦国家重大战略亟须和产业发展瓶颈，制定出台相关产业政策，提升关键战略材料的保障能力和国际竞争力。

2. 产业整体形势

当前，我国已经从重工业为主导的工业化中期阶段迈入以创新驱动为主导的工业化后期阶段，但短板、"卡脖子"领域依旧较多。面对实现制造强国目标的艰巨任务，"十四五"是推动制造业高质量发展的关键期，一是工业智能化发展，人工智能将对传统制造产业链、价值链带来革命性影响。二是产业绿色化发展，坚持"绿水青山就是金山银山"的发展理念，把生态环境保护放在最重要位置，更加重视节能减排，加快构建绿色制造体系。三是消费结构多样化发展，"十四五"时期将是中国经济由中等收入阶段迈向高收入阶段的关键时期，新技术、新产业、新业态将不断涌现，消费结构不断升级，个性化、多样化、体验式消费特征快速呈现。

（二）国际形势

1. 国际产业形势

美国仍在推进"再工业化"战略，在国内采取减税、加强基础设施建设等措施改善制造业营商环境，推动汽车、电子信息等制造业回流，促进实体经济复苏。低收入国家凭借成本优势，加速吸引劳动密集型产业转移，以人工智能（AI）、生物技术、新材料技术等为代表的新一轮科技革命和产业变革快速发展，发展中国家一直以来依靠的廉价劳动力不再构成其参与全球分工的核心竞争优势。

随着全球产业分工格局孕育新变化，特别是新一轮科技革命和产业变革兴起，为我国发挥市场、劳动力等优势，加快新兴产业发展提供了重大机遇，同时也带来严峻挑战，一方面面临高端领域和中低端领域的双重压力，另一方面面临成本快速上升、金融去杠杆、环保约束强化、快速老龄化、"脱实向虚"等方面的压力。

2. 国际贸易形势

全球投资贸易规则正在发生深刻变化，一是美国政府奉行单边主义，期望通过"一对一"的施压和谈判达成有利于美国的系列经贸协定。在美国的影响下，国际金融危机爆发后就已出现的区域贸易协定缔结浪潮或呈愈演愈烈之势，已对WTO为核心的多边贸易体制造成巨大冲击。二是美国更多采取基于国内法的301调查、232调查等，对进口商品增加关税壁垒，同时对高新技术出口施加更多管制，导致国际贸易自由化水平出现倒退，这些举措都将给包括我国在内的发展中国家带来巨大压力。

四、国际高性能纤维行业发展现状及趋势

随着美国、日本、欧洲等国家及地区实施"再工业化"战略，以及新一轮军备竞赛和高技术领域竞争的日益加剧，各国均加大了对高性能纤维研发力度，更加关注与下游终端需求的合作，力图凭借科技、品牌和渠道等持续保持竞争优势。详细了解国际高性能纤维行业现状，分析其发展重点、方向等，可

为我国高性能纤维行业发展提供重要参考。

（一）国际主要高性能纤维的产能情况和需求预测

近几年，国外主要高性能纤维企业进一步调整优化产能布局，并结合市场情况，对下游需求进行预测分析，以获得更有效的业务决策。

1. 国外主要公司产能现状

国外高性能纤维生产依然主要集中在美日两国，根据相关资料显示，当前国外主要高性能纤维企业产能情况见表3。

表3 国外主要高性能纤维产能情况

品种	生产企业	产能（吨/年）
聚丙烯腈基碳纤维	东丽（日本）	49100
	东邦 Tenax（日本）	32600
	三菱丽阳（日本）	13000
	Hexcel（美国）	10000
	Cytec 工程材料（美国）	4000
	AKSA（土耳其）	3500
	信诚工业（印度）	500
	HCC（俄罗斯）	2000
	SGL 集团（德国）	14000
对位芳纶（芳纶1414）	杜邦（美国）	29000
	帝人（日本）	29700
	可隆（韩国）	5600
	晓星（韩国）	2200
间位芳纶（芳纶1313）	杜邦（美国）	18000
	帝人（日本）	4700
超高分子量聚乙烯纤维	帝斯曼（荷兰）	9000
	东洋纺（日本）	3200
	霍尼韦尔（美国）	3000
连续玄武岩纤维	KamennyVek（俄罗斯）	5000
	Technobasalt Invest（乌克兰）	2500
	Vulran（俄罗斯）	2500
	Asamer CBS（乌克兰）	500

数据来源：中国化学纤维工业协会

2. 主要高性能纤维需求预测

（1）碳纤维。近年来，全球聚丙烯腈基碳纤维市场需求基本以10%~12%的增长率发展，2020年达到10.7万吨左右，其中标准模量小丝束碳纤维4.4万吨，占40.9%；标准模量大丝束4.8万吨，占45.2%；中模量1.4万吨，占13.3%；高模量700吨，占0.6%，预计到2024年全世界总体需求有望达到21.92万吨，尽管增速有所放缓，但复合增长率仍高达11.38%。其中增速最快的为工业领域，未来十年复合增长率将达到14.52%，而最近5年的复合增长率更是高达17.55%。

（2）芳纶。全球芳纶市场需求自2019~2025年将以6.6%的年增长率发展，到2025年将达到45亿美元。据有关专业机构统计，2018年全球芳纶的产量近10万吨，其中最大用途为安全与防护制品，占30.7%，约为2.97万吨。在2019~2025年将以7%的年消费量增长，到2025年将达到4.76万吨，其次是光缆补强，自2019~2025年将以8.3%的年增长率发展。

（3）超高分子量聚乙烯纤维。2019年全球超高分子量聚乙烯纤维需求量约为8万吨，处于供不应求的状态，且随着军用、民用中各类高强轻质缆绳等领域的不断开发，未来5年需求量有望保持15%左右增速增长，预计至2025年达到20万吨左右。我国超高分子量聚乙烯纤维在军工和海洋工程领域的需求量巨大且逐年增加，应用主要集中在防弹衣和缆绳材料、防切割手套等，目前需求量约为2.5万吨，预计市场需求将以每年约20%的速度增长，到2025年国内超高分子量聚乙烯纤维需求量将超过7万吨。

（二）国际主要高性能纤维发展趋势

为应对来自新兴国家的挑战，国外主要高性能纤维企业大力研发新产品，开发新技术，不断巩固自身优势和市场份额。

1. 碳纤维

（1）碳纤维产能不断扩大，日美仍处于垄断地位。2020年全球碳纤维产能已达17.2万吨，收购Zoltek公司的日本东丽公司理论产能占全球产能的30%以上，东邦公司占23%、三菱丽阳公司占14%；美国赫氏公司占12%、氰特工业公司占8%；中国台塑和德国SGL公司占3%~5%。日本3家企业的碳纤维占全球70%~80%的市场份额，处于垄断地位。

（2）碳纤维制备技术向高性能化和低成本化双向发展。国外碳纤维针对应用需求的特种化或高性能化技术以及大规模工业级低成本技术成为热点。碳纤维的结构性能调控与升级、适宜品种的产能提升、大丝束碳纤维的推广应用等是国际碳纤维未来发展的主要趋势，也是各国碳纤维产业的主要发展战略。

（3）碳纤维制备前沿技术研发继续深入。在碳纤维工艺前沿技术研发方面，一方面是对传统的工艺路线进行升级，以实现高性能和低成本化的目的；另一方面，主要是探索新的技术途径，寻求革命性的技术突破。

2. 对位芳纶

美国杜邦公司加大投资，研究提高对位芳纶性能和纺丝工艺自动化水平，力争继续巩固自身优势和应对挑战；日本帝人公司重点扩大现有生产规模，消除生产工艺瓶颈，并将市场瞄准轮胎帘子线和光缆增强领域。

3. 间位芳纶

日本帝人公司开发出新型间位芳纶阻燃织物，具有优良的柔软性和吸湿率，同时具有更好的穿着舒适性，可与棉、再生纤维素纤维混纺，进一步提高舒适性、防护性和耐久性，可作为防护服应用于亚太地区的石油和天然气等产业。

4. 超高分子量聚乙烯纤维

荷兰 DSM 根据防护领域需求的增长，于 2018 年在荷兰和美国北卡罗来纳州的纤维和 UD 布的产能各提高 20%以上，并于 2019 年下半年正式投产。现产品有纤维、UD 布等，应用于医疗缝合线、渔业和水产养殖网、缆绳、吊索、耐切割手套和衣料、高功能材料、车辆和人体防冲击材料等。

5. 聚酰亚胺纤维

赢创工业集团推出了旗下知名 P84® 系列产品的全新规格 Premium 除尘滤袋的核心是滤料，滤料纤维的比表面积直接影响除尘效率及粉尘排放浓度。P84® 作为拥有三叶形横截面的聚酰亚胺纤维，其常规 2.2dtex 规格的产品已广泛应用于水泥厂窑尾除尘，并在燃煤电厂、钢铁厂和垃圾焚烧厂等推广应用。P84® Premium 是专门开发的一款除尘效率更高的超细纤维，纤维线密度为 1.3dtex，比表面积高达约 435m^2/kg，比常规 2.2dtex 的产品又提高了近 12%。

五、"十四五"指导思想、基本原则和发展目标

（一）指导思想

以习近平新时代中国特色社会主义思想为指引，全面贯彻党的十九大和十

九届二中、三中、四中、五中全会精神，按照"五位一体"总体布局和"四个全面"战略布局，牢固树立新发展理念，深入实施创新驱动发展战略，以创新为第一动力、人才为第一资源，以提高制造业核心竞争力和大力发展战略新兴产业为目标，坚持科技创新和协同发展，不断完善高性能纤维行业科技创新平台体系，全面提升行业自主创新能力和技术成熟度，进一步稳质量、降成本、拓应用，丰富产品结构，提升产品品质，强化个性化定制和服务能力，实现向产业链中高端迈进，为建设制造业强国，全面建成小康社会奠定更加坚实的基础。

（二）基本原则

1. 坚持创新驱动

加强基础理论研究，解决高性能纤维制备过程中的关键科学问题，为推动高性能纤维向更高性能化发展提供理论支撑；加大技术创新力度，突破关键技术和生产装备等发展瓶颈，提高产业整体技术成熟度，提升产业结构层次；引导重点企业开展智能制造，构建行业大数据，发展定制生产，提高售后服务，推动行业转型升级。

2. 坚持市场导向

加强国内应用细分市场容量和需求的分析、预测，进一步优化产业布局，合理控制新增低水平产能；坚持以满足国民经济需求导向，把提高高性能纤维供给体系的质量效益作为主攻方向，推进结构调整，不断提升产品质量，丰富产品结构，增强产品应用解决方案和多方位应用服务能力，满足个性化需求，实现差异化、专业化发展。

3. 坚持协同发展

进一步发挥龙头企业示范引领作用，带动产业链集聚延伸，推动协同配套企业应用新技术，以高标准硬核生产能力和优质服务水平，提高产业链整体水平，促进产业向高端化发展。坚持"技术—装备—应用"三位一体发展，促进研发、生产、应用、装备、检测、标准、原辅料等产业链上下游协同发展，防范产业链风险。

4. 坚持开放融合

鼓励、引导国内高性能纤维企业围绕产品、市场、管理对标国际先进企业，引进消化吸收国外先进生产技术、关键装备和管理经验，制定符合自身实际的

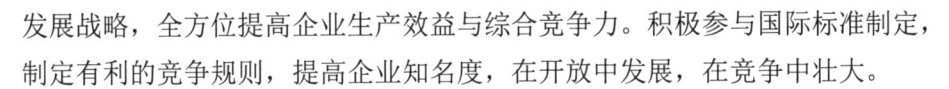

发展战略，全方位提高企业生产效益与综合竞争力。积极参与国际标准制定，制定有利的竞争规则，提高企业知名度，在开放中发展，在竞争中壮大。

（三）发展目标

1. 总体目标

到 2025 年，国产高性能纤维研发制造达到国际先进水平。建立以企业为核心的创新体系，根据高性能纤维制备的技术特点，合理布局区域发展和产业链发展模式，实现高性能纤维及其复合材料工艺技术多元化、品种系列化、产能规模化、关键装备自主可控，全面提升产业链安全。突破国产高性能纤维的高性能、低成本、稳定化批量制备技术和服役性能，形成具有"设计—制造—评价—考核验证"完整核心竞争力的产业集群和研发平台，大幅提升高性能纤维及其复合材料市场应用规模和水平，实现高性能纤维及其复合材料在国防领域的自主保障，满足国民经济重大领域的应用需求。

2. 具体目标

（1）产业规模合理扩大。到 2025 年，建立完整的高性能纤维及复合材料产业链，成为全球高性能纤维主要生产国和技术先进国，在大飞机制造、航天工程、国防军工等高端领域用量大幅增加，满足能源工业、建筑工程、高速交通、海洋工程等国民经济重点领域应用需求。

（2）转型升级成效明显。高性能纤维产品质量以及系列化、差别化水平进一步提高；主要高性能纤维产能利用率突破 60%，高性能纤维自给率达到 60%以上，技术成熟度明显提高，能够保障国防军工需求，满足下游应用要求；产业集中度进一步提高，上下游协同和配套能力进一步增强；重点骨干企业信息化、智能化水平明显提高，国内外市场份额进一步提升，行业营业收入大幅增加。

（3）创新能力不断提高。以企业为主体的技术创新体系进一步得到完善，科技资源更加有效集成，全行业研发投入强度持续提高；涉及高性能纤维的基础研究和应用基础研究切实加强，在航天航空、国防军工、安全防护、新能源、海洋工程、轨道交通等重点领域实现重大应用突破；产学研用上下游协同创新逐渐稳定，科技成果转化加速，形成若干高性能纤维与下游产业链示范工程；知识产权创造、保护、运用进一步强化。人才队伍布局合理、作用凸显，纤维研发、生产、应用等环节的人才均衡分布和能力水平同步提高。

（4）技术水平大幅提升。高性能纤维制备及应用技术达到世界同步发展水平。突破大规模高效低成本产业化核心技术，实现制备技术从跟踪创新到原始创新；国产化装备的设计制造和改造升级能力显著提升，实现关键装备的自主可控；高性能纤维相关检测、标准、认证体系进一步完善，产业链上下游之间的标准逐步协调配套，检测标准和手段更加健全，产品质量保障水平和行业公共服务能力明显增强。

六、主要任务

在新一轮科技革命和产业变革进入深度拓展期的背景下，围绕高性能纤维行业发展目标，制定发展主要任务，构建发展新格局，切实提升高性能纤维关键核心技术创新能力，加强产业链协同发展、增强国际市场竞争力，为纺织强国、制造强国发展提供有力支撑。

（一）发挥科研院所作用，夯实理论基础

1. 加强基础理论研究

进一步支持国内科研院所、高校加强对高性能纤维的高分子结构设计与合成、结构表征、加工流变、凝聚态结构调控以及构效关系等基础研究，夯实理论基础，为提高产品稳定性，提升产品性能提供理论支撑；引导行业内生产和应用企业结合实践开展理论研究，深化对高性能纤维构效认知，进一步优化生产、拓展应用。加快发展高性能纤维及其复合材料前沿技术，加强先进技术布局。

2. 完善行业创新体系

一是进一步发挥各类高性能纤维重点实验室、工程（技术）研究中心、检验检测中心等专业机构作用，持续提供技术支撑和培育高质量技术人才。二是推动建设国家级高性能纤维创新中心，打造高性能纤维行业多层次、网络化制造业创新体系。三是推动企业与高等院校、科研机构等基础研究机构合作，共建各类研究开发机构和联合实验室，加强企业实验室与高校、科研院所实验室紧密衔接和实质性合作，促进基础研究、应用基础研究与产业化对接融通，提高企业研发能力。四是围绕重点领域重大需求、重大专项，开展产学研联合攻关，发挥行业协会专业服务作用、骨干企业主导作用、科研院所技术支撑作用，形成联合开发、优势互补、成果共享、风险共担的产学研协同创新机制。五是推动现有创新平台、公共服务平台，在技术研发、检验检测、产品认证推广、

人才培训等方面,持续提供专业化服务,促进科技成果转化和推广应用。六是推动建设行业大数据库平台,提供信息、数据等共享服务。

3. 建设多层人才队伍

一是发挥中国化学纤维工业协会恒逸基金、绿宇基金的作用,大力培育一批高性能纤维行业核心领军人才、研究骨干人才、工程人才和技能人才,打造多层次人才队伍。二是促进行业高等院校、科研院所、创新平台等加强人才合作,增强高分子材料、复合材料、纺织机械、电气工程等学科的交叉融合,系统规划跨学科人才、复合型人才的培育。三是丰富全国纺织复合人才培养工程高级培训班课程,大力培养专业技术人才,提高产业技术队伍整体素质,完善面向高性能纤维领域的人才服务体系。

(二)突破核心技术装备,支撑行业发展

根据高性能纤维重点产品所处发展阶段,有针对性地采取相关措施,提高产业技术成熟度,扩大下游应用,推动行业高质量发展。

1. 高性能碳纤维及应用

提升优化分子结构调控、丙烯腈聚合反应、聚丙烯腈纺丝、预氧化碳化、石墨化表面处理等关键技术,提升48K以上大丝束碳纤维制备技术,提高产品质量,实现碳纤维大规模高效低成本化生产;提高已实现工程化、产业化的高强、高强中模、高模、高模高强型碳纤维技术成熟度,特别是质量稳定性和应用适用性,满足下游应用需求;攻克高强高模高延伸碳纤维以及T1100级、M65J级等更高性能高强高模等品种的制备技术,完善碳纤维行业技术产品体系;开发相匹配的纺丝油剂、碳纤维上浆剂和纤维评价表征技术,提升产品适用性,扩大在国防、风电、轨道交通、土木工程等领域的规模化应用;提高高精度计量泵、精细收丝机、高效节能高温碳化炉、大口宽石墨化炉等关键装备设计、制备技术水平,保证关键装备自主可控;加强三维编织、自动铺放成型和自动模压成型等复合材料高效工艺技术,以及碳纤维复合材料修补及回收再利用技术研发力度。

专栏 1　高性能碳纤维及复合材料产业化关键技术

大容量稳定高效聚合、高速纺丝、均质氧化、高效预氧化碳化、石墨化处理等关键技术；
48K 以上大丝束碳纤维生产技术；
国产碳纤维相匹配的高品质纺丝油剂和上浆剂制备技术；
高强高模高延伸碳纤维、M65J、高导热中间相沥青基碳纤维制备技术；
高精度计量泵、精细收丝机、高效节能高温碳化炉、大口宽石墨化炉等关键装备；
三维编织、自动铺放成型和自动模压成型等高效工艺技术；
碳纤维复合材料回收、修补技术，再生碳纤维表面改性技术、复合材料制品开发技术；
碳纤维本征性能、应用工艺性、微成分微结构等评价表征技术。

2. 有机高性能纤维及应用

重点攻克芳纶聚合物分子量有效控制、原液高效脱泡、高速稳定纺丝、高效溶剂回收等技术，提升纤维性能，降低生产成本，实现产品系列化；开发超高分子量聚乙烯纤维高效溶解、抗蠕变专用树脂，重点研发耐热抗蠕变、超高强度和模量及高耐切割性能的超高分子量聚乙烯纤维的关键制备技术和专用设备，加强细旦、高耐磨、抑菌防臭等差别化产品研发力度；提升聚苯硫醚纤维连续化高效生产技术，研发细旦、异形截面、高卷曲等差异化纤维，提高聚苯硫醚改性技术水平，优化复合纺丝技术；重点优化聚酰亚胺纤维高效生产技术，提高生产效率，降低生产成本；加强聚四氟乙烯纤维高强耐用混纺混织滤料、表层过滤除尘滤料、高效吸附滤料和高效脱除滤料的研制与应用；攻克全芳族聚酯纤维、聚对苯撑苯并二噁唑纤维等高性能纤维所需单体合成与提纯、高速稳定纺丝等关键技术，提高产品质量，提升纤维性能。

专栏 2　有机高性能纤维制备及产业化关键技术

1.芳纶：对位芳纶原料高效溶解、纺丝稳定控制、高温热处理、溶剂回收等关键技术；更高性能的高强型、高模型产品产业化技术；大容量连续聚合装备、高速纺丝组件、高稳定性高速牵引装置设计制造技术。间位芳纶溶剂体系、纺丝原液高效脱泡、高速稳定纺丝、提高机械性能及断裂伸长率，降低不匀率等关键技术。

2.超高分子量聚乙烯纤维：开发高效溶解专用树脂原料、抗蠕变专用树脂原料等新一代高品质超高分子量聚乙烯纤维专用树脂，提高原料品质；开发环保溶剂、无固废产生溶剂回收技术，以及绿色环保的低成本生产关键技术和装备，大幅降低生产成本，拓宽产品在民用和海洋产业的应用。开发适用于耐热抗蠕变、超高强度和模量及高耐切割性能的超高分子量聚乙烯纤维的关键制备技术和专用设备。研发超高强度（强度≥40cN/dtex）、超高模量（模量≥1600cN/dtex）、高耐磨、抑菌防臭等超高分子量聚乙烯纤维产品，拓展超高分子量聚乙烯纤维在深井采油、海洋养殖、防护服装、风机叶片、交通运输等领域的示范应用。

3.聚苯硫醚纤维：纤维级树脂提纯技术；连续性投料、前纺后纺连续化生产技术；细旦纤维（<1.0dtex）、异形截面纤维、高卷曲纤维等差异化纤维制备技术，研发聚苯硫醚改性技术，优化复合纺丝技术，提高耐氧化性和可纺性等性能，实现产品的差别化和功能化，扩大应用领域与水平。

4.聚酰亚胺纤维：突破连续聚合—纺丝加工技术，优化生产流程，提高生产效率；构建聚酰亚胺纤维的特种整经、纺纱与编织关键技术体系，形成聚酰亚胺高端过滤装备、特种防护织物及服装（作战服、消防服、防辐射服等）、轻质蜂窝结构、特种电缆包覆、蒙皮材料、结构复合材料及其他应用示范；优化高强高模聚酰亚胺长丝产业化技术、多色系聚酰亚胺纤维原液染色技术，形成系列化产品结构，满足特种防护、阻燃隔热和结构复合材料等领域应用。

5.聚四氟乙烯纤维：优化膜裂和拉伸热定型工艺，提高产品质量；突破高性能聚四氟乙烯纤维选择透过膜及纤维产业化技术；加强高强耐用混纺混织滤料、表层过滤除尘滤料、高效吸附滤料和高效脱除滤料的研制与应用。

6.全芳香族聚芳酯纤维：纤维级树脂制备技术及装备、多位多头纺丝工艺及装备、纺丝专用油剂、热处理工艺及装备。

7.聚对苯撑苯并二噁唑（PBO）纤维：聚合用高品质单体制备技术；连续聚合、多工位纺丝、高黏物料脱泡等关键技术，超细、超高模量等特殊型号PBO纤维制备技术。

3. 无机高性能纤维及应用

进一步加强连续玄武岩纤维多孔拉丝漏板、规模化池窑、工艺自动化控制、新型浸润剂、纤维表面改性等技术研发，降低生产成本，研发耐高温、耐碱及高强高模等差别化玄武岩纤维，加强下游制品研发和产业化生产。突破第二代连续碳化硅纤维生产工艺，提高纤维的耐高温、抗氧化、耐腐蚀、防老化和力学性能，扩大在航天、导弹、兵器等高技术领域的应用，研发第三代连续碳化硅纤维制备技术。突破氧化铝、硅硼氮、氧化锆等纤维制备关键技术，满足国防工业领域需求。

专栏3　无机高性能纤维制备及产业化应用关键技术

1.连续玄武岩纤维：规模化池窑技术（5000吨以上），多孔（1200孔以上）拉丝漏板技术及漏板高温变形的控制技术；生产数据自动采集及智能化控制技术；耐高温、耐高碱及高强高模玄武岩纤维熔体掺杂改性技术；增强耐高温树脂基复合材料和热塑性树脂基复合材料浸润剂制备技术。采用上位监控软件加PLC，并配以智能仪表，组成完整的上位机监控系统，构成从投料到拉丝的全过程统一控制与管理。

2.碳化硅纤维：前驱体制备与纤维成型技术、高效不熔化与烧成技术。

3.其他：氧化铝、硅硼氮、氧化锆等纤维制备关键技术。

（三）开展技术成熟度评价，提高创新能力

1. 明确高性能纤维行业技术发展路线

以碳纤维行业为切入点，针对重点产品对重点企业开展技术成熟度评价，梳理关键技术，明确技术成熟度等级，形成评价实施指南，结合国内外碳纤维行业发展实际情况，找准技术差距，明确重点研究方向，厘清技术发展思路，确定优先技术需求和技术发展路线，支撑我国碳纤维行业科技发展。同时总结经验，逐步向其他高性能纤维推广应用。

2. 推进高性能纤维行业关键技术攻关

基于技术成熟度评价结果，开展关键技术梳理及难度评估，形成行业技术攻关计划，并推动列入有关部委重点研发计划，化纤行业发展规划、指南等，实现对关键技术的有效监控和有序推进。以碳纤维行业为代表，联合航天航空、汽车工业、土木建筑、风电叶片等碳纤维重点应用领域相关企业及机构，结合团体标准相关内容和评价工作实践，制定该领域用碳纤维应用相关标准，共同推动国产碳纤维规模化应用。

3. 运用现代信息技术优化生产要素

积极推动移动互联网、云计算、大数据、物联网等现代信息技术与高性能纤维生产经营相结合，建设高性能纤维智能化工厂（车间），实现产品、设备、工艺、生产、管理等生产要素智能化，建立和整合以数据为导向的生产流程信息系统，实现高性能纤维智能制造新模式的应用，提升产品质量稳定性及生产效率，降低原料损耗、生产能耗以及运行成本。

（四）创新产业合作模式，增强配套能力

1. 进一步提高产业集中度

一是支持鼓励具有较强创新实力、规模优势的骨干企业加快发展，通过开展兼并重组，培育产业集聚区，优化资源配置，明显提高产业集中度，推动行业向更高阶段迈进。二是继续发挥高性能纤维行业龙头企业带动效应，拓展自身产业链，吸引更多相关企业集聚，构建从原材料、高性能纤维、中间体材料至复合材料的全产业链，打造高性能纤维产业链竞争优势。

2. 推动产业链协同发展

一是推动高性能纤维行业上下游企业间的加强合作，积极拓宽高性能纤维在风力发电、新能源汽车、建筑补强、输电电缆、安全防护等领域的应用，推进高性能纤维研发制备与应用需求相结合，建立若干高性能纤维应用示范工程，搭建高性能纤维与下游应用领域的设计制造技术体系和产业链体系，形成从纤维及其复合材料到零部件再到最终产品的标准及检测体系。二是加大单体、油剂、上浆剂、树脂、浸润剂、模具等研发力度，保障自主供给，防范供应链风险，同时全面提高高性能纤维及复合材料的制造水平。三是加强与国内外关键装备制造企业合作，结合各自生产工艺，参与装备设计方案制定和引进装备二次优化提升，进一步提升设备与工艺的匹配性，提高国产装备和核心部件稳定性、可靠性及精细化、自动化程度。

（五）完善行业标准体系，拓展下游应用

一是围绕碳纤维、芳纶、超高分子量聚乙烯纤维、聚酰亚胺纤维、玄武岩纤维等高性能纤维，不断完善相关标准、检测、认证体系，并有重点地针对航天航空、汽车工业、土木工程、风电叶片等应用领域，促进产业链上下游之间的标准协调配套，完善检测标准和手段，提升标准整体水平，推动高性能纤维规模化应用。二是持续推动高性能纤维团体标准制修订，发挥团体标准独特作用，增加标准的有效供给，满足市场多样化需要。

此外，相关企业还应加强涤纶、锦纶等常规纤维高性能化、高功能化技术研发，提高纤维性能，拓展应用领域。

七、重大工程

落实行业发展主要任务，发挥政府、科研院所、企业和协会共同力量，加强产学研用合作，在纤维新产品开发、设计加工应用、创新平台建设等领域部

署实施一批重大工程，实现高性能纤维核心技术和重大装备自主可控，有效提升产业技术成熟度和应用水平，推动行业高质量发展。

（一）高性能纤维基础理论研究重大工程

围绕高性能纤维生产涉及的主要工艺，从高分子化学和物理基本理论入手，加强基础科学问题和关键技术研发力度。

1. 高性能碳纤维

高分子共聚物链结构设计、高分子多元体系相分离及形态演化、流变学、耦合复杂化学反应的纤维拉伸过程、纤维的结构物理等基础理论研究，从聚合物、凝固成型、预氧化碳化结构转化方面进一步对结构进行精细调控，为提高产品质量稳定性奠定理论基础。

2. 芳纶

聚合物分子量及分布调控、高黏度液晶流体制备、凝聚态结构控制、高速纺丝动力学问题以及热处理过程中结构演变规律等基础理论研究。

3. 超高分子量聚乙烯纤维

加强聚合、溶解、纺丝不同阶段对大分子链长、大分子链平均缠结点及后牵伸所制得纤维的结构与性能影响研究；共聚单体的种类、含量；交联或增强添加剂的种类、含量对超高分子量聚乙烯纤维耐蠕变、耐热加工性能影响的研究。

4. 聚酰亚胺纤维

加强聚合物的结构设计与合成、加工性与性能的相互关系、外场作用下凝聚态结构的演变规律等基础研究，突破纺丝原液的连续化聚合反应工程、纤维成形稳定性及聚集态结构的可控性等工程化关键技术，从结构设计、加工过程等多途径攻克制约低成本化和高性能化的关键因素，为系列化聚酰亚胺纤维产品的改进和提升提供理论依据和技术支撑。

（二）高性能纤维技术提升及应用重大工程

着力提升高性能纤维重点品种技术成熟度，大力提高纤维质量一致性、批次稳定性、应用工艺性，进一步扩大在航天航空、风力发电、轨道交通、安全防护、海洋工程、高速交通、环境保护等领域应用。

1. 高性能碳纤维

根据市场需求，重点鼓励碳纤维原丝单线产能 4000 吨以上（24K 计），碳化单线产能 2000 吨以上（24K 计），大丝束碳纤维 K 数≥48K，产品批次间稳定性满足国家标准规定，其复合材料制品满足风电叶片、轨道交通、汽车工业、土木工程和压力容器等领域的应用要求。突破 T1100、M65J、高强高模高延伸碳纤维、高导热中间相沥青基碳纤维制备技术，建设工程化生产线，满足新一代航天航空装备需求。面向国产民用宽体飞机、军用重大装备的需求，基于国产碳纤维，采取液体成型、热压罐等成型工艺，形成航空级碳纤维复合材料和结构制件生产能力。

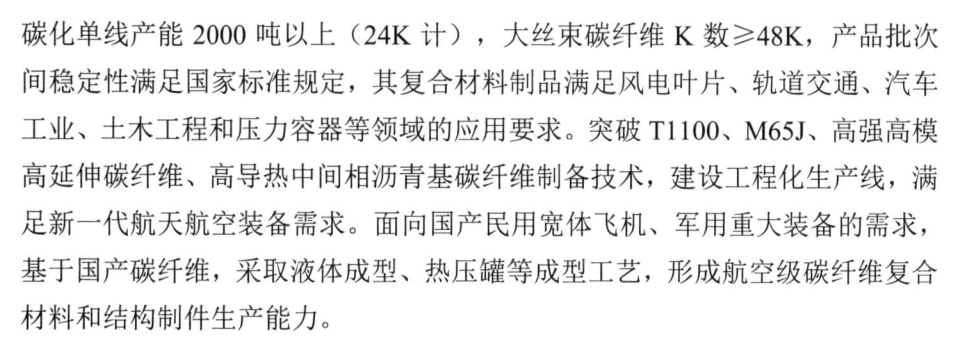

2. 对位芳纶

突破高纯度原料制备、高黏度聚合体生产及溶剂回收技术，提高纺丝速度，建设绿色化、智能化生产线，实现高强、高模对位芳纶，芳纶纸、芳纶蜂窝材料等稳定化、规模化生产，满足在安全防护、光通信、航天航空、轨道交通等领域应用，建立应用生产链。

3. 超高分子量聚乙烯纤维

突破超高分子量聚乙烯纤维新型、高效、低成本的纺丝产业化技术，大幅提高现有单线产能及智能制造水平，开发环保溶剂、无固（危）废产生的溶剂回收过滤技术，实现绿色制造；研究开发细旦、超高强度（强度高于 40cN/dtex）、超高模量（模量高于 1600cN/dtex）、耐高温、抗蠕变、耐切割、中强低成本（强度 15~20cN/dtex）、高耐磨、抑菌防臭等差别化纤维，拓展在深井采油、海洋养殖、防护服装、大功率风机叶片、交通运输等领域的示范应用。

4. 连续玄武岩纤维

突破 5000 吨以上规模化池窑技术，1600 孔以上拉丝漏板技术及漏板高温变形的控制技术，实现均质化生产，产品质量及应用技术具备国际竞争力。设计开发智能化自动化原丝生产系统，提高玄武岩纤维的生产效率及原料利用率，实现玄武岩连续纤维的低能耗生产。开发高性能多用途浸润剂，改善玄武岩纤维的界面特性，保证纤维与树脂间具有良好的界面粘接，同时结合树脂高性能化、复材界面调控、设计仿真、装备开发与优化等技术，提高玄武岩纤维增强复合材料的综合性能，实现玄武岩纤维增强复合材料的高性价比和高附加值。

5. 聚酰亚胺纤维

突破连续聚合—纺丝加工技术，简化纤维生产流程，实现关键设备自主研发，建立5000吨/年耐热型纤维及500吨/年高强高模纤维生产线，攻克细旦、超细旦、染色、防火、防核等产品设计与编织技术，满足特种防护、高温过滤、轻质结构材料等领域应用，形成聚酰亚胺高端过滤装备、特种防护织物及服装（作战服、消防服、防辐射服等）、轻质蜂窝结构、特种电缆包覆、蒙皮材料、结构复合材料及其他应用示范。研发聚酰亚胺纤维静电纺丝技术实现纳米纤维产品开发，提升纳米级聚酰亚胺纤维产业化水平，实现在高精度过滤、电池隔膜及个体防护领域的应用。

6．其他高性能纤维

攻克PBO纤维、芳纶Ⅲ、全芳香族聚酯纤维、PEEK纤维、碳化硅、氧化铝、硅硼氮、氧化锆等高性能纤维产业化技术，实现百吨生产，满足在航空航天、防核、防磁等领域的应用。

（三）高性能纤维公共服务平台重大工程

一是组建碳纤维及复合材料制造业创新中心，重点研发和生产高质量碳纤维原丝，形成原丝—预氧丝—碳纤—预浸布及复合材料的产业链；加大研发T1000级、T1100级、M55J级、M65J级等高性能纤维的关键制备技术，实现产业化生产；优化湿法高速纺丝、干喷湿法高速纺丝关键技术，探索超高分子量、高黏度、高浓度的凝胶法纺丝制备高性能碳纤维原丝新途径，高取向度、细径原丝的制备；预氧化、碳化及石墨化处理搭配技术及相关设备的研究。碳纤维生产用油剂、上浆剂等配套产品产业化。二是组建高性能纤维及复合材料服务平台，围绕高性能复合材料制造业发展过程中的共性关键技术和工程化问题展开研究，形成从基础化工原材料—高性能纤维/高性能聚合物—复合材料及制品成型加工—产品检测及评价—汽车及轨道交通等先进制造业产品应用全产业链条。

八、保障措施

采取有力保障措施，助力我国高性能纤维行业发展壮大，在"十四五"期间实现健康持续发展。

（一）积极争取政策支持

建议政府继续制定优惠机制，吸引国内外处于高性能纤维及其复合材料产业链及技术产业体系的优势单位联合发展壮大国内复合材料行业。加强配套政策支持，加大对高性能纤维及复合材料产业发展的财政支持。加大财政、金融、税收等政策对关键基础材料的扶持力度，建立和完善规范化的风险投资运行、避险和退出机制，形成鼓励使用国产碳纤维及其复合材料的健康体系；完善鼓励创新的税收支持政策，落实研发费用加计扣除和高新技术企业所得税优惠等政策。加强国际高性能纤维市场运行监测，高度关注发达国家制约我国高性能纤维产业发展所采取的诸多经济手段，研究制定有针对性、切实可行的关税政策，适当调整相关产品进口税，倒逼终端客户使用国产高性能纤维及其复合材料产品。鼓励国内普通型高性能纤维产品出口，应对国际倾销和打压，严厉打击走私，保护较为薄弱的国内高性能纤维及复合材料产业。加强培育产业环境，加快制定高性能纤维及其复合材料产业发展指导目录和投资导向意见，完善产业链、创新链、资金链。发挥市场的资源配置作用，鼓励风险投资，突出对重点行业的聚焦支持，防止出现"投资碎片化"，引导打造具有国际竞争力的企业群体。

（二）促进行业有效交流

一是办好每年一届的中国化纤科技大会、中国国际化纤会议、碳纤维设计大赛及产业链创新论坛等活动，加强高性能纤维生产企业间及上下游企业间和科研单位间的联系与合作，提高自主创新能力，促进科技成果转化，提升设计研发、生产工艺、技术装备水平。二是及时掌握国内外高性能纤维及复合材料发展新动向，利用协会现有信息资源平台，加强对话交流，解读产业政策，实现信息、经验、优势共享。三是为相关企业提供个性化服务，组织企业出访、组团参展，与国际高性能纤维行业组织及知名公司开展良性互动，积极推动国际间的技术开发、市场开拓等合作项目，提高国内企业知名度和认知度。

（三）营造良好发展环境

一是充分发挥高新技术纤维专业委员会、碳纤维分会、超高分子量聚乙烯纤维分会和玄武岩纤维分会作用，结合高性能纤维行业的实际情况，密切跟踪国家产业政策动向，引导和帮助企业用足用好政策，降低企业制度成本。二是加强行业和重点企业宣传力度，引导社会公众充分认识高性能纤维行业及相关企业，展示行业良好形象，提高企业知名度。三是主动配合企业保护知识产权，提高维权意识，在必要时积极配合政府对国外倾销产品，提出反倾销诉讼，保护民族工业和企业利益。四是积极开展行业自律，防止恶性竞争，维护公平竞争的良好发展环境。五是推动建立高水平研发基地和高层次人才团队的引进机制，组建国家级研发平台和高水平专家团队，支撑属地的技术与产业发展；培养与引进相结合，加强技术与产业人才队伍建设，支持对跨界复合型人才的培养。

（撰稿人：吕佳滨　靳高岭　杨涛）

生物基化学纤维及原料行业"十四五"发展规划研究

中国化学纤维工业协会生物基化学纤维及原料专业委员会

在国家新发展理念、"两山"理念、碳达峰目标与碳中和愿景的指引下,绿色发展成为我国经济发展的新亮点。国家大力推动生物基化学纤维的发展是理念与实践的结合,更体现了纺织化纤行业的可再生自然资源的综合利用与现代纤维加工技术完美融合。作为纺织化纤产业绿色发展的代表产品,生物基化学纤维是我国新兴战略材料领域重要组成部分,也是建设化纤强国的重要支撑,在"十三五"期间得到了快速发展。为了进一步推动生物基化学纤维及原料的规模化、低成本化生产,提升生物基化学纤维在不同领域的替代比例,根据《化纤工业"十四五"发展指导意见》编制本规划研究,以促进生物基化学纤维及原料的高质量发展,培育新的产业竞争优势。

一、"十三五"行业发展情况

"十三五"以来,我国生物基化学纤维产业快速发展,关键技术不断取得突破,产业规模较快增长,一批具有产业实力和技术开发能力的企业进入生物基化学纤维及原料领域,初步形成了生物基纤维素纤维、生物基合成纤维、海洋生物基纤维及生物蛋白复合纤维的产业体系。

(一)现状和取得的成绩

1. 行业发展规模放大

我国生物基化学纤维在"十三五"期间发展进程加快,产业化关键技术不断突破,产业规模持续增长,产品经济性逐渐增强,显示出强有力的发展势头。到2020年,生物基化学纤维总产能达到66.78万吨/年,较2015年的19.55万吨增长了241.59%,年均增长48.32%,见表1。生物基化学纤维总产量达14.84万吨,较2015年的7.91万吨增长87.61%,年均增长17.52%(表2)。生物基合成纤维、新型生物基纤维素纤维、海洋生物基纤维都实现了规模生产,且应用技术逐渐成熟，应用领域不断拓宽。

表1 生物基化学纤维主要品种产能情况

品种	2015年	2020年	增长率（%）
莱赛尔纤维（万吨/年）	3.6	22.35	520.83
竹浆纤维（万吨/年）	6.5	18.5	184.62
麻浆纤维（万吨/年）	0.5	0.5	0
壳聚糖纤维（万吨/年）	0.15	0.15	0
海藻纤维(万吨/年)	0.2	0.58	190.00
PTT纤维(万吨/年)	4.3	12.0	179.07
PDT纤维(万吨/年)	2.0	2.0	0
PLA纤维(万吨/年)	1.6	5.4	156.25
PA56纤维(万吨/年)	0.1（中试）	5.0	
蛋白质纤维(万吨/年)	0.5	1.2	
合计	19.55	66.78	241.59

资料来源：中国化学纤维工业协会

表2 生物基化学纤维主要品种产量情况

品种	2015年	2020年	增长率（%）
莱赛尔纤维（万吨/年）	0.9	5.5	511.11
竹浆纤维（万吨/年）	3.5	6.75	92.86
壳聚糖纤维（万吨/年）	0.05	0.05	0
海藻纤维（万吨/年）	0.05	0.08	160.00
PTT纤维（万吨/年）	3.0	1.0	-66.67
PLA纤维（万吨/年）	0.15	0.46	206.67
蛋白质纤维（万吨/年）	0.26	1.0	284.62
合计	7.91	14.84	87.61

资料来源：中国化学纤维工业协会

Lyocell纤维增长较快，产能由2015年的3.6万吨，增长到2020年的22.35万吨，增长520.83%，年均增长104.17%；产量由2015年的0.9万吨，增长到2020年的5.5万吨，增长511.11%，年均增长102.22%。河北保定天鹅新型纤维制造有限公司,于 2014 年通过引进国外技术建成国内首条 1.5 万吨级莱赛尔纤维生产线并在 2016 年完成"新溶剂法再生纤维素纤维产业化技术"项目鉴定,2018 年停产迁建,2019 年建成 3 万吨/年莱赛尔纤维的生产能力,产品质量稳定并注册"元丝"品牌;山东英利实业有限公司一期引进的 1.5 万吨/年 Lyocell 纤维生产线于 2015 年 4 月投产运行,之后通过引进消化吸收、自主创新,二期 1.5 万吨/年非原纤化 Lyocell 纤维生产线于 2019 年 12 月一次试车成功,目前已形成 3 万吨/年生产能力,实现达标达产稳定运行;中纺院绿色纤维科技股份有限公司,一期项目 1.5 万吨/年国产莱赛尔纤维项目于 2016 年 12 月一次性全线打通工艺路线,首条全国产化单线年产 3 万吨 Lyocell 纤维生产线于 2018 年 12 月成功开车,标志着 Lyocell 纤维实现了全国产化。Lyocell 纤维已成为行业投资的热点,目前在建产能 134 万吨,未来规划产能 260 余万吨,见表 3。

表 3 莱赛尔纤维主要生产企业情况

单位:万吨/年

序号	企业名称	2020 年	在建项目	中远期规划
1	恒天天鹅	3		顺平 6 万吨/年
2	英利实业	3		
3	中纺绿纤	9	6	新乡 100 万吨,绍兴一期 20 万吨
4	唐山三友	0.5		唐山 6 万吨/年
5	上海里奥	0.1		
6	湖北新阳	0.25	3	规划 10 万吨
7	湖北金环	2	4	襄阳 10 万吨/年
8	金荣泰	2	6	沛县 30 万吨/年,与中纺院战略合作
9	赛得利	2.5	90	日照 10 万吨/年、常州 50 万吨/年(分三期)、南通 30 万吨/年(一期 20 万吨环评已公示)
10	南京化纤			南京 10 万吨/年,预计 2021 年调试生产
11	宁夏恒利		4	宁夏 8 万吨/年,恒天收购

续表

序号	企业名称	2020年	在建项目	中远期规划
12	山东鸿泰		10	夏津30万吨/年，与恒天纤维集团战略合作
13	吉林化纤		6（搁置）	年产Lyocell浆粕10.2万吨，一期5.1万吨
14	河南恒通		10	规划20万吨，一期10万吨
15	东营华泰			规划16万吨

资料来源：中国化学纤维工业协会

新资源型竹纤维素纤维弥补了我国溶解浆粕不足，增加了纤维素纤维品种。由吉林化纤集团投资的河北吉藁化纤有限责任公司是国内最大的竹纤维生产企业之一，生产能力15万吨/年，并成立了"天竹"联盟，目前联盟企业达227家。唐山三友兴达化纤有限公司牵头成立了"竹代尔"联盟，拥有竹纤维生产能力达3.5万吨/年。2020年我国竹纤维产能达到18.5万吨，较2015年的6.5万吨增长184.62%，年均增长29.89%，产量由2015年的3.5万吨，增长到2020年的6.75万吨，增长92.86%，年均增长18.57%，见表4。

表4 竹浆纤维主要生产企业情况

单位：万吨/年

序号	企业名称	2020年	生产情况
1	吉藁化纤	15	吉林化纤集团所属企业，2005年成立了"天竹"联盟，涵盖竹纤维、纺纱、织造、成衣企业，目前联盟企业达227家。竹纤维产量达5.7万吨
2	唐山三友	3.5	2014年，唐山三友兴达化纤有限公司头成立了"竹代尔"联盟，2020年竹纤维产量10500万吨

资料来源：中国化学纤维工业协会

聚乳酸纤维成为投资热点，在全球禁塑限塑的推动下，大企业集团看好聚乳酸领域，2020年聚乳酸纤维产能达到5.4万吨，比2015年的1.6万吨增长237.5%，年均增长47.5%；2020年产量0.46万吨，比2015年的0.15万吨增长206.67%，年均增长41.33%。恒天长江生物材料有限公司，2017年建成了1万吨/年聚乳酸连续聚合—熔体直纺生产示范线和2000吨/年非织造布生产线，

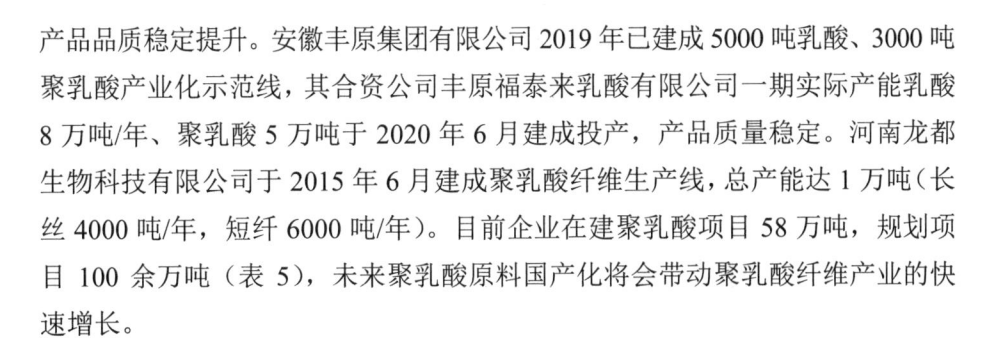

产品品质稳定提升。安徽丰原集团有限公司 2019 年已建成 5000 吨乳酸、3000 吨聚乳酸产业化示范线，其合资公司丰原福泰来乳酸有限公司一期实际产能乳酸 8 万吨/年、聚乳酸 5 万吨于 2020 年 6 月建成投产，产品质量稳定。河南龙都生物科技有限公司于 2015 年 6 月建成聚乳酸纤维生产线，总产能达 1 万吨（长丝 4000 吨/年，短纤 6000 吨/年）。目前企业在建聚乳酸项目 58 万吨，规划项目 100 余万吨（表 5），未来聚乳酸原料国产化将会带动聚乳酸纤维产业的快速增长。

表 5　PLA 纤维主要生产企业情况

单位：万吨/年

序号	企业名称	2020 年	在建项目	生产情况
1	恒天长江	1		连续聚熔体直纺（一步法），1 万吨长丝，2000 吨短纤无纺布，2020 产量 912 吨
2	上海同杰良	0.1		万吨级乳酸一步法聚合，千吨级纺丝试验线
3	河南龙都	1		4000 吨/长丝，6000 吨/短纤（2018 年后停产状态）
4	安徽丰原	0.5（短纤）；0.1（长丝）	8（LA）5（PLA）	年产 15 万吨乳酸、10 万吨聚乳酸项目正在分两期建设中，第一期 8 万吨乳酸、5 万吨聚乳酸预计 2020 年建成。2020PLA 纤维产量 830 吨 50 万吨/年乳酸项目、30 万吨/年聚乳酸项目预计于 2020 年 5 月启动建设
5	新能新高	0.1		2020 产量 300 吨
6	嘉兴昌新	1		2020 产量 1000 吨
7	上海德福伦	0.3		2020 产量 1000 吨
8	安顺化纤	0.1		2020 产量 200 吨
9	河北烨和祥	1		5 万吨差别化纤维
10	宁波禾素	0.1		2020 产量 300 吨（PHBV/PLA）
11	吉林中粮		2	已建成年产 1 万吨的聚乳酸工厂，正在筹建 2 万吨聚乳酸纤维生产线（长丝、短纤各 1 万吨）
12	浙江海正		3（PLA）	年产 5000 吨/年聚乳酸已投产 2019 年 1 月，"万吨级聚乳酸产业化成套技术及系列产品开发"通过石化联合会科技成果鉴定，规划产能 5 万吨聚乳酸
13	浙江友诚		75（LA）50（PLA）	以甘蔗渣为原材料，德国 BluCon Biotech GmbH 公司的"第三代乳酸技术"
14	河南金丹		1（丙交酯）10（LA）	南京大学技术，已建成年产 1 万吨丙交酯设备调试中；10 万吨高光纯乳酸建设中

资料来源：中国化学纤维工业协会

PTT 纤维产业化技术日趋成熟。2020 年国内 PTT 纤维总产能达 12 万吨，比 2015 年的 4.3 万吨增长 179.07%，年均增长 35.81%。江苏盛虹科技股份有限公司利用生物柴油副产物粗甘油发酵生产 1,3-丙二醇（PDO）产业化项目为基础，建成了 5 万吨/年生物质差别化纤维项目，开发的 PTT/PET 复合纤维，应用于高端运动领域。张家港华美生物材料有限公司 2013 年建成了利用甘油发酵生产 1,3-丙二醇 1 万吨/年及 2 万吨/年 PTT 纤维生产能力，2021 年在山东济宁投资建设 2 万吨 PDO、5 万吨 PTT 纤维聚合项目，见表 6。

表 6 PTT 纤维主要生产企业情况

单位：万吨/年

序号	企业名称	2020 年	生产情况
1	盛虹科技	5	全产业链自主创新技术，PDO 产量 4000 吨，PTT 产量 1.5 万吨
2	张家港美景荣	2	自主技术，2021 年在山东济宁投资建设 2 万吨 PDO、5 万吨 PTT 纤维聚合项目，正在建设中
3	泉州海天	2	外购 PDO 生产
4	海兴科技	1	外购 PDO 生产
5	翔鹭化纤	1	外购 PDO 生产
6	绍兴九洲	0.5	外购 PDO 生产
7	苏州方圆	0.5	外购 PDO 生产

资料来源：中国化学纤维工业协会

PA56 纤维正在成为企业投资的热点。2020 年国内已建成 5 万吨/年 PA56 纤维生产能力，实现 3000 吨短纤产量的生产。2020 年山西重点推进百亿项目，建设 50 万吨戊二胺，90 万吨生物基聚酰胺，见表 7。2015 年上海凯赛生物科技有限公司在山东金乡建成 0.3 万吨中试聚合装置，2019 年在新疆建成了 5 万吨/年 1,5-戊二胺，10 万吨/年生物基聚酰胺的生产线，3 万吨/年 PA56 短纤维的生产线，计划 2021 年投产切片。优纤科技（丹东）有限公司已建成了 2 万吨/年聚酰胺 56 的纺丝生产线，并与军事科学院系统研究院军需工程技术研究所等一起进行产学研用研究开发（表 7）。

表7 我国PA56纤维生产企业情况

单位：万吨/年

序号	企业名称	2020年	发展情况
1	凯赛生物	建成PA56短纤3万吨/年，2020年短纤生产量3000吨	新疆乌苏：已建成5万吨级戊二胺和10万吨聚酰胺56聚合能力 山东金乡：千吨级生物法戊二胺和生物基聚酰胺中试
2	优纤科技	已建成2万吨/年PA56生产线，具备熔体直纺技术储备和差别化PA56的生产能力	与军事科学院系统研究院军需工程技术研究所等一起进行产学研用研究开发
3	宁夏伊品	在建戊二胺1万吨	与中科院微生物研究所合作，二期工程2万吨生物基尼龙盐项目已于2019年3月开工建设
4	寿光金玉米		采用中科院天津微生物所技术开发出了聚酰胺56盐，可直接用于聚酰胺56聚合及纤维生产

资料来源：中国化学纤维工业协会

壳聚糖纤维向高质化发展，由卫材用向医疗级应用领域不断拓宽，2015年产能0.15万吨，到2020年没有新增产能。海斯摩尔生物科技有限公司于2012年建成了1000吨的纯壳聚糖纤维生产线，重点发展方向集中在提高品质和推广应用方面。我国海藻纤维生产采用自主知识产权和自行设计的产业化生产线，青岛源海新材料有限公司（青岛大学）2012年建成了年产800吨的全自动化柔性生产线，2018年建成了年产5000吨级的海藻纤维产业化生产线，2020年国内总产能达到5800吨，比2015年的2000吨增长190%，年均增长38%。2015年产量500吨，2020年达800吨，增长60%，年均增长12%。

生物基化学纤维原料开发方面，生物基原料竹浆粕应用量不断增加，补充了溶解浆的不足；生物法1,3-丙二醇技术成熟品质提升，实现了稳定生产，产能达到4万吨/年；以淀粉为原料制备高光纯乳酸、戊二胺产业化技术成熟，高光纯乳酸产能达到10万吨/年，戊二胺5万吨/年。河南金丹在周口建成了1万吨/年丙交酯生产线。南京大学与扬州普利特等单位合作在无锡建设1万吨/年的聚乳酸聚合生产线。吉林中粮生物材料有限公司一期工程1万吨/年聚乳酸于2018年10月建成投产。丰原集团年产乳酸8万吨、聚乳酸5万吨已于

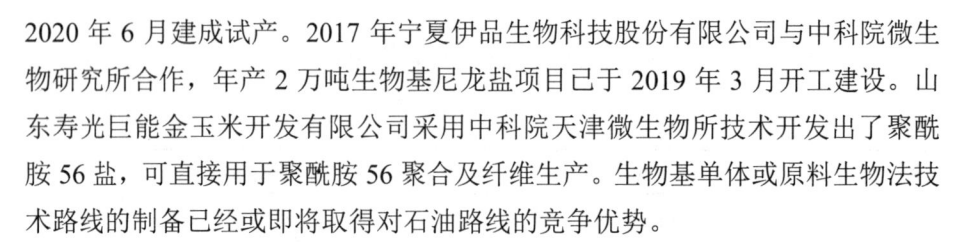

2020年6月建成试产。2017年宁夏伊品生物科技股份有限公司与中科院微生物研究所合作，年产2万吨生物基尼龙盐项目已于2019年3月开工建设。山东寿光巨能金玉米开发有限公司采用中科院天津微生物所技术开发出了聚酰胺56盐，可直接用于聚酰胺56聚合及纤维生产。生物基单体或原料生物法技术路线的制备已经或即将取得对石油路线的竞争优势。

2. 行业技术进步明显

"十三五"期间，我国生物基化学纤维及原料的技术突破与技术创新工作取得了较大的进步。生物基纤维素纤维绿色制造技术取得重大突破，Lyocell短纤维高效低耗成套制备技术实现了全国产化，且突破了3万吨大容量薄膜蒸发器的设计制造能力，已建成国内首条单线年产3万吨Lyocell纤维示范线，纤维性能优良，应用技术成熟。国内已经形成了Lyocell短纤维单线年产6万吨生产线工艺包，用于指导单线年产6万吨生产线建设；莱赛尔纤维用NMMO溶剂已实现国产化生产；莱赛尔长丝技术实现百吨级规模，产品已实现第三代升级；离子液体溶剂法（ILS法）、氨基甲酸酯法（CC法）纤维素纤维绿色制造技术突破了核心关键技术，实现了中试生产。

生物基合成纤维技术进步明显，主要品种实现了产业化。聚乳酸（PLA）纤维聚合纺丝技术进一步成熟，安徽丰原集团建成了高光纯乳酸—丙交酯—聚乳酸产业化生产线；生物基聚酰胺（PA56）纤维突破了生物法戊二胺技术瓶颈，建成了5万吨级戊二胺、10万吨级PA56聚合生产线和万吨级PA56纤维生产线。

海洋生物基纤维的生产及应用技术进一步提升。海藻纤维的物理性能达到了服用纤维要求，建成了5000吨级产业化生产线；纯壳聚糖纤维产业化向上游拓展原料来源，实现原料多元化、国产化，纤维向高质化发展，应用于医用敷料、创伤急救、修复膜材、药物载体、组织器官等多领域。

生物基化学纤维及原料多项技术取得国家科技进步奖等奖项荣誉。其中"生物质制备呋喃二甲酸基聚酯纤维技术"获得2019年度中国纺织工业联合会科学技术奖技术发明奖二等奖；"国产化Lyocell纤维产业化成套技术及装备研发"获得2018年度中国纺织工业联合会科学技术奖一等奖；"万吨级新溶剂法纤维素纤维关键技术研发及产业化"获得2016年度中国纺织工业联合会科学技术奖一等奖；"海藻纤维制备产业化成套技术及装备"获得2016年度中国纺织工业联合会科学技术奖一等奖；"单线年产10万吨复合竹浆纤维素纤维节能减排集成技术开发及应用"获得 2016 年度中国纺织工业联合会科学技术奖二等奖。依靠自主创新，生物基纤维及原料多项技术取得突破，为实现产业化打下坚实基础（表8）。

表8 2016~2020 年生物基化学纤维"纺织之光"获奖项目统计

序号	项目名称	主要完成企业	年度	奖项
1	海藻纤维制备产业化成套技术及装备	青岛大学、武汉纺织大学、青岛康通海洋纤维有限公司、绍兴蓝海纤维科技有限公司、山东洁晶集团股份有限公司、安徽绿朋环保科技股份有限公司、邯郸宏大化纤机械有限公司	2016 年	一等奖
2	万吨级新溶剂法纤维素纤维关键技术研发及产业化	山东英利实业有限公司、保定天鹅新型纤维制造有限公司、东华大学、山东大学、天津工业大学、山东省纺织设计院、上海太平洋纺织机械成套设备有限公司、山东建筑大学	2016 年	一等奖
3	单线年产 10 万吨复合竹浆纤维素纤维节能减排集成技术开发及应用	成都丽雅纤维股份有限公司	2016 年	二等奖
4	可循环再生生物质酪素纤维关键技术研发	上海正家牛奶丝科技有限公司	2017 年	二等奖
5	国产化 Lyocell 纤维产业化成套技术及装备研发	中国纺织科学研究院有限公司、中纺院绿色纤维股份公司、新乡化纤股份有限公司、北京中丽制机工程技术有限公司、宁夏恒达纺织科技股份公司	2018 年	一等奖
6	竹浆制高湿模量再生纤维素纤维工艺技术开发	唐山三友集团兴达化纤有限公司	2018 年	二等奖
7	海藻生物医卫材料关键技术及产业化	青岛明月海藻集团有限公司、嘉兴学院、青岛明月生物医用材料有限公司	2018 年	二等奖
8	基于生物质制备呋喃二甲酸基聚酯纤维技术	天津工业大学、苏州金泉新材料股份有限公司	2019 年	技术发明二等奖
9	毛纺领域用高强竹浆纤维毛条制备技术	河北吉藁化纤有限责任公司、河北艾科瑞纤维有限公司	2019 年	科技进步二等奖
10	PTT/PET 双组分弹性复合长丝产业化技术开发	桐昆集团股份有限公司，浙江理工大学	2020 年	科技进步一等奖

资料来源：中国化学纤维工业协会

3. 标准体系继续完善

标准是企业组织生产的重要手段和必要条件，通过标准的制定，进一步推动了生物基化学纤维产业的发展。"十三五"时期，生物基化学纤维及原料标准工作进程加快，截至 2020 年，行业共发布标准 27 项。按照标准种类划分，包括《医用壳聚糖短纤维》国家标准 1 项、《聚乳酸单丝》等行业标准 21 项、《纤维级海藻酸钠》等团体标准 4 项；其中按技术标准划分，包括《交联莱赛尔短纤维》等产品标准 24 项，《壳聚糖纤维脱乙酰度试验方法》《蛋白粘胶纤维蛋白质含量试验方法》方法标准两项。生物基化学纤维属于战略性新兴产业，但处于起步和发展阶段，多数产品尚未制定标准，需积极引导加快生物基纤维及其制品的产品标准、检测方法、应用规范等相关标准的建立，使其在生产、销售和检测时有据可循，提高产品的竞争力。针对莱赛尔纤维的快速发展，制定了《莱赛尔短纤维》（FZ/T 52019—2018）产品行业标准、《交联莱赛尔短纤维》（T/CCFA 01026—2017）产品团体标准。差别化及莱赛尔浆粕原料标准已经提出制定，用标准引导莱赛尔纤维产业的健康发展。聚乳酸纤维处于起步阶段，针对聚乳酸纤维的应用开发，制定《聚乳酸低弹丝》（T/CCFA 01024—2016）、《聚乳酸牵伸丝》（FZ/T 54098—2017）产品标准。针对壳聚糖纤维在医卫领域的应用，制定了《医用壳聚糖纤维》（GB/T 38135—2019）国家标准，对壳聚糖纤维在医疗领域标准化应用起到的引导和规范作用。2018 年由中国化学纤维工业协会牵头成立生物基化学纤维分技术委员会，对激发标准化工作活力，组织结构的创新与完善，发挥标准的基础支撑起到积极作用（表 9）。

表 9　2015~2020 年生物基化学纤维标准统计

序号	标准号	名称	类型
1	T/CCFA 02007—2019	绿色纤维评价技术要求	管理标准
2	FZ/T 54112—2019	聚对苯二甲酸丙二酯（PTT）膨体长丝（BCF）	产品标准
3	GB/T 38135—2019	医用壳聚糖短纤维	产品标准
4	FZ/T 52019—2018	莱赛尔短纤维	产品标准
5	T/CCFA 01026—2017	交联莱赛尔短纤维	产品标准
6	T/CCFA 01028—2017	纤维级聚合用 1,3-丙二醇	产品标准
7	FZ/T 54098—2017	聚乳酸牵伸丝	产品标准

续表

序号	标准号	名称	类型
8	FZ/T 54094—2017	聚对苯二甲酸丙二醇酯/聚对苯二甲酸乙二醇酯（PTT/PET）复合牵伸丝	产品标准
9	FZ/T 52045—2017	有色聚对苯二甲酸-1,3-丙二醇酯（PTT）短纤维	产品标准
10	T/CCFA 01017—2016	纤维级海藻酸钠	产品标准
11	T/CCFA 01024—2016	聚乳酸（PLA）低弹丝	产品标准
12	FZ/T 51018—2020	纤维用海藻酸钠	产品标准

资料来源：中国化学纤维工业协会

4. 应用领域细分化

随着人们生活水平的逐渐提升，对绿色可持续理念的深入理解，消费观念的转变，人们对生活环境和自身健康日益关注，对"绿色文化"越来越重视，绿色消费已成为时尚。"十三五"时期，生物基化学纤维的应用定位逐渐明晰。在民用卫材领域，壳聚糖纤维、聚乳酸纤维、莱赛尔纤维、海藻纤维已经用于面膜、尿不湿、妇女卫生巾等一次性可吸收型卫生材料；在医用卫材领域中，海藻纤维和壳聚糖纤维以其天然抑菌和亲肤特点，在医疗绷带、敷料、止血棉等方面得到广泛应用；在民用服装领域，莱赛尔纤维、生物基 PTT 纤维及 PTT/PET 纤维双组分复合纤维具有亲肤、舒适等出色性能在女装、休闲服、运动服领域得到广泛的应用。聚乳酸纤维具有亲肤抑菌和生物可降解性能，在床品、袜类、衬衫、内衣、校服、玩具填充等方面获得应用。PHBV/PLA 纤维抑菌性能优异，PHBV 热降解所产生的 PHB 抑菌性能达 99%以上，在产品品质稳定提升的基础上，实现在口罩、袜类、内衣、内裤等领域的应用。生物基蛋白复合纤维，含有多种氨基酸，亲肤、透气、导湿性好，在服装、家用高档纺织品领域已形成品牌效应。在军民两用领域，聚酰胺 56 纤维以其较好的力学性能和染色性能，并有一定的本质阻燃性，在军服装备方面得到开发，应用前景广阔。

（二）当前存在的主要问题

1. 关键单体和原料尚未解决

关键单体和原料是制约我国生物基化学纤维产业化进程的重要因素。近几年在绿色可持续发展战略的引导下，生物基化学纤维的受众比例逐年提升，但关键单体和原料及溶剂等方面较国外存在一定的差距，供应体系不够完善。如 Lyocell 纤维的专用浆粕依赖进口，国内处于产业化突破阶段；聚乳酸纤维关键原料丙交酯受国外垄断制约，国产丙交酯处于产业化突破阶段，总体化学纯度较低，游离酸较高，制成的聚乳酸切片指标与进口切片相比，残单含量略高；生物基聚酰胺 56 关键原料生物基 1,5-戊二胺需要进一步解决菌株构建和发酵条件的优化，纤维级聚合物品质尚须提升；高效低成本秸秆预处理及生物法乙二醇高效转化、提纯技术处于工程化阶段；聚呋喃二甲酸乙二醇酯（PEF）聚合物颜色问题未解决，依然处于基础研究阶段。

2. 关键技术和装备仍有差距

生物基化学纤维从原料制备到产品生产过程工艺流程长，关键环节多，技术难度大，跨学科交叉，技术转化瓶颈较多，没有通用的技术与装备，整个环节需重点针对原料单体来源、制备、提纯和合成工艺进行开发。因此，各企业都针对性地开展了工艺技术、装备的自主研发工作。如 Lyocell 纤维生产设备中自主研发的关键设备大容量反应釜及薄膜蒸发器设计制作能力不足、高效低耗的 NMMO 溶剂净化浓缩技术、低浓度溶剂深度处理技术以及溶剂净化废水生化处理技术亟待提升；聚乳酸纤维需进一步攻克高光纯、高化学纯乳酸的无固废制备技术、丙交酯产业化技术等。PTT 纤维原料 PDO（1,3-丙二醇）精制工艺环节还需继续优化，提高转化率，产品质量还需提升，其副产物 BDO（2,3-丁二醇）的量较大，而 BDO 的市场尚未打开，尚未能实现高附加值利用；1,5-戊二胺生产技术处于产业化起步阶段，一步法戊二胺生产技术尚未突破，PA56 大容量连续聚合及熔体直纺装备关键技术尚未突破。海藻纤维生产采用自主知识产权和自行设计的产业化成套技术及装备，但尚需进一步优化提升。

3. 多数品种的产能规模偏小

生物基化学纤维中实现规模化（注：万吨级以上）生产的品种占比 40%，但多数品种产能规模偏小，其主要在于技术壁垒、原料、价格竞争等因素制约其规模化生产。如 Lyocell 纤维发展较快，但是单线产能都是 1.5 万吨或 1.5 万吨×2 的配置，生产效率较低，种类以 A100 为主，规格相对较少，2020 年 Lyocell 纤维总产能达 22.35 万吨，实际产量 5.5 万吨；聚乳酸纤维，最大规模为万吨级，实际产量都不足万吨，2020 年聚乳酸纤维总产能 5.4 万吨，由于原料尚未解决，实际产量只有 0.46 万吨；PTT 纤维产业化技术成熟，2020 年产能达 12

万吨，由于市场原因，实际产量只有 1 万余吨；PA56 纤维已建成 5 万吨/年纤维生产能力，实际产量只有 0.3 万吨；海藻纤维、壳聚糖纤维企业多为百吨级或千吨级企业，海藻纤维产能 0.58 万吨，实际产量 0.08 万吨。壳聚糖纤维产能 0.25 万吨，实际产量 0.05 万吨。由于企业规模小，多数为中小型科技企业或民营企业，缺乏足够的技术储备及资金，抗风险能力差，生产成本高，产品市场竞争力不强，应用开拓能力弱，从而制约了产业的良性发展。

4. 产品成本偏高，竞争力不强

目前生物基纤维原料及产品相对石油基纤维成本较高，尤其近几年油价持续走低，制造成本对生物基纤维产业发展形成了更大的挑战。如聚乳酸纤维，国内丙交酯产业化制备技术尚未突破，因此多数企业的丙交酯原料和聚乳酸切片依靠进口，采用切片纺技术，制造成本高于常规聚酯纤维（2020 年中，聚酯切片 6500 元/吨左右，聚乳酸切片 40000 元/吨左右），产品市场竞争力较弱；Lyocell 纤维，国产化技术日趋成熟，单线产能逐年提升，虽纤维干湿强度较粘胶短纤维优异，但因单线产能小（1.5 万吨/年）制造成本和投资成本均高于粘胶法纤维素纤维（粘胶法纤维素纤维万吨投资 0.9 亿~1 亿元，莱赛尔纤维的万吨投资 2.5 亿~3 亿元），在常规粘胶服用领域替代力度不足。另外，国外 Lyocell 纤维企业因发展起步早，技术成熟度高，单线产能大（Lenzing 达 6.7 万吨/年），产品品种丰富，占据市场定价话语权，对国内 Lyocell 纤维生产企业影响较大。因此降成本、提品质是我国生物基化学纤维产业化面临的新问题。

5. 品牌标准等软实力尚需加强

"十三五"期间，生物基化学纤维及原料取得快速发展，但从产品本身上还不足以形成明显的竞争局面，品牌建设等软实力仍需加强。生物基化学纤维及其原料属于新材料产业,是战略性新兴生物基材料产业，企业的品牌文化积淀不够，多数产品延用的是化学名称，如 PLA 纤维、PTT 纤维、PA56 纤维等，没有形成自己的商品名或商标，更没有像 SORONA、天丝、莫代尔那样的国际著名商标名。因此，我国生物基化学纤维企业亟待加强品牌建设，增强商标品牌和知识产权意识，从而提升企业的软实力。近年来，企业逐渐重视品牌建设和宣传推广，重视知识产权保护。积极参与中国纤维流行趋势发布、树立企业形象、展示新产品，或以联盟形式开展品牌推广活动，或借助展会举办品牌发布会等工作，取得了一定效果但还需进一步加强。我国生物基化学纤维起步较晚,多数产品尚未建立标准,如生物基聚酰胺 5X 系列产品是我国自主研发产品,填补了国内外产业空白,是纤维材料市场的新兴产品,制定相关标准亟需落实,相关标准制定实施,可有效提高产品质量,增强产品的市场竞争力。

二、"十四五"发展面临的形势及市场需求

(一)面临的国内外形势

国际贸易环境更加复杂。作为世界最大的纺织化纤出口国,巨大的贸易顺差、对华反倾销、中美贸易摩擦等问题使中国外贸发展面临更加严峻复杂的环境。中美第一阶段经济贸易协议签署完成,紧张局势得到缓解,但后期不定因素甚多。国际油价方面,美国页岩油产量、国际原油谈判、地缘政治的风险等问题为国际油价提供种种不确定性,油价整体处于低位波动阶段,将对生物基化学纤维及原料的发展带来一定影响。

塑料垃圾及微塑料及纳米塑料问题变成了世界上备受关注的环境问题之一。目前全球每年约有 800 万吨塑料垃圾进入海洋。世界经济合作与发展组织论坛认为水中 1/3 的塑料微粒来源于纺织品。目前 90%鱼类,83%自来水、食盐中均检出聚酯微粒等微塑料,它们难以降解并极易吸附毒害物质,对人体的危害极大。与微塑料不同,纳米塑料足够小,可以在各种生物的血流和细胞膜中蓄积,引起各种毒性作用,包括神经损伤和生殖异常。多品种生物基纤维具有完全可生物降解性,可以有效解决微塑料问题,为生物基化学纤维提供了发展空间。

新冠肺炎疫情对全球经济周期性复苏带来巨大冲击。新冠肺炎疫情在全球持续蔓延,疫情持续时间增加,对主要经济体的冲击从服务业扩大到制造业,加大了中国经济企稳的难度和不确定性,给制造业和全球经贸带来了负面影响,世界卫生组织(WHO)正式将新型冠状病毒定义为"国际关注的突发公共卫生事件",但未实行国际贸易/旅游限制,短期新冠肺炎疫情对经济增长的冲击可能较为明显。目前,疫情全球化,外部市场对中国制造中心的依存度反而可能进一步提升,对部分制造业行业的贸易量会带来一定影响。但新冠肺炎疫情也引发人们对环境保护的关注,提升民众保护环境的意识;引发了人们对于自然保护重要性的思考及认识,并且能促进国家法律及相关保护制度的完善。对企业而言,加速产业升级以及技术的更新换代,生物基化学纤维具有一定的抑菌性,可广泛用于医疗卫生领域,对生物基化学纤维产生一定的利好。

当前，中国经济处于高质量发展的时代，已由要素驱动转向结构驱动，供给侧结构性改革不断优化，发展动能快速成长，居民消费水平逐年提升。绿色可持续发展理念,已经成为全球共识，绿色消费、旅游消费、健康消费、养老消费一系列新兴消费的发展不断为消费升级打开新的空间，也是新时代中国经济转型升级,实现高质量发展的必然，为生物基化学纤维产业提供良好的发展契机。

"十三五"时期，国内环保形势依然严峻，防治污染已成为全面建成小康社会决胜期的三大攻坚战之一。随着国家和地方对塑料污染治理政策的重视和加强，为可循环易回收可降解替代产品，绿色产品供给提供了良好的市场空间和政策支撑。

碳达峰、碳中和目标是我国经济进入高质量发展的内在要求和必然趋势。任务艰巨，会对产业结构调整与转型带来很大压力，发展生物基化学纤维是实现碳达峰、碳中和的重要战略抓手，蕴含的巨大投资机会有望成为新增长点。

（二）市场分析与需求预测

1. 践行绿色生态的发展理念

随着"创新、协调、绿色、开放、共享"新发展理念的深入贯彻，"绿水青山就是金山银山"被赋予新时代内涵，坚持绿色发展作为更长时期经济增长的重要理念，成为党的生态文明建设、社会主义现代化建设规律性认识的重要成果。新发展理念及"两山"理念不断深化，为中国生态文明建设奠定了坚实的理论基石，成为中国生态文明建设的指导思想，引领中国走向绿色发展之路。生物基化学纤维的社会效益和战略价值大于经济价值，国家在生物基化学纤维产业会持续加大支持力度，把发展生物基产业作为争夺高新技术制高点的国家战略。

2. 生物技术多学科交叉融合

生物基化学纤维产业多学科交叉，融合创新。通过产业交叉、功能互补和延伸实现产业融合。产业融合不仅仅是一种发展趋势，也是产业的现实选择。生物基化学纤维及原料属于微生物技术、化学工程、纺织工程、装备制造等多学科交叉体系，因此，协同创新、跨界合作在产业化中体现最为明显。这种多学科交叉融合重点突破生物基纤维单体、原料、溶剂、催化剂、合成等高效制备核心关键技术，进一步降低生物基纤维成本，提升综合性能，拓展应用领域，推动生物基纤维产业发展。

3. 大健康理念带动消费升级

近年来,我国居民消费结构出现明显转变,传统消费向品质生活消费转变,向智能、绿色、健康、安全方向转变,体现生活品质与时尚的消费逐年提高。国家出台多项措施鼓励消费升级,大健康、绿色将成为消费新热点,消费新模式。"十三五"期间,工信部提出"三品"战略,强调增品种、创品牌、提品质,进一步优化消费环境,促进消费升级。随着纺织产业结构的调整,部分企业将逐步转向利润型、受污染或环境影响最小的生物基化学纤维的研发和生产。生物基化学纤维以其独特的生物原料来源和优异的性能,不仅是服装、家纺、产业用纺织品的重要原料,也将是重要的先进基础材料和工程材料,成为纺织产业消费升级的重要载体。

4. 巨大市场空间与发展潜力

我国是化纤生产大国,新时代下正在向化纤强国迈进。2020 年我国化学纤维产量达 6025 万吨,其中合成纤维产量为 5630 万吨,占世界化纤总量的 74.5%以上。化学纤维的 90%以上是合成纤维,原料来源于石化资源,化纤产能的快速提升将带来资源枯竭、环境污染等难题。2020 年生物基纤维总产能 66.78 万吨,仅占化纤总量的 1.11%;按"十四五"期间增长 4 个百分点预测,将达到 300 万吨;如果占比达到 10%,将达到 600 万吨,市场空间巨大。生物基材料具有绿色、环境友好、原料可再生以及生物降解等优良特性,不仅有效替代了石油原料,而且生产过程和产品绿色环保。未来,以生物工程技术为核心的生物基纤维快速发展,将成为引领化纤工业发展的新潮流。

三、"十四五"生物基纤维发展指导思想和主要目标

（一）指导思想

坚持以习近平新时代中国特色社会主义思想为指导,认真贯彻落实党的十八大、十九大和十九届二中、三中、四中、五中全会精神,深入贯彻落实新发展理念、"两山"理念和碳达峰目标、碳中和愿景精神,把握新技术、新产业、新业态、新模式发展趋势,瞄准世界生物科技前沿和顶尖水平,聚集突破产业核心关键技术,推进产业重点项目建设,完善产品标准,实现规模化低成本生产,进一步推进生物基化学纤维在纺织服装、产业用等领域的规模化应用,推动化纤工业高质量发展。

（二）基本原则

1. 坚持融合创新，突破产业关键技术

强化产学研用相结合的自主创新体系，激发企业创新活力和创造力。推动生物基化学纤维多学科交叉融合，突破产业链关键技术和共性技术，解决关键单体及原料的国产化问题。研究细分市场、强化终端产品的应用开发，形成有效供给与消费升级良性互动。

2. 坚持生态文明，筑牢生态安全屏障

保持加强生态文明建设的战略定力，注重生物基纤维产业发展与生态环境承载能力的匹配，抓好资源能源节约和环境保护，鼓励清洁化生产，抓好"三废"综合利用和处理，将环境影响降低到最小限度，筑牢生态安全屏障，努力形成绿色发展、高质量发展的产业发展模式。

3. 坚持优化结构，推动产业集聚发展

根据企业现实条件和后发潜力，优化提升产业结构，鼓励大企业集团投资生物基化学纤维产业，或以产融并购重组方式联合现有生物基纤维企业获得更大的规模经济效应和产业集聚效应，提升生物基纤维产业竞争优势，发展壮大生物基化学纤维产业规模。

4. 坚持人才战略，加强人才资源培养

重视智力资源的引进和各类创新人才的培养，充分发挥与生物产业相关的科研院所和高等院校的智力和技术优势为产业发展所用。鼓励企业与高校共同设立攻关课题，加大研发投入，强化知识产权保护，实现创新驱动，增强产业软实力。

（三）发展目标

1. 总体目标

以"科技、绿色、时尚"为主基调，推动生物基纤维产业发展，提高我国生物基化学纤维产业的整体规模，为绿色纺织做贡献。2025 年生物基纤维总产能达到 300 万吨，其中高品质生物基化学纤维产量 200 万吨。包括生物基新型纤维素纤维产能 190 万吨/年，产量 130 万吨；生物基合成纤维产能 80 万吨，产量 50 万吨；海洋生物基纤维产能 6 万吨/年，产量 4 万吨；生物基蛋白复合纤维产能 24 万吨，产量 16 万吨。化学纤维原料替代率为 3.5%，比"十三五"末提高 1.4 个百分点。

2. 标志性目标

"十四五"期间，行业将着重提高生物基化学纤维及原料的技术创新能力、规模化生产能力和市场应用能力，突破制约产业发展的 Lyocell 纤维的专用浆粕、1,5-戊二胺、1,3-丙二醇、丙交酯等规模化制备技术；实现万吨规模丙交酯国产化，聚乳酸、生物基聚酯、聚酰胺连续聚合稳定生产；突破 Lyocell 纤维关键设备薄膜蒸发器的大容量、国产化设计制造技术，实现 Lyocell 纤维单线溶解能力≥3 万吨/年；加强海藻纤维、壳聚糖纤维的产业链应用体系建设，实现高品质海洋生物基纱线及其制品的制备。进一步完善生物基化学纤维及原料标准体系建设，发挥联盟带动作用，加强品牌建设与应用推广。

3. 技术目标

突破高效生物发酵、精制技术，实现高纯度生物法 1,5-戊二胺、1,3-丙二醇、2,5-呋喃二甲酸、丙交酯等原料的规模化高效制备；突破 Lyocell 国产化装备大型化技术、低成本原纤化控制技术、PLA 立构复合技术、生物基合成纤维大容量连续聚合及熔体直纺技术，海洋生物基纤维、蛋白纤维等低成本、高品质制备技术，实现下游应用突破。2025 年生物基化学纤维总体技术水平达到国际先进水平。

四、"十四五"发展的主要任务

"十四五"期间，以实现生物基化学纤维及其原料国产化、规模化、低成本化为产业发展目标，突破生物基化学纤维绿色加工技术、装备集成化技术，实现产业化生产；开拓生物基化学纤维应用领域，促进产业链协同创新，实现经济社会效益显著提高。

（一）突破生物基单体和原料的关键制备技术

攻克 Lyocell 纤维的专用浆粕、1,5-戊二胺、1,3-丙二醇、2,5-呋喃二甲酸、丙交酯等规模化制备技术；开发新型天然植物资源三素（纤维素、半纤维素、木质素）分离技术；优化新溶剂法纤维素纤维浆粕预处理、纤维素溶解、纺丝工艺技术；利用我国竹、麻、秸秆资源优势，开发竹、麻、芦苇、秸秆、甘蔗渣等新原料基差别化 Lyocell 纤维及通用纤维素纤维制备技术；攻克高光纯、高化学纯乳酸、丙交酯等重要原料国产化低成本制备技术，降低 PLA 生产成本；攻克 L/D 乳酸立构复合技术、提高聚乳酸纤维的耐热性、染色性和手感，提升聚乳酸纤维的物理性能，拓展应用领域；突破 5 万吨级 1,5-戊二胺一步法高效制备技术,满足生物基 PA5X 纤维规模化产业化需求;大力推进生物基 PTT 纤维熔体直纺技术,实现规模化、低成本化生产。有序推进离子液法、氨基甲酸酯法(CC 法)、TBAH/DMSO 混合溶剂法纤维素纤维新技术。大力开发国产虾、蟹壳、野生海藻、养殖海藻,实现海洋生物基纤维原料多元化,攻克壳聚糖纤维、海藻纤维纺丝原液制备及清洁纺丝技术,提升服用纤维性能,扩大应用领域。

(二)推动生物基纤维制备关键装备国产化

重点攻克 Lyocell 的国产化成套装备制备。优化浆粕预处理系统、活化反应器、溶剂回收高效蒸发系统(大于 3 万吨/年)、宽幅低速莱赛尔纤维精炼装备技术,开发大容量 Lyocell 纤维反应釜及薄膜蒸发器、多孔(7500 孔以上)大容量纺丝组件及配套技术,单线纺丝能力 6 万~10 万吨/年新溶剂法纤维素纤维成套装备;突破 Lyocell 长丝高效低成本制备及应用产业化技术,建设万吨级产业化生产线,实现规模化生产;攻克高强高模纤维素工业长丝的清洁生产新工艺及产业化关键技术和设备的开发;重点攻克 10 万吨级 L-乳酸→丙交酯→聚合→聚乳酸(含熔体直纺)纤维规模化高效制备技术;攻克 PA56 的 10 万吨级高效大容量连续聚合、熔体直纺技术及成套装备,实现 PA56 纤维高性能、低成本化生产。

(三)推动重点品种的规模化低成本生产

加快推动重点品种产业化和规模化应用,通过重点领域应用示范推动重点生物基纤维品种发展。突破替代石油资源的生物基原料和生物基纤维绿色加工工艺、装备集成化技术,实现产业化、规模化、低成本生产。推动重点品种竹纤维、Lyocell 纤维、PLA(含 PHBV/PLA)纤维、PTT(含 PTT/PET)纤维、PA56 纤维的规模化制备和自主技术水平提升,突破生物基差别化纤维柔性化制备及产业化技术、实现低成本生产;攻克国产藻类、虾蟹为原料的海洋生物基纤维规模化生产技术。

(四)推进生物基化学纤维的应用开发

根据不同纤维品种性能上的独特优势,重点拓展新型纤维素纤维在高端服装、时装、家纺、产业用等领域应用;重点拓展 PLA 纤维在床品、填充、内衣、袜类、卫材领域的应用;重点拓展 PTT 纤维在地毯、时装领域的应用;重点拓展 PA56 纤维在军服被装领域的应用;重点拓展海藻、壳聚糖纤维在医疗卫生、医用敷料、口罩、防护服、消防服等领域的应用。在高品质功能纤维、高端产业用纺织品的重点领域和重点品种上形成具有国际竞争力的骨干企业，拓展生物基纤维在高端纺织、医用材料、卫生防护、航天军工等细分领域应用，提升产品市场潜力和产品附加值。

（五）推进品牌与人才等软实力建设

建设布局合理、充满活力的产业技术创新体系，形成具有自主知识产权的创新成果，形成科技成果高效率转化机制，培育具有国际影响力的实验室和人才团队，加大培育产品创新力度，提高产品经济竞争力，走高质化与品牌化一体的道路。以行业协会、高校科研院所、产业联盟、金融基金机构、创新中心为依托，促进成果转化、品牌培育和应用推广。把握生物基化学纤维定位及发展重点，加强产业链和人才链的连接，以人才、品牌为核心，打造生物基化学纤维及原料的创新优势、产业优势和发展优势。

五、重点工程

（一）生物基化学纤维原料产业化工程

突破关键单体和原料的生物制备技术瓶颈，提升生物基单体及原料的纯度和稳定性，实现生物基原料的规模化低成本化生产，到2025年实现化学纤维原料替代率达3.5%。

专栏1　生化原料研究开发与产业化应用

突破关键单体和原料的生物制备技术瓶颈，高效生物发酵、精制技术，三素（纤维素、半纤维素和木质素）高效低成本分离技术，实现生物基原料的高效率、规模化制备。开发以竹、麻、蔗渣、棉秆皮等为原料的新原料基纤维素纤维，实现以多样化原料和色纺色织的结合。

攻克 Lyocell 纤维的专用浆粕高效制备技术，推进 Lyocell 纤维国产化制浆与纤维一体化技术，实现规模化生产。

建立工业微生物、蛋白酶、生物催化技术体系，攻克生物法1,3-丙二醇、1,5-呋喃二甲酸、氨基丁酸、乙二醇、二元混醇、1,4-丁二醇、聚酯多醇、乳酸、1,4-丁二酸、己二酸、羟基脂肪酸、呋喃二甲胺、戊二胺等高纯度高收率规模化制备技术，满足生物基聚酯纤维加工成型性能要求。

突破5万吨级1,5-戊二胺高效制备，满足生物基 PA5X 纤维规模化产业化需求；突破聚丁内酰胺连续聚合及纺丝关键技术、呋喃二甲胺高效胺化和加氢工艺技术，满足生物基聚酰胺材料需求。

重点攻克国产虾、蟹壳，野生海藻（褐藻、红藻、绿藻）、养殖海藻、海藻酸盐（钙、铜、锌、纳）高效提纯、制备关键技术，实现海洋生物基纤维原料多元化。

（二）生物基再生纤维素纤维绿色制造工程

重点攻克 Lyocell 的国产化装备和生产技术，优化浆粕预处理系统、活化反应器、溶剂回收及后处理工艺，开发高附加值纤维素纤维，突破新型纤维素纤维长丝及工业长丝制备技术，实现产业化生产。

专栏2　新型纤维素纤维产业化技术与应用研究

突破 Lyocell 国产化装备大型化技术、低成本原纤化控制技术、溶剂高效回收技术，建立单线纺丝能力 6 万~10 万吨/年 Lyocell 纤维生产线；加快推进离子液体溶剂法（ILS 法）、氨基甲酸酯法（CC 法）、四丁基氢氧化铵/二甲基亚砜(TBAH/DMSO)混合溶剂法、低温碱/尿素溶液法纤维素纤维、纤维素衍生物熔融纺丝等纤维素纤维绿色制造工程。

拓展纤维素纤维高附加值产品的研发，攻克高强度功能性再生纤维素纤维低能耗高效制备技术，实现阻燃、蛋白改性、原液着色、相变储能等功能性纤维素纤维的品种开发，在纤维素纤维海绵领域完成工艺软件包开发。突破 Lyocell 长丝高效低成本制备及应用产业化技术，建设万吨级产业化生产线，实现规模化生产；攻克高强高模纤维素工业长丝的清洁生产新工艺及产业化关键技术和设备开发。

开发 Lyocell 纤维智能化制造系统。包括纺丝模拟系统、针对客户需求的加工机理软件包，形成产品专家库系统（生物基纤维应用专家，高品质纤维领域专家，特种产品专家）；以质量为核心的过程监控、单元技术融入系统；单元设备均上网，通过大数据实现融合。推动新资源型（竹、麻、秸秆）纤维素纤维的绿色高效制浆技术，拓宽纤维素纤维原料资源，引导传统纤维素纤维转型升级。

攻克高效低成本等秸秆预处理产业化技术，纤维素专用工业酶产业化技术、生物质全利用技术和在线即时检测技术。推动微生物技术、生物酶、电子束处理技术、智能制造技术，与生物基纤维及原料技术融合，提升产业水平。

（三）生物基合成纤维产业化工程

攻克生物基合成纤维高效聚合纺丝技术，开发聚乳酸纤维、生物基聚酯、聚酰胺纤维的大容量连续聚合、熔体直纺及纺丝成套装备，实现生物基合成纤维的规模化生产与应用。

专栏3　生物基合成纤维产业化技术与应用研究

突破10万吨级 L-乳酸→丙交酯→聚合→聚乳酸（含熔体直纺）纤维规模化高效制备技术，降低生产成本。攻克 L/D 乳酸立构复合技术、提高聚乳酸纤维的耐热性、染色性和手感，提升聚乳酸纤维的物理性能，开发差别化（耐热、异型、易染、轻柔、耐高温、抗水解等）聚乳酸纤维，拓展应用领域；加快推动＞2万吨级聚乳酸纤维长丝、短纤产业化生产线建设。

攻克生物基 PTT 催化剂和 PTT 高效连续聚合制备技术，形成单线10万吨级生物基 PTT 连续聚合、纺丝生产线，实现甘油法生产 PDO 副产 BDO 高值化利用。攻克 PDT 连续稳定聚合技术，推进 PDT 纤维的产业化稳定生产与应用。

关注聚酰胺类国际"卡脖子"技术，攻克以生物质氨基丁酸为原料合成聚丁内酰胺的关键聚合技术、呋喃二甲胺技术。

推进生物基 PA56 的10万吨级高效连续聚合、熔体直纺技术与 PA56 纤维产业化生产，实现 PA56 纤维高性能、低成本化生产。

攻克高纯度的 2,5-FDCA（2,5-呋喃二甲酸）制备及 PEF 聚合技术，解决聚合物 FEF（聚呋喃二甲酸乙二醇酯）颜色问题。

开发多组分生物基复合纤维，实现结构种类（如皮芯、并列等）、组分比例多样化，满足下游企业的应用需求。

研究生物可降解聚酯技术，解决聚酯纤维废弃物对环境污染问题。

（四）海洋生物基纤维产业化工程

重点推动海洋生物基纤维高黏纺丝液制备及清洁纺丝工艺技术、拓展海洋生物基纤维的应用领域，满足生物医用纤维材料产业发展需要，提高人们的健康生活水平。

专栏4　海洋生物基纤维产业化技术与应用研究

攻克万吨级海藻纤维产业化成套技术及装备、高浓度海藻纺丝液制备及清洁纺丝技术，解决纤维遇盐水/洗涤剂溶解问题，提高纤维物理性能；建立万吨级海藻纤维产业化生产线，攻克海藻纤维共混纺丝技术，开发纤维素/海藻复合功能纤维等差别化产品。

通过产业链协同创新，解决海藻纤维与不同品种纤维的可纺性问题，推动海藻纤维纱线制品的研发与应用。

攻克高效低成本壳聚糖提取关键技术及高效清洁化纺丝技术；建立万吨级壳聚糖纤维产业化生产线，扩大应用领域。

突破医疗级壳聚糖纤维产业化系列关键技术，建设医疗级壳聚糖纤维纺丝生产、不断提高我国生物医用纤维材料的性能、降低成本、扩展应用领域。

（五）关键共性技术与公共平台建设工程

建立生物基化学纤维的共性关键技术研发与创新平台，研究开发生物基纤维的绿色加工技术、智能制造技术、纤维改性技术和标准制定，建立知识产权管理平台，为生物基化学纤维及原料的产业化提供技术支撑。

> **专栏 5　关键共性技术与公共平台建设**
>
> （1）关键共性技术攻关服务平台
>
> 生物基化学纤维从原料制备到产品生产过程工艺流程长、关键环节多、技术难度大、跨学科交叉广，重点针对聚合单体来源、制备和提纯，高效聚合、连续纺丝技术建立共性关键技术研发平台。针对关键技术、国产装备、工艺优化等问题进行联合攻关。
>
> （2）标准化研究及创新平台建设
>
> 依托生物基化学纤维分技术委员会，组织机构的创新与完善，激发标准化工作活力，发挥标准的基础支撑作用。研究生物基化学纤维产品标准、方法标准；建立生物基化学纤维新方法、新产品和新原料的创新研发平台，研究生物基纤维的溶解机理、分子结构设计，纺丝成型机理与在线调控，改善纤维力学性能、光学性能、手感、吸湿性等物理化学性能。
>
> （3）知识产权管理平台
>
> 建立健全知识产权管理制度，加大知识产权保护力度。通过专利布局、专利运营等手段，开发涉及生物基化学纤维及原料的检测技术、标准、方法，形成知识产权体系，积极构建知识产权防火墙。积极探讨从技术秘密或 know-how 等方式进行技术保护的可行性和可操作性。鼓励企业在关键领域、核心技术上拥有自主知识产权，支持技术创新成果专利化、专利技术产业化。

六、政策建议与措施

（一）加强产业政策引导和支持

因地制宜，继续加大生物基材料的产品认证机制与财政补贴、税收优惠政策制定。对于已经实现产业化制备的产品，如 Lyocell 纤维、PTT 纤维及其原料，可从税收优惠政策上给予支持，以提升国际同质化产品竞争优势；对于一批有需求、能快速规模化生产的纤维材料，如聚乳酸纤维、生物基聚酰胺 56 纤维及其原料，可给予资金补贴和税收减免等政策，对处于研究开发阶段的前沿技术、新材料、新工艺可给予资金补贴，积极引导生物基纤维及原料产业发展。

（二）注重高品质产品开发，形成联合效应

加大培育产品创新力度，提高生物基化学纤维的附加值，增强产品经济竞

争力。紧紧把握纤维材料由单一功能向多元复合开发转变趋势，利用在线添加技术及化学改性技术，开发阻燃、抗熔滴、原液着色、抑菌等同质异构纤维及成套工程技术，提升柔性制造水平。挖掘消费端需求，加强与有研发创新能力的面料和终端品牌对接合作，推动生物基化学纤维在纺织服装、家纺、产业用、军用领域的应用示范，走高质化纤维联合品牌下游的创新之路。

（三）加强知识产权保护，建立健全标准体系

通过攻克前沿技术、关键技术及装备，注重自主知识产权和标准化体系的建立，提升企业核心竞争力和产品附加值。建立知识产权认证管理体系，增强知识产权纠纷的应对能力，加强知识产权成果的运用，提高知识产权成果的产业化运作水平；根据生物基化学纤维及原料的开发情况，建立相关产品标准、方法标准、认证技术标准体系，加强生物基化学纤维生产与市场准入管理及行业规范，提升国际竞争力。

（四）依托产业联盟、公共平台，合力击破

依托产业联盟、金融基金、创新中心、技术中心等平台，以产业协同突破关键技术及下游应用瓶颈，以资本协同加杠杆拓宽融资渠道，以专项协同推动生物基化学纤维产业化及应用。目前，我国生物基纤维行业已经组建聚乳酸、新型再生纤维素纤维、生物基聚酰胺纤维等联盟团体取得一定效果，但合作机制，知识产权保护等方面尚需加强。我国的生物基化学纤维企业多以中小型科技企业为主，企业生产规模参差不齐，多数企业产能偏小，抗风险能力差，融资能力弱，因此可提高大型企业及社会资本方对生物基化学纤维的认识，增加金融杠杆，形成融、产、研、用相结合的利益共同体。

（撰稿人：王永生　李增俊）

非纤用聚酯行业"十四五"发展规划研究

中国化学纤维工业协会非纤用聚酯分会　三房巷集团有限公司

华润化学材料科技股份有限公司　浙江万凯新材料有限公司

海南逸盛石化有限公司　东华大学　中国石化仪征化纤有限责任公司

"十三五"期间,非纤用聚酯行业紧跟国家政策步伐,借助《中国制造2025》、"一带一路"带来的转型升级"窗口期",以炼化一体化,科技创新,智能制造,绿色制造,电子商务为抓手,积极推行业供给侧改革和产业升级。行业产能产量稳步提升,出口量不断增长,实现了行业高质量、可持续和稳定健康发展。

"十四五"期间,借助城市居民消费升级、内陆城市和农村市场、新零售经济等消费需求,依托大数据、5G 应用、互联网—物联网等新新技术的普及与应用,中国非纤聚酯产业将继续处于巨大的历史机遇期。

一、"十三五"我国非纤用聚酯行业发展成绩突出

"十三五"期间,我国非纤用聚酯行业在电子商务快速发展、市场需求拉动、消费产品升级和出口增加带动下,产量进一步提升,巩固了全球市场优势,国际竞争力持续增强。

（一）产业规模不断扩大,产业调整持续推进

1. 行业产能产量持续增长

"十三五"期间,聚酯在食品包装领域的所占份额越来越大,聚酯瓶95%取代 PVC、70%取代玻璃、50%取代乳制品纸包装；聚酯薄膜、片材和工程塑料在工业、包装、农业、物流、建筑、日用品、医疗等众多领域都有所建树。PCT、PETG 等特种聚酯、改性聚酯以及生物基聚酯（PEF）等、生物可降解聚酯（PBS、PBSA、PBAT、PBST、PLA、PHA）等科技攻关及产业化进程稳步推进,部分已经实现产业化。

聚酯瓶片除了传统需求市场外,还在日用化学、咖啡奶茶饮料、生鲜冷链、

新颖食品包装、医药、文具、医用防护面罩等新兴应用领域正呈现高速发展。这领域主要采用片材加工形式，后期片材市场需求量继续呈现加速增长。聚酯双向拉伸（BOPET）薄膜市场则出现增长放缓趋势，"十三五"期间产能产量增幅大幅下降。普通膜市场相对过剩，加工生产企业逐步向差异化、功能化产品转型。

2020年，中国聚酯瓶片有效产能1206万吨、产量906.5万吨，相比2015年有效产能737万吨、产量563万吨有明显增长。2015—2020年聚酯瓶片产能年均增长为10.35%，产量年均增长为10.0%，明显高于聚酯行业总体发展速度。2020年中国聚酯膜片总产能337.2万吨、产量239万吨，2015年则为总产能270.4万吨、产量200.95万吨。产能年均增长为4.5%，产量年均增长为3.5%，略低于聚酯行业总体增速。

2. 产业结构进一步优化，集中度不断提高

2020年，我国聚酯瓶片民营企业产能占比约达63%；国有及国有控股企业约占13%；外资和合资企业占14%。在"十三五"期间新增聚酯瓶片产能中，95%以上由民营企业投资。

同时，企业资本组成更趋于多元化，龙头企业通过优化的融资手段，登陆资本市场，获得较为优惠的资金进一步实施相关产业投资和新建扩建项目，引领了行业新一轮发展。国内涉及聚酯瓶片的上市公司主要有：恒逸石化（000703.SZ）、石化油服（600871.SH）、三房巷（600370.SH）等。

从区域结构上看，东部沿海地区集中了主要产能。2020年我国聚酯瓶片产能分布格局略有变动，江苏490万吨稳居第一，占38.0%；第二、第三、第四名分别是海南200万吨，广东136万吨，浙江120万吨，分别占全国的15.5%，10.5%和9.3%。根据目前在建产能区域分布分析，"十四五"期间，瓶片产能的增加主要由当前行业内龙头企业投资，产业集中度高，且逐渐向华北、中西部地方转移。

3. 企业走出去步伐加快

"十三五"期间，国内民营企业赴海外投资步伐加快。福建百宏集团在越南分两期投资6500万美元，筹建50万吨聚酯瓶片项目，2020年全面达产；广州泛亚有限公司在沙特投资38亿美元的100万吨/年瓶片以及相关项目，已纳入国家"一带一路"建设重点项目清单，该项目位于沙特吉赞经济城，建成

后预计可年产 250 万吨 PTA、100 万吨瓶片、20 万吨工程塑料、20 万吨薄膜以及 20 万吨聚酯纤维。

（二）非纤用聚酯行业科技创新不断推进

1. 科技创新取得突破，技术进一步向高端推进

"十三五"期间，随着聚酯以及相关行业技术研发的快速推进，企业经历了引进吸收消化再创新的科技发展过程，中国聚酯生产企业更重视科技投入，重视原创技术及基础研究。这些技术研发和应用涉及装置的自动化、数字化应用使产能和产品质量提升；采用更环保节能和回收再生手段符合可持续发展；通过共混共聚等改性手段加快新产品开发和新型市场开拓；采用新技术开拓聚酯原料来源并形成产业链。2018 年安阳龙宇公司建成并投产 30 万吨/年世界首套完全使用煤制乙二醇合成瓶级聚酯项目，一定程度上降低了行业对石油资源的依赖。总体而言，"十三五"期间非纤用聚酯行业特别是龙头企业研发投入比超过 1.2%，远超行业平均水平，科技进步明显，技术进一步向高端推进。龙头企业的共同努力，推进非纤用聚酯行业科技创新迈向新台阶（表 1）。

表 1 "十三五"非纤用聚酯行业科技研发项目汇总

牵头完成单位	项目名称
仪征化纤	成功开发出替代进口 PETG 的改性非晶型共聚酯 PET
	非重金属催化剂的聚酯 PET 系列新产品
	新一代瓶用聚酯成套生产技术
	开发出了特有的 RPET 聚酯技术
	成套 PBT 合成技术以及系列工程塑料
	合成生物可降解 PBST 技术
	耐热 PET 共聚酯材料
华润化学材料	特种聚酯 PET 泡沫材料
	高透亮聚酯材料和 PETG 共聚酯材料
	高流动性聚酯
	高性能热塑性复合材料
	钛系催化剂合成聚酯瓶片
	开发可快吸热量制瓶的聚酯瓶片

续表

牵头完成单位	项目名称
万凯新材料	低熔点聚酯应用研究
	医用包装材料开发
	环保型催化剂研究开发
	高强度聚酯研究
	柔性化高产能装置的开发应用研究
海南逸盛	开发一套化学法生产RPET新工艺
	开发一套物理法生产RPET新工艺
	开发快吸热水瓶级、热灌级瓶片
	开发多种非锑系催化剂瓶片
	开发替代PS塑料制品用瓶片
	开发高透明度瓶片
三房巷	开发系列功能性聚酯薄膜
	可用于光纤护套的PBT改性树脂
	开发可快吸热量制瓶的系列聚酯瓶片
	从瓶到瓶（BTB）的研究项目开始实施

资料来源：中国化学纤维工业协会

2. 科技创新平台建设取得成效，为可持续发展提供保障

"十三五"期间，我国非纤聚酯行业科研工作者在基础理论研究、工程设计、产品研发等领域取得了一系列突破性进展，已经具备全面推进行业产业升级的基础。龙头企业先后建成研究院、省级企业技术中心，省级博士后工作站（创新基地），院士工作站等科技创新平台。在此基础上，有的又组建了企业研究院，针对企业长远发展目标，在工艺优化、产品研发及市场分析等领域，高标准打造专业团队，构建了专业基础雄厚的科研梯队，为企业的发展奠定了坚实基础。甚至有些企业还投建了中试基地（研发中试场所）及柔性化生产线，一方面可加快研发项目的推进速度，提高企业的硬件技术水平；另一方面，可为企业的创新转型提供支撑，促进产业升级。

同时更多形式的企业创新中心及重点研发平台、重点实验室还在陆续建设中，这些创新中心、创新平台面对当今世界新一轮科技革命和产业革命，致力于解决聚酯瓶片等产业实施创新驱动发展的要求，助力推进聚酯行业向强国迈进。

3. 智能化装备和工艺有突破，设备互联互通取得成效

"十三五"期间，聚酯生产企业虽起步较晚，但主动拥抱智能制造，引入大数据、工业机器人、人工智能等先进技术和理念，推进机器换人和建设现代化智能车间、智能包装系统、智能自动化立体仓库、输送系统均取得了一定的进展，初步实现从瓶片制造、物流全面实行全流程自动化、智能化生产作业。三房巷集团在完成工业化和信息化的"两化"融合认证的基础上，建设数字中心、推进生产的自动化和管控的智能化的融合以实现智慧工厂。

（三）行业竞争实力不断提升，国际视野不断扩展

1. 炼化一体提升行业竞争力

"十三五"以来，以恒逸集团、荣盛集团等龙头企业实施上下游全产业链发展战略，以规模化、一体化、基地化模式进入炼化行业，构建了原油—芳烃、烯烃—PTA、MEG—聚酯—纺丝—加弹一体化产业链。截至 2019 年底，我国 PX 的产能达到 2503 万吨，PTA 总产能已经增至近 5000 万吨，保障了聚酯及下游生产所需原料的供给。企业可根据炼化装置进行聚酯生产工艺流程优化及产能布局，充分发挥一体化优势，降低生产及运营成本。有助于抵御单个产业链环节盈利波动对企业业绩带来的影响。同时强化规模效应，进一步加强行业抗风险能力，稳固我国聚酯行业在国际的龙头地位。

2. 出口稳定增长

"十三五"期间我国聚酯瓶片出口量从 2015 年的 189.23 万吨增长至 2020 年的 234.1 万吨，年均增长率 4.3%，受全球新冠肺炎疫情影响，2020 年瓶片出口量滑落明显，见表 2。这得益于中国聚酯产业链完备具有较大的成本、价格优势。另外，"十三五"期间海外产能由于种种原因处于不稳定状态，一定程度上造成了海外市场严重供需不平衡局面，给了国内企业产品出口提供了机遇。

表2 2015~2020年中国聚酯瓶片表观消费量

单位：万吨

年份	2015	2016	2017	2018	2019	2020
产量	588.2	630.5	721.4	815.5	874.2	906.5
进口量	3.06	4.41	4.28	6.22	4.74	3.2
出口量	189.23	216.3	220.35	274.45	290.23	234
内需量	402.03	418.61	505.33	547.27	588.71	675.7

资料来源：中国化学纤维工业协会

3. 品牌意识有所提升，品牌建设初见成效

"十三五"期间，聚酯生产企业更加注重品牌认证建设和品牌宣传。以精益的理念、追求卓越的精神，强化管理，夯实基础，打造品牌，企业主要产品除供应国内市场上如农夫、娃哈哈、顶津、海天、金龙鱼、农夫山泉、伊利等众多大客户的需求外，龙头企业的产品大多数通过了美国的FDA、欧盟EU的认证；或通过了国外知名品牌如可口可乐、百事可乐、达能、屈臣氏、雀巢等企业的认可，龙头企业的产品大多具备了品牌效应的全球知名品牌或"省级名牌产品""省著名商标""省出口名牌"产品称号。

就全球的环境污染治理及环境保护，在聚酯瓶片的回收再生使用方面，华润化学材料和可口可乐合作，取得了初步成效，"可口可乐最佳工艺进步奖""可口可乐可持续发展环保奖"，试生产的出口国外市场的RPET瓶级聚酯产品也已获得了可口可乐的技术指标及口味测试认可。

（四）差异化聚酯发展迅速

1. 聚对苯二甲酸丁二醇酯（PBT）

PBT由PTA与1,4-丁二醇缩聚而得，目前国内已经建成有近20套生产装置，合计产能约100万吨/年，但高端应用市场仍有缺口。

2. 聚对苯二甲酸丁二醇基共聚酯（PBAT、PBST）

PBAT、PBST产品的生产与PBT在聚合反应、真空系统、熔体输送、副产物处理系统、热媒系统等方面存在诸多相似，工程转化的互通性良好。在PET生产装置上对新增共聚单体后产生的副产物回收以及工艺调整后，也可以

连续生产。国内 50 万吨/年 PET 规模级装置早已经实现国产化，高黏度聚合反应器等关键设备均可在国内制造，大型聚合设备的制造、检验及施工安装也已有成熟的经验和程序，可为 PBAT、PBAT 产业化提供借鉴。目前 PBAT 行业内企业集中度较高。金发科技每年产能为 3 万吨，金晖兆隆每年产能为 2 万吨，汇盈新材料有限公司每年产能为 2.5 万吨，新疆蓝山屯河每年产能为 0.5 万吨，3 万吨/年的生产线正在建设中。

3. 聚乳酸（PLA）

2019 年 PLA 纤维产能达 4.0 万吨、同比 2015 年增长 2.66 倍。"十三五"期间，聚乳酸（PLA）纤维突破了乳酸—丙交酯—聚乳酸技术瓶颈，打通了聚乳酸纤维全产业链。安徽丰原 5000 吨乳酸、3000 吨聚乳酸产业化示范线全线贯通（高光纯乳酸—丙交酸纯化—聚乳酸合成），在建的 15 万吨乳酸、10 万吨聚乳酸将在 2020 年 5 月投产。聚乳酸非纤应用领域正在开拓中，尤其是在生物可降解领域，采用共聚共混 PBT、PBST、PBSA、PBAT 已经在农业薄膜、用即弃注塑医疗器械、食品包装、餐余垃圾包装等诸多应用市场发挥重要作用。

4. 聚羟基脂肪酸酯（PHA）

目前可以工业化生产出的 PHA（聚羟基脂肪酸酯）产品包括聚羟基丁酸酯（PHB）、聚羟基戊酸酯（PHV）、聚羟基丁酸戊酸酯（PHBV）等。我国对PHA 的研究虽然起步较晚，但目前是世界上生产 PHA 品种最多、产量最大的国家。其中，天津国韵能够每年生产 10000 吨 PHA；广东江门生物技术开发中心与清华大学合作，首次在国内外成功实现了第三代生物塑料聚 3-羟基丁酸-3-羟基己酸酯（PHBHHx）的工业化生产。

5. 聚对苯二甲酸 1,4-环己烷二甲醇酯（PCT）

PCT 是高性能的聚酯类高聚物，具有良好的热稳定性和抗冲、耐疲劳、透明性，相对 PC 更具使用安全性。PCT 作为玻璃纤维填充共混物应用于电器/电子和汽车市场，其共聚酯和熔体共混物主要应用在医药、消费品、光学和游乐/专用车辆等市场。国内对直接酯化-连续缩聚合成 PCT 以及 PCT 共混、共聚改性共聚酯虽有研究，但目前 PCT 规模产业化生产主要采用 DMT 法，由 DMT 与 CHDM 在熔融液态下酯交换，脱除甲醛，再缩聚合成，国内尚未实现工业化生产。

6. 聚对苯二甲酸乙二醇-共-1,4-环己烷二甲醇酯（PETG）

PETG（PET 醇改性聚酯），通常采用 1,4-环己烷二甲醇（CHDM）、新戊二醇、异山梨醇等作为改性单体，合成的 PETG 具有优良的加工性能、使用安全性和环保性能。尤其是 CHDM 改性的 PETG 板材、片材、注塑品等，具有突出的韧性和高抗冲击强度，其抗冲击强度是改性聚丙烯酸酯类的 3~10 倍，并具有很宽的加工范围，高的机械强度和优异的柔性，比起 PVC 透明度高，光泽好，容易印刷并具有环保优势。PETG 高收缩薄膜已经开始取代 PVC 薄膜，用于食品饮料包装。国内辽化公司建成国内第一条生产线，产能达 10 万吨/年，江苏景宏、伊尔曼、中国石化天津、仪征、上海石化、厦门腾龙等以及中国台湾也有批量生产（表3）。

表3 2015~2020 年国内非纤用特种聚酯品种分类及发展现状、产能变化

单位：万吨/年

品种			2015年产能	2020年产能
线性缩合饱和聚合物以及共聚物	PET	聚对苯二甲酸乙二醇酯瓶片	728	1206
		聚对苯二甲酸乙二醇酯膜片	270.4	337.2
		聚对苯二甲酸乙二醇酯片材	20	50
	PBT	聚对苯二甲酸丁二酯（PBT）	40	100
生物基聚酯、可降解聚酯	PLA PBAT PHA PBST	聚丙交酯（PLA）	1.5	3.5
		聚己二酸/对苯二甲酸丁二酯（PBAT）	8	30
		聚羟基脂肪酸酯（PHA）	1	3
		聚丁二酸丁二酯/对苯二甲酸丁二酯（PBST）	0.2	0.8
	PDT PEF	生物基乙二醇酯（PDT）	中试	工程化中试
		聚呋喃二甲酸乙二醇酯（PEF）	研究阶段	取得重大突破破破破
特种聚酯、改性聚酯	PCT PETG PEN	聚对苯二甲酸1,4-环己烷二甲醇酯（PCT）	小试阶段	中试阶段
		聚对苯二甲酸乙二醇酯-共-1,4-环己烷二甲醇酯（PETG）	10	20
		聚萘二甲酸乙二醇酯（PEN）	—	—
	PC	聚碳酸酯（双酚A型）	88	92

资料来源：中国化学纤维工业协会

（五）行业节能减排成效明显

"十三五"期间，中国非纤用聚酯行业积极推动以"节能、降耗、节水、减排、清洁生产、循环经济"为主要内容的节能减排工作，通过加大科技投入，新工艺、新技术和新装备得到了广泛应用，规模化的装置和单线生产能力使得产品单位能耗逐步降低，行业整体节能水平显著提升。

1. 国家及地方标准持续收紧

随着国家对生态环境的重视程度的提高，"十三五"期间，国家及各级政府制定或修定了与生态环境相关的法律、政策，如《中华人民共和国水污染防治法》、《中华人民共和国循环经济促进法》、《中华人民共和国环境保护税法》、《中华人民共和国环境噪声污染防治法》、《江苏省固体废物污染环境防治条例》、《中华人民共和国环境保护部令第48号-排污许可管理办法（试行）》、工业和信息化部下发了《工业节能与绿色标准化行动计划（2017—2019年)》等。同时，国家、地方也大幅提高与非纤聚酯行业相关的污染物排放标准，如国家环境保护部发布了 GB 13271—2014《锅炉大气污染物排放标准》、GB 31570—2015《石油炼制工业污染物排放标准》、GB 31572—2015《合成树脂污染物排放标准》、GB 37822—2019《挥发性有机物无组织排放控制标准》、DB 323151—2016《江苏省化学工业挥发性有机物排放标准》、DB31 387—2018《上海锅炉大气污染物排放标准》等。

2. 行业清洁生产体系加快建设

"十三五"以来，非纤用聚酯行业清洁生产制度法规体系建设加快。龙头企业牵头编制推广协会团体标准《瓶用聚酯工业清洁生产评价指标体系》。积极配合工信部，加快推动行业淘汰落后产能工作，圆满完成了化纤行业淘汰落后产能的目标任务。聚酯瓶片行业"十三五"落实减排措施，提升技术含量进步明显，见表4。

据统计，2019年我国非纤用聚酯单位综合能耗为112.796kgce，比2015年下降了6.95%，其中电耗为149.606kW·h，比2015年下降了12.01%，燃料煤耗为94.12kgce，比2015年下降了6.06%。

表4　2015~2019年中国聚酯瓶片行业能耗统计表

项目		2015年	2019年	2015~2019年能耗增长率（%）
综合能耗	单耗（kg 标煤/t）	121.216	112.796	-6.95
其中：电耗	单耗（kg 标煤/t）	20.90	18.39	-12.01
燃料煤耗	单耗（kg 标煤/t）	100.19	94.12	-6.06

资料来源：中国化学纤维工业协会

3.新装备、新技术不断应用

"十三五"期间，各聚酯生产企业纷纷采取多项技术措施，提高环境生态保护能力。

（1）节能技术方面。实现连续聚合聚酯装置酯化蒸汽能量的回收和利用。

（2）废水治理方面。实现对酯化、缩聚废水中乙二醇与乙醛的高效回收，废水处理达到中水回用标准实现中水的回用；提高污水管网密闭性能，防止渗漏；实行清污，雨污分流改造，分类收集、分质处理，开展土壤与地下水和地表水的环境调查，防范土壤与地下水的污染风险。

（3）废气治理方面。设置脱硝装置，增设静电、布袋等高效除尘设施；推进"煤改气"建设，提高清洁能源的使用比例；积极开展泄漏检测与修复技术（LDAR）治理，通过新设挥发性有机物（VOCs）处理设施、在投料、输送、存储和生产各过程加强对有VOCs无组织排放可能的密闭和收集，减少可挥发性有机物对大气的污染。此外，企业非重金属催化剂、瓶片回收料再利用等重点节能减排技术也得到推广。

二、非纤用聚酯行业"十四五"国内外形势及市场需求预测

（一）非纤用聚酯行业发展面临的国际形势

1. 石油期货价格剧变为行业带来不确定性因素增加

2020年受新冠疫情影响，全球经济遭受严重冲击。全球对需求萎缩的担忧带来了恐慌效应，石油价格战、美国股市严重的波动等情况相继出现。可以预见石油价格的持续下行将为中国资本市场和聚酯产业链带来联动效应。

聚酯切片作为成本推动型产品，聚酯生产企业、下游加工企业以及经销商

等形成的产业链,通过原料 PTA 和 MEG 的价格来锁定聚酯瓶片加工费的模式日益成熟,而 PTA、MEG 等大宗商品走势则直接受石油价格走势影响,因此石油价格走势将成为影响"十四五"前期乃至整个贯穿整个"十四五"期间聚酯产业链走势的主要因素之一。

2. 贸易摩擦愈演愈烈

"十三五"期间,我国已经成为全球最大的瓶片生产国和出口国。随之而来的我国瓶片行业面临贸易摩擦也格外严重。近五年来,对我国大陆聚酯瓶片出口提出反倾销调查或征收反倾销税的国家和组织有欧盟、阿根廷、美国、马来西亚、埃及、巴西、印度尼西亚、日本、加拿大、南非、印度等。"十四五"前期,海外瓶片新增预计产能约 400 万吨,主要集中在中东、欧洲、美洲等地,这将与我国形成更强的竞争格局,"十四五"期间,国内聚酯切片出口企业应引起高度重视。

3. 全球供需格局持续调整

"十三五"期间世界瓶用聚酯需求量平均增长率仅约为 3.8%,产量平均增长率仅为 5.3%。"十四五"期间,预计世界瓶用聚酯需求量平均增长率仅为 6.2%左右,2020 年的需求量达到 2840 万吨,2025 年预计达到 3850 万吨。

在大炼化背景下,上游原料工厂为了保证自己的市场份额,也将会延伸其产业链下游。国内产能的迅速扩张,产需几近饱和,致使聚酯生产企业采用全球化的策略,抢占更多的国外市场,后期如何将国际市场份额做大,将是更多企业较迫切需要解决的问题之一。

(二)非纤聚酯行业发展面临的国内形势

1. 经济进入新常态,增长速度由高速转化为中高速增长

随着中国经济进入新常态,非纤用聚酯行业仅仅依靠投资规模发展的增长模式已经难以为继,"十三五"末期,非纤用聚酯行业产能释放阻力加大,国内终端需求疲弱,出口订单的减少,供需矛盾明显,已经出现震荡下行的态势。"十四五"期间企业需要根据国家经济形势,加大结构调整力度,通过改造、化解过剩产能,开发绿色环保、高附加值、功能化产品,避免在常规产品领域的无序竞争,提高资源利用效率,开发高端下游产品,探寻发展新动能,推动行业高质量发展。

2. 中国的消费升级，新业态与新商业模式将不断涌现

"十四五"时期同样是中国经济由中等收入阶段迈向高收入阶段的关键时期，新业态、新模式、新场景将不断涌现。而且我国现在正处于消费结构的升级期，随着收入水平的提高，中等收入群体的扩大，居民消费呈现出高端化、多样化、个性化的特征；人口的老龄化、收入水平的提高，服务消费的比重越来越高。非纤用聚酯下游产品应用从耐用品向快消品转变，消费理念正在转变，接受环保绿色理念、追求时尚、高品质个性化消费。除去传统需求行业外，非纤用聚酯以使用安全性高、加工性能优良、外观透明洁净、可回收再生等优良特性，在新兴应用领域正呈现高速发展。

3. 智能制造引领行业技术革命

"十四五"期间将是工业智能化发展的关键，5G 的应用将促进信息产品和服务的创新，智能终端设备性能将进一步提升，互联网—物联网线上线下融合对生产生活方式的变革。新型技术和新型产业深度融合将全面应用于工业物联网、车联网及其他垂直行业。人工智能将对传统制造产业链、价值链带来革命性影响。借助智能制造的技术革命，非纤用聚酯企业将能够进一步完善全流程智能决策过程，做到管理生产的精准、高效、优质、低耗、安全、环保，全面提升发展质量，降低生产成本。

（三）非纤用聚酯应用市场需求预测

"十四五"期间，瓶级聚酯将继续以食品包装领域为基础，向日化产品包装、文具、玩具包装等领域延伸，并逐渐替代其他包装材料。其中软饮料行业一直是瓶片的主要消费市场，但随着"十三五"期间开始的国内经济增速放缓，软饮料对瓶片的需求也出现放缓迹象，预计"十四五"走势将与中国经济增速相近；瓶片外贸市场在"十三五"期间增长明显，出口量占国内产量的30%~35%。预计"十四五"将继续保持增长，但受国外产能增长、贸易摩擦持续等因素影响，不确定性增加；随着消费升级、禁废令等利好因素影响，生鲜冷链、现场制作饮品、日化产品、医药、文具、电子产品等新兴应用领域的需求可期。

膜级、片材聚酯种类不断增加，应用领域不断扩展，"十四五"期间有望继续保持快速发展。膜级聚酯中：食品包装、太阳能背板、玻璃贴膜、光学膜、色膜、耐高温、阻燃膜、热封膜、热收缩膜、永久抗静电膜、金属罐内衬覆膜、

生物可降解膜等领域值得关注。片材工程塑料市场中：产品吸塑包装 APET（αPET）片材、生物可降解 PLA、PBST、PBAT 吸塑片材、改性 PET 并接枝共聚弹性聚烯烃吸塑片材、PETG 板材等均展现出极佳的发展前景。

工程塑料已被广泛应用于电子电气、汽车、建筑、办公设备、机械、航空航天等行业，"十四五"期间以塑代钢、以塑代木的发展趋势将继续延续，而且随着3D打印等新型技术的发展，热塑性聚酯工程塑料的应用将得到进一步拓展（表5）。

表5 PET、改性聚酯替代其他包装材料示例

包装领域	替代材料	替代原因
日用消费鲜牛奶、酸奶、乳酸菌等	玻璃瓶、纸盒、聚烯烃瓶	降低运输成本、减少木材消耗、提高食品安全性
日用调味品、果酱、蜂蜜、干果等	玻璃瓶、金属罐	降低运输成本、提高食品安全性
日用化妆、清洗液、护理液等	玻璃瓶、聚烯烃瓶	降低运输成本、更简易化回收再生、减少聚烯烃对环境的负面影响
啤酒	玻璃瓶	降低运输成本、提高使用安全性、简易回收再生
药品、低温冷藏药剂	聚烯烃瓶、玻璃瓶	降低运输成本、提高使用安全性
婴儿奶瓶、便携式保温瓶、杯（冷、热）等	玻璃、金属瓶、聚碳酸酯、聚烯烃等	使用安全性、便携性
聚酯瓶标签薄膜	聚烯烃	简化回收再生
聚酯瓶盖	聚烯烃	简化回收再生
日用化学品、化妆品袋包装	聚烯烃	提高牢度、简化回收再生
保鲜食品（蔬果、水产）包装薄膜	聚烯烃	改善低温储存保鲜、食用安全
一次性购物袋、垃圾包装袋	聚烯烃	减少环境污染、提高使用牢度
生物可降解农用地膜	聚烯烃	提高土地重复使用率、减少环境污染
小商品透明、半透明包装	聚烯烃、有机玻璃片材	提高使用安全性、简化回收再生
宠物饲料袋包装	聚烯烃	提高使用安全性、简化回收再生
快递产品盒包装	纸盒、发泡聚烯烃	可重复使用、减少生态资源浪费、减少"白色"污染

资料来源：中国化学纤维工业协会

三、"十四五"发展指导思想和主要目标

（一）指导思想

全面贯彻落实党的十九大精神，深入学习贯彻习近平新时代中国特色社会主要思想，贯彻新的发展理念，把握行业从规模增长向质量提升的重要窗口期，把握全球新一轮科技革命和产业变革机遇，着力以解决人民日益增长的美好生活需要和不平衡不充分的发展之间的矛盾，推动产业高质量发展，实现新旧动能顺畅接续转换，推进非纤用聚酯行业迈向先进制造进程，抢占全球产业发展制高点。围绕"智能驱动、绿色高端、结构合理、世界领先"的目标，坚持以供给侧结构性改革为主线，以市场为导向，以创新驱动为动力，以智能制造为主攻方向，以提质增效为中心，加快产能结构与产品结构调整。着力拉长产业链、补强创新链、提升价值链。不断推动行业的智能化、绿色化、柔性化、国际化发展，推动由行业规模增长向质量提升转变，不断增强行业核心竞争力和可持续发展能力，为推进化纤强国建设提供坚实基础。

（二）基本原则

——坚持以市场为导向，推进供给侧结构性改革；

——坚持以创新驱动为引领；

——坚持以智能制造为主攻方向；

——坚持以提质增效为中心，加强企业治理；

——坚持以绿色发展为底线；

——坚持把国际领先作为发展目标。

（三）发展目标

1. 行业发展和结构优化目标

（1）瓶片。

产能：1768 万吨，年均增长 7.7%；

产量：1430 万吨，年均增长 8.4%；

需求：1350 万吨，年均增长 8.3%，其中：出口量：450 万吨，年均增长 5.3%。

（2）膜片。

产能：432 万吨，年均增长 5.0%；

产量：360 万吨，年均增长 5.5%。

（3）可降解聚酯（PBAT、PBST、PLA、PHA 等）。

产能：500万吨。

（4）高质再生瓶片。

产能：20万吨。

（5）PBT、PET工程塑料、改性聚酯PETG等以及生物基（PEF）等。

产能：200万吨。

2. 绿色发展目标

主要污染物排放总量下降10%。

四、"十四五"非纤用聚酯行业发展的重点任务

（一）推进供给侧结构性改革，优化产能结构

1. 鼓励龙头企业向上下游延伸，中小企业差异化发展

鼓励聚酯瓶片企业继续向产业链上下游两端延伸，实现原油—石脑油—芳烃（PX、mX）—聚酯原料[PTA、EG、FDCA（2,5-呋喃二酸，生物基聚酯原料）、CHDM等]—聚酯合成—深加工的全产业链一体化运作模式，稳定原料的供给，提高在原材料领域的话语权；拓展应用领域，例如食品包装、农用、医疗、建筑、交通等，提高行业整体技术含量和产品附加值，增强产业协助能力、盈利空间与抗风险能力，增加产业的国际比较竞争优势。

中小型非纤用聚酯企业需要增强自身产品附加值，专注于长尾空间，从事差异化产品的开发；引导生产能力弱、不具备成本优势的企业转型发展，通过进一步提升研发投入比例，增强企业的创新能力，通过转变企业发展思路，引导企业向服务型企业转型，为行业高质量发展提供保证。

专栏1 改性聚酯的工业化批量生产

（1）优先鼓励现有PTA法PET连续生产装置经过适当改造，生产共聚二元醇改性聚酯，改性单体包括：1,4-环己烷二甲醇（CHDM）、新戊二醇（NPG）、IS（异山梨醇）等。①工程化配套新增单体的调配系统、工艺控制范围的调节、酯化系统的设备改造、新增单体反应后的副产物回收或处置（环保）等；②配套建立涉及改性聚酯的过程分析、产品检验，尤其是改性聚酯特征检验项目，并制定标准。

（2）鼓励现有大中型瓶用聚酯生产企业采用共聚技术生产提高阻隔性能的瓶用聚酯切片。①共聚改性单体主要是2,5-呋喃二甲酸、2,6-萘二甲酸、异山梨醇等；②具备技术和环保许可条件的回收再生瓶用聚酯企业（BTB）可采用同类共混（PEN、PEF、PEIT等）方法生产高阻隔瓶用聚酯。

(3) 鼓励现有 PET、PBT 连续生产装置或 PET 再生企业通过共聚、共混（包括原位聚合）、接枝改性等方式，生产用于工程塑料的改性聚酯。①含玻璃纤维以及辅助结晶的注塑 PET 抗冲、抗翘、易脱模等工程塑料；②用于热湿环境的耐水解 PET 工程塑料；③通过接枝或共聚改性使熔体强度增加，可用于超临界注塑发泡的 PET；④通过共聚改性，增加端羟基和端羧基，以利于共混接枝改性生成"超级"抗冲的柔性 PET 片材；⑤PC（芳香族聚碳酸酯）共混 PET 改性；⑥共聚改性合成高 T_g、高透明、热稳定性高的片材、压塑瓶、瓶盖等。

专栏 2　高性能聚酯产业化

（1）推动将科研成果转化为工程化技术，新建或改造千吨产能的中试规模聚芳酯（液晶聚酯）生产线。①完善单体原料的供应及质量稳定（对羟基苯甲酸、对羟基萘甲酸、间羟基苯甲酸、对苯二酚等）；②含 PET 链段的共聚改性；③完善合成的工程化技术（例如熔融缩聚的均匀化、催化剂的选择、造粒手段等）；④开展聚芳酯应用技术的研发。
（2）可以利用现有的 PET、PBT 装置适当改造合成 PEN（聚萘二甲酸乙二醇酯）、PBN（聚萘二甲酸丁二醇酯）聚酯。①单体 2,6-萘二甲酸的批量化生产；②完善共聚改性工程化技术；③开展应用加工技术的开发。
（3）新建、完善 DMT 法合成 PCT（聚对苯二甲酸环己烷二甲醇酯）工程化技术，探索 PTA 法合成 PCT 的工程化工艺路线。①DMT 法的 DMT 原料、CHDM 原料单体成本下降；②酯交换副产物甲醇的安全回收；③高效催化剂；④CHDM 的回收纯化；⑤PCT 改性（玻纤共混等）；⑥探索 PTA 法的 PCT 产业化合成工艺。
（4）对 PTA 连续酯化法生产 PBT 装置进行适当完善改造，生产高性能的 TPEE（热塑性弹性聚酯）。①改性单体聚丁二醇（聚四氢呋喃 PTHF）的合成以及所需不同分子量产品；②完善 PTHF 的回收；③不同分子量 PTHF 系列 TPEE 产品；④PTEE 的应用研究。

2. 优化国内非纤用聚酯区域布局，形成东西部协调发展新局面

引导企业向资源禀赋丰富、承载能力强、下游市场集中的区域集聚，促进产业集群式、园区化发展，提高综合竞争力；加快下游配套产业发展，构建产业链上下游、价值链各环节相协调的产业布局体系，促进上下游产业链配套发展。

坚持在产能布局和转移中，发展低能耗、低污染、高效率、高品质的先进生产力，鼓励民营资本、外资参与区域结构调整，特别是参与现有国企改造、改组、重组，通过横向联合与垂直整合，实现存量资产的重组和优势企业的扩张，打造具有综合竞争力的大型企业集团。

以市场需求为导向，发挥产业链配套和产业集聚作用，实现资源优化配置，形成东西互动、集约高效、协调优化、分工协作、共同发展的合理产业梯度格局和消费格局，促进沿海和中西部地区产业良性衔接。发挥东部地区人才、技术及市场辐射的优势，着重加强研发创新，大力发展高附加值产品及高新技术产品，提高核心竞争力。

3. 鼓励企业走出去，整合全球资源

鼓励企业"走出去"，在"一带一路"沿线国家、石油资源丰富的国家和地区投资，加大化工品的比重，解决国内资源紧缺问题。鼓励企业积极参与全球资源配置和国际产业分工，整合国际优势资源，加快境内外市场的拓展，开展基于优化全球资源配置和提高国际化运营水平的全球兼并收购活动；带动与自己经营具有上下游关联的企业、下游产品加工企业跨国经营；在价值链整合、研发、生产、销售等方面开展国际化经营，利用全球资源促进产业创新；加强国际高端技术研发人才和经营管理人才的引进与培养，提升行业的国际化经营管理能力和国际化水平，逐步形成若干具有较高国际知名度和影响力的跨国公司。培育具有国际影响力的大型企业集团，提升行业整体的国际化水平。

（二）以智能制造为抓手推动产业升级

1. 引导工厂智能化改造，推进行业智能生产进程

在重点企业推进建设智能车间、智能工厂，将互联网+、大数据+、云计算规模应用，不断提升数字化、网络化、智能化水平，以智能制造促进转型升级。围绕非纤用聚酯生产关键工序智能化、关键岗位机器人替代、供应链优化、生产过程智能优化控制、在线检测、远程诊断维护等，初步实现大数据技术在生产中的应用，将信息技术和先进测控技术应用于聚酯生产过程的建模、控制、优化、管理等过程。加快先进制造，推动互联网、大数据、人工智能和实体经济的深度融合，探索低成本、高成效省生产数据采集模式，打造产销一体、管控衔接、财务业务一体化的聚酯及聚酯纤维数字化工厂。

2. 构建智能制造系统体系，提升行业智能制造水平

"十四五"期间研发智能驱动运营管理，数据驱动战略决策提升采购、生产、销售、物流、研发等各个环节以及与上下游业务过程的协同性；以最小管理单元为基础的大数据管理，还可以提高产品的个性化、定制化和精细化，对客户需求快速反应，进而提供更加精准的服务，加快非纤用聚酯行业人工智能

的步伐。

(三) 提高企业的绿色制造水平，夯实企业绿色发展基础

1. 进一步完善行业绿色制造体系

贯彻落实《中国制造 2025》，深入实施绿色制造工程，坚持低能耗、循环再利用，加快应用先进节能减排技术和装备，完善绿色制造的技术支撑体系。积极推广绿色聚酯标志产品，全面推进行业清洁生产认证和低碳认证体系建设，提高资源综合利用水平，加快制造方式的绿色转型。一是加大绿色工厂、绿色设计产品、绿色园区和绿色供应链示范企业，完善绿色制造体系建设；二是着力推进中小企业的绿色化改造，加快节能减排先进技术的产业化应用；三是着力优化清洁生产审核重点和方式，促进制造业生产过程绿色化；四是着力提升制造业资源综合利用水平，促进资源绿色化循环利用；五是着力探索推进制造业绿色发展的途径、举措，构建促进绿色制造体制机制。

专栏 3　绿色制造和循环利用

（1）逐步在现有 PET 装置（包括瓶用聚酯装置）推广钛系催化剂的应用，①钛系催化剂（有机、无机等）商业化；②可以根据装置的实际状况，在酯化过程和缩聚阶段添加；③优化调整酯化缩聚工艺；④适当调整切片色相的相关指标（通常采用钛系催化剂后，聚酯切片的 L 值增加，b 值增加）；⑤完善采用钛系催化剂聚酯 PET 的应用加工技术（例如，纺丝条件、固相缩聚条件、注塑、吹瓶、成膜条件等）。

（2）在现有 PET（10 万吨/年以上）装置推广乙醛回收技术（酯化工艺塔），①现有的 EG 回收系统增设 AA 蒸馏提纯设施；②优化工程设计，特别是 AA 储罐和装运的安全技术。

（3）推荐企业选用液相增粘技术对现有瓶用 PET 装置的增产改造，①增设增黏釜将黏度提高至 0.72~86dL/g；②采用钛系催化剂提高效率，降低反应温度并降低 AA；③采用熔融切粒降低能耗；④增设利用酯化余热的热空气循环釜，对固态的球粒切片进行脱醛处理。

---

2. 加快研发可降解聚酯、生物基聚酯产品以及回收再生新技术

加快聚酯回收再生高效、高品质、节能、低排放等规模产业化，开发可降解聚酯生产技术的提升与规模化应用。通过绿色设计、制造、回收再制造等技术攻关，开发生物可降解聚酯类（PLA、PHA、PBS、PBSA、PBAT、PBST 等）产业化生产技术和高效、高质化、功能化、节能低排放再生聚酯生产技术及装备，加大可降解聚酯生产技术和循环再生聚酯新技术、新工艺、新设备的

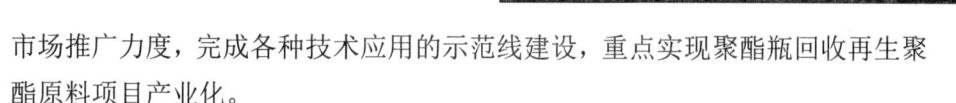

市场推广力度，完成各种技术应用的示范线建设，重点实现聚酯瓶回收再生聚酯原料项目产业化。

开发聚酯回收料醇解及醇解深度控制技术，开发醇解物分离、纯化、再聚合等工艺和装备，醇解乙二醇回收、净化及再利用技术。研究化学法再生聚酯纤维技术，运用共混、共聚、异形、超细、复合等技术手段，开发系列高品质差别化、功能化再生聚酯产品。推广绿色催化剂、助剂、母粒的研发与生产。

专栏4　可降解聚酯、生物基聚酯产业化以及回收再生新技术

（1）完善连续化生产PLA（聚乳酸）经济规模生产线，①优化乳酸单体生产（减少粮食作为单体合成的主要来源）；②优化连续生产工艺，降低制造成本（包括"一步法"技术）；③开发不同应用领域的系列产品（耐久性产品、可生物降解产品）以及改性产品，用于吹膜、双向拉伸膜、注塑、纤维等加工工艺等。

（2）建设全生物基PEF（聚呋喃二酸乙二醇酯）万吨级生产线，在现有PBT、PET装置上适当完善改造生产全生物基PEF，①生物基2,5-呋喃二甲酸、生物基乙二醇产业化；②连续合成工艺的产业化优化（反应温度、时间、催化剂）；③副产物的回收再生。

（3）对现有聚羟基脂肪酸（poly-hydroxy-alkanoates，PHA）系列产品（PHB、PHVB、PHBHH、P34HB*等）中试以及产业化生产线进行优化，形成生物基聚酯的高附加值产业链，①优化生物化工的工程技术；②规模化降低生产成本；③菌种；④纯化以及提高分子量。

（4）对现有PBT、PET生产装置进行适当改造，生产低成本的生物可降解聚酯聚对苯二甲酸-共己二酸丁二醇酯（PBAT）、聚对苯二甲酸-共丁二酸丁二醇酯（PBST）、聚对苯二甲酸乙二醇共异山梨醇酯（PEIT）等，①降低原料丁二酸、己二酸、丁二醇、异山梨醇的成本（包括生物基来源）；②优化生产工艺和工程技术（包括副产物回收再生、熔融切粒、直接纺丝等）；③开发系列产品（可控的降解速度、适合不同加工要求的直接纺丝、非织造布、吹膜、拉伸膜、吸塑片材、注塑等）；④开发应用技术。

（5）完善新建万吨级以PBS（聚丁二酸丁二醇酯）、PBSA（聚丁二酸-己二酸丁二醇酯）等为基础的芳香族共聚生物可降解聚酯生产线以及后续配套应用生产线（例如直接纺丝、直接熔喷、直接吹膜等），①不用可能有使用安全隐患的扩链剂**；②降低丁二酸、丁二醇成本（包括生物基）；③副产物四氢呋喃回收；④芳香族单体包括对苯二甲酸、呋喃二酸等其他杂环二酸；⑤比现有生产装置改造更具产品调整的灵活性和产品应用领域的细分。

（6）研究瓶用聚酯PET在线再生技术，①采用回收的PET碎片（已经去除聚烯烃）；②采用乙二醇解聚生成BHET；③过滤杂质；④进入预缩聚参与缩聚（总量的10%左右）；工程技术开发实施。

— 301 —

（四）推进标准体系建设，培育行业品牌企业

充分发挥行业协会和企业在制定标准中的作用，借助中国化学纤维工业协会标准化技术委员会及亚洲化纤联盟的力量。加快非纤用聚酯及其原料和制品的国家标准、行业标准和技术规范等的制订和完善，重点加强各类片材产品衍生产品、循环再利用产品标准的制定，加强产品标准与下游技术规范的结合与配套。支持企业参与行业标准、国家相关标准的制定，鼓励企业参与国际标准化活动，全面实现与国际接轨。逐步健全行业标准、法规、认证体系，鼓励和支持建立行业的公共检测平台、技术交流平台、中小企业服务平台等。

健全和完善行业相关方法、产品标准，智能制造，绿色制造标准化体系建设。与塑料、橡胶等合成材料的标准体系进行对标，完善非纤用聚酯的方法标准体系；根据产品开发进度，适时对改性聚酯、新型、差异化聚酯标准进行制修订；补充完善质量管理体系，特别是新型催化剂采购标准、新原料标准、生产过程的工艺控制范围以及分析检验标准；建设与标准配套的非纤用聚酯应用特征检测、质量检验中心和评价实验室。在智能制造领域，重点建设切合聚酯生产、工艺及控制特点的标准制定。在清洁生产领域，重点健全和完善符合聚酯行业特点的衡量能耗和碳排放值的标准和方法体系；健全绿色工厂、绿色设计产品、绿色园区及绿色供应链示范企业标准的制定。

通过标准体系建设，进一步加强对非纤用聚酯行业的品牌培育工作，重点推动制定非纤聚酯品牌建设标准和评价体系；全面提升品牌建设软实力，包括企业产品标准质量、产品使用说明、技术服务指导、专利及专有技术等；促进企业的可持续发展；加大企业品牌宣传和推广力度。

（五）加强全行业性的公共服务平台建设

加快完善行业预警机制，引导行业发展，避免盲目投资。加快行业公共认证体系建设，培育和发展一批优质产品和品牌，为行业结构调整发挥带动作用。建设技术、产品、信息发布平台和技术、专利交易平台，为中小企业提供信息咨询、成果推广、人才培训等专业化服务。推动"两化融合"，建设服务行业科研、创意设计的云计算平台，加强管理和流通的现代化、信息化，加强信息发布和市场交易平台建设，积极发展电子商务。支持有条件的高等院校加强优势学科平台建设。

五、重点政策措施保障

（一）加强行业引导，助力行业绿色转型

加大对现有非纤聚酯生产企业（主要是指PET、PBT为主要产品的连续聚合大中型生产企业）在安全、环保、排放、节能、绿色产品开发和装置完善改造、富余产能利用（包括引进技术）的鼓励（奖励）政策力度（贷款利率、融资、税收减免、经济奖励）。

重点支持：①环保型催化剂（例如钛系催化剂）研发；②乙醛回收技术；③液相增粘降低能耗技术；④其他能够大幅度降低能耗、降低原材料消耗、减少三废排放的新技术；⑤开发生产具有安全使用性能、环保节能、功能性产品以及芳香族生物可降解产品等的企业；⑥在线再生回用聚酯瓶碎片技术。

（二）出台专项政策，支持中小企业转型升级

鼓励现有PBT、PET连续生产装置（中小型）进行产品结构调整、资源重组、上下游垂直整合，特别是通过技术改造，生产具有更环保、更安全，具备高附加值的产品。淘汰高能耗、排放不合格（高污染）、常规产品不具备竞争力的企业。

重点支持：①利用原主要设备，并增设后续加工设备生产改性聚酯熔体直纺熔喷、纺粘非织造布、片材、吹膜等高性能、小批量产品；②改性聚酯熔体直接添加玻璃纤维用于注塑级工程塑料的开发；③可发泡阻燃聚酯后续超临界注塑发泡产品（如取代PS用于建筑保温等材料）；④改性弹性聚酯后续熔融三维成型医用床垫、家用床垫、椅垫等（创新并取代有使用安全隐患的聚合物）；⑤共混改性聚酯后续挤出片材吸塑成型用于箱包等（创新并取代不易回收并存在安全隐患的聚合物）。

（三）加大对高性能聚酯、生物基聚酯的政策支持

鼓励产学研商结合，加大高性能聚酯产业化的支持力度（知识产权使用、贷款、税收、融资、土地资源等）。加大对生物可降解聚酯的单体产业化、聚合物合成产业化、产品优化开发的支持力度。鼓励全生物基PHA系列产品应用向医用等高性能产业拓展。

重点支持：①重要聚合级单体开发和生产：1,4-环己烷二甲醇、萘二甲酸、丁二酸、丁二醇、己二酸、异山梨醇、呋喃二酸、聚四氢呋喃、对羟基苯甲酸、间羟基苯甲酸等；②优化现有PET、PBT生产装置共聚改性工艺，以及工程化技术；③PCT、PEN、液晶聚酯等高性能聚酯生产线的工程化技术。

(四)建立健全行业协作机制

建立健全非纤用聚酯在原料单体合成、催化剂、改性剂、工程化设计、制造过程、加工应用、回收再生等产业链各环节的技术支持平台（创新平台）、技术交流平台（协会、媒体、商会）、产品标准、设计标准、检验检测标准以及监督手段和惩罚体系。

（撰稿人：张凌清　王鸣义　郭振辉）

中国化纤油剂助剂行业"十四五"发展规划研究

中国化学纤维工业协会油剂助剂分会

浙江传化股份有限公司

化纤油剂助剂在化纤维生产中可减少摩擦、防止或消除静电积累、赋予纤维平滑柔软及提高纤维抱合力、减少毛丝及断头率方面具有关键的作用,并能减少纺丝、拉伸、纺纱、织造等工序装备对纤维的损伤。同时,油剂助剂的使用可提升纤维的差异化、功能性水平,在高性能纤维加工成型过程中,上浆剂、树脂等助剂对实现和增强纤维制品的功能起着决定作用。在"十四五"期间,化纤油剂助剂是化纤行业的重要创新要素,将为我国化纤工业高质量发展起到积极的推动作用。

中国化纤油剂助剂产品"十三五"期间产量取得进一步提升,技术进步进展明显,绿色产品和清洁生产技术进一步发展,国际合作进一步推进。但化纤油剂技术的发展也存在不均衡、创新能力仍需提升,企业结构和产品结构需要进一步调整,绿色发展仍需提升,品牌和标准建设仍需加强等问题。

对于化纤油剂助剂"十四五"时期的发展,需要把握化纤行业从规模增长与质量提升的重要窗口期,原创性开发高速纺丝加工用绿色高效环保油剂,以围绕"有效供给、结构合理、绿色高质、合作互赢"的目标,保障和稳定油剂助剂产品有效供给,加快产能结构与产品结构调整,提升行业绿色发展水平和产品的科技含量及品质,增加与化纤企业及国内外研究机构的合作,不断增强行业核心竞争力和可持续发展能力,为推进化纤强国建设提供坚实基础。

一、取得的成绩

(一) 行业发展水平继续提升

"十三五"期间随着我国化纤工业的高质量发展,我国化纤油剂助剂行业也在不断壮大、提升,在产能、产量及质量方面取得了明显的进展。截至"十三五"末期,我国国内油剂助剂生产厂家突破 50 家,总产能超过 80 万吨,年产量约 50 万吨。并涌现了像浙江传化、桐昆恒隆、天工大、良燕、天坛等在业内具有较高影响力的标杆企业。

随着国内化纤油剂助剂生产企业的不断努力,我国化纤油剂助剂的国产化进程不断加快,2020 年我国化纤油剂总需求量已接近 80 万吨,化纤油剂的进口依存度由"十三五"初期的 50%以上降低到"十三五"末的 40%左右。在产品质量方面,涤纶 DTY、短纤油剂领域已基本完全实现了自足供应;在涤纶 POY、FDY 及锦纶油剂领域,天工大、传化、良燕等国产油剂企业也取得了一定的技术突破,基本满足了化纤企业产品质量发展的需求;碳纤维等高性能纤维油剂助剂获得进展,高硅油剂、低硅油剂和无硅油剂能够初步满足不同领域的高性能纤维及复合材料生产要求。

(二)科技进步取得一定进展

"十三五"期间,我国化纤油剂助剂行业科技进步取得进展。一是随着研发技术的发展,油剂助剂企业已经能够开发差异化、功能化的油剂助剂技术,产品品种更加丰富,满足了化纤企业多样化产品的需求。二是化纤油剂助剂的供应和质量稳定性也得到很大提升,在化纤油剂助剂原材料工业的技术进步带动下,充足供应且质量稳定的化纤油剂助剂是化纤行业放心选用的前提,这也为化纤油剂助剂行业进一步提升品质和开发功能性产品成为可能。

2019 年 4 月,吉林化工学院和吉林乾仁新材料有限公司共同完成的"高性能碳纤维用油剂和上浆剂研究开发及应用"项目完成了中国纺织工业联合会技术成果鉴定,对研究成果给予了高度评价,认为项目总体技术达到国际同类先进产品水平。

(三)绿色产品与清洁生产水平提升

化纤油剂助剂的挥发及泄露对化纤车间的 VOCS、油雾影响较大,影响车间生产环境及清洁生产水平。化纤油剂助剂企业针对化纤生产实际环境,一是优化油剂助剂配方,降低纤维的上油率,减少油剂助剂使用。DTY 的油剂上油率已经由"十三五"初期的 2.5%降到 2020 年的 2%左右,在降低化纤企业原料消耗的同时,能使车间冲洗废水的 COD 降低 20%。二是开发环保油剂助剂,采用不含对人体和环境有害成分的原料,如近年来大部分油剂企业已经停止使用含 APEO 等成分的原料和 REACH 法规限制原料,以满足化纤生产企业更加严格的环保要求。如浙江传化推出的蒸纱油剂，可以很好地满足市场上对 DTY 蒸纱油剂的需求；良燕油剂和浙江佳宝合作，推出了无烟的 FDY 油剂，充分满足了国内对更加环保的产品的需求。

（四）国际合作取得进展

由于中国化纤油剂助剂企业起步较晚，限于基础工业发展水平，我国化纤企业进口油剂品牌相对集中，主要集中在如日本竹本、松本、德国 SS、达柯等企业。"十三五"期间，这些企业注重在国内的投资或者技术转化力度，在国内设置生产企业及研发机构，在稳定国内化纤油剂助剂供应的同时，降低了物流等生产成本。

高等院校等研发机构引进国际著名研究人员开展油剂助剂产品的技术开发，加强在高性能纤维及常规纤维高速纺油剂研发的技术人才储备，吉林化工学院先进纤维及复合材料研究院开展了阴离子、阳离子及非离子型浸润剂用于玄武岩纤维生产中浸润剂的成膜性、黏结性和浸润性的影响研究、玄武岩纤维，树脂基体复合材料层间剪切强度的可能分子力及影响研究、复合材料在汽车轻量化、医疗器械、水泥增强复合筋等方面研究；江苏新视界先进功能纤维创新中心有限公司与国内外知名企业合作，开展了纺丝油剂的油膜均匀性研究、工业丝油剂研发及油剂检测平台建设，共同推动化纤油剂助剂技术水平和质量提升。

二、存在的问题

（一）自主创新能力仍需加强

近年来，我国化纤油剂助剂行业在规模上已取到较快的增长，产品种类不断扩充，但一些问题仍旧存在。无论是在涤纶 POY、FDY、工业丝及锦纶等常规纤维，还是碳纤维、芳纶等高性能纤维，国产化油剂助剂质量还尚不能完全满足化纤产品生产要求，此类油剂助剂的进口依存度仍超过 70%，部分甚至达到 90%以上。

国内的油剂助剂企业同质化竞争严重，产品盈利能力较低，特别是在中高端油剂（如涤纶、锦纶 POY 油剂、工业丝油剂、碳纤维油剂等）产品开发方面，尚需加强基础应用理论研究和产业上下游的有效协同，从而推进油剂助剂产品升级，实现化纤行业高质量发展。

（二）产品结构仍需优化

国内油剂助剂产品在中高端纤维产品国产化专用油剂尚未有效解决，如碳纤维、对位芳纶及超高分子量聚乙烯等高性能纤维用油剂助剂产品空缺、Lyocell 纤维、聚乳酸纤维等生物基纤维专用油剂产品研发不足。产品品质上，一是部分化纤油剂助剂批次的质量不够稳定，气候适应性差；二是部分化纤油剂助剂缺乏综合性能评价，如平滑性、抗静电性、抱合性、耐磨性、耐热性等；三是油剂助剂产品的功能性不足，差别化纤维和高性能纤维包括异型纤维、超细纤维、中空纤维、碳纤维、玻璃纤维等特种纤维专用油剂还主要依赖进口。

（三）化纤油剂助剂企业结构仍需优化

化纤油剂助剂企业中，包括企业产能与单线规模、区域结构、国际化水平、产业集中度等仍需优化。目前国内油剂行业分散，多以区域性品牌居多，单个企业产能较小，多不足 1 万吨/年，以中小型油剂加工企业较多。目前油剂助剂企业中产能最大的企业为传化化学品，年产能 20 万吨左右，处于第一梯队，第二梯队为桐昆恒隆、天工大等企业，年产能在 8 万~10 万吨。从年销售额来看，超过 10 亿元的油剂企业只有 1 家，与中国的化纤企业发展规模不相匹配。多数中小企业的成立时间短、技术积累不足，不利于提升油剂技术整体水平。

（四）绿色化发展水平仍需进一步提升

绿色生产是化纤企业"十四五"发展的重要环节之一，化纤油剂绿色化发展尚不能完全满足化纤企业的要求，油剂产品的原料的绿色、环保、性能也需要进一步提升，油剂助剂产品的回收循环再利用仍需进一步研究探索。"十三五"期间化纤油剂助剂行业产品示范生产线数据显示，油剂助剂产品制造技术的绿色化率在30%左右，制造过程绿色化率在38.7%左右，绿色制造资源环境影响度较高，缺乏形成可持续发展的典型案例。油剂助剂产品的绿色供应链对上下游的影响力和带动性不强，在采购、设计、生产、销售、物流、使用、回收处理等重点环节，还需要制定绿色供应链标准。

（五）品牌及标准建设需进一步加强

行业缺乏品牌质量诚信体系建设，市场上不同的油剂助剂产品标准不统一，缺乏有效的产品辨别模式，缺乏国产品牌与国际化品牌。产品标准化建设有待加强，油剂助剂产品的国家标准、行业标准及团体标准及差异化产品标准体系建设不足，缺乏第三方的检验及验证办法。

（六）缺乏有效的上下游协作机制和平台

化纤油剂助剂行业缺乏产业链的有效支持。一是化纤企业与化纤油剂助剂企业联合研发，油剂助剂使用效果得不到反馈。二是化纤企业担心新产品带来的风险，因缺少数据支撑，不敢尝试使用新产品。三是我国油剂企业规模较小，行业集中度较低，业内企业缺乏原料产业链配套，部分关键原辅料仍掌握在少数跨国企业中，业内企业产业链配套能力偏弱，缺乏满足化纤企业定制化、差异化、功能化的大通量试验平台。

三、总体要求

（一）国家对油剂等行业的总体要求

2019年11月6日，国家发展和改革委员会公布的《产业结构调整指导目录（2019年本）》的鼓励类目录中，对化纤油剂助剂产品提出了"原创性开发高速纺丝加工用绿色高效环保油剂"的总体要求，这是化纤油剂助剂产品首次列入到了国家发展及改革委员会的指导目录，体现了国家对化纤油剂助剂行业的重视及整体要求。

（二）关键战略新材料发展对化纤油剂助剂的要求

碳纤维、芳纶、超高分子量聚乙烯等高性能纤维以及聚乳酸纤维、壳聚糖纤维等生物基化学纤维是《中国制造2025》中关键战略新材料的重要组成部分，"十四五"期间这些纤维将取得进一步发展，这些材料的快速发展对油剂助剂及上浆剂的发展均提出了新的要求，需要满足乳液稳定性、复合材料力学性能、表面形貌和冲击断面形貌等方面着手研发，生产稳定性好、复合材料力学性能优异、界面结合能力强的战略新材料油剂助剂产品。

（三）化纤行业整体进步对油剂助剂提出的要求

"十四五"期间，我国涤纶、锦纶、再生纤维素纤维等常规纤维品种技术水平继续保持世界领先地位，形成一批具有国际竞争力的大型企业集团。化纤企业生产智能化、差别化产品、功能化需求不断增多，下游应用需求等对化纤油剂行业在创新、低碳、质量等方面影响提出了新的要求。油剂生产企业更需要与化纤生产企业、设备工厂、原材料供应商加强协作，根据化纤纺丝加工速度、化纤品种的创新、多样化提升，开发新的油剂助剂产品，提升油剂品质稳定性和针对性，突破油剂助剂化纤原料制约，满足通用纤维高质量发展需求。

（四）化纤及油剂助剂行业绿色发展的要求

"十四五"期间，化纤绿色制造水平将进一步提升，单位增加值能耗、用水量、主要污染物排放等达到国家约束性指标和相关标准更加严格，循环再利用纤维总量继续保持增长，循环再利用体系进一步完善。这些新的要求对化纤生产车间环境要求越来越高，对一线员工的健康防护也在提升，如气味、过敏等情况，对油剂产品提出更高的品质要求。化纤后道处理根据对油剂的要求，开发再生化纤专业油剂助剂产品。油剂助剂行业本身的生产、运输及循环再利用，均需要油剂助剂行业进一步提升绿色及可持续发展水平。

四、指导思想和发展目标

（一）指导思想

以习近平新时代中国特色社会主义思想为指导，全面贯彻党的十九大和十九届二中、三中、四中、五中全会精神，把握化纤行业从规模增长与质量提升的重要窗口期，以围绕"有效供给、结构合理、绿色高质、合作互赢"的目标，开发原创性高速纺丝加工用绿色高效环保油剂，保障和稳定油剂助剂产品有效供给，加快产能结构与产品结构调整，提升行业绿色发展水平和产品的科技含量及品质，增加与化纤企业及国内外研究机构的合作，不断增强行业核心竞争力和可持续发展能力，为化纤强国建设提供坚实基础。

（二）发展目标

1. 总体目标

"十四五"期间，产品结构进一步优化，涤纶 DTY 油剂助剂产品质量进一步提升，常规纤维高速纺油剂助剂产品进口依存度降低到 30% 左右，碳纤维、芳纶及超高分子聚乙烯产品用油剂助剂满足部分产品使用。企业结构进一步优化，形成 1~2 家龙头企业及部分的差异化生产企业，形成 1~2 个在国内化纤行业内具备较强影响力的国产品牌，健全油剂助剂研发及产业链协作体系，形成共享的产业链研发体系。绿色生产水平进一步提升，形成油剂研发、生产等绿色产业链。

2. 标志性目标

"原创性开发高速纺丝加工用绿色高效环保油剂" 不断生产出更多绿色、环保、高性能的油剂产品化学品绿色供应链，并于近日获得批复，该供应链突出牵头企业对产业链上下游的影响力和带动性，明确各自职责，围绕采购、设计、生产、销售、物流、使用、回收处理等重点环节，制定绿色供应链标准。项目完成后，产品示范生产线制造技术的绿色化率将从 30%提高到 70.35%，制造过程绿色化率将从 38.7%提高到 60.8%，绿色制造资源环境影响度降低 9.8 个百分点，形成可持续发展的典型案例。

五、主要任务

（一）推进油剂助剂行业科技进步，提升对化纤企业保障水平

改善化纤油剂基础性能，开展纺丝油剂的油膜均匀性研究、纺丝油剂在纤维上的分布模型，油剂重点应用评价方法的建立及在油剂开发中的应用和验证，加强涤纶工业丝、高技术纤维用油剂的开发。加强拥有油剂助剂核心知识产权技术成果的工程化推广和产业化应用。继续支持开展学术、技术、产学研用交流活动，支持以实现产业化为导向的工业应用基础研究，为化纤油剂助剂开发提供理论基础和技术支持。

（二）进一步调整产品结构，推动产品升级

提高产品的技术含量和产品附加值。着力提高常规化纤改性技术和新产品用油剂助剂开发；加快发展定制化产品，满足市场差异化、个性化需求。加快发展高性能纤维及复合材料用油剂助剂产品，扩大应用领域。采用先进技术提升传统油剂助剂生产工艺和装备水平，实现柔性化生产和产品的高质化。实施精细化质量管理，推广在线计量检测控制系统应用，提高产品质量稳定性和一致性。

（三）优化企业结构，形成合理的油剂助剂生产梯队

支持企业通过横向联合与垂直整合，实现存量资产的重组、优化。对规模大、实力强的企业可通过产业链延伸，提高产业链掌控能力和综合竞争力，形成 1~2 家产品技术含量高、品种丰富、具有较强综合竞争力的龙头油剂助剂生产企业。发展一批针对性强的中小型企业，提供个性化、差异化和多功能的产品和服务，满足不同纤维品种及企业定制化的需求。转变行业发展及管理模式，建设线上、线下平台，形成一个以数据为支撑的油剂助剂领域的信息、原料、物流等全链条解决方案，引进智能化技术及软件服务，提升油剂助剂企业和化纤企业的融合力度。

（四）结合化纤企业绿色生产水平，加强油剂助剂绿色可持续发展

重点推广行业绿色技术、绿色设计，促进资源利用高效化、生产过程清洁

化、污染排放最小化；发布绿色油剂助剂产品目录，推荐使用绿色油剂助剂产品。推动绿色设计、绿色制造、回收再利用等技术的开发和应用。制定油剂助剂企业清洁生产评价指标体系，建立健全评价制度和标准，加强清洁生产审核和绩效评估。

（五）加强品牌、诚信体系建设及标准制定工作

完善品牌创建和培育体系，促进知名品牌的创建与经营，提升企业服务意识，实现服务订制。加强质量诚信体系建设，加大对诚信违规体系的惩罚力度。进一步增强标准化体系建设的系统性和完整性，完善油剂助剂国家标准、行业标准、团体标准体系，提高标准在产品创新、质量提升、品牌建设和绿色发展中的基础性支撑作用；紧密围绕行业发展需要和科技创新趋势，进一步完善化纤协会团体标准，加快新产品和新技术成果标准转化。

（六）培育竞争新优势与加强国际合作

鼓励国内主流院校、科研院所增加化纤油剂助剂相关专业设置，推进课程体系与培养基地建设。鼓励化纤油剂企业与国内主流院校及科研院所建立健全联合培养机制，促进高等院校、科研院所与企业联合培养科技人才。

建立以龙头企业、创新中心等为主体、产学研用一体化的技术创新体系和产业创新平台，推进企业技术中心、重点行业工程中心和技术服务平台建设，促进上下游产业链集成开发。

加强与国际知名企业的合作力度，重点引导和支持国际知名企业创新要素向产业及应用聚集地转移。加强与国外知名专家的合作，设立研发联盟等，提升油剂助剂企业研发、生产水平。

六、发展的重点领域和方向

（一）开展油剂助剂产品的基础原理研究

——纺丝油剂的油膜均匀性研究。

——纺丝油剂在纤维上的分布模型研究。

——纺丝中试平台的建立和应用研究。

——油剂重点应用评价方法的建立及开发应用研究。

——涤纶工业丝用油剂的开发与研究。

（二）开展绿色制造研究

——绿色制造和循环利用。

（三）开展智能制造与化纤融合研究

——与化纤智能制造的配合。

（四）开展品牌与质量提升研究

——品牌培育与质量提升。

七、政策措施

（一）加大对化纤油剂助剂行业应用产业政策指导及支持

将化纤油剂助剂行业应用项目列入国家示范工程，关键技术和装备列入国家专项计划，提供专项政策和产业基金支持，支持组建上下游一体化研究及应用机构，加大对油剂助剂行业应用知识产权保护，对于突破关键核心技术给予专项资金扶持，对于试用新型油剂助剂的化纤生产企业在投资、税收、消费补贴等方面提供更多优惠政策，出台油剂助剂产品与化纤产品应用相衔接的政策，促进化纤油剂助剂产品的新产品开发及应用。

（二）建立化纤油剂助剂研发中心及新产品应用路线图

支持建立化纤油剂助剂研发中心，配置高通量实验装置，利用高通量试验积累配方数据，缩短配方开发时间。根据纤维种类、规格等以及纺丝工艺、后道加工、机器部件材质等各环节影响因素，建立油剂性能机理模型。设立"新型油剂助剂化纤行业应用路线图"（以下简称"路线图"）软课题，明确"路线图"作用，设计化纤油剂助剂生产企业、应用企业与科研院所共同参加的合作攻关机制。提出适用于新型化纤油剂助剂产品在化纤领域应用的模式，解决新型油剂助剂在化纤产品生产应用中存在的问题，制定国产油剂助剂在化纤行业应用的总体目标和基本原则，总体发展技术路线、主要任务和保障措施。

（三）设立中试基地及整合资源配置

建立化纤油剂助剂产品检测、标准及应用评价基地，借助国家先进功能纤维制造创新中心，将化纤油剂助剂在化纤中应用技术推广列入研究计划。建立技术成果转化和中试平台，完成各种功能性纤维、高性能及前沿技术纤维材料的实验与产品验证工作，实现化纤油剂助剂在各类功能性纤维、高性能及前沿技术纤维材料的试验验证与检测，形成化纤油剂助剂在化纤生产过程中全面技术应用方案。建立长效化纤油剂助剂品质检测机制，引入第三方权威机构，形成第三方数据测试与验证体系。

（四）加快行业标准建设，增强标准的适用性和针对性

做好各类化纤品种油剂助剂产品系列标准设计，提高标准化体系建设的系统性和完整性，上下游一起在现存标准的基础上开展进一步的试验。建立应用试验和产品检测国家级（行业）平台，对主要性能指标的设定开展针对性实验并形成上下游共同认可的新标准。避免一个标准双方各自表述，共同促进我国化纤油剂助剂行业的应用。

（五）将化纤油剂助剂产品使用引入新材料保险机制

针对化纤企业对化纤油剂助剂产品的担心，根据工信部《关于开展重点新材料首批次应用保险补偿机制试点工作的通知》（工信部联原〔2017〕222号），建议将化纤油剂助剂产品列入《重点新材料首批次应用示范指导目录》，加大宣传力度，增加使用国产油剂助剂产品的保障机制。

（六）加强组织实施及发挥行业协会作用

统筹负责"路线图"的组织实施，加强"路线图"的宣传和相关配套措施的落实，增强行业、企业和科研院所实施"路线图"的主动性和积极性。加强"路线图"实施过程中的动态评估和实施的阶段性成果监测，及时掌握实施进度和存在的问题。

发挥行业协会的桥梁和纽带作用，加强与高等院校、科研机构及企业的联系，形成联合舰队。加强对"路线图"实施过程中发现问题的跟踪分析与调查研究。不定期地向政府相关部门汇报、沟通，接受指导，起到上传下达、下情上报的作用。

（撰稿人：万雷　鲁国峰　王永生　昝天将）

YELLOW BOOK 化纤黄皮书
of China Chemical Fibers Industry

综合规划篇

专题规划篇

专题研究篇

产业政策篇

热 点 问 题
前 瞻 研 究
趋 势 预 测

2021~2025

中国化纤行业发展规划研究

The Study of the Fourteenth Five-year Plan for China Chemical Fibers Industry

绿色生活
从纤维开始

品质保证
社会责任

扫码关注绿色纤维

绿色纤维
GREEN FIBER

指导单位：工业和信息化部消费品工业司
开展单位：中国化学纤维工业协会

联系人：李德利　手机：15810426273　电话：010-51292251-825
邮箱：greenfibers@vip.126.com

我国化纤行业低碳发展研究

刘世扬　端小平　刘丽华

碳达峰、碳中和（以下简称"双碳"）目标为化纤行业高质量发展提出了新的要求，标志着化纤行业进入低碳发展加速期。"双碳"为行业发展带来新的机遇，用能效率更高、碳排放强度更低的绿色纤维等低碳产品市场份额将逐渐提升，同时碳纤维等高性能纤维也将在风电、光伏、交通和航空航天等领域得到更广泛的应用。化纤行业碳排放主要来自能源活动，其中外购电力及热力贡献的碳排放大约占能源活动碳排放总量的58.2%，其余能源活动贡献的碳排放来自煤炭和天然气等化石燃料燃烧。规模、产品结构、单位产品可比综合能耗、能源结构和电网排放因子是影响行业碳排放的主要因素。"双碳"也将对行业产能、产品结构、生产过程和能源消耗产生重要影响，具有产业链减碳贡献的循环再利用和原液着色化学纤维更易受到市场青睐。本文建议行业开展双碳基础研究、推进绿色制造体系建设、巩固供给侧结构性改革成果、鼓励绿色化技术改造，同时通过能源结构调整和资源循环利用推动行业低碳发展。受限于篇幅因素，本文主要从企业碳排放的角度分析了碳中和对于常规大宗纤维行业的影响，未从产品碳足迹的角度展开分析，也未涉及高性能纤维的减碳贡献。

一、碳达峰、碳中和政策背景

（一）我国提出碳达峰、碳中和目标

工业化革命以来全球产生了大量的温室气体排放，造成全球气候变化，带来气温升高，干旱、暴雨等极端天气和海平面上升等问题。许多国家为应对气候变化，签署了《巴黎协议》等一系列文件，并纷纷承诺在21世纪中叶前后实现碳中和。习近平总书记宣布，中国力争于2030年前实现碳达峰、2060年前实现碳中和目标，正式向外界宣布我国碳达峰、碳中和愿景。各个行业积极响应国家碳达峰、碳中和政策导向，开展碳达峰、碳中和研究，部分行业制定了自己的碳达峰、碳中和目标（以下简称"双碳"目标）以此来推动行业低碳发展。

碳达峰、碳中和是表征二氧化碳等温室气体的排放量。温室气体是指大气中吸收和重新放出红外辐射的自然和人为的气态成分，包括二氧化碳（CO_2）、甲烷（CH_4）、氧化亚氮（N_2O）、氢氟碳化物（HFCs）、全氟化碳（PFCs）、六氟化硫（SF_6）和三氟化氮（NF_3）。碳排放是指煤炭、石油、天然气等化石能源燃烧活动和工业生产过程以及土地利用变化与林业等活动产生的温室气体排放，也包括因使用外购的电力和热力等所导致的温室气体排放。碳达峰是指通过森林、海洋等碳汇和固碳等负排放技术，抵消掉能源活动、建筑、工业和交通运输业等各个行业的部分二氧化碳排放量，使得二氧化碳净排放量不再增长，或者处于下降趋势。碳中和是指通过碳汇和负排放技术抵消掉全部二氧化碳排放量，实现二氧化碳的净零排放。碳达峰和碳中和之间联系紧密，碳达峰是实现碳中和的必经过程，碳中和是最终目标。

（二）我国碳排放基本情况

我国碳排放主要来自发电、工业、建筑和交通运输业等行业。各个行业的能源活动是其碳排放的主要来源。

1. 分行业/领域看

2020年我国能源消费和工业生产过程二氧化碳排放总量为115亿吨二氧化碳，其中电力行业占40%，是最大的碳排放来源。钢铁、水泥、石化化工、煤化工和铝冶炼也是碳排放量较大的行业，分别占能源消费和工业生产过程二氧化碳排放总量的14%、11%、5%、4%和1%。交通、建筑和其他行业分别占10%、6%和9%。

2. 从活动类别看

能源活动是我国碳排放主要来源，占碳排放总量的85.56%左右；能源活动的碳排放分为燃料燃烧和逃逸排放两类，其中燃料燃烧占能源活动的碳排放量的95.1%，占碳排放总量的81.29%（注该碳排放总量包括土地利用变化和林业）。根据IEA国际能源署的数据，2019年我国（不含港澳台区）燃料燃烧带来的碳排放总量为98.77亿吨二氧化碳当量，燃料燃烧分别为电力行业、工业行业贡献了52.38和27.75亿吨二氧化碳当量。

（三）碳达峰、碳中和"1+N"政策体系逐渐完善

为推动碳达峰、碳中和工作，我国将构建"1+N"政策体系。中共中央、国务院发布的《关于完整准确全面贯彻新发展理念做好碳达峰碳中和工作的意见》（以下简称《意见》）是纲领性文件。《意见》加快形成绿色生产方式，推动产业结构优化升级，制定重点领域碳达峰实施方案，推进低碳工艺革新，降低单位产出能源资源消耗和碳排放，建设绿色制造体系。持续深化工业等重点领域节能。

针对碳达峰工作，国务院发布了《2030年前碳达峰行动方案》（国发〔2021〕23号），提出推动节能降碳增效行动、工业领域碳达峰行动和循环经济助力降碳行动，明确深入实施绿色制造工程，完善绿色制造体系，建设绿色工厂。方案明确提出了优化产品结构，促进化纤等产业协同发展。

工信部发布的《"十四五"工业绿色发展规划》（工信部规〔2021〕178号），提出实施工业领域碳达峰行动、推进产业结构高端化转型的主要任务，加快纺织等行业实施绿色化升级改造，推动行业绿色低碳发展，培育废旧纺织品等主要再生资源循环利用龙头骨干企业。

二、化纤行业碳排放情况

（一）行业基本情况

化纤工业是纺织产业链稳定发展和持续创新的核心支撑，是国际竞争优势产业，也是新材料产业重要组成部分。2020年我国化纤产量为6025万吨，占全球化纤总产量的70%以上，占我国纤维加工总量的85%以上。行业工艺技术水平及装备水平全球领先。绿色发展成绩显著，"十二五"期间化纤行业单位产品可比综合能耗同比下降36.3%，"十三五"期间绿色制造体系不断完善，31家企业获评工信部绿色工厂，52种产品获评工信部绿色设计产品，4家企业获评工信部绿色供应链企业。

化纤行业碳排放主要来自能源活动，包括外购电力及热力和化石燃料燃烧，其中外购电力及热力带来的碳排放大约占能源活动碳排放总量的58.2%，煤炭、天然气燃烧产生的碳排放大约分别占能源活动碳排放总量的36.81%和4.79%。直接生产过程和废水治理也将产生少量的碳排放。

（二）行业节能降碳的重要性

化纤行业具有低碳发展责任。在双碳目标下，很多行业都在研究自身碳排放情况，积极开展节能降碳工作，部分行业正在制定碳达峰路线图。化纤行业是我国工业体系和国民经济的重要组成部分，其国民经济分类大类代码是28，行业有责任推动低碳发展，为国家双碳目标贡献行业力量。

化纤行业具有低碳发展的内生动力和能力。行业深入贯彻绿色发展理念，企业积极开展绿色低碳相关工作，具有低碳发展的内生动力。化纤企业全部为规上企业，龙头企业多是全球500强或中国500强，整体技术、资金和装备实力处于全球领先水平，具备开展低碳行动的能力。许多龙头企业和品牌方已经在推进减碳工作，部分企业提出了"零碳行动"或推出了"零碳纤维"。

低碳发展是保持行业全球竞争力的重要支撑。化纤行业是全球充分竞争行业，我国化纤产量占全球化纤总产量的70%以上，全球竞争优势显著。随着全球主要发达国家和主要纺织品进口国先后发布了碳中和目标，未来这些国家存在对进口的纺织品提出碳排放要求的可能性。现阶段推动行业低碳发展有助于保持行业全球竞争力。

推动产业链上下游低碳发展。化纤行业上连石油化工行业，下接纺织行业，是纺织行业最主要的原料，化纤行业的绿色低碳发展进程，直接决定了纺织行业原料绿色化水平，对整个纺织行业的绿色低碳发展也将产生重要影响。2019年化纤行业能源消费总量为2146万吨标准煤，占整个纺织行业能源消费总量的22.54%，较高的能源消费占比在一定程度上说明了化纤行业低碳发展对于纺织行业的重要性。本文所述纺织行业包括纺织业、纺织服装及服饰业和化纤行业3部分，其中纺织业国民经济分类大类代码是17；纺织服装及服饰业国民经济分类大类代码是18，化纤行业国民经济分类大类代码是28。

（三）化纤行业碳排放影响因素

由于本文侧重于分析行业碳排放量相关的内容，因此未从产品碳足迹的角度分析影响因素。化纤行业碳排放主要来自能源活动，核算范围包括化石燃料燃烧、工业生产过程等直接排放和企业净购入电力及热力带来的间接排放，影响因素包括规模、产品结构、单位产品综合能耗、能源结构和电网排放因子等。

1. 规模

我国化纤行业规模巨大，规模也已成为行业碳排放量的主要影响因素，也是行业能否实现碳达峰、碳中和的关键。虽然近年来化纤产量同比增幅逐渐趋缓，但在高基数效应下，历年产量增量巨大，达百万吨级。以"十三五"期间行业产量为例，年化增长率仅为5.15%，但实际产量增长1381.49万吨，年均增量达276.30万吨。

2. 产品结构

由于不同产品间工艺和技术路线存在差异，造成其能耗需求不同，单位产品碳排放强度不同，导致相同规模下产品结构也将对行业碳排放量产生较大影响。常规大宗纤维受益于规模优势更具低碳属性。由于常规大宗纤维间差异小，叠加市场空间大，所以企业一般使用大规模生产线加工制造而成，其用能强度更低，这在一定程度上降低了行业碳排放量。

部分差异化、功能型产品在化纤行业产生的碳排放强度略高于常规大宗纤维，但可以更好的满足消费升级需求。近年来，行业不断贯彻工信部"三品战略"，细旦、异形、中空等差异化纤维和原液着色、阻燃、抑菌等功能型纤维供给能力不断提升，更好地满足了消费者的多样化需求和高品质需求。但这些差异化、功能型产品以小批量订单生产为主，不具有规模优势，使得其单位产品可比综合能耗和单位产品碳排放略高于常规大宗纤维。根据行业绿色制造标准体系中的相关数据，差异化、功能型纤维单位产品可比综合能耗一般为常规大宗纤维的1.2倍，在不考虑能源结构影响的情况下，这也将导致差异化、功能型纤维碳排放强度略高于常规大宗纤维。

部分处于产业化初期的纤维品种在碳排放强度方面存在较大差异。一是以近年来莱赛尔纤维、聚乳酸纤维、聚对苯二甲酸-己二酸丁二醇酯等为代表的生物基纤维和可降解纤维，以及部分解决行业"卡脖子"问题的差别化纤维为例，由于其处于产业发展初期，技术成熟度和规模不及常规大宗纤维，导致其能耗强度及碳排放强度略高于常规产品。我们应以发展的眼光来看待这一现象，未来随着行业的逐渐发展，技术进步和规模优势将逐渐显现，其碳排放强度将进一步下降。二是部分原位聚合等新产品虽然处于产业初期，但已经具有低碳属性。

3. 单位产品可比综合能耗

单位产品可比综合能耗（千克标准煤/吨产品）是表征行业用能强度的核心指标，也是影响行业能源消费总量和碳排放总量的关键指标之一。提高用能效率，降低单位产品可比综合能耗，有助于行业低碳发展。我国化纤单位产品可比综合能耗持续保持下降趋势，但下降幅度逐渐收窄，随着行业整体用能水平的不断提升，未来单位产品可比综合能耗大幅下降的空间越来越有限。

4. 能源结构

能源结构低碳化是降低行业碳排放强度的重要途径。近年来，化纤企业贯彻煤改气、煤改电等号召，行业能源结构逐渐低碳化转型，煤炭消费量增幅小于能源消费总量增幅，天然气消费量增幅远远高于能源消费总量增幅，行业能源结构变化见表1。

表1　2015~2019年化纤行业能源结构变化

项目	能源消费总量	煤炭	天然气	电力
同比增幅（%）	26.98	20.90	356.03	25.67

资料来源：根据国家统计局数据整理

企业积极减少化石能源消费量。部分化纤企业完全摆脱了煤炭、天然气等化石能源需求，转型使用电力或生物质燃料，降低了能源消费活动贡献的碳排放强度，可以在不减少能源消费总量的情况下降低碳排放总量。

化纤行业能源结构低碳化水平高于制造业整体水平。2019年化纤行业能源消费总量占制造业的0.90%；而煤炭、天然气和电力消费量分别占制造业总量的0.82%、1.01%和1.19%，煤炭消费量占比低于能源消费总量占比，天然气等清洁能源消费量占比高于能源消费总量占比。

5. 电网排放因子

由于不同地区间发电行业能源结构、发电效率不同，导致不同地区间电网排放因子不同。部分化纤生产省份2012年电网排放因子见表2，电网平均二氧化碳排放因子大多为0.7035 t CO_2/MWh。随着我国整体发电行业不断发展，电网排放因子逐渐减小，根据《企业温室气体排放核算方法与报告指南 发电设施》（2021年版）的有关内容，电网排放因子可以选取0.6101t CO_2/MWh。根据《企业温室气体排放核算方法与报告指南 发电设施》（2022年修订版）的有关内容，电网排放因子可以选取0.5810 t CO_2/MWh。根据北京市地方标准的要求，北京电网排放因子可以选取0.604 t CO_2/MWh。持续下降的电网排放因子可以降低行业用电碳排放强度，使得化纤行业可以分享能源行业低碳化发展成果。

表2 部分化纤生产省份2011~2012年电网平均二氧化碳排放因子

单位：tCO_2/MWh

省份	二氧化碳排放因子
浙江省	0.7035
江苏省	0.7035
福建省	0.7035
江西省	0.5257
吉林省	0.7769
新疆维吾尔自治区	0.6671

资料来源：国家应对气候变化战略研究和国际合作中心，《2011年和2012年中国区域电网平均二氧化碳排放因子》。

三、"双碳"目标对行业发展的影响

"双碳"目标为化纤行业的发展提出了新的发展方向和要求，对行业规模及结构、产品结构、生产过程和行业用能情况都会产生重要影响。

（一）对产能的影响

化纤的低碳属性推动行业规模增长。一是化纤较棉纺更加节能低碳，将推动行业需求进一步增长。根据《棉纺织行业绿色工厂评价要求》（T/CNTAC 85-2021）的数据，纺纱过程单位产品可比综合能耗行业先进水平需小于440~510kgce/t区间。而2015年化纤行业单位产品可比综合能耗为335.3kgce/t，远小于棉纺纱能耗水平。即使在考虑两个行业能源结构不同的情况下，化纤产品也较棉纺产品更加低碳。二是化纤和棉纤维是纺织行业的重要原料，化纤比棉纤维用地效率更高。2020年我国棉花播种面积为5000万亩土地，产量为600万吨，亩均产量为0.12吨/亩。以化纤行业某中型企业为例，其聚合加纺丝单位产量占地面积为797.45吨/亩，生产同等棉纤维产量的化学纤维所需的土地仅0.75万亩土地，节地效果显著。化纤行业在满足纺织行业纤维需求的同时，节省了大量的土地，这在一定程度上缓解了国家用地需求，为创造更多的森林碳汇提供了可能性。

行业产能集中度提升与分化并存。一方面，低碳发展需要企业不断降低单位产品综合能耗，规模化企业和炼化一体化企业凭借规模优势和产业链协同优势降低自身能耗强度和碳排放强度，产品具有低碳竞争优势，其市场份额的不

断增长将推动行业集中度提升；另一方面，近年来市场对于差异化和功能型纤维需求量不断增长，行业许多"专精特新"的企业可以更好地满足这一需求，同时这些企业用能效率处于行业中等偏上水平，其市场份额稳步增长。规模化龙头企业和"专精特新"企业的差异化竞争格局，带来行业分化并存。只有部分在用能效率方面处于竞争劣势的企业，其市场份额恐将进一步收缩。

（二）对产品结构的影响

需要产业链视角评价行业减碳贡献。化纤行业上连化工行业，下接纺织行业，是上下游产业链的重要一环，也是纺织行业的主要原料。化纤行业的碳达峰不仅需要考虑本行业的碳排放总量是否达到峰值，还应考虑自身对产业链上下游的减碳贡献，推进产业链协同降碳。最科学的方法是使用生命周期评价方法测算产品碳足迹，即在考虑生产过程直接排放和能源活动间接排放的基础上，同时考虑除能源活动外的间接排放。

与棉纺产品相比，化纤产品在具有低碳竞争优势的基础上，再生纤维、原液着色化学纤维和碳纤维对于整个产业链而言减碳效果明显，未来市场份额将逐渐增长。再生纤维减碳贡献明显。一方面，再生化纤可以降低化纤行业的碳排放总量。与原生纤维相比，再生化纤生产过程中仅有熔融纺丝过程，减少了聚合过程，所以相同产量情况下再生化纤企业碳排放总量更低，具有减碳贡献；另一方面，再生化纤有助于降低石化行业碳排放。以量大面广的再生涤纶为例，再生涤纶的大范围使用减少了化纤行业对精对苯二甲酸和乙二醇的消耗量，减少了精对苯二甲酸和乙二醇生产过程中的碳排放。

原液着色化学纤维推动纺织产业链减碳。原液着色纤维制备终端纺织品时节省了下游印染环节，减少了印染过程中的能源消耗和碳排放，对于整个纺织产业链而言具有明显的减碳贡献。

高性能纤维对整个社会的减碳贡献。以碳纤维为例，其生产过程能耗较高高于大宗纤维，带来其单位产品碳排放强度高于常规大宗纤维。但碳纤维可以广泛应用于风电、光伏、储能和交通轻量化等领域，对于整个社会而言具有明显的减碳贡献。

（三）对生产过程的影响

清洁生产和绿色化改造需求增长。清洁生产是实现减污降碳协同增效的重要手段。2018年国家发改委、生态环境部和工信部发布了《合成纤维制造业

（聚酯涤纶）清洁生产评价指标体系》等 6 个化纤子行业的清洁生产审核文件，为行业开展清洁生产审核，形成绿色生产方式提供了重要抓手。在碳达峰、碳中和的新要求下，行业内将有更多企业开展清洁生产审核，推动绿色化改造升级和减污降碳。

绿色制造体系将更加完善。绿色制造标准体系将覆盖企业碳排放、产品碳足迹、技术/产品减碳效果评价等相关领域。绿色设计理念在行业更好地落地，绿色工厂、绿色设计产品占比增加，行业绿色供给能力提升，绿色制造体系更加完善。

（四）对行业用能层面的影响

"十三五"期间，行业能源结构已经开始向低碳化转型，天然气、电力占比提升。未来随着我国整体能源行业低碳化转型，煤炭等高碳化石能源消费比例将下降，天然气、风电、光伏等清洁能源消费比重将提升，化纤行业的能源结构也将进一步低碳化，清洁能源和可再生能源消费比例继续增长。

企业能源管理水平提升带来能源消费强度下降，但用能成本增加抵消部分节能收益。企业能源管理意识提升，能源计量器具配备及管理满足三级计量要求，部分大型企业将建立能源在线监测系统。随着企业能源管理水平的提升，一系列的节能技术改造将提升用能效率，降低能源消费强度。我国的能源特点是"富煤贫油少碳"，未来随着天然气、电力需求的大幅增加，企业用能成本存在上行空间。

能耗双控制度对于行业的影响将是长期化的，其管理方式将更加科学。一是对行业的能源消费强度和总量双控（以下简称能耗双控）管理将被逐渐强化。化纤行业单个企业体量较大，全部为规上企业，行业内绝大多数企业也均为全国或省级重点用能单位。在国家实施能耗双控制度的背景下，各地对化纤企业的用能双控管理将被逐渐强化。二是行业用能管理将引入能效约束机制。能耗双控制度将逐渐侧重于能效管理，考核指标纳入单位产品可比综合能耗。能效是处理发展和减排关系的重要抓手，也是评价企业间用能效率的核心指标，用能效率高的企业今后可能受到更少的用能约束，用能效率低的企业可能受到更严格的用能约束。化纤行业的产品价格和景气度存在一定的周期性特点，同一产品在不同年份间的单位工业增加值波动较大，这决定了以单位工业增加值能耗作为能耗双控的唯一依据不适用于化纤行业。未来随着能效约束机制的逐渐完善，考核依据可能引入单位产品可比综合能耗。三是用能需求将被合理满足。化纤行业是纺织行业的重要组成部分，从维护产业链供应链安全的角度出发，未来用能管理将更加科学化，突出全国统筹、节约优先和防范风险的管理原则。

四、行业发展建议

（一）开展双碳基础研究

制定碳排放标准体系，例如企业温室气体排放、产品碳足迹、项目/技术/纤维下游应用减排量评估、碳排放管理信息披露等方法标准，和低碳产品等产品标准，发挥标准引领作用。适时修订能耗限额标准，确保标准的领先性。

科学统筹减碳和行业发展之间的关系。坚持全国视角，在维护产业链供应链安全的基础上，稳扎稳打，科学制定行业节能降碳发展目标。研究行业碳排放总量和产品碳足迹分布特点，为科学制定减碳路线奠定基础。重点分析循环再利用化学纤维、原液着色化学纤维、生物基化学纤维和高性能纤维对于产业链上下游的减碳贡献。

（二）推进绿色制造体系建设

将推进碳达峰、碳中和工作列入行业发展规划，统筹行业发展与节能降碳之间的关系，将应对低碳发展作为行业转变发展方向的重大机遇，探索符合化纤行业实际情况的绿色低碳发展路径。

鼓励企业积极创建绿色工厂、绿色设计产品，推动绿色制造体系建设。以能效为抓手，依托能源消耗限额等标准，锚定国际同行先进水平，鼓励企业对标，提升行业用能效率，促使行业2025年全部达到国际先进能耗水平，2030年全部达到国际领先水平。推进能源结构调整，在保障化纤行业平稳运行、满足纺织行业原料需求的前提下，鼓励企业提高清洁能源消费比重。

（三）巩固供给侧结构性改革成果

将低碳发展作为巩固供给侧结构性改革成果的着力点。依托能耗限额、碳排放标准、行业规范条件等途径淘汰用能效率低的落后产能和低附加值产品，确保技术先进性。我国依靠自身产业链优势、装备优势、技术优势等可以塑造低碳竞争优势，与东南亚等其他地区的产品形成错位竞争。

发挥企业节能降碳主体责任。塑造低碳发展的企业梯队，发挥龙头企业规模、技术及资金优势，"专精特新"中小企业创新优势，将低碳塑造为行业新的竞争优势。

（四）鼓励绿色化技术改造

推动减污降碳协同增效。依托清洁生产审核，从源头提高行业清洁化程度，减少污染物产生及排放、碳排放。鼓励企业开展节能降碳绿色化技术技术改造，提升现有产能资源能源利用效率，重点提升电动机、压缩机、变压机、换热器等重点用能设备能效，鼓励使用一级能效产品。制定用能管理提升计划，完善能源计量体系，开展节能诊断等相关工作，条件成熟时推进能耗在线监测体系建设工作。

化纤工业标准化"十四五"发展专题研究

李德利　张子昕　李红杰

"十四五"是我国化纤工业转型升级、持续推进行业高质量发展的关键时期。尽管后疫情时代的国际环境存在高度不确定、不稳定性，我国化纤工业在供给侧与需求端将面临前所未有的挑战，但是不断升级的内需市场和日益提升的科技创新软硬环境将为我国化纤工业推动高质量发展提供有利条件。为充分发挥标准化在化纤行业发展中的基础支撑和带动作用，提升化纤行业标准化工作的水平，以期更好地为行业发展服务，在总结"十三五"工作及前期调查研究的基础上，形成化纤工业标准化"十四五"专题发展研究。

一、"十三五"取得的主要成绩

"十三五"期间，标准化工作在化纤行业高质量发展中的基础支撑作用越发突出，标准的有效性、先进性和适用性进一步增强。化纤标准化体系进一步完善，组织平台建设取得突破性进展；化纤行业标准化工作多角度展开，国家标准、行业标准制修订工作稳步推进，团体标准快速发展，国际标准化工作有新的突破，化纤标准化工作与行业发展的结合更加紧密。

（一）标准体系结构进一步完善

"十三五"期间，化纤工业共完成138项标准的制修订工作，包括国际标准3项，国家标准24项，行业标准83项，团体标准28项，标准供给量稳步增长，标准体系的层次更加分明，结构更为合理（表1）。

表1　化纤标准总量变化对比

分类	2015年				2020年			
	国际标准	国家标准	行业标准	团体标准	国际标准	国家标准	行业标准	团体标准
基础/通用标准	0	2	0	0	0	4	0	0
方法标准	3	19	47	4	6	25	59	3

续表

分类		2015 年				2020 年			
		国际标准	国家标准	行业标准	团体标准	国际标准	国家标准	行业标准	团体标准
产品标准		—	15	137	20	—	26	191	47
其中	高性能纤维	—	2	9	2	—	8	9	2
	生物基纤维	—	0	8	1	—	1	19	5
	循环再利用纤维	—	0	10	0	—	0	12	5
管理标准		0	0	0	6	0	0	0	8
总计		3	36	184	30	6	55	250	58
占比		1%	14%	73%	12%	1%	15%	68%	16%

从标准类型来看，ISO 标准、国标、行标和团体标准的占比从 2015 年的 1：14：73：12 调整为 1：15：68：16。国家标准占比有所提升，新增的 19 项标准中，8 项为基础通用和方法标准，7 项为高性能纤维和生物基纤维产品标准，充分体现了国家标准保基本的功能定位；团体标准供给量明显提高，以细分领域的新产品标准为主，市场需求之于标准的资源配置和协调作用进一步凸显。

从标准的内容来看，高性能纤维、生物基纤维和循环再利用纤维相关标准数量增加明显，增速明显高于行业平均增速，子领域的标准体系正在逐步形成。其中，高性能纤维领域标准从 13 项增长至 19 项，增幅 46%；生物基纤维领域标准从 9 项增值至 25 项，增幅 178%；循环再利用纤维领域标准从 10 项增长至 17 项，增幅 70%。对位芳纶、聚酰亚胺和聚四氟乙烯纤维相关国家标准的发布让高性能纤维的标准体系进一步丰富和发展，这些标准的形成与行业发展的重点和热点相匹配，为该领域的进一步拓展和升级提供了必要的基础技术支撑，也为行业有序发展设立了基本技术门槛，有利于行业的可持续发展。

（二）标准化组织平台建设取得突破性进展

为了更好地适应不同层级标准化工作的需要，"十三五"期间，化纤标准化组织平台的建设工作持续开展并取得成效。

根据国家标准化管理委员会 2020 年第 5 号公告，全国化学纤维标准化技术委员会（SAC/TC586）正式成立，负责化学纤维领域国家标准的制修订工作。第一届全国化学纤维标准化技术委员会由来自化纤生产、应用、研究、检测等多领域的 94 名委员组成，秘书处由中国化学纤维工业协会承担，由中国纺织工业联合会负责日常管理，由国家标准化管理委员会负责业务指导。化纤标委会的成立使化纤标准化组织的构架更加完善，工作平台和渠道更加完整，有利于协调化纤产业链在标准化领域的需求，增强化纤行业在标准化领域的话语权和主动性。

根据团体标准进一步发展的需求，在中国化学纤维工业协会团体标准化技术委员会层面，组建成立生物基、高性能、循环再利用化学纤维和聚酯纤维四个分技术委员会，以专委会为支撑，进一步扩大企业的参与程度，更好地体现企业在标准化工作中的主体作用，同时更好地满足企业在细分领域和专用领域的标准化需求。

（三）团体标准与国家、行业标准协调发展

"十三五"期间，按照国标委团体标准试点工作任务的要求，化纤协会团体标准化工作持续推进。在立项选择方面，团体标准着力贯彻实施"标准化+"战略，重点结合功能性产品、创新产品以及清洁生产和节能减排方面的需求开展标准化工作并取得成效。2017 年完成首批团体标准试点工作，2019 年被确认为全国 28 家团体标准培优计划单位之一。《绿色纤维评价技术要求》《循环再利用化学纤维（涤纶）行业绿色采购规范》《仿棉聚酯纤维》和《纤维用褐藻酸钠》化纤协会团体标准入选工信部百项团体标准应用示范项目名单。

从标准内容上看，"十三五"期间发布的团体标准基本集中在循环再利用纤维、生物基纤维和细分领域专用纤维方面，与行业发展热点高度匹配，满足市场需求，有效弥补了国家标准和行业标准的不足。

（四）化纤标准化工作多角度推进

"十三五"期间行业着力加强了化纤行业在清洁生产、水耗/能耗、污染物排放和绿色生产技术规范及评价体系方面的参与度，通过跨部门合作的方式深度参与了多项与绿色环保相关的国家标准、行业标准和团体标准的研制。总体上，化纤行业节能减排、绿色制造的标准不断完善拓展，正在逐步形成体系框架，见表 2。

表 2　化纤行业绿色评价/清洁生产/能耗标准一览表

标准类型	标准内容	
绿色制造评价	绿色设计产品评价技术规范　聚酯涤纶	
	绿色设计产品评价技术规范　再生涤纶	
	绿色纤维评价技术要求	
	化纤行业绿色工厂评价要求	
能耗评价	单位产品能源消耗限额	聚酯涤纶（GB 36889—2018)
		粘胶
		锦纶
		氨纶
水耗评价	取水定额国家标准	聚酯涤纶（GB/T 18916.50—2020)
		再生涤纶（GB/T 18916.45—2019)
		粘胶（GB/T 18916.25—2016)
		锦纶（GB/T 18916.49—2020)
		氨纶（GB/T 18916.44—2019)
		维纶（GB/T 18916.48—2020)
	节水型企业 化学纤维行业	
清洁生产评价	合成纤维制造业 清洁生产评价指标体系（发改委、生态环境部、工信部公告 2018 年第 17 号）	聚酯涤纶
		再生涤纶
		锦纶 6
		氨纶
		维纶
	再生纤维素纤维制造业（粘胶法）清洁生产评价体系（发改委、生态环境部、工信部公告 2018 年第 17 号）	
	精对苯二甲酸 PTA 行业清洁生产评价指标体系（化工清洁生产中心）	
	聚酯瓶片行业清洁生产评价指标体系（T/CCFA 02008—2019）	
污染物排放评价	排污许可证申请与核发技术规范 化学纤维制造业（HJ 1102—2020）	
	排污单位自行监测技术指南 化学纤维制造业（生态环境部）	

（五）国际标准化工作进一步推进

化纤行业在国际上并无完全对口的国际标准化技术组织，化纤国际标准化工作主要对接 ISO/TC38/SC23/WG6（纺织品标准化技术委员会/纤维和纱线分技术委员会/化学纤维工作组），目前工作组有法国、美国、英国、德国、葡萄牙、日本、韩国、肯尼亚、比利时、中国、泰国11个成员，中国为工作组召集人。"十三五"期间，我国化纤行业继续以WG6工作组为支撑，陆续将化纤优势领域的标准有序转化、升级为国际标准，截至2020年底，工作组负责组织制定已发布ISO标准6项，在研标准1项，均是由我国主导制定，见表3。

表3 我国主导制定的化纤ISO标准

序号	标准号	标准名称	状态
1	ISO 18066:2015	纺织品 化学纤维长丝 沸水收缩率试验方法	已发布
2	ISO 18067:2015	纺织品 合成纤维长丝 干热收缩率试验方法	已发布
3	ISO 17608:2015	纺织品 氨纶长丝 耐氯化水（游泳池水）性能试验	已发布
4	ISO 20754:2018	纺织品 化学纤维 截面形状参数的测定	已发布
5	ISO 20920:2018	纺织品 化学纤维 阳离子染料可染改性涤纶上色率的测定	已发布
6	ISO 5079:2020	纺织纤维 单纤维断裂强力和断裂伸长率的测定	已发布
7	ISO/NP24180	纺织品 合成纤维长丝 测定电阻来评价静电性能	在研

此外，为促进亚洲化纤行业标准化领域的交流，特别是加强ISO标准方面信息沟通与合作，在中国的倡议下，亚洲化纤产业联盟标准工作委员会于2017年成立，由中国化纤协会和日本化纤协会任联合秘书处，定期组织亚洲化纤行业标准化工作的交流会与论坛，同时督促亚洲化纤行业在国际标准化领域形成合力，相互支持，提高亚洲化纤行业的整体话语权。

二、存在的问题与面临的形势

（一）存在的问题

1. 国家、行业标准与团体标准之间的协同关系仍需优化

"十三五"期间，随着化纤行业市场需求的定制化和细分程度的明显提升，化纤生产企业及产业链、市场对于专用、细分领域标准的需求也明显提高。新制定标准特别是新的产品标准的标准化对象，颗粒度相对较小，标准的覆盖面相对较窄，宜以团体标准为主。但由于市场普遍对于团体标准的认知度和认可度不足，新产品标准的立项和研制需求仍集中于行业标准，这就造成了部分政府主导制定的标准，特别是行业标准公益性不足、一般性标准数量庞大、颗粒度小、适用范围窄等问题。同时，团体标准更贴近市场需求、机制更加灵活

的优势没有被充分激发。总体而言，化纤行业标准体系的标准类型结构仍需要进一步调整，政府主导制定的标准和市场主导制定的标准之间的协同关系仍有待进一步引导和协调。

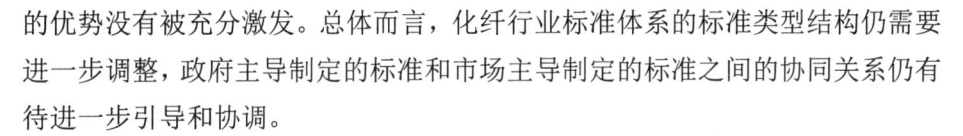

2. 部分新产品标准研制的速度与水平滞后于新产品研发

相对于近年来化纤行业新产品推出的速度，一些新的纤维性能和功能的表征和检测方法和研究水平明显滞后。问题突出表现为：现有的纤维特征表征方法尤其是对部分功能产品突出的特征仍难以表征，如何定量描述产品功能仍需要进一步完善；部分功能性纤维的特性标准在纤维状态下的检测仍存在困难或方法不完善；对于大量存在的改性化纤功能性产品，其关键改性添加物的定性和定量检测方法仍需要进一步研究探讨；针对功能改性纤维、生物基纤维的鉴定方法缺失，制成品贸易中因纤维含量、功能添加剂含量引起的贸易纠纷须引起相关标准化工作的高度重视。

3. 与下游行业结合不够紧密

从近年来标准研制的参与单位来看，总体上仍以化纤生产单位和相关科研、检测单位为主，下游应用单位的参与度总体上依然偏低。尤其是在有关化纤新产品的标准项目大量增加的情况下，下游应用企业的参与不足会导致化纤企业与其下游客户在关键指标的关注点和接受度的偏差，不利于新产品在下游的推广和应用扩大，也不利于化纤标准研制水平的提升。同时，近年来化纤标准的宣贯基本仅限于化纤行业以内，对下游及相关领域的宣贯渠道和方法不足，这也极大限制了化纤标准在下游行业的应用。

4. 标准化专业人才队伍建设有待加强

标准化领域的工作需要熟悉专业技术、仪器、检测和标准化语言的复合型人才。但从目前化纤标准化工作开展的现状来看，专业人才的梯队建设仍显不足。特别是在企业中，成熟的标准化人才相对于其他技术岗位来说更为稀缺，部分企业的标准化工作由质检、生产主导，其在工艺技术方面能力较强，但对于标准编制的规则和检测数据的收集整理等方面相对欠缺；部分企业则由行政、销售人员主导，其对于标准的理解可能存在偏差，与其内部技术团队的沟通存在不足。此外，各企业及检测机构在实验室配置、测试仪器型号、检测手法等方面存在差异，导致实验室平行对比的结果差异较大，需要耗费更多时间规范相关细节。

5. 国际标准化工作有待加强

与欧洲和日本等发达国家相比，我国化纤行业在国际标准化领域的工作仍处于初级阶段，参与度、参与技巧和参与水平仍有待加强。比如，目前我国化学纤维领域试验方法标准主要以转化或采用 ISO 标准为主，其标准的特点是均属基础标准和方法标准。对国外先进标准的参考与借鉴主要集中在欧盟、美国、日本等发达国家的相关标准，包括国际化纤标准化局（BISFA）、美国材料实验协会（ASTM）等标准。近年来我国主导制定的化纤标准均为大宗常规产品的相关方法标准，欧洲生产者目前已经基本退出常规化纤生产领域，但在 ISO 的话语权仍大量掌握在欧洲各国，而我国化纤行业在参与 ISO 工作方面仍缺乏经验和沟通渠道，这就给我国在 ISO 开展标准工作增加了难度。如何进一步掌握国际标准的游戏规则进而获得更大的话语权，这是我国化纤行业在国际标准化领域需要重点攻克的问题。另外，外语能力和专业能力的有效结合也是国际标准化工作对我国标准化人才提出的新要求。

（二）面临的形势

1. 世界经济格局的深入调整带来产业新课题

"十四五"时期，霸权主义、保护主义、单边主义抬头将深刻改变世界经济格局。特别是，新冠肺炎疫情对于世界经济的影响持续发酵，各国经济战略将更多着眼于保障国家安全、公共安全、产业安全，世界主要经济体将不可避免的优先从本国利益出发进行政策调整。在这一轮新的调整中，全球产业格局的重构势必引发国际规则重塑，标准作为国际规则的重要组成部分也必然成为各国博弈的最重要的手段之一。同时，标准也是解决环境、健康、安全等问题的重要技术手段。

化纤作为传统纺织产业的重要原料和战略新兴产业重要的纤维新材料，是确保我国基础产业链安全的重要一环。新形势下，全球化纤产业的格局也在持续调整。在此过程中，标准在全球化纤产业创新版图和产业布局的深度调整中成为关键要素。充分认识并强化标准的"通行证"作用，有助于化纤行业保持在传统优势领域的地位，同时能够有力推动在创新和新兴领域的拓展。

"十四五"期间，我国将畅通并立足国内大循环，发挥比较优势，协同推进强大国内市场和贸易强国建设，促进国内国际双循环。标准化工作应更加紧密结合行业和市场需求的变化和调整，及时组织研制、修订适用新市场、新要求的各类标准，对进一步提升对外出口的竞争力和畅通国民经济循环提供有效基础技术支撑。

2. 行业高质量发展的需求对标准化工作提出更高要求

推动我国化纤行业的供给侧结构性改革，促进产业转型升级，提高产品和服务质量，是我国化纤行业"十四五"期间的重要任务。以此为目标，行业需要更高水平和质量的标准支撑高质量发展。

化学纤维工业是我国具有国际竞争优势的产业，是纺织工业整体竞争力提升的重要支柱产业，也是战略性新兴产业的重要组成部分。从全球角度来说，中国作为世界第一化纤生产大国，在积极学习、吸收国外同行先进经验的同时，也应该主动承担起化纤标准化领域的领军之责。从我国国民经济的角度来说，化纤在民用、工业用和军民两用等各个领域有着广泛的应用，在国民经济和社会发展中占有重要地位。化纤是实现满足人民日益增长的美好生活需要的重要新材料。"十四五"期间，高性能纤维及其复合材料、循环再利用纤维、生物基纤维、智能纤维等纤维新材料需要实现新的技术突破和新的应用。在此背景下，化纤标准化工作应鼓励和支持关键技术成果与标准研制结合，同步推进技术研发和标准研制，加速创新成果转化应用。同时，在我国具有优势的大宗产品领域，继续努力推进国际标准的立项和研制。

3. 绿色发展和智能制造为标准化工作明确新方向

党的十九届五中全会通过的《第十四个五年规划和二零三五年远景目标的建议》再一次明确将提出要推动绿色发展，要求加快推动绿色低碳发展，持续改善环境质量，提升生态系统质量和稳定性，全面提高资源利用效率。化纤行业作为纺织产业链最为重要的原料环节，有责任建立全流程的清洁绿色现代制造体系，同时也面临开发多元化生物及原料资源、提高行业综合再利用水平，以降低石油依赖确保原料安全的紧迫任务。同时，5G 移动互联、物联网、大数据、云计算、人工智能等新一代信息网络和数字化技术在制造产业的应用进一步深入发展，也推动着化纤行业制造模式、服务模式、供应链模式和业态模式的持续创新。以数字化、智能化技术进一步提升生产效率、产品质量，快速响应市场需求变化是"十四五"期间化纤行业发展的必然方向。在此背景下，化纤标准化工作需要抓住行业发展的新特点，紧密结合行业发展的需要，进一步拓宽工作思路、丰富工作技巧、提高工作水平，为化纤行业实现创新、协调、绿色、开放、共享的发展做好基础技术支撑。

三、指导思想和发展目标

（一）指导思想

以习近平新时代中国特色社会主义思想为指导，全面贯彻党的十九大和十九届二中、三中、四中、五中全会精神，以贯彻新发展理念为主线，以化纤领域标准化协调配套发展为动力，以提升标准化支撑化纤高质量发展的效能为着力点，以优化新型化纤标准化体系为核心，以标准国际化为优先方向，坚持需求导向，围绕实施国家重大战略和经济社会发展重点领域，持续推进实施"标准化+"，增加标准有效供给，强化标准的基础支撑作用，提升标准化促发展的效能。加强行业基础方法、绿色制造、智能制造等标准化体系建设，为全面提高化纤工业的综合竞争力、建设化纤强国提供有力支撑，为化纤行业的可持续健康发展服务。

（二）基本原则

1. 创新驱动

坚持问题和目标导向，优化标准化技术组织建设，不断完善化纤标准化体系，加强标准化运行模式、方法及应用机制的创新发展，为化纤标准化发展提供不竭动力。

2. 开放融合

坚持全球视野、国际眼光，推进化纤领域标准化开放合作，促进区域特别是亚洲地区标准化工作融合发展，实现国际标准信息共享、相互促进。

3. 协调配套

坚持市场配置标准化资源的思路，发挥国家标准、行业标准政府主导的优势，进一步释放团体标准市场化潜力，优势互补，建设协同发展的化纤标准化体系。

（三）发展目标

到 2025 年，进一步优化标准体系，建成国家标准、行业标准、团体标准协调配套的化纤标准体系；充分发挥全国化学纤维标准化技术委员会和中国化学纤维工业协会标准化技术委员会的机构优势，完善标准化技术组织建设；加强标准化机制规范作用，透明标准化工作流程，提升标准质量；加深标准化国际合作，进一步增强亚洲化纤联盟标准化委员会功能，提升标准国际竞争力；

推动标准化与科技研发的深入结合，使标准成为科技创新和产业发展的重要驱动力；重点加强基础方法、重要产品、绿色制造、智能制造等标准研制，发挥标准的基础支撑和引领带动作用；健全标准有效实施应用的机制，完善团体标准与认证认可协同发展制度，提升绿色纤维认证品牌形象。

四、重点任务

（一）进一步优化标准体系

进一步完善政府主导研制标准与市场主导研制标准的协调配套和互相衔接，进一步统筹协调化纤领域国家标准、行业标准和团体标准的供给体系。适当控制新增行业标准的数量，鼓励整合和优化相关行业标准，提升单项标准的覆盖面，增强行业标准的系统性和通用性。鼓励团体标准承担相应的行业领域内标准的供给任务，特别是具有创新性、前端性的技术产品以及技术要求高于国家标准和行业标准的产品标准和方法标准。继续加强团体标准制修订程序规范性，提高质量，做好与政府标准之间的衔接。鼓励企业标准评优选先，参与标准领跑者评选等。

着重加强政府主导研制的标准的公益性，统筹兼顾对化纤行业具有基础性作用的通用规则和方法标准和能够体现我国化纤行业产业化水平的产品标准的立项和研制水平；鼓励和支持与绿色发展、智能制造相关的行业准入和技术评价相关标准的研制；进一步引导和鼓励将市场对于细分领域的技术要求体现在团体标准上。最终形成构架合理、结构清晰、覆盖面适度、适用性较强的化纤标准体系，见表4。

表4 "十四五"期间化纤标准化工作重点领域

标准类别	基本范畴	重点领域
国际标准	在具备比较优势的大宗化纤品种领域的国家标准应优先升级转化	在全球有普遍生产应用的大宗常规产品所对应的检测方法
国家标准	满足基础通用要求的基础、检测方法和产品标准以及与强制性标准配套的相关标准；准入性质的强制性标准	化纤基本概念、分类；常规产品的通用检测方法；产品标样；大宗常规化纤产品的基本技术要求；高性能纤维技术要求；大宗专用原料技术要求；具有行业准入性质的能耗、水耗等标准

续表

标准类别	基本范畴	重点领域
行业标准	已经实现产业化生产、具有一定稳定产量的产品标准；具有一定应用范围的方法标准；行业内需要统一的评价标准	在一定范围内具有通用性的检测方法；大宗差别化、功能性化纤产品的基本技术要求；化纤分品种专用原料技术要求；清洁生产评价；绿色评价；智能制造评价等
团体标准	刚刚实现量产的新产品及与之配套的特性检测方法标准；关键指标高于国家标准和行业标准的标准；在一定范围内试行的标准	适用于尼龙市场的新型功能性和复合功能性化纤产品标准；关键指标能够体现行业高端水平的化纤产品标准；应用领域较为有限的检测方法；处于研制初期的清洁生产、绿色评价和智能制造等评价标准

（二）强化创新发展的标准引领

进一步加强标准与科技创新之间的联动关系。在功能性、高性能、复合性能纤维等领域，鼓励同步推进技术研发和标准研发。强化产业发展标准领航，研制一批技术自主、应用带动的新标准，建设产业上下游协同标准族群，提升标准的服务效能。促进创新成果专利化、专利标准化、标准产业化，见表5。

表5 "十四五"期间新技术纤维产品研发项目同期标准研究

序号	重点方向
1	发展先进功能性纤维及支撑其开发的关键材料和辅料标准，包括化纤专用功能添加剂、阻燃剂、改性剂、母粒、催化剂、油剂等
2	实现产业化生产的高能性纤维标准以及支撑其发展的专用原料标准及表征方法标准
3	实现产业化生产的生物基化学纤维标准以及支撑其发展的专用原料标准及表征方法标准
4	建立完善的循环再利用化学纤维标准体系

进一步加强基础标准和方法标准的研制。全面升级化纤领域基础方法等共性技术标准水平，提升产业基础能力；加强与基础研究科技创新的结合力度，将科技成果快速转化为标准；加快化纤领域国家标准中基础方法标准修订和复审进度，有效提升标准科技含量；积极转化、等效采用国际国外先进标准，提高标准化一致性程度；推动多品种适用的行业标准上升为国家标准，筑牢化纤

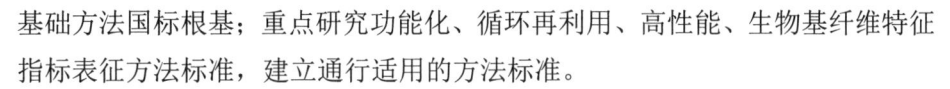

基础方法国标根基；重点研究功能化、循环再利用、高性能、生物基纤维特征指标表征方法标准，建立通行适用的方法标准。

（三）加强专用领域标准的系统化研究

随着化纤产品应用市场的进一步细分，拓展和挖掘专用领域的纤维产品成为化纤行业发展的趋势之一。标准作为基础技术支撑的手段，应与产品开发同步发展。一方面，专用细分领域的产品标准有助于企业开拓新产品市场，标准需求旺盛，但标准对象颗粒小，产量有限，企业在关键指标表征和数据采集处理方面也往往不够严谨，应发挥团体标准的优势尽快弥补标准供给不足，同时在立项时应尽量考虑系列化发展，既有助于集中力量解决类似标准研制中存在的共性问题，也有利于新产品的发展更加有序。另一方面，化纤原料的质量对于化纤产品的质量稳定有很大的影响，特别是生物基化学纤维和高性能纤维，其专用原料在关键指标要求方面往往区别于大宗用途原料的要求，但由于在研制领域方面与其他标委会存在交叉，以政府性标准立项课题存在一定难度，应充分利用团体标准的优势，开展专项课题研究，逐步建立化纤专用原料的标准化体系，系列化有序完善该领域的标准。

（四）夯实绿色发展和智能化发展的标准基础

建立绿色产业发展标准体系，提升化纤行业在绿色产品设计、绿色工厂设计、绿色纤维评价、资源能源消耗等方面的标准工作力度和水平。强化生态环境保护标准约束，合理制定大气、水、土壤环境质量和污染物排放标准。加快行业绿色关键技术研发与产业化，积极构建绿色制造体系；加快推进化纤工业绿色发展，推进化纤工业节能降耗、实现降本增效；加快聚酯、聚酰胺、纤维素纤维、氨纶、丙纶、聚乙烯醇纤维等绿色产品设计规范标准制定工作，增加绿色采购、绿色产品评价技术要求等标准有效供给；打造具有国际影响力的绿色产品认证品牌。

加强对绿色原料、绿色辅料助剂包括生物基原料和纤维、原液着色纤维、色母粒、非锑系催化剂等配套标准研究。进一步完善助剂标准的环境属性要求，重点推动聚酯钛系催化剂等新型催化剂配套标准的研究。结合新型催化剂的化学性质，有针对性地制定下游制品的产品标准体系，推动产业链的有序、健康发展。化学纤维绿色发展评价标准分类见表6。

表6 化学纤维绿色发展评价标准分类

类型		标准内容	涉及化纤领域
环保评价	能耗	单位产品能源消耗限额	聚酯涤纶、再生涤纶、纤维素纤维、锦纶、氨纶、维纶、腈纶等化学纤维及关键原料
	水耗	取水定额、节水型企业	
	排污	排污许可证申请与核发、排污单位自行检测	
	清洁生产	清洁生产评价指标体系	
绿色评价	绿色工厂	绿色工厂评价要求	
	绿色产品设计	绿色产品评价要求	
		绿色纤维评价	生物基、循环再利用、原液着色化学纤维
		绿色原料、辅料、助剂供应体系配套标准	循环再利用、生物基原料；新型催化剂等

鼓励和引导行业骨干企业参与化纤行业智能制造相关标准的研发，建立化纤行业智能制造标准体系，选择智能制造条件比较成熟的子行业陆续开展智能工厂、智能车间等标准的研究制定，形成化纤智能车间参考体系结构、功能要求、物流要求、系统集成、数据规范等技术体系，推进化纤智能车间建设过程与系统集成，形成化纤智能工厂规范化和制造过程智能化。

加强与智能装备制造、工业互联网相关行业的合作，探讨化纤装备互联互通规范通用要求、数据交互规范要求、网关技术要求、数据安全及卷绕机等关键设备数据格式及语义规范，用于规范化纤设备及传感器具接口统一和设备之间实现互联互通及互操作等问题（表7）。

表7 "十四五"期间化学纤维智能制造标准重点任务

标准名称	产品范围
智能工厂/车间	涤纶长丝、短纤、工业丝
	锦纶长丝、工业丝
	纤维素纤维、莱赛尔
	氨纶
	其他化学纤维

续表

标准名称	产品范围
工业互联网建设	通用要求
	数据交互规范
	网关技术要求
	关键设备数据格式及语义规范

（五）鼓励和支持前沿领域标准研制

在高性能纤维新材料标准、生物医用纤维新材料标准、智能纤维新材料标准、纳米纤维新材料标准等战略性和前沿纤维新材料领域提前布局标准研究项目，加快可降解纤维材料、纤维微粒检出等与生态环境相关标准研制；加强与国内外高等院所、科研机构、测试中心等的密切联系，探索石墨烯改性纤维、智能纤维、新型抗菌抗病毒纤维等功能能原理，建立科学易行的表征方法，并在此基础上研究制定相关标准，提升标准化智力支撑水平。

（六）拓展并深化化纤标准样品研制工作

为支撑化纤行业高质量发展内涵，促进产品品质的进一步提升，需要利用标准样品的研制与应用，以确保技术研发的可行性、检验结果的一致性、标准实施的有效性。在现有聚酯与涤纶标准样品的基础上，急需进一步拓展并深化化纤标准样品的研制工作。普及标准样品的研制及应用，加强培训工作；建立科学合理的化纤标准样品体系，形成工作标准样品和有证标准样品协调配套的运行体系；在现有标准样品基础上形成系列，提升品质，深化研究；在高新技术纤维提升质量攻关的过程中，尝试推进高新技术纤维的标准样品研制；适时开展生物基纤维、循环再利用纤维所特殊需要的标准样品。

（七）进一步推进国际标准化工作

更好地发挥现有的亚洲化纤联盟标准化工作机制，与相关国家开展更加深入的标准合作，促进亚洲化纤联盟与 ISO 标准领域的平台共建，优化工作委员会的工作机制，进一步加强各成员间的标准化合作；提出和制定更多有亚洲化纤联盟成员参与的 ISO 标准；加强 ISO 化学纤维工作组与化纤标委会的合作关系，畅通国际标准立项、国际标准专家渠道，继续扩大我国化纤标准在国际上的话语权；推进化纤标委会、ISO 化学纤维工作组专家队伍的同步建设，推进国际国内标准立项、研制、应用等同步开展；加大我国化纤标准外文版翻译力度，申报立项国家标准、行业标准外文版计划；组织推动龙头企业、科研院所有效参与国际标准组织技术会议，高质量完成国际标准投票；强化标准化对化纤行业培育国际竞争新优势和"一带一路"国家建设的基础作用，将化纤优势领域的标准有序转化升级为国际标准，争取与我国化纤工业国际地位更加匹配的国际话语权。

（八）加强标准化专业人才培养

通过标准宣贯和培训，普及标准化基础知识和方法。加强懂标准、懂技术、懂外语、懂规则的复合型人才培养，壮大国际标准化领军人才队伍。实施标准化人才培育工程，推进秘书处工作人员标准化水平，完善工作体系。通过集中学习、线上讲座和网络视频等方式加强标准和检测从业人员的专业水平和实操水平。集中行业整体力量，鼓励和支持在标准方面实力过硬的企业和标准化专家参与培训项目的示范和指导。加强标准化基础和方法标准研究，通过参与标准制定，不断丰富专业人员的标准化知识体系。参与标准化贡献奖等奖项评比，举办行业内标准化先进评选，提升标准化从业人员荣誉感和行业认可度。

加强标准验证能力建设，加强与检测机构的标准化合作，加强标准验证工作和协同研制，培养一批有经验的专业化纤检测合作机构，提高标准技术指标的先进性、准确性和可靠性。

五、重点政策和措施保障建议

（一）推动配套政策，促进标准发展

加强与国家标准委、工业主管部门联系，推动标准化工作与经济社会发展规划有效衔接、同步推进，制定好标准化发展规划和专项引导政策。采用多种渠道建议有关部门加快完善相关领域的配套政策措施，加大对国际标准、国家标准、产业共性基础标准和标准样品研发以及标准化典型试点示范等重点工作的支持力度，推动政府对团体标准的引用和扶持，促进团体标准有效实施。引导社会资本投入标准化工作，促进标准化经费的多元化，进一步形成政府性标准和市场性标准协调发展的多元化标准体系。

（二）完善协调机制，优化标准服务

进一步加强化纤标准化的组织、协调工作，按照统一管理、分工负责的原则，建立常态沟通机制。化纤协会作为标委会秘书处负责本规划实施的统筹协调，相关单位互相配合、密切合作、各司其职、各负其责，及时协调解决工作中遇到的问题，共同推动重点领域标准的制修订、实施推广、监管等工作的开展。加强化纤标准化上下游合作，协商解决跨区域跨领域的化纤标准化问题，协同推进、务求实效。重点支持检测机构、科研院所、化纤生产和应用企业共同开展化纤标准化重点研究，加强国内外标准信息发布、重点和热点产品标准分析、与标准相关的技术壁垒预警等方面的工作，切实提高标准化工作对于企业、政府、科研的服务效果。

（三）加大宣传力度，引导标准应用

通过多种渠道加强检测方法和重点产品标准以及化纤协会团体标准的宣贯，推动标准有效实施，扩大标准化社会影响力。对已经发布的标准，借助市场监管总局的"标准云课"平台等渠道，帮助各相关方了解标准制修订的重要意义，熟知标准的技术内容，掌握标准在实施中应注意的问题，加强各相关方对标准的理解和执行能力，提升标准的实施效果。充分发挥标准起草人的作用，有效开展标准咨询，促进标准正确理解，推动标准有效实施。加强针对上下游相关产业链的标准化宣贯，推广标准的应用和影响力。

（四）发挥协会作用，加强组织实施

进一步发挥行业协会的桥梁和纽带作用，加强化纤标委会秘书处协调和带动职能，做好化纤标准需求分析、调查研究、推广实施、人才培养等方面的重点工作。优化亚洲化纤联盟标准化工作机制，创新 ISO 国际标准化工作模式，积极推动国际标准化工作健康有序开展。组织和动员各方面力量推进重点标准的实施，抓好发展目标、主要任务和重大工程的任务分解和落实，加强考核，跟踪分析规划的实施进展。根据外部因素和内部条件变化，对标准化规划的项目进行调整、优化，提高其科学性和有效性。

化纤行业"十四五"智能制造发展研究报告

吕佳滨　万　雷　袁　野

随着《中国制造 2025》国家战略的发布，智能制造成为未来我国制造业发展的主攻方向。智能制造是基于新一代信息通信技术与先进制造技术深度融合，贯穿于设计、生产、管理、服务等制造活动的各个环节，具有自感知、自学习、自决策、自执行、自适应等功能的新型生产方式。面对国内外复杂严峻竞争形势，化纤行业在"十四五"期间，要进一步推进行业数字化转型，推动人工智能、大数据、云计算等新兴数字化技术在化纤行业的应用，巩固提升行业创新能力，实现高质量发展。

一、化纤行业智能制造发展现状

近年来，国内化纤企业积极探索实践大数据、互联网+、云平台、工业机器人、人工智能等先进技术和理念，推进 ERP、MES 等现代化信息技术在化纤行业设计、生产、营销、物流等环节深入应用，推动生产模式向柔性化、智能化、精细化发展，在自动化装备应用、智能车间/工厂建设、自动化仓储物流等方面取得较好成效，一批智能制造示范项目的建设及应用，提升了化纤行业智能制造水平。

（一）自动化装备应用初步实现"机器换人"

一是随着大量数控新技术已应用于化纤机械设备，具有自主知识产权的全自动落丝系统已全面在化纤企业应用，智能原料配比及输送、自动落筒、自动清板、自动检板及自动生头、在线质量监测及管理、自动包装系统等技术装备取得了较大进展，通过自动化、智能化装备的应用，减少了人员用工，提高了产品品质，提升了生产效率，极大地提升了化纤生产企业的信息化和智能化水平。二是互联互通技术以及高速化通信网络技术的应用，使得生产设备互联互通具备接口及数据快速传输条件，为行业迈向智能制造提供了信息交换基础。

（二）基于工业互联网初步建设智能化车间

桐昆集团、新凤鸣集团等行业龙头企业积极与互联网企业合作，构建了基于工业互联网的信息共享及优化管理体系，实现内外部数据互通互联，一体化打通业务链、数据链、决策链，同时开发数据收集分析系统，对设备运行数据进行实时采集，以产品标识解析为主线，全面打通生产和经营的信息链，结合智能决策及反馈，实现了信息传递追溯、理能源集中管控和自动平衡分析，提升了产品和服务品质，提高了企业资源配置效率，进一步增强了企业柔性、绿色的智能生产能力。

（三）内外系统协同联动，初步实现信息共享

桐昆集团、新凤鸣集团、恒逸高新等公司，一方面借助移动终端设备、数字监控系统等智能化设备，实现了生产实时情况在中控室可视化监控，部分实现原料调度、产品仓储、物流运输等不同业务单元的信息系统集成，大幅提高了企业生产操作效率，同时保障了生产安全和设备稳定运行；另一方面建立了在线交易平台，集成销售、物流、仓储、客户等信息，加强了企业与客户间业务联系，促进了企业管控、生产计划、财务结算等环节衔接。

（四）智能仓储系统实现"无人化作业"

义乌华鼎、新凤鸣集团、国望高科等公司建立了由自动存储立体区、入出库输送系统、电气控制系统、计算机监控调度系统和信息管理系统等组成智能仓储系统，可实现智能化仓储、产品信息自动识别、跟踪、分类、存储及管理，提高了仓库管理效率。仓储系统还支持与企业 MES、ERP 系统信息集成，为生产及销售提供数据支撑。

（五）在线检测监测实现"精益化管理"

国望高科、恒逸高新、新凤鸣集团等企业建立了生产过程在线质量监测及管理，包括聚合温度、压力、黏度在线监测，纤维张力、均匀率、含油率、纤度等在线检测和监控；毛丝、僵丝、油污丝等异常外观自动检测，结合自动识别技术设备，在原辅料供应、生产管理、仓储物流等环节实时记录产品信息情况，实现产品从原料到用户应用全程信息可追溯。此外，还建立了能源管理控制系统，对水、电、汽消耗量进行精准控制。

二、典型项目

根据《中国制造 2025》的总体部署，为落实《建设纺织强国纲要（2011—2020

年）》的相关要求，进一步促进纺织行业智能制造建设，自 2015 年起，工业和信息化部组织开展申报智能制造试点示范项目，2017 年化纤行业首次列入智能制造试点示范项目，截至目前，化纤行业共确定了 3 个试点示范项目，7 个新模式应用项目，涉及 10 家企业，涵盖聚酯涤纶、锦纶、氨纶、PTT 纤维、莱赛尔纤维、碳纤维等行业。

（一）江苏国望高科纤维有限公司生物基纤维智能制造试点示范

项目建立了数字化设计与制造系统、生产工艺仿真系统、智能清板及更换组件系统、生产全过程在线质量监测及管理、智能物流系统、MES 与 ERP 协同与集成、能源消耗智能监控系统、车间环境智能监控系统等，利用工业云和工业大数据，实现生产过程的自动化、数字化、网络化和智能化。通过项目实施，一是提升现有生产各工序的自动化程度，重点推进后道工序的自动化和智能化改造。二是实现公司各管理部门、产业链上下游的协同和智能化，将现有生产各个环节的传感器通过局域网、互联网和移动网联结起来，使企业的所有信息得到完整收集和显示，保证生产管理过程中不出现"盲点"。三是建立生产过程在线检测和监测平台，确保数据实时性、正确性、客观性和全面性，解决人工操作失误对产品质量的影响。四是完善了企业一体化管理平台，在现有的通用管理软件框架下，进行二次开发和持续性改进，通过不断的信息反馈对系统平台进行完善，最终实现对企业全部业务环节的覆盖。五是在获取准确全面的市场信息的基础上，实现订单履行可视化，使产能利用更加合理，产品库存透明可控。

（二）桐昆集团功能性聚酯纤维智能制造系统关键技术与应用模式创新项目

项目开发了聚合纺丝数字一体化建模与设计技术、机理与数据双驱动的聚合纺丝工艺仿真系统，以及基于智能优化的先进控制（APC）技术和能源管理系统（EMS）、智能化喷丝板铲板系统和纺丝智能巡检机器人等技术装备系统，实现了生产装置控制级应用与企业管理的智能互联互通及综合集成，形成了功能性聚酯纤维智能制造系统关键技术与应用模式创新，从而实现了功能性聚酯纤维的柔性化专业化定制，推动行业向着智能化、数字化方向高质量发展，带动行业绿色可持续发展。

（三）中复神鹰碳纤维有限责任公司千吨级碳纤维智能制造新模式应用项目

项目融合了 IT 与 OT 网络，实现 DCS、MES、ERP 等互联互通，从传感

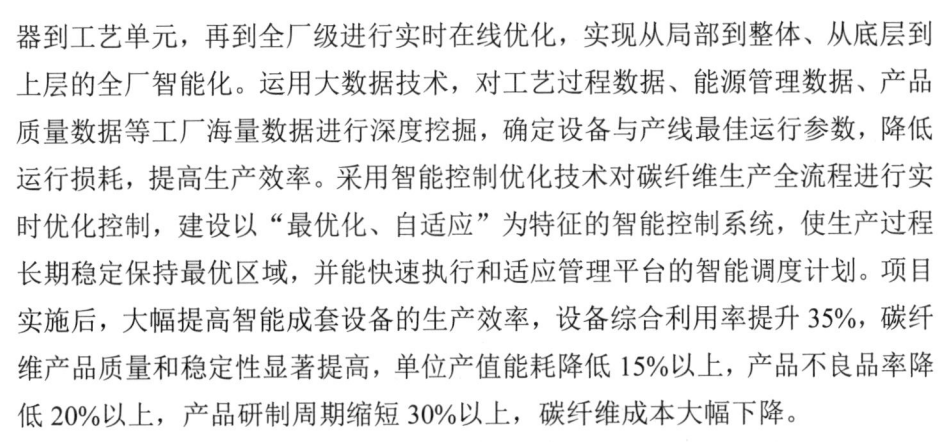

器到工艺单元，再到全厂级进行实时在线优化，实现从局部到整体、从底层到上层的全厂智能化。运用大数据技术，对工艺过程数据、能源管理数据、产品质量数据等工厂海量数据进行深度挖掘，确定设备与产线最佳运行参数，降低运行损耗，提高生产效率。采用智能控制优化技术对碳纤维生产全流程进行实时优化控制，建设以"最优化、自适应"为特征的智能控制系统，使生产过程长期稳定保持最优区域，并能快速执行和适应管理平台的智能调度计划。项目实施后，大幅提高智能成套设备的生产效率，设备综合利用率提升35%，碳纤维产品质量和稳定性显著提高，单位产值能耗降低15%以上，产品不良品率降低20%以上，产品研制周期缩短30%以上，碳纤维成本大幅下降。

（四）新乡化纤股份有限公司超细旦氨纶纤维智能制造新模式应用项目

项目建立了氨纶聚合、纺丝、卷绕等三维数字化模型，工艺仿真模型；利用机电一体化的专用设备、智能仪表、具有先进控制策略和功能的控制系统和人工智能技术的有机结合，通过控制系统高效实时地执行，采用120头/位高密度纺丝装置、40饼背靠背智能卷绕装置等核心装备，实现高密度、超细旦纺丝。通过升级公司现有EPR系统、新建氨纶MES和大数据系统，并进行高效集成；通过先进传感、控制、检测、物流及智能化工艺装备与生产管理软件高度集成，建成超细旦氨纶制造智能工厂；建设工业互联网覆盖到设备、物料及各种信息系统的集成。

三、存在的问题

虽然化纤行业智能制造已取得一定成就，但仍存在以下问题。

一是发展路径研究不够。智能制造是一项系统工程，由于各细分行业、各相关企业的工艺技术、生产设备、企业管理等各不相同，发展智能制造必然是围绕行业、企业具体问题，研究实施路径，特别是要尽快构建化纤行业智能制造相关标准，指导企业开展相关工作。

二是资金不足。实施自动化、智能化投资额达到千万元以上，最高甚至过亿，让中小企业对智能化、自动化改造升级望而却步。同时部分企业现有厂房设计和生产线布局，无法满足生产设备升级所需的空间条件，厂房改扩建甚至新建又将进一步提高智能化改造的成本。

三是人才缺乏。智能工厂需要专业化、跨学科的综合人才队伍，特别是信息系统架构、管理咨询和信息资源整合等方面的高端人才。此外，低技能甚至是部分熟练工将被机器人替代，而调试、维护和控制机器人的技术性岗位会相对增加，对这类技术人才的需求将急剧增加，化纤企业需要进行培训或引进高水平技术人员。

四是系统解决方案短缺。在化纤智能制造工作中，很多项目处于行业空白区，行业急需的智能化需求缺少能够提供解决方案的供应商，主要是智能制造装备、传感器、专用控制器件、控制软件、管理软件等软硬件基础能力相对弱。此外，信息化软件开发主要依赖外部单位，自身缺少软件开发专业人才。

五是智能化意识欠缺。目前企业管理层、经营层，生产层缺乏树立数据决策、数据管理思维，企业内部各生产工序串联和协调性仍需要提升。智能化升级采购过程中，对具体需求不明确或预期过高，导致最终功能不能实现，需要后续频繁改动，增加成本投入。

此外，还存在生产数据与生产、营销等相关业务部门未能有效结合，大数据应用能力不强；个别自动化设备实际应用时有瑕疵，达不到预期目标；减员后应急措施有待加强等问题。

四、化纤工业智能制造发展路径

（一）所处阶段

当前化纤行业智能制造已取得较大进展，相关细分行业的龙头企业基本完成了自身在自动化、智能化方面的战略规划，并大力推进实施。主要表现是：

（1）已对智能制造进行规划。目前化纤行业已形成发展智能制造的共识，涤纶、锦纶、再生纤维素纤维、氨纶等细分行业的龙头企业已制定智能制造发展规划，并根据规划对生产和管理的重要环节进行智能化技术升级。

（2）主要设备具备数据采集和通信功能。当前化纤制造设备已具有添加互联互通技术以及高速化通信网络技术数据接口能力和工业互联网传输条件，通过采用智能化设备，部分企业已在生产端引入智能制造执行系统，有效集成在工业互联网平台上，并链接智能化设备，实现全流程智能物流及产品全流程追溯，并通过各类通信手段接入不同设备、系统和产品，采集海量数据及上云端，同时与MES、SCADA等系统实时通信。

（3）部分业务单元的信息系统能够内部集成和共享。基于工业互联网平台，以生产为核心，已部分实现原料调度、产品仓储、物流运输等不同业务单元的信息系统集成。

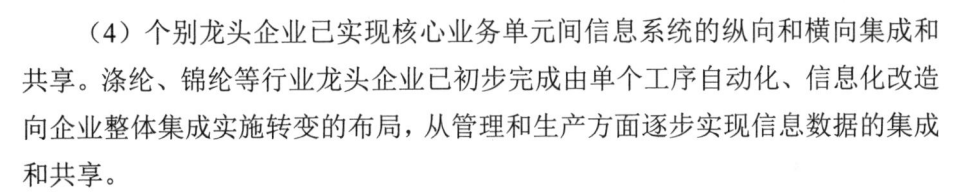

（4）个别龙头企业已实现核心业务单元间信息系统的纵向和横向集成和共享。涤纶、锦纶等行业龙头企业已初步完成由单个工序自动化、信息化改造向企业整体集成实施转变的布局，从管理和生产方面逐步实现信息数据的集成和共享。

（二）发展路径

以聚合反应、熔体输送、纺丝、物流仓储、在线检测等环节数字化加工与工艺优化为重点，鼓励引导化纤企业与集成供应商形成若干套具有自动执行、智能感知、深度学习、智能决策等功能的智能化、数字化、集成化系统解决方案。

1. 制造端

制造端主要聚焦设计、生产、物流、销售、服务等全产业链，加快应用数字化技术，个别工序全面实现机器换人。

一是数字化设计研发。进一步推广计算机辅助设计软件、三维设计与建模工具等技术，应用于化纤工程、装备设计、新产品研发等，实现设计研发过程的三维模型化、高度集成、协同融合，大幅缩短产品开发周期，降低开发风险和开发费用。

二是数字化全过程生产。运用大数据采集、分析、挖掘等技术，全面收集从原料采购、计划调度到生产执行的数据流、MES 与控制设备和监视设备之间的数据流、现场设备与控制设备之间的数据流，打造完整数据链，将"人、机、料、法、环"相关数据连接、融合，优化资源动态配置，提高监测追溯、质量管控、供应链预判、能源管理、自动预警等智能化服务能力。

三是数字化仓储物流。利用 RFID/二维码/标签等技术，采用 WMS、WCS、TMS 等软件系统，对原料、辅料、产品等实现数字化标识与分类、数据采集、库存管理、自动输送等，并对接 ERP、CRM、SCM 等企业管理软件的采购、计划、库存、发货等，使原材料、辅助物料、在制品、制成品等物理对象在各个生产工序间顺畅流转，提升仓库货位利用效率、提高仓储作业的灵活性与准确性，合理控制库存总量，大幅节省空间和时间。

四是数字化销售管理。采用大数据、云计算等技术，构建销售管理系统，对销售和采购、生产、仓储、物流等业务进行集成，实现销售全过程信息化管理；加强客户关系管理，建立客户信息库，自动调整客户纤维加工能力和需求信息，并据此制定精准企业销售计划；鼓励龙头企业自主开发电子商务平台关系管理，集成企业销售管理、客户关系管理、物流仓储管理等，实现个性化营销。

五是智能化服务体系。建立健全规范的产品服务制度，采用云服务、智能分析等技术，收集、分析客户反馈信息，在解决客户疴的同时，反馈并指导企业相关部门改善提升产品设计、生产、销售等环节，提高客户满意度；借助云平台、移动客户端、智能客服机器人等技术，集成客户信息库，为用户提供产品的日常运行维护、预测性维护、故障预警、诊断与修复、运行优化、远程升级等服务。

此外，在原料输送、喷丝板清板、组件更换、包装、丝饼（纱锭）搬运等繁重危险岗位，以及质量检测等高精度岗位，加快实施机器换人。

2. 智能端

智能端主要是围绕智能设备、互联互通、系统集成、资源优化等方面，打造企业智能系统，通过感知环境、获取信息、传递指令，实现科学决策、智能设计、合理排产，提升设备使用率，监控设备状态，指导设备运行。

一是生产装备数字化改造。扩大自动落筒、自动包装、智能外检系统、智能立体库等设备应用，实现全流程产品及物流追溯，并参与到网络集成和网络协调，增加相关设备连接数量，拓展设备连接种类，统一数据接口。

二是系统间互联互通。通过部署现场总线、工业以太网和无线网络，营造人、机、物联系的环境，实现制造环节设备间的互联互通与信息采集、发送，生产管理与企业管理系统的互联互通，具备一定的网络安全功能。

三是上下游系统集成。在企业内部围绕核心生产流程实现不同系统的互动和互操作的纵向集成基础上，通过统一平台、实时数据库、云服务等技术，实现上下游企业间业务纵向集成。

四是企业资源要素优化。结合企业自身核心业务、运营情况、财务状况、人员配备、组织架构等实际情况，依托专业团队，制定企业智能制造战略规划，并据此加强专业人员配备，明确预算资金投入，制定企业管理制度，优化能源使用计划等。

3. 服务端

服务端主要围绕智能制造标准体系、公共服务平台等方面，为行业发展智能制造营造良好环境。

一是建立化纤智能制造标准体系。开展化纤行业智能装备、智能车间、智能工厂等标准研究制定，结合相关企业实际工作情况，验证标准有效性和可执行性。

二是搭建信息化公共服务平台。建设化纤行业智能制造公共服务平台，收集梳理国内知名智能制造相关供应商；针对化纤行业不同细分领域特点，鼓励企业与集成供应商形成若干套具有自动执行、智能感知、深度学习、智能决策等功能的智能化、数字化、集成化系统解决方案，并在全行业推广，形成示范应用。

五、发展建议

（一）政府层面

一是加大财政扶持力度，充分发挥财政资金导向作用，重点支持化纤行业智能制造工厂（车间）建设，提高全行业生产效率，降低用工人数，实现高效低耗和柔性生产、全流程信息化管理。二是对于符合条件的企业根据企业给予相应的关税收优惠和保险补偿等政策；对于大型企业实施智能制造的重大投资开辟绿色通道，给予快速补贴，加快技术、设备等的引入进度。三是鼓励金融、人力、土地等要素资源向智能制造先进企业流动。

（二）行业层面

一是积极开展智能制造示范工程技术交流，向同行业其他企业借鉴学习。二是加强培育典型示范企业的引领，开展智能制造人才培训，围绕推进发展智能制造，组织举办智能制造专题培训班，提升相关企业智能制造认识水平，推动企业加快发展智能制造。三是制定智能制造相关标准，以更好地规范和指导行业智能制造发展。四是建立搭建智能制造产业联盟，统筹发挥行业现有重点实验室、工程技术中心等核心技术创新资源作用，依托行业骨干企业，推动技术创新，突破共性技术、关键技术研发。

我国化纤母粒行业发展现状及趋势研究

万 雷 徐毅鸣 王永生 昝天将

一、概述

母粒（masterbatch）是将超常量的着色剂、功能助剂均匀地载附于树脂之中而得到的固溶体。母粒具有着色效果优越、便于计量和运输、节能环保等优点，主要应用于化纤制品和塑料制品等。按照用途的不同，母粒可分类为化纤母粒、注塑母粒、吹膜母粒等，按照载体的不同，母粒可分类为 PET 母粒、PA 母粒、PP 母粒、PE 母粒等类型。 按照颜色及功能的不同，母粒可分类为黑色母粒、彩色母粒、白色母粒、功能母粒等。 当前化纤行业生产使用的母粒中多为色母粒和功能性母粒，分别用于原液着色纤维和功能性纤维的生产，当前化纤母粒中占主要产量的为色母粒。由于化纤母粒的特性、要求及生产企业与注塑母粒、吹膜母粒有较大区别，故本研究主要关注于化纤母粒相关情况。

进入 21 世纪，我国的染料工业、电子配色技术和母粒载体生产技术都有了长足的发展，推动我国化纤母粒及原液着色纤维产业快速发展。当前原液着色长丝主要是聚酯和聚酰胺 6 纤维，短纤主要是聚酯、再生纤维素和聚丙烯腈纤维。我国化纤色母粒产品色系基本齐全，具有高可纺性、高稳定性、高色牢度、高色含量、高适用性以及精密可控的添加量等特点，基本满足纺丝及后道的各种加工处理过程要求。作为化纤新产品开发的必须保证要素，同时兼顾了品质和性价比。

二、我国化纤母粒及原液着色纤维行业发展现状

（一）我国化纤母粒行业发展现状

"十三五"以来，我国化纤原液着色纤维年均增长率达到 14%，高于化纤总产量年均增长率，其中，原液着色聚酯长丝、短纤维平均增长率分别为 12% 和 26%，聚酰胺 6 长丝平均增长 71%，再生纤维素短纤维平均增长 49%。2018 年，我国原液着色纤维约 600 万吨，原液着色纤维占化学纤维产量的 12%，在

各地更加严格的环保政策促使下，原液着色纤维产量大幅增加，下游需求扩展迅速。在原液着色纤维中，黑色纤维的产量为 360 万~390 万吨。采用原液着色生产纤维的主要品种有涤纶、锦纶 6、再生纤维素纤维和腈纶，其中涤纶原液着色纤维的 85%~90%，约 510 万~540 万吨。

2018 年，我国具有阻燃、抗菌、耐化学品、抗紫外、蓄热等功能性纤维 260 万~300 万吨。功能性母粒的研制和生产，也成为行业的热点，目前行业有蓄能、夜光、抗老化、竹炭、远红外、彩色阻燃、抗菌、光致变、隔热、磁性、锦纶导电等十余种特种功能纤维母粒，这些母粒拓展了市场领域，突破了母粒的概念和范畴，并开发出了功能性母粒和着色功能于一身的多功能母粒，将为我国化纤产业高质量发展，推进我国化纤强国建设做出新的贡献。

"十三五"期间化纤色母粒的市场需求和生产主要集中在国内，2020 年世界需求化纤色母粒 27 万~33 万吨，原液着色纤维的比例占 13.9%。在国内 600 万吨左右原液着色纤维中，色母粒的市场需求量为 15 万~18 万吨，其中黑色母粒的市场需求量为 9 万~11 万吨。260 万~300 万吨功能性纤维大部分是采用功能性切片纺丝制成，采用添加功能性母粒纺丝的仅占 10%左右，这部分纤维使用功能性母粒使用量在 4500 万~5500 吨，功能性母粒是方兴未艾的项目。并且随着环境资源约束日益严格和人民对美好生活的需求，原液着色纤维及功能性纤维具有广阔的发展空间。

（二）我国化纤母粒技术继续取得进步

当前化纤母粒研发是在塑料用色母粒的研发基础上，从着色剂、载体、助剂和功能粉体四个方面着手，涵盖了颜（染）料的合成、分散、表面修饰以及在纤维应用方面的研究工作。

目前整个行业专用树脂品种及规格偏少，目前主要还是选用通用型树脂载体，或选择与纤维基体一致的树脂。化纤色母粒的生产目前普遍采用高速搅拌机对着色剂进行分散、均化处理，采用双螺杆挤出机进行色母粒的造粒的生产，单线能力偏低，常规产能约 1000 吨/年，工厂生产时粉尘排放较为严重，产品质量不够稳定。由于颜料分散性、母粒流动性等限制，生产深色、超细旦原液着色纤维等品种还比较困难。另外，部分色母粒生产的原液着色纤维的色牢度、耐热性、色光等需要较大幅提升。

"十三五"期间我国启动了高品质原液着色纤维开发及应用国家重点研

发计划项目。通过研究聚酯、聚酰胺原液着色纤维聚合、纺丝动力学与色彩变化机理，以及高效均匀分散技术和高效色母粒、色浆制备技术等，建立原液着色纤维制备与应用数据库和标准规范，形成工艺、装备与控制系统的中试验证平台，实现原液着色纤维制备与产业链应用示范。该项目大幅推动了我国聚酯、聚酰胺原液着色纤维产业的快速良性发展。

（三）我国化纤母粒行业发展现状

"十三五"以来，我国化纤母粒行业发展迅速，也涌现出一批专业从事化纤色母粒研发和制造企业。如苏州宝丽迪材料科技股份有限公司、浙江金彩新材料有限公司等立足色丝，创新发展，专注于化纤母粒的生产和开发。 生产出了多种系列的母粒产品，PET类系列产品有黑色母粒、消光母粒、普通彩色母粒、高性能专用彩色母粒、户外用品和汽车内饰等高耐晒牢度母粒和功能母粒六个系列。PA6类系列产品包含黑色母粒、消光母粒、彩色母粒和功能母粒四个系列。晋大纳米科技（厦门）有限公司以减少细菌等致病性微生物对人类健康威胁为己任，开发的抗菌母粒广泛适用于纺织、化纤、鞋材等领域。广东蒙泰高新纤维股份有限公司采用聚丙烯基体开发了多种用途母粒产品及纤维产品，在细分领域得到行业内认可。此外，还有一些企业的色母粒和功能母粒满足了军用化纤生产与应用。

据统计，当前我国化纤色母粒生产企业有30多家，表1列出了2018年我国主要化纤母粒生产厂家及市场规模统计，其中前八家企业的产能集中度（CR8）约在62%。

表1　2018年我国主要化纤母粒生产厂家及市场规模

单位：万吨

公司名称	市场规模
苏州宝丽迪材料科技股份有限公司	3.9~4.1
厦门鹭意彩色母粒有限公司	1.8~2.0
浙江金彩新材料有限公司	1.1~1.3
常州富桐纤维新材料有限公司	1.3~1.4
广东彩艳股份有限公司	1~1.2
科莱恩化工有限公司	0.8~0.9

续表

公司名称	市场规模
吴江市曙光色母粒厂	0.6~0.8
厦门鑫万彩塑胶染料工贸有限公司	0.6~0.8
浙江丽绣色纺材料有限公司	0.4~0.5
无锡市长虹化塑色粒有限公司	0.4~0.5

资料来源：根据公开资料收集

三、"十三五"化纤母粒的制备技术及工艺路线

在纤维产品的生产过程中，为了使纤维功能和颜色均匀，功能材料或者着色颜料必须满足两个条件：一是使功能材料或着色颜料团聚体或凝聚体充分分散；二是使其均匀地分散在高聚物中。在这过程中需要将功能材料或者颜料团聚体或凝聚体破碎，使粒子粒径减小。颜料的分散通常由润湿、细化两个过程来实现。润湿过程是颜料和分散剂混合，并使分散剂进入颜料团聚体和凝聚体中，因而降低颜料之间的吸引力，降低了颜料细化过程所需的能量。而细化过程则是颜料粒径的减小过程。细化过程主要有以下几种方法：①干混法；②液体介质法；③熔融剪切分散法。

干混法是将颜料和粉状、颗粒状树脂以及助剂等通过高速搅拌，以树脂和颜料颗粒之间的撞击而使颜料细化；液体介质法是通过液体介质传递剪切力，使颜料的团聚体或凝聚体破碎；熔融剪切分散法则是采用外面包有颜料颗粒的受热粉状、颗粒状树脂通过剪切区，而使颜料分散的过程。熔融剪切分散法的分散质量与剪切力的大小相关，还与聚合物的黏度有关，一般呈现正比例关系。

在现代工业中，化纤母粒的制备方法有干混法和湿法两种，干混法制备化纤母粒的工艺路线如图1所示。

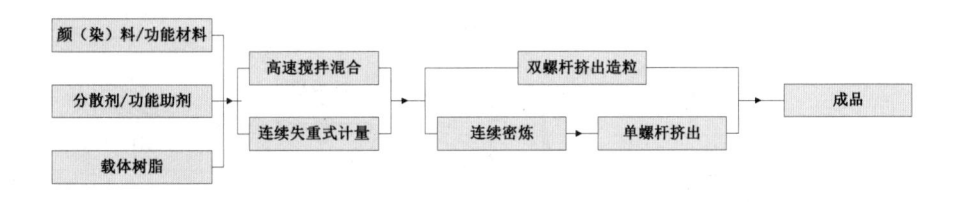

图1 干混法制备化纤母粒的工艺路线图

干混法的优点是工艺过程简单，易操作，生产成本低，母粒填料的分散程度较低，但可以满足一般的工业应用。国内大部分的中小企业塑料母粒厂采用干混法制备母粒，国外如卡博特、科莱恩、普立万等公司的大部分产品也采用此方法。

湿法制备化纤母粒的工艺路线如图 2 所示。

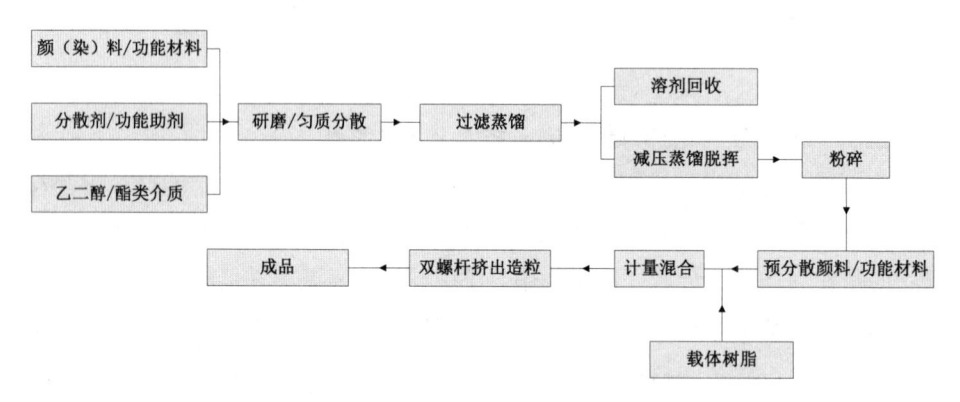

图 2　湿法制备化纤母粒的工艺路线图

PET 色母粒生产流程如图 3 所示。

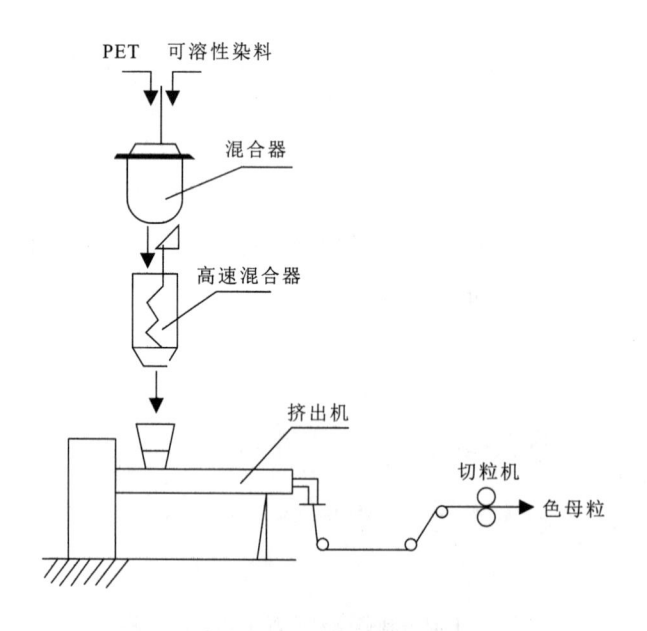

图 3　PET 色母粒生产流程图

湿法工艺流程复杂，生产成本较高，价格竞争力较低，但制备出的色母粒、功能母粒颜料和功能材料的分散程度高，色母粒质量有保证，只有产品附加值高的产品才会采用此工艺。

四、我国化纤母粒及原液着色纤维、功能性纤维发展趋势

（一）"十四五"期间仍是化纤产业发展的机遇期

"十四五"期间，我国化纤工业继续保持稳步健康增长，预计产量年均增速为3.6%左右，化纤差别化率每年提高1个百分点，高性能、生物基化学纤维有效产能进一步扩大。

通过30年历史数据分析，发现纤维需求量和经济增长存在明显的正相关性。随着全球经济增长和人口增长，全球纤维消费量仍会进一步增长，粮棉争地问题也将进一步加剧。我国纺织内需市场将随国内经济的增长和人民消费水平的提高而进一步扩大，同时，国际市场将随我国纺织工业国际竞争力的提升，也会进一步扩大。

通过模型分析和趋势分析，预计未来五年，全球纤维加工量仍将以每年3%左右的速度增长。中国化纤产量基数远高于其他国家和地区，并且中国经济进入结构性调整和降速的"新常态"，受此影响中国化纤产量增速也将比前几年有所下调。但中国化纤产业在技术、规模效益、产业链配套等方面的竞争优势将继续保持，特别是中国的内需市场仍将主要依靠本国的化纤产业来满足，因此预计中国化纤产量增长速度仍将高于其他国家和地区，至少是同步增长。假设按3%的增速计算，相当于全球纤维加工量每年增长300万吨，中国化纤产量每年增长近200万吨，增量仍集中在中国，集中在优势龙头企业。

（二）原液着色纤维正处于产业快速发展的前期

2020年，中国化纤年产量6025万吨，其中只有12%左右的纤维使用原液着色方式生产，78%仍为传统印染或其他染色方式处理，而原液着色技术具有排污少、能耗低的优势，在环保要求日益提高的将来，原液着色技术必将是纺织行业环保转型升级的一条非常重要的途径。

预计"十四五"期间，我国化纤原液着色纤维会保持在12%左右的增长率，原液着色纤维产量将从目前的600万吨增加至1000万吨左右。需求区域将集中在浙江、江苏及福建三省，江浙两省将占需求量的80%以上。

（三）功能性纤维是国家鼓励的产业方向

《中国制造 2025》和"互联网+"行动计划的实施，将加快推动我国化纤行业的差别化、智能化和绿色化发展。高性能化、差别化、生态化纤维应用领域正在不断向交通、新能源、医疗卫生、基础设施、安全防护、环境保护、航空航天等产业用领域拓展。随着我国经济结构的深度调整和对外开放，城镇化进程加快，以及以中产阶级、老龄消费、年轻时尚等为代表的个性化、差异化、功能化的需求升级，我国化纤产品供给侧产品结构的调整将会加快，为行业整体提质增效和发展优质产能提供了新的契机。未来五年，预计功能性纤维的产量将达到 460 万~500 万吨，功能性纤维也将解决使用母粒添加的生产瓶颈问题，使用功能性母粒的比重预计达到 20%。

五、我国化纤母粒产业的发展机遇及主要驱动因素

在我国原液着色纤维和功能性纤维的快速发展需求下，我国化纤母粒的需求也将大大增加，这给化纤母粒行业带来了巨大的发展机遇，特别是多功能化纤母粒将占据更大的市场。预计未来五年，化纤色母粒的需求量将达到 30 万~40 万吨，市场仍有 15 万~25 万吨的缺口，功能性母粒需求将超 2 万~4 万吨，存在 1.5 万~3.5 万吨的缺口。新增母粒需求将集中在技术雄厚、重视新产品开发的优势化纤母粒生产企业。

分析全球及我国化纤母粒增长的主要驱动因素，不外乎是技术进步带来的成本效益、日益严格的环保政策和人民多样化美好生活的需求。

（一）技术进步带来的成本效益

随着自动化及智能化的发展，采用原液着色纤维的生产从切片纺扩展到了熔体直接纺在线添加技术，为纺前着色纤维在量大面广的熔体直纺生产创造了条件。每吨原液着色纤维加工成纺织品将实现废水和 CO_2 减少分别为 32 吨和 1.2 吨，降低电耗、蒸汽消耗分别为 230 千瓦·时和 3.5 立方米，减排废水 16000 万吨、二氧化碳 600 万吨，降低电耗 11.5 亿千瓦·时，减少蒸汽消耗 1750 万立方米，折合标煤 203 万吨标准煤。原液着色纤维具有很高的使用价值。据估计，生产每吨原液着色纤维制造下游产品比常规纤维染色成本节 30%~50%，经济效益驱动行业加大原液着色纤维的生产。

（二）日益严格的环保政策

由于原液着色纤维是在纺丝环节便把着色剂加入生产过程中，免去下游印

染环节,也减少了由于印染所产生的环保问题。未来使用色母粒着色将替代部分印染着色的市场份额。由于采用色母粒添加技术实现色丝生产相比传统印染加工减少了大量污染物的排放因此随着国内环保要求越来越严,劳动力成本越来越高,可以预计在未来相当长一段时间内印染产能会受到严格监管,采用母粒进行原液着色生产有色纤维会稳步增长。

工业和信息化部发布的《印染行业规范条件(2017 版)》《印染企业环境守法导则》等文件规范了印染行业生产经营和投资行为。国家发改委在分析中国印染行业的现状及发展趋势后,明确提出"要用信息化和高新技术改造传统行业",这既是印染行业发展的政策导向,也是印染机械行业发展的政策导向,均为原液着色纤维留出广阔空间。

(三)人民美好生活的需求

党的十九大以来,满足人民美好生活的需求已经成为我国现阶段的主要任务和长期目标,人民的服装也变得丰富多彩,休闲度假、户外健身也需要更具功能性的服装,在床单、窗帘、地毯等家用纺织品纤维提出了阻燃、抗菌等要求,产业用纤维也向高强度、多功能发展。物联网、淘宝等新商业模式的发展,也为人们消费提供了便利。原液着色纤维相关配套产业如颜料、色母粒、加工装备等已初步实现国产化,具备产业快速发展的基础,多元、多点在线添加模块化技术,深染、易燃、高色牢度色母粒、色浆及母粒的添加、制备技术等得到了进一步开发与推广。这些需求为原液着色纤维、功能性纤维的快速发展奠定基础,都将带动我国化纤母粒行业的发展。

六、我国化纤母粒及原液着色纤维行业发展面临的问题

(一)原液着色纤维的深色、色泽度及可纺性降低

目前我国高档次、高质量的纤维母粒生产企业较少,生产色泽艳丽、技术指标要求高(如符合德国大众标准的耐日晒牢度等)的母粒还有一定困难,原液着色纤维的色系、深色和色泽度的问题仍待解决,从着色剂的选择到色母粒的设计的各种因素都会给母粒产品的性能带来冲击。此外,在纺丝时添加的母粒产品,对纤维的纺丝性能和纤维特性均有一定的影响,在母粒设计中应把所有对后道产品的各种加工性能以及功能性作为考虑因素,降低色母粒添加后对纤维使用性能的影响,成本大幅增加。

（二）纤维的过度色及印花的需求

限于下游行业设备限制，有过度色及印花需求的布料还不能完全采用原液着色纤维替代。印染工业的技术进步，废水、废气、固废处理措施的发展，国家日益严格的监管制度和规范，使印染行业逐步向着更清洁、更高效方向迈进，原液着色纤维不会完全取代印染行业。

（三）小批量生产存在难度

纺织产业链各环节分布特点是末端贸易和织造整理环节相对分散，而前端纤维生产环节比较集中，目前尚无原液着色涤纶的国家、行业级全色系数字颜色或标准实物样卡，对于特定的原液着色纤维产品，往往也会因为不能迅速找到相应彩色纤维原料而无法开展及时的异地选色订购、快速打样开发。

原液着色纤维新产品批量、数量要求过小时，化纤企业生产线在最佳经济效益驱动下，往往超出需求量生产原液着色纤维产品，这将导致不能交易的纤维成品大量积压，造成化纤企业长时间库存庞大、占用流动资金。而下游纺纱织造企业新产品开发又找不到试样所需特殊颜色规格的纤维原料，生产经营接单困难。

（四）化纤母粒行业的进入壁垒逐渐增加

化纤母粒行业从初始研发发展至今，已经有 40 年的历程，化纤母粒企业积累的技术、资金、人才、品牌是新进入企业的主要壁垒。该行业的技术关键在于其稳定的产品质量和深耕行业多年所积累的工艺优势，下游化纤行业对母粒产品的质量要求一般从色泽度、色牢度和可纺性三个标准评判，一旦达到该要求，则会形成较为稳定的供需关系，而要保持三个指标的稳定，则需要公司具有多年积累的工艺经验，以及严苛的管理规范。随着土地厂房费用的增加、日益严格的环保政策、高质量母粒生产对设备的高要求，新进入者需要更多的资金成本。母粒企业欲在化纤行业长期高质量运行，须注重人才培养，通过与高校合作培养经验丰富得专业研发人员，方可获得行业认可的品牌效应，这些因素均对新进入者增加了门槛限制。

（五）其他不利因素

涤纶纺前原液聚合色浆法原液着色技术具有超黑黑度、工艺更优化、成本更低、环境更友好的优点，但是色浆法还没有大规模产业化的成功案例。虽然有已经成功打通整个工艺流程获得黑色的 PET 切片，但可纺性仍需提升。整个工艺流程对分散剂的要求非常严苛，找到合适的分散剂是最需要解决的问题。这类新型原液着色技术的突破发展将对母粒原液着色形成一部分替代。

目前，中国化纤母粒行业正式颁布实施的行业标准仅有《聚丙烯纤维用色母料》（QB/T 2893—2007），但相对于种类繁多、应用领域广泛的纤维母粒还有很大的不足。行业标准尤其是国家标准的不健全导致纤维母粒企业生产过程中配方、原料、品质的随意性很强，不利于行业向标准化、规范化、专业化方向发展，不利纤维母粒企业的产品技术升级和产品竞争力提升。

七、我国化纤母粒行业发展方向

通过色母粒着色可极大地降低能耗与污染，符合"绿色制造"和"循环经济"的纺织行业新时代发展要求。中国化学纤维工业协会始终将原液着色技术及相关产品作为发展关注的重点，特别是通过制定相关标准、"绿色纤维"标志认证、"中国纤维流行趋势"发布等活动，引领行业向绿色生产、节能降耗的方向发展。

（一）多色系多颜色母粒将成为行业主流

未来多色系多颜色母粒将成为行业主流。色母粒向多颜料高浓度方向发展，以降低纤维企业的生产成本。国内生产企业应联合上游企业和科研究院校开发适于母粒应用的颜料和分散剂，增加产品品种，提高产品的技术含量，规范色母粒的色系标准，建立统一的色母粒、原液着色纤维色卡体系，使色母粒产品向高质量方向发展。

（二）功能性母粒将取得更大的发展

功能性母粒将取得更大发展。母粒与添加剂相结合开发多功能的产品是化纤母粒今后的发展方向，拓宽母粒产品的应用领域，开发多功能和高技术含量的母粒产品，着力提高常规化纤改性母粒的研发水平，重点改善涤纶、锦纶、再生纤维素纤维等常规纤维的阻燃、抗菌、耐化学品、抗紫外等性能母粒，开发亲水、阻燃、防污、抗紫外、抗菌、抗静电、防辐射、发热保暖等新型复合功能色母粒，解决母粒功能单一、组分协同性差的问题，实现多功能的复合加快发展定制以满足市场的需求。

（三）完善母粒标准及检测手段

研究制定评价标准和评价机制。将计算机配色技术应用于生产，建立色谱齐全的数据库，使色母粒的色系更加标准化，有效满足客户对高端、差异化特色产品的需求，建立母粒上游供应商、母粒生产企业及下游纤维企业统一采用的色值体系，与政府、高校、科研机构多方位合作，拓展思路，提高整个产业链色值标准体系的普遍适用性，引导化纤行业原液着色纤维的进程。

（四）母粒生产过程中的绿色生产

保持化纤母粒生产过程中的环保及绿色。原液着色纤维减少了下游产品的印染环节带来的污染，但是应采用足够的环保手段，避免将污染环节向上游转移。在生产过程中，注重粉尘、噪音、废水及废固排放，保证化纤母粒生产过程中的环保及绿色。

（五）智能制造技术及与化纤行业的互动

借助智能制造、人工智能技术助力化纤母粒快速发展。中国的化纤企业积极探索大数据、ERP、MES、互联网+、云平台、物联网、工业机器人、人工智能等先进技术和理念，推进信息技术在化纤行业设计、生产、营销、物流等环节深入应用，推动生产模式向柔性化、智能化、精细化转变，由传统生产制造向智能制造转变，化纤母粒行业要做好智能制造建设，从提升现有生产各工序的自动化程度方面入手，将各生产工序和化纤生产环节的智能系统有效的串联和协调起来，实现全生产链的智能化，从实现母粒生产和化纤产品上下游、各管理部门的协同，实现色母粒的智能化生产。

莱赛尔纤维发展研究

张子昕 崔家一 李增俊

莱赛尔纤维是使用天然纤维素作为原料，采用 N-甲基吗啉氧化物的水溶液溶解纤维素后进行纺丝制得的一种再生纤维素纤维。凭借优异的物理性能及生产过程绿色环保的特点，莱赛尔被业内广泛关注。"十三五"期间，随着国产化莱赛尔纤维的技术突破，行业迎来了快速发展期。但随着莱赛尔工厂在国内遍地开花，行业发展也出现了阵痛。本文通过回顾莱赛尔行业发展历程，分析行业面临的挑战，明确行业发展的主要任务，希望让关注莱赛尔行业的产业链从业者对行业有一个更准确的认识，引导莱赛尔行业高质量发展。

一、莱赛尔纤维发展历程

1. 国外发展历史

早在 1976 年，荷兰 Akzo 组织 Enka 公司及其研究所开始研究以 NMMO 为溶剂制备再生纤维素纤维，成功研发出莱赛尔生产工艺。1980 年 Akzo 公司首先申请了莱赛尔纤维的工艺和产品专利，1989 年布鲁塞尔人造丝及合成纤维标准局（BSIFA）将 NMMO 法制备的再生纤维素纤维命名为莱赛尔纤维。1994 年，Akzog 公司与 Nobel 公司合并，成立了 Akzo Nobel 公司。1992 年，英国 Courtaulds 在美国建成第一套 1.8 万吨/年的生产线，实现了工业化生产；1996 年，建设 2.5 万吨/年的生产线，将商品名命名为 Tencel®；1998 年，建设 4.2 万吨/年的莱赛尔短纤维工厂。后续英国 Courtaulds 出售 65%股权给 Akzo Nobel，成立 Acordis 公司。1999 年，Akzo Nobel 又将 Acordis 出售给 CVC Capital Partners 集团，由该集团下属荷兰公司 Corsadi BV 负责运营 Acordis 所有莱赛尔纤维生产与销售业务，后来这些业务发展成为 Tencel 集团。

兰精公司是最早的粘胶纤维生产企业之一，也很早就发现了莱赛尔纤维的发展潜力。早在 1986 年，兰精公司从 Akzo 公司购买了 5 项基本 NMMO 专利，1997 年建成 1.2 万吨/年的莱赛尔短纤生产线，实现工业化生产。2000 年兰精公司单线产能扩大到2万吨/年。2004年兰精收购Corsadi BV下属的Tencel集团公司，当时兰精公司产能达到12万吨/年，产能占据全球首位。2005年3月，兰精公司将Tencel®作为旗下所有莱赛尔短纤维的商品名，并在近15年中占据了全球莱赛尔纤维行业的垄断地位。

2. 国内发展概况

我国从20世纪90年代初期开始对莱赛尔的纺丝工艺技术进行探索试验，成都科技大学和宜宾化纤厂两者联合攻关探索工艺条件，并获得阶段性成果；1994年，东华大学对莱赛尔纤维进行研究，并建成100吨/年的小试生产线；1999年，四川大学对NMMO的合成及回收进行了系统研究，并建立了50吨/年的NMMO小规模生产装置；上海里奥化纤有限责任公司引进德国LIST公司技术，并于2006年底实现了1000吨/年的生产线正式投产，商品名为ALICELL、KINGCELL和莱竹纤维。

河北保定天鹅新型纤维制造有限公司于2008年起开始莱赛尔纤维的研发工作，经过国外技术引进及消化吸收再创新，于2014年正式建成国内首条1.5万吨级莱赛尔纤维生产线，其商品名为"元丝"。2016年其承担的"新溶剂法再生纤维素纤维产业化技术"项目通过中国纺织工业联合会科技成果鉴定，成为国内首家实现莱赛尔工业化生产的企业，整体技术居国际先进水平。山东英利实业公司通过引进国外技术于2015年完成莱赛尔纤维工厂建设并实现工业化生产。其商品名为"瑛赛尔"。在经历了前期较长时间的调试工作后，山东英利在新溶剂法纤维素纤维的工艺技术、装备制造、产品开发等方面的经验逐渐成熟，工艺路线不断优化，产品质量稳步提升。

中国纺织科学研究院自2005年启动了新溶剂法纤维素纤维国产化工程技术的研究开发工作，并于2006年和2007年分别完成了5 L和100 L间歇溶解纺丝工艺的研究开发，以及连续浸渍混合溶解设备的设计和制造；2008年打通了送料－预溶－薄膜蒸发－纺丝全连续化流程，制备出了合格的新溶剂法纤维素纤维。2012年9月，中国纺织科学研究院和新乡化纤股份有限公司共同承担的千吨级莱赛尔纤维生产线成功打通；2015年，中国纺织科学研究院、新乡化纤股份有限公司、甘肃蓝科石化高新装备股份有限公司共同投资设立中纺新乡绿色纤维科技股份有限公司，公司一线1.5万吨/年的生产线于2016年底投产，2018年底一期工程补全，形成3万吨/年的生产能力。其标志着中纺绿纤成为国内首家真正拥有设计能力的莱赛尔生产企业。随着三家国产化莱赛尔纤维生产企业的投产和稳定运行，莱赛尔纤维厂房设计、关键技术装备参数等逐步为国人掌握，越来越多的设备供应商、设计院等开始逐步参与莱赛尔项目建设。

此外，值得关注的是，"十三五"期间，继兰精公司推出莱赛尔长丝"天丝Luxe"后，浙江龙赛尔纤维科技有限公司开发的莱赛尔长丝产品"龙赛尔"也开始小批量供应市场，引起产业链下游的关注。

二、我国莱赛尔纤维行业发展现状

1. 产能产量持续增长

"十三五"期间，随着莱赛尔国产化技术取得突破，行业投资持续快速增长。2017~2019年间，随着国内莱赛尔工厂生产情况逐步稳定，莱赛尔纤维行情逐渐向好，已掌握莱赛尔技术的企业加快推进扩产计划，同时也有越来越多的传统粘胶纤维生产企业及产业资本开始关注莱赛尔纤维行业并加快产业布局。

截至2021年底，我国共有9家千吨级以上莱赛尔短纤维生产企业，其中6家企业建立起万吨级生产线。行业产能达到22.35万吨，见表1。

表1 我国莱赛尔短纤维产能统计

序号	企业	莱赛尔短纤维
1	唐山三友	0.5
2	赛得利	2.5
3	湖北金环	2
4	中纺绿纤	9
5	保定天鹅	3
6	金英利	3
7	上海里奥	0.1
8	湖北新阳	0.25
9	金荣泰	2
合计		22.35

除已投产的相关产能外，业内仍有多个莱赛尔纤维在建工程，包括宁夏恒利、南京化纤、鸿鼎泰、赛得利（常州）、赛得利（南通）、河南恒通等项目。

2. 技术路线多元化发展

莱赛尔纤维相比于传统的再生纤维素纤维生产工艺路线（粘胶法）而言，其主要区别在于使用了NMMO作为溶剂代替了粘胶法中的硫酸、烧碱、二硫化碳。整个工艺路线不再产生含硫废气的污染问题，用水量相比于粘胶纤维工艺也有大幅度下降。但在莱赛尔纤维工业化过程中，根据如何将浆粕制备为纺丝溶液，具体又可细分为三种工艺路线，即湿法溶胀工艺、干法工艺、直接溶解工艺。

（1）湿法溶胀工艺：该工艺参考了粘胶纤维浸压粉工艺，将工艺过程细分为溶胀和溶解两个阶段，即首先通过浸渍液活化完成浆粕预溶胀过程，之后经压榨和粉碎并与高浓度的NMMO水溶液混合成浆粥，最后进入薄膜蒸发器或卧式全混溶解釜完成溶解过程。该工艺路线中需要使用酸、碱完成浆粕的预处理，工艺路线相对较为成熟，容易制备溶解更充分的纺丝溶液。

（2）干法工艺：该工艺路线不经过单独的浸渍溶胀环节，用浆粕直接与浓度相对较低的NMMO水溶液混合，而后经过脱水，制备成浆粥，再进入薄膜蒸发器完成溶解过程。由于该工艺中完全省略了浆粕的浸渍、压榨和粉碎工序，大大简化了工艺，节约了浸压粉设备的投资和所需的设备占地面积，同时降低了生产过程中的能耗、水耗及化学品消耗；但这一工艺路线反应条件敏感性更强，调节难度较大，产品质量更难控制。

（3）直接溶解工艺：该工艺即双螺杆工艺，此工艺路线中将$NMMO/H_2O$溶液和经超细粉碎的干浆粕混合后，送入具有特殊设计的双螺杆中直接溶解制成纺丝液。该工艺路线最为简单，但溶液纺丝过程的纺丝液制取需要一定的停留时间，这一要求对该工艺的容量造成了限制，单线规模扩能存在限制，导致该工艺的能耗较高。另外，其工艺简便，工艺流程短，有利于制造小批量、差异化产品，目前国产莱赛尔长丝即采用该工艺生产。

3. 行业组织正式成立

随着国内莱赛尔企业逐步增多，应企业要求，2021年10月18日，中国化学纤维工业协会莱赛尔纤维分会正式组建成立，通用技术高新材料集团有限公司担任分会首任会长单位，保定天鹅新型纤维制造有限公司、赛得利担任副会长单位。分会秘书处设在中国化学纤维工业协会，负责组织开展莱赛尔纤维行业的相关工作。

根据《中国化学纤维工业协会莱赛尔分会工作条例》，莱赛尔纤维行业分会旨在通过联系、交流、协调、团结、引导会员，切实贯彻执行政府有关莱赛尔纤维产业建设与发展的方针政策，维护会员单位合法权利，向政府有关部门反映会员单位的意见和要求，探讨解决、沟通措施和方法，争取政府支持等，加快推进中国莱赛尔纤维产业的发展及推广应用，为促进我国莱赛尔纤维产业有序、高效和健康发展做出贡献。

4. 产业链上下游关注度持续提高

莱赛尔纤维干、湿强力高，与普通粘胶纤维相比，强力及可纺性方面性能更佳。纤维的高强度、高湿模量和低伸长性能可使其织物具有良好的尺寸稳定性。因此，随着莱赛尔纤维实现国产化，产业链下游对其关注持续提升，在棉纺织领域及水刺无纺布领域的应用也在稳步拓展。

（1）在棉纺织行业中的应用。莱赛尔短纤维作为一种创新的纺织原材料，其主要下游为棉纺织行业。莱赛尔短纤维经纺纱后，再用于服装、家纺等领域。目前莱赛尔纤维已经成为棉纺织领域创新发展的重要原材料支撑。《中国纤维流行趋势 2021/2022》中收录了 8 款含莱赛尔纤维的流行趋势纱线产品，见表2。

表2 《中国纤维流行趋势 2021/2022》入选莱赛尔纱线

纱线名称	产品规格	适用范围
高支再生纤维素纤维紧赛纱	100%莱赛尔，1.33dte×38mm	针织、机织、经编和各种混纺织物
再生纤维素纤维转杯纱	100%莱赛尔纤维	牛仔面料、高端男女装、家用纺织品
可染丙纶纤维混纺纱	70%再生纤维素纤维（粘胶）/30%丙纶 90%粘胶/10%丙纶纤维 95%粘胶/5%丙纶；80%天丝/20%丙纶 紧密纺 30 英支、24 英支、40 英支	高档 T 恤、运动装、内衣、工装等
绢丝混纺高支纱	50%莱赛尔/25%棉/25%绢丝； 紧密赛络纺 100 英支	男士 T 恤

续表

纱线名称	产品规格	适用范围
木棉混纺纱	60%棉/20%木棉纤维/20%天丝；70%棉/30%木棉纤维；80%棉/20%木棉纤维；	中高档服装、针织内衣、绒衣、袜子、机织休闲外衣、牛仔服装等；家纺面料、床上用品等
吸湿抑菌亚麻混纺纱	38%莱赛尔/28%再生纤维素纤维（粘胶）/19%亚麻/15%锦纶	广泛应用于针织、机织服装以及家纺面料
再生纤维素纤维绢丝混纺纱	80%莱赛尔/20%绢丝	服装、家纺类

此外，为更好地指导莱赛尔纤维应用，棉纺织行业共制定有4项莱赛尔纱线标准，分别为《莱赛尔纤维本色纱线》（FZ/T 12013—2014）、《莱赛尔纤维与粘胶纤维混纺本色纱线》（FZ/T 12065—2020）、《莱赛尔纤维本色布》（FZ/T 13018—2014）、《莱赛尔纤维与粘胶纤维混纺本色布》（FZ/T 13050—2020）。

（2）在产业用纺织品中的应用。在产业用纺织品产业链中，再生纤维素纤维（含粘胶短纤、莱赛尔短纤维等）主要用于生产水刺非织造布，并最终多用于医美卫生健康领域。

干/湿巾：干/湿巾市场是水刺非织造布的主要应用领域之一，该领域主要纺织原材料为涤纶短纤维与粘胶短纤维。随着全球"禁塑"的呼声不断提升，部分国家开始对涤纶湿巾进行限制，其对再生纤维素产品出现利好。但是，由于传统粘胶短纤维受制于生产工艺，其产品中会残存少量的硫，以粘胶短纤维为原料的干/湿巾会存在淡淡的异味，随着消费者对产品品质要求的提升，莱赛尔纤维的应用有望得到快速发展。

面膜：面膜属于化妆品行业中增长较快的子行业，"贴片式面膜"多用水刺无纺布作为底材，相比于其他纺织原材料，莱赛尔纤维由于独特的性能优势，使其成为莱赛尔纤维在产业用纺织品领域渗透最好的下游行业之一。莱赛尔纤维用于面膜底材的主要优势包括：①莱赛尔纤维湿态下透明度高，面膜敷在脸上会有"透明"的高级感；②莱赛尔纤维的湿态强力高于粘胶纤维，用莱赛尔纤维生产的无纺布达到所需的强力要求可以更为轻薄，节约了下游原料成本。

三、行业面临的挑战

1. 阶段性产能过剩

在国产化莱赛尔纤维出现前，我国莱赛尔需求主要依靠进口纤维，年需求量约 8 万~12 万吨。但截至 2020 年底，我国莱赛尔纤维产能达到 22.3 万吨，2020 年实际产量只有约 5.5 万吨，排除部分新增产能需要试车、调试等因素，行业总体开工率不足 50%。

受此影响，回顾"十三五"期间的莱赛尔纤维价格走势，可以明显发现，随着国内莱赛尔企业相继投产，除 2021 年一季度随大宗原材料上涨及化纤普涨阶段出现小幅度上调外，行业总体处于下行态势。2021 年下半年，随着棉花价格走高，莱赛尔纤维跌破棉花价格并向粘胶短纤价格迅速靠拢。市面上一些非"优等品"莱赛尔短纤维开始以低于粘胶短纤维的价格出售，行业出现普遍亏损现象，见图 1。

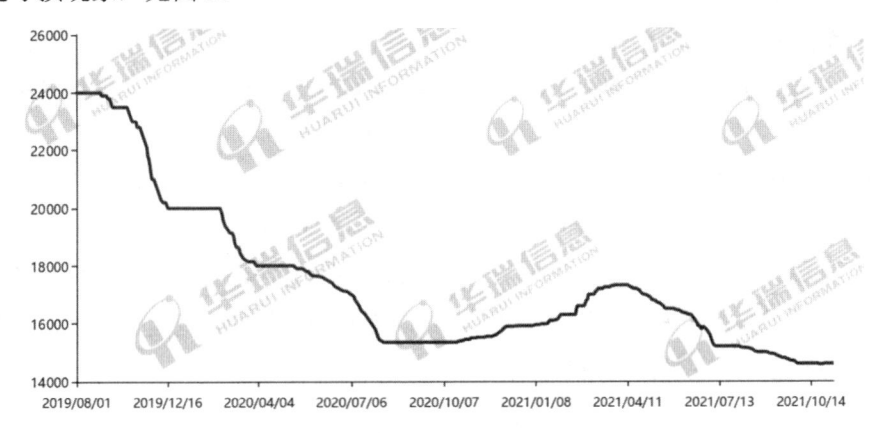

图 1　莱赛尔纤维价格走势图

2. 产品品质有待提升

在我国莱赛尔纤维实现国产化突破后，早期投产的企业受制于自身经营、技术实力等方面的原因，未能持续维持稳定生产，其开开停停的生产线，对提升产品质量形成了较大的阻力。与此同时，后续莱赛尔工厂陆续开车，由于相关技术人员多为粘胶纤维从业者，生产线运行初期也生产了大量一等品、合格品、开车毛等持续冲击市场，使国产莱赛尔平均售价及产品质量提升有限。此外，随着莱赛尔价格的持续走低，企业开始尝试使用低价浆粕降低综合成本，浆粕品质下降也对莱赛尔质量提升形成了一定阻碍。

总体而言，根据下游反馈，目前国产莱赛尔在下游应用中与国外产品相比仍存在一定差距，突出问题一是纺纱抱合力不足，莱赛尔纱接头容易断开；二是莱赛尔布（尤其是 100%莱赛尔布）印染着色性能不佳，颜色不正，容易出现色差。三是国产莱赛尔的原纤化现象更明显，布面更易出现桃皮绒效果，布面光泽感差。

3. 交联莱赛尔产品有待突破

常规莱赛尔纤维的典型特点是易原纤化，这是由于纤维横向结合力较弱，单根纤维容易分叉。因此莱赛尔制成的纺织品在正常使用摩擦过程中容易出现桃皮绒效果。这虽使莱赛尔纤维制品形成了独特的风格，但也限制了莱赛尔纤维在部分下游领域的应用。为改善原纤化性能，业内成熟的做法是通过生产过程中增加交联工艺，生产交联/半交联莱赛尔纤维。通过在加工过程中加入交联剂改善微观层面的结合力，提升纤维的耐磨性能，以应用于更多下游领域中。此外，通过印染、后整理阶段的改性工艺，也可在一定程度上解决莱赛尔原纤化问题。

但国内莱赛尔企业投产时，很长一段时间仅有一条生产线，且没有配备合适的小试线或中试线。因此企业很长时间未能针对交联莱赛尔开展深入研发工作，国内尚无企业能够批量生产高品质交联/半交联莱赛尔产品。此外，用于莱赛尔纤维的交联剂也基本依赖进口，国产交联剂质量尚不稳定，这也在一定程度上制约了交联产品的研发进展。

4. 上下游关键环节仍存在瓶颈

纺纱技术：由于业内主要纺纱企业多使用棉花、涤纶、粘胶短纤维作为原材料，在尝试莱赛尔纤维作为原料时，需要对相关纺纱设备进行调节，如调节不当，由于纤维的圆形截面使纤维间的相互作用力较弱，容易出现抱合力不足、断头等问题。

印染技术：莱赛尔纤维宏观上为圆形截面、微观上分子规整性较好，染料分子难以在纤维表面附着，也难以渗透入纤维间隙中，因此莱赛尔纺织品印染过程中上染、色牢度控制难度较大，极易出现色差、横档等问题。当前仅有少数印染企业掌握莱赛尔纺织品的印染能力。此外由于进口/国产莱赛尔的质量差异不同国产莱赛尔企业的生产工艺也有差异，莱赛尔纺织品也需要根据纤维生产企业来源调节后道加工的工艺细节。凡此种种导致莱赛尔纺织品印染成本居高不下，极大地提升了莱赛尔纺织品的成本。

5. 绿色纤维未形成稳定市场需求

主流纺织品市场：相比于粘胶短纤维，尽管莱赛尔纤维被称作新一代"绿色纤维"产品，但由于产品本身特点及后道加工与传统粘胶短纤存在差异，目前市场销售、终端需求中普遍被当作独立产品进行售卖。因此尽管从宏观中长期看，莱赛尔的发展将对棉花、涤纶粘胶短纤维等产生替代，但当前国内莱赛尔纤维产品销售中仍旧是莱赛尔纤维业内的竞争，比拼的仍是产品品质与价格。因此尽管莱赛尔企业多以"绿色纤维"作为产品宣传亮点，但在业内竞争中，并不能对下游采购形成明显的促进作用。

品牌市场：随着可持续时尚的发展，以国内品牌为首的终端品牌开始将"可持续纺织原材料"作为其采购的方向及营销重点。莱赛尔纤维的绿色属性理论上说符合终端品牌的采购需求。但对"可持续纺织原材料"有采购需求的品牌，在关注原材料本身是否绿色的同时，对生产企业是否"可持续"亦有一套评价体系。而国内莱赛尔企业由于成立时间较短，尚未开展相关工作或为针对该细分领域开展营销推广。因此国产莱赛尔纤维产品尚未进入终端品牌商"视野"。

四、重点任务

1. 提升产品品质，突破交联技术瓶颈

"十四五"期间，莱赛尔纤维行业格局将趋向稳定，各莱赛尔纤维企业需要持续优化技术路线，进一步改造提升相关装备，探索不同来源的浆粕、NMMO及相关助剂对产品品质产生的影响，不断提高常规莱赛尔短纤维产品品质。

交联莱赛尔是扩展莱赛尔纤维应用领域，开发不同风格莱赛尔下游制品的必备条件。国内莱赛尔企业需要进一步优化"交联莱赛尔纤维"的生产工艺，深入探索交联剂与莱赛尔纤维的反应机理及工艺条件；研究通过印染、后整理技术，完成莱赛尔纤维纺织品交联改性的工艺技术。

2. 产业链协作解决莱赛尔纺纱、印染技术瓶颈

莱赛尔纤维在纺纱、印染中的技术瓶颈仍是当前制约莱赛尔纤维推广的主要瓶颈问题。随着国内莱赛尔纤维产能的持续增长，行业急需协调产业链上下游，共同解决相关技术瓶颈问题。

制定莱赛尔纤维应用技术指南：莱赛尔纤维从发明之初到现在已经经过了 20 多年的发展，国内已经有部分下游企业能够较好地掌握莱赛尔特性，充分发挥莱赛尔特点，完成莱赛尔的纺纱、印染等工作。但受制于前期莱赛尔纤维领域相对小众，行业沟通、交流频率较低，相关经验未能在业内分享。因此莱赛尔纤维需要与下游产业链共同总结相关产品的使用经验，编制莱赛尔纤维应用技术指南，对下游从业者尽快上手使用莱赛尔纤维提供参考。

建立产学研用合作技术创新体系：目前莱赛尔纤维生产技术瓶颈已经基本突破并出现多条技术路线。但针对莱赛尔纤维原料、纺纱、印染、设计等上下游产业链配套领域，则尚未形成相互促进的研究体系，行业需要进一步与上下游企业加强合作，与高校、科研院所进行专题研究，形成产学研用相互合作的研究体系，共同推动解决制约产品应用、推广的关键瓶颈问题。

3. 持续推进莱赛尔领域标准化工作

国产莱赛尔技术仍处于产业化初期，正处于技术快速迭代的发展时期。为指引行业发展方向，扩展原材料供应来源，提升产品品质，引导行业绿色低碳发展，"十四五"期间，行业需要进一步推动行业标准化建设，为行业良性健康发展打好基础（表 3）。

表 3 莱赛尔产业链标准化工作方向

所属领域	标准工作方向
原材料标准	莱赛尔纤维用浆粕
	莱赛尔浆粕反应莱赛尔纤维性能
	莱赛尔纤维湿磨损次数试验方法
	莱赛尔纤维用 NMMO 溶剂
产品标准	莱赛尔纤维
	交联莱赛尔纤维
	功能性莱赛尔纤维
	莱赛尔纱
	莱赛尔布
下游应用标准	莱赛尔纺纱技术指南
	莱赛尔印染技术指南

续表

所属领域	标准工作方向
绿色标准	莱赛尔工厂设计标准
	莱赛尔行业绿色工厂评价要求
	绿色设计产品评价技术规范
	莱赛尔行业清洁生产评价指标体系
低碳标准	莱赛尔纤维企业温室气体排放核算与报告要求
	莱赛尔纤维低碳产品评价

4. 讲好莱赛尔绿色发展故事

随着我国莱赛尔纤维行业的快速发展，预计 2021 年国产莱赛尔纤维用量将正式超越进口莱赛尔纤维用量。但国产莱赛尔纤维在下游话语权中仍偏弱，除了产品质量因素及国外企业对产业链下游的掌控力较强外，国内企业尚未充分发挥莱赛尔的绿色产品属性，也是一项重要因素。

构建绿色企业形象。除产品的绿色可持续属性外，如何将企业自身打造为绿色品牌，需要企业在关注产业链上下游关注的更多绿色行动，如气候变化（碳减排、碳中和）、生物多样性保护、循环再利用、产业链透明度提升等。企业需要全面考察产业链的热点议题，制定更完善、更全面的可持续发展目标。这种基于企业产品复合而成的绿色品牌形象，将成为莱赛尔引领产业链绿色转型的重要支撑。

打造绿色产品。莱赛尔纤维相比于传统粘胶法工艺，在生产过程的绿色化转变中具有天然优势。但作为再生纤维素纤维的一部分，莱赛尔纤维同样需要关注浆粕来源的合规，化学品使用，产品的安全、可追溯等议题。此外，如何使用非木源纤维素，如竹浆、麻浆、废旧纺织品等作为原料生产循环再利用莱赛尔纤维也是业内需要关注突破的议题。

五、保障措施

1. 明确财政支持导向

中央财政和省级地方财政安排专项资金，加强对解决莱赛尔产业链关键技术瓶颈问题的支持力度。支持国产莱赛尔浆粕、交联莱赛尔纤维、莱赛尔纺纱、印染等技术的研究开发和应用示范与推广。引导金融机构进一步优化对行业的信贷支持，一方面避免支持新增产能的盲目投建；另一方面对掌握核心技术、具备研发创新实力、具有突破性技术优势的项目提供优惠贷款，加快行业的高质量发展。

2. 加强标准体系建设

发挥标准的基础支撑作用，鼓励企业积极提出标准项目，将相关研究、技术、检测方法、功能性产品标准化；鼓励企业参与对产业链上下游领域标准的制修订工作，进一步完善莱赛尔纤维产业链标准化体系；鼓励企业加快完善行业绿色化标准体系，制定绿色工厂、绿色设计产品、碳排放核算等标准，量化行业绿色发展水平。

3. 加强科技支撑作用

鼓励和支持企业与科研院所、高等院校在工艺优化、产品开发应用等领域的一些共性重点技术的合作研发，并加快技术的工程化进程和新技术、新工程、新产品的市场推广，鼓励生产企业采用先进技术进一步降低纤维生产成本；鼓励和支持下游企业加大对莱赛尔纤维的应用力度，突破莱赛尔纤维纺纱、印染的技术瓶颈；支持企业通过交联剂对纤维改性或通过印染后整理技术解决纤维及下游制品原纤化问题。

4. 充分发挥社会组织作用

充分发挥莱赛尔纤维分会的作用，引导莱赛尔行业加强交流合作，共同探讨、突破制约行业发展的瓶颈问题；通过行业性宣传推广活动，增强莱赛尔纤维在产业链中的知名度和影响力，推动产业链下游对莱赛尔纤维的认可度，进一步拓展莱赛尔纤维的应用领域；借助行业公共平台，为莱赛尔企业提供信息咨询、品牌建设、宣传展示、人才培养等专业化服务。

化纤新产品市场开发和品牌发展研究

靳高岭　王永生　靳昕怡

随着科学技术进步和相关产业的发展，纤维工业已经超越传统纺织服装产业的范畴，在生命科学、航空航天、电子、医疗卫生等领域应用广泛，成为我国先进制造业重点领域。"十三五"时期是我国化纤产业的新产品市场开发和品牌建设的关键时期，化纤企业开始逐步摆脱"工业中间品"的思维模式，主动与下游品牌建立合作，通过产业链协同研发等方式开展新市场开发和自主品牌建设。化纤新品市场开发和品牌建设在深度、广度上均取得新的成绩，呈现出更多特点和新趋势。

一、化纤新产品市场开发与品牌发展环境

1. 行业发展环境

从国际化纤格局来看，世界化纤产业正在进行结构性调整，美、欧等国家已逐渐退出常规化纤生产，或兼并重组形成规模更大的专业化企业集团。

我国化纤行业运行处于新常态下的调整期，行业发展所面临的压力和挑战持续增加。一方面，国际市场需求是中国化纤行业及下游行业运行的主要驱动力，全球经济放缓也导致了下游纺织需求低迷，另外，受中美贸易摩擦引起的复杂经济变化、国内产能惯性增长、新冠肺炎疫情蔓延、"双碳"目标等因素影响，某些常规产品呈现结构性、阶段性产能过剩。另一方面，国际纺织化纤行业格局的调整将继续深化，随着中国社会整体经济水平的提高，我国劳动密集型产业的劳动力成本优势已经被东南亚国家所替代，纺织服装业出口市场所占的国际市场份额逐渐被挤占。因此，我国化纤产业需保持供求关系的平衡、优化存量产能、调整产业结构、加大化纤新产品研发及市场开发和品牌建设的投入，以尽快适应全球经济放缓和我国经济进入深化转型期这些新的市场特点来应对当前国内、国际复杂形式。

2. 产业政策环境

2020年初始，卫生事件危机叠加、原油暴跌、美股几十年未见的二次熔断，全球经济动荡风险提升，化纤行业运行发展压力加大，不确定性增强，但同时积极因素仍然存在。尤其在突发卫生事件中化纤产业的突出贡献，国家出台对化纤产业的扶持政策，帮助企业挖掘内需市场潜力，化纤产业增长依然可期。产业可着眼于长远发展，提升产业整体竞争力，把握产业优化升级、提升科技创新能力、加快绿色发展等新机遇，从中发现机会，推动高质量发展。

工业和信息化部出台的"三品战略"将"增品种、提品质、创品牌"被列为我国工业未来发展的指导方向。其中，对"创品牌"部分的总体要求为：引导企业增强品牌意识，夯实品牌发展基础，提升产品附加值和软实力，推动中国产品向中国品牌转变。主要包括提高品牌竞争力、培育知名品牌、完善品牌服务体系、推进品牌国际化四项任务。

《国民经济和社会发展第十三个五年规划纲要》提出，"加强质量品牌建设，实施质量强国战略，全面强化企业质量管理，开展质量品牌提升行动，解决一批影响产品质量提升的关键共性技术问题，加强商标品牌法律保护，打造一批有竞争力的知名品牌。"

国务院于2016年发布的《关于发挥品牌引领作用推动供需结构升级的意见》中，强调品牌在经济社会发展中的战略地位，提出充分发挥品牌引领作用。其中，实施"品牌基础建设工程"是推进供给侧结构性改革的重要举措之一，也是培育经济发展新动能的重要途径。

工业和信息化部发布《关于加快我国工业企业品牌建设的指导意见》提出：加快我国工业企业品牌建设，是促进经济结构调整、转变发展方式，走中国特色新型工业化道路的必然要求；是坚持扩大内需战略，释放消费潜力，增强国际竞争力的客观需要；是推动工业创新发展，促进科技成果向现实生产力转化的重要抓手；是树立和维护质量信誉，打造"中国制造"的国际形象和影响力的坚实基础。

国家有关部门发布的《关于化纤工业高质量发展的指导意见》，强调"十四五"时期，加强品牌建设，扩大优质纤维影响力。优化产品结构，提升产品质量，继续组织中国纤维流行趋势发布，培育中国纤维品牌。建立具有行业特色的新产品推广模式，以技术创新和品牌建设为内涵，推动纺织全产业链共同

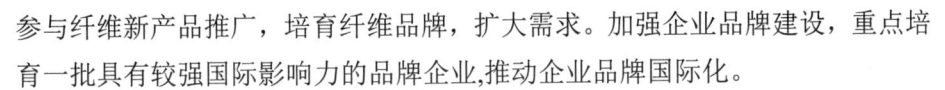

参与纤维新产品推广,培育纤维品牌,扩大需求。加强企业品牌建设,重点培育一批具有较强国际影响力的品牌企业,推动企业品牌国际化。

《纺织工业发展规划(2021—2025年)》指出,大力推进品牌建设。建立和完善品牌服务体系,加强纺织行业品牌培育管理体系贯彻落实。引导企业加强品牌战略管理,明确品牌定位,促进品牌与文化创意产业、高新技术产业融合,提高品牌产品附加值和性价比。

从目前发展趋势和国家产业政策层面来看,下游企业对常规的化纤需求放缓。化纤新产品的市场需求及发展为我国化纤行业新产品市场开发和品牌发展提供难得的历史机遇和政策保障。品牌发展已经从国家经济转型升级的重要抓手,上升到国家战略的高度,为我国化纤行业的品牌发展提供难得的历史机遇和政策保障。

二、化纤新产品市场开发和品牌发展特点

"十三五"期间,化纤企业加速推进提升产品品质,科技创新赋能品牌"硬"实力,在新产品开发及品牌建设上进步显著,也为赢得国内、国际市场抢占先机。

(一)持续加强新产品开发力度

科技是硬实力,注重纤维新材料的研发与设计是提升核心竞争力的重要支撑。经对中国纤维流行趋势入选、入围企业相关情况调研显示,样本企业"十三五"期间研发设计投入较高。一方面,由于专业人才团队建设持续加强,平均研发人数占比15.41%,较"十二五"时期增长0.71%;另一方面,研发投入明显增长,平均投入占比5.12%,较"十二五"时期增长一个百分点。80%以上加工制造品牌企业自建或合作建设了研发机构,建设国家级、省级研发机构加工制造企业占比为76%。在品牌及质量管理建设方面,约80%的样本企业注册了商标,其中拥有中国驰名商标的占10.9%以上,拥有市级以上驰名商标占比30%以上;质量管理体系建设方面,信息系统、物料系统、高效传输系统在化纤企业中的普及率已经达到70%以上。"十三五"期间绿色生态认证的企业显著增加,化纤企业不仅积极参与可再生认证和oktex-100认证,而且获行业绿色纤维及下游制品认证企业已达39家。

(二)提高品牌市场协同能力,加强多元创新性转变

在人们消费方式趋品质型、环保型、年轻化、时尚化、体验式的今天,纺

织产业与新消费模式方式契合度进一步提升，化纤新产品及市场的开发对拉动与引领消费的作用更加突出，通过与市场需求协同，加强多元创新实现增长点。

1. 开发及推广新模式协同

从中国纤维流行趋势下游合作伙伴中的调研数据分析，"十三五"期间，下游合作伙伴的新产品销售收入占总收入的45%左右，薄利多销在当前纺织产业逐渐失效；一般高端面料的利润率在 18%~25%，特殊高端面料利润率会更高，远高于普通面料 4%左右的利润率水平。当前，纤维企业协同下游企业，从用户需求端到纤维端融合，联合开发新品已是行业中创造新利润点的重要方式。针对 C919 大飞机对地毯阻燃性的严格要求，浙江四通与南通鸿鼎威雅地毯有限公司通过调整纤维制备工艺及印花配方的调整，结合优选的阻燃织造底布，开发出回弹性好、耐磨性好、阻燃无烟的航空级地毯。针对业内牛仔裤缝滑弹难点，杭州邦联氨纶联合协同忠华集团、佛山市致兴纺织通过原料研发、调整工艺装备、改善纺纱技术，生产出来的 PT 系列牛仔专用氨纶纱线的表面摩擦力远远大于普通的氨纶产品，有效解决了"滑弹难题"。针对海外户外面料市场，杭州海嘉布艺与浙江金霞和吉林化纤联手原液着色化学纤维的制品开发，通过特种纱线工艺调整，在高抗日晒户外与半户外家具面料上获得应用，成为欧美市场在该品类产品的开发基地。著名时尚内衣品牌 Ubras®与锦江科技及其下游合作伙伴合作，开发出锦康纱弹力布面料，使内衣舒适度提升的同时具有抗紫外、吸湿速干、抑菌等保健功能。

2. 平台合作协同推广

随着市场对化纤产品的差别化需求，化纤企业在新产品开发的同时开始关注产品品牌的建立，而单独依靠自身力量去打开新品市场具有一定的难度，因此有效借力行业品牌或行业平台的作用实现协同合力，提高公众认知是非常重要的。自 2012 年至今举办的中国纤维流行趋势发布会活动就是化纤产业开拓品牌发展道路的一种大胆尝试，时至今日已成为中国化纤行业发展的风向标，引领中国纤维在科技创新、绿色发展、时尚跨界、国际影响力等方面全方位提升，让"中国纤维"这一公共品牌在国际市场上的整体竞争力大幅提高。10 年来，550 余家企业参与了申报，涵盖 900 多个纤维产品，共发布了 260 个纤维产品。提品质方面，截至2020 年，共有约 35 家入选企业的相关技术与产品获得省部级科学技术进步奖，共有约 13 家入选企业的相关技术与产品获得国家科学技术进步奖；创品牌方面，10 年来，共推出 193 个中国纤维品牌，确立了"中国纤维"在国际上的主导地位，引领了中国乃至全球纤维研发的方向，众多企业不仅建立了产品自身的品牌，而且建立了公司的品牌体系，得到了业内特别是下游采购商的一致认可。通过中国纤维流行趋势战略研究与发布的引领，我国化纤企业加大了差异化、高附加值产品的开发力度，研发投入不断提高，入选企业平均研发投入比例从 2011 年的 1.8%提高到 2020 年的 5.76%。中国纤维流行趋势的引领下，盛虹、恒逸、恒申、恒天、凯赛、圣泉、赛得利、锦江科技、奥神、太极石等一大批有影响力的纤维企业推出了自己的新产品发布秀，通过时装展示了各自特色产品等。发布企业也由此得到了丰厚的回报，据统计分析，因参加中国流行趋势发布而获得的订单数量，平均提升比例为 20%。

3. **注重品牌联动协同**

品牌的核心在于能直接影响消费者，消费者并非真正看到、摸到产品才决定是否购买，而是在购物之前就已经有意向品牌或产品。在化纤工业"十三五"时期，虽然技术进步十分明显，装备和制造水平日益精良，品种规格日益丰富，但在产品开发、新产品市场推广方面与国外纤维品牌还存在一定差距。尤其在国际上，日本在品牌联动协调创新上为行业创造了很好的实例，作为一个化纤高新技术研发、高档面料开发以及时装设计国家，日本生产的产品已开始从一个整体的品牌形象推向国际市场，是在单个品牌创新上无法达到预期时的及时转型。纤维制造商东丽和优衣库合作，从材料开发到销售建立起一体化的合作关系，优衣库提供流行预测信息和销售数据，东丽集团负责推进新材料的研发，有计划地实施面料生产线等设备投资。"十三五"时期，中国纤维品牌也在不断注重从"重修内功"到"内外兼修"，注重从与品牌端合作，石墨烯改性纤维、咖啡碳添加改性循环再生聚酯纤维、原液着色竹材再生纤维素纤维、光谱蓄热聚酯纤维成功助力探路者、格雷时尚、孚日集团、森马等著名终端品牌分别推出发热服饰、休闲裤、生态毛巾和卫衣等产品，以科技手段提升创意设计，实现品牌联动协同。

"十三五"时期，国家将每年 5 月 10 日设立为"中国品牌日"，品牌发展已得到国家层面的重视，上升到国家高度。自 2019 年起，中国品牌日活动期间，以"中国纤维流行趋势"活动为主体参加中国纺织行业自主品牌体验区，同时盛虹集团、桐昆集团、恒逸集团、永荣控股集团、恒申控股集团、恒天集团、唐山三友、凯赛生物科技等行业知名品牌企业集中亮相中国品牌展览会，展现中国纤维材料科技实力，让观众感受新时代中国纺织化纤行业发展新产品、新趋势、新形象，引领纺织服装新消费。

4. 注重展览展示平台协同

展览展示活动是树立品牌形象和提高知名度的重要途径，也是创造经济效益的重要手段。2015~2020年是我国化纤行业展览发展的黄金时期，企业开始转变发展思路，注重参加展览活动，宣传新产品和品牌，其中中国国际纺织纱线博览会上已经涵盖了行业各品种的龙头企业参加。同时，国内龙头企业也开始注重走出去，拓展海外市场。河北吉藁化纤有限公司于2019年携手竹材再生纤维素纤维参加法国PV展（面向全球纺织专业人士开放的顶级纺织面料博览会），将原创新品成功带到国际舞台上。此外，销售模式的多元化、互联网电商及多维度时尚平台搭建等多渠道、多概念的碰撞下，网上商城、发布会、展会、活动冠名、主题论坛、时装秀等推广形式已经对化纤产品品牌的宣传发挥着重要作用，许多差别化功能性品牌如雨后春笋般出现，有效扩大了其在行业中的影响力和宣传力度。

（三）紧跟前沿终端需求，突破品牌市场新模式

1. 产品应用细分化

新产品更新速度不断提升的同时，产品研发领域不断细分，智能感应纤维材料渗透到保暖、健康养生、睡眠等领域；功能性纤维渗透到运动、医疗防护、穿着舒适等领域；终端用户对不同应用场景的需求，如易护理、安全防护、健康养生、生态环保需求，已成为化纤新产品开发的重点方向。维克多、森马、华纺等利用蓄能发热纤维开发出保暖服饰，使人体在接受光照的环境下获得更温暖的微环境守护；无锡晁欲纺织科技有限公司采用恒天中纤科技的37.5℃聚酰胺6纤维结合椰壳活性炭添加技术实现温度与湿度的调节，用于运动面料领域。鲁泰、格雷时尚、孚日、魏桥等推出循环再生化学纤维生态环保衬衫、环保咖啡碳纤维休闲裤、原液着色竹材再生纤维素纤维生态毛巾、石墨烯立体无缝羽绒被等功能性产品。山东龙福环能的地毯用循环再利用化学纤维，准确定位地毯领域的细分化，2019年国庆期间，该产品成功用于天安门广场和观礼台2.4万平方米的地毯，体现了最新阻燃、抗污、抗紫外等功能。

2. 绿色可持续价值体现

环保是一种时尚，更是一种责任。"十三五"期间，行业加紧推动绿色可持续环保新品的研发与推广，绿色制造已成为行业主要方向，协会发布了"绿色纤维"LOGO 标识，推选"绿色纤维"认证企业，旨在从原料开始就实现绿色生产，推重产业链绿色制造体系的建立。同时，积极响应国家"双碳"目标，以互联网、区块链等技术手段，建立从一个瓶子回收到下游服装的透明可信的可追溯平台，实现中国循环再生纤维的生产透明度和全生命周期的可追溯性，带动上下游企业形成绿色纺织品共生链，实实在在解决市场存在的不规范问题。此外，唐山三友推出高端纤维素纤维品牌唐丝 Tangcell™，以其"自然"的内核，实现了从原料采购到生产环节，从后道应用到回收循环，绿色永续。目前因唐丝品牌的可持续责任影响，唐山三友已成功推动绿色可持续发展。浙江佳人通过采用化学法循环再利用技术，成功开发出多款差别化再生聚酯纤维，成功与国内外运动品牌如阿迪达斯、李宁等展开合作，在承担社会责任、减轻环境压力、践行绿色发展的同时，收获了良好的经济效益。

3. 线上联合推广的新营销模式

随着新冠肺炎疫情的蔓延使中国化纤产业进入调整期和转型期，如何利用良好的产业基础，搭上"互联网+"的快车，创造"互联网+"时代的纺织新优势，建立起新营销模式，已成为当下化纤企业新产品市场开发和品牌推广的有效途径。盛虹·中国纤维流行趋势 2020/2021 发布在"云"上华幕开启，首次采用全方位数字化的新发布模式，吸引了国内纤维生产企业、纺织产业链合作伙伴及时尚界品牌代表、设计师、纺织服装专业院校师生，以及广大消费者在线观看，全网平台累计总观看人次达 3400 万，同一时间段在线观看人数高达 70 多万，带来几何级的辐射传播效应。同期，恒天纤维集团、福建锦江科技、青岛邦特等 10 余家企业开展新品云发布活动，获得良好的市场反应和品牌推广。杜钟新奥神氨纶以驱蚊氨纶、防脱散氨纶等新品联合国内品牌四川俏佳人、浪莎内衣，以直播带货的形式，为企业新品推广和销售活动开发新渠道。赛得利携手优可丝®品牌抑菌纤维联手童装品牌马卡乐开展"给孩子的一定是最好的"主题直播活动，实现以终端品牌推广实现对纤维品牌的宣传。

三、化纤新产品市场开发和品牌趋势分析

未来，科技、绿色、时尚三大特点将在新产品市场开发和品牌发展上表现得尤为凸显。科技创新升级深入渗透消费，绿色环保责任赋能产品文化理念，新互联经济的融合拓展加快市场与品牌发展，终端需求为引导驱动产业不断升级，这些已经成为行业发展的新趋势。

（一）与行业发展特点相结合

我国作为世界上产量最大的化纤生产国，中国品牌与企业品牌正处于协同发展的阶段。我国化纤行业产业链完整，品种丰富，且产品质量、性能的稳定性都已达到国际先进水平。良好的下游市场和消费供给能力，为我国新产品市场开发和品牌推广创造了得天独厚的条件。当下，我国化纤企业对于产品品牌打造的理念和手段也在不断探究，部分产品品牌在国内市场中已经受到广泛认可。然而，国际知名品牌的打造，除了产品自身的特色，还需要关键性技术的突破和时间的积累。

（二）与社会责任相结合

绿色发展已成为我国走新型工业化道路、调整优化经济结构、转变经济发展方式的重要动力。纤维作为纺织产业链发展的源头，其绿色发展进程对推动纺织行业乃至整个社会的可持续发展有着重要意义。终端品牌及面料供应方越来越重视纺织原料来源绿色、加工过程绿色、产品废弃后循环利用或可降解、全生命周期构建绿色产业链。从产品品种开发角度，化纤在功能性和循环再利用方面有着天然纤维无法比拟的优势，而其社会责任价值还未充分的、系统的、有效地传递给消费者。因此，相对于天然纤维品种，化纤企业及整个化纤行业更加需要打造正面健康的公共形象，绿色环保的产品品牌无疑是最直接有效的宣传方式。整个理念的打造过程不仅体现在新产品市场开发上，也要在品牌上下功夫，需要行业龙头企业的积极参与，更需要全行业以及上下游产业链的共同努力。

（三）与新互联经济相结合

化纤产业作为传统的制造产业，特别是处于高质量转型升级的关键时期，尤其2020年经历的新冠肺炎疫情的全球蔓延，使新互联思维贯穿于整个产业和业务模式就更为重要了。所以，依靠传统的产业经验，对消费者的把握，结合现在互联网全新的工具和手段，互联网经济的活力加上传统行业对产品、服

务和渠道的把控，诞生全新的商业模式是产业发展新趋势。后疫情时代，线上直播技术、VR 技术、智慧门店、智能制造、柔性制造等新的互联技术创新，将为化纤新产品市场开发和品牌推广提供新契机。

（四）与终端消费需求相结合

纤维作为纺织最上游的原材料，呈现终端消费者的是服装、纺织品类产品，因此借助终端品牌力量联手打造品牌，使双方品牌互相促进，从而有利于整合从制造商、经销商等方面的资源，增强产品资源和渠道资源的稳定性。使纤维材料传递到终端品牌方式有多种，其中与终端品牌联合，直接用于新品的制造，实现新品推广与品牌的宣传。如将循环再利用纤维的吊牌挂到某知名运动品牌的 T 恤上，突出终端品牌方的社会责任，以责任引导消费。另一种常见方式为纤维产业链到终端产品的自我延伸，如某功能性纤维品牌，通过配备由纤维至终端产品的全产业链生产线，最终为终端产品开设多家专卖店。这种模式不但可以保证下游应用环节中纤维的性能不受影响，更重要的是，使品牌直接面对消费者，让消费者了解到终端产品的各项优异性能均源自纤维，对纤维行业的整体品牌发展起到了重大的推动作用。不管哪种方式，都需要把握好相关流行趋势，建立良好的品牌发展机制，与终端消费需求结合，从而实现新产品市场开发与品牌推广的双赢。

四、化纤新产品的市场开发与品牌推广建议

我国纺织业近十年来在加强品牌推广建设方面做了大量的工作，并取得了一定成效，培育出一批知名品牌，但还是缺少在国际上有影响力的品牌。在日益激烈的国内外市场竞争中，做好市场推广和品牌建设工作，可以有效促进企业推出具有国际竞争力的新型产品和科研成果，引爆行业新一轮技术创新和品牌升级。

（一）提高产品品牌意识，构建品牌管理体系

化纤产品属于纺织工业的中间产品，距离终端消费市场较远，目标受众层次多，因此终端消费者对于化纤产品缺乏明确的概念。然而，缺乏品牌意识是创建品牌的最大障碍。品牌是市场经济发展与竞争的必然产物，也是企业最重要的无形资产，因而行业品牌的塑造对于拉动消费市场也至关重要。精心培育和创建知名品牌可以使产品在行业中具有更大的影响力和渗透力，有利于企业获得市场资源的优先分配，也是品牌价值的核心所在。

创建品牌是一个系统又复杂的工作。品牌的管理体系需要以市场为导向、品牌培育要素为重点，与标准化管理、质量管理、环境、安全、卫生管理相结合，运用科学的管理方法，对品牌建设方法、原则、管理模式等方面进行创新和优化。把品牌建设的有效工作转化成一种机制进而形成完整的品牌管理体系。

品牌管理体系有助于化纤企业明确品牌培育过程中各个阶段的重点任务，让品牌工作与企业发展形成一种良性循环，奠定化纤企业的品牌价值基础，结合化纤行业的特点和优势探索我国化纤企业建立和发展品牌之路，对我国化纤企业在国际化纤企业中占有一席之地具有重要的意义。

（二）了解产品市场定位，促进产业链紧密结合

化纤产品种类多样、上下游产业链完整，作为非终端消费品的上游原料，纤维的价值主要通过其技术性、差别化、功能性来体现，而实现纤维的功能化、差别化要靠技术创新。做好充足的前期市场调研，了解市场需求来进行产品设计与开发。化纤新产品开发出来之后，如何扩大下游应用，扩大市场影响是至关重要的。根据市场特性、市场结构、市场现状以及区域市场分析、竞争分析，对研发新产品有一个相对准确的市场定位。

后期要对产品及产品品牌有一个持续的推广，不仅为了获取最大的利润过多地关注产品价格和数量，积极探索推广平台及推广方式。上游企业针对下游需求提供"定制化"服务，不仅向下游用户销售产品，还要根据产品的使用情况，要给下游用户严谨的监督和指导，引导他们如何开发后道产品，避免导致与产业链下游脱节，促进和下游终端更紧密的结合。此外，还要注重与终端消费的接触，赋予产品更高的附加值，扩大产品市场。

（三）丰富产品推广模式，延伸品牌影响力

为了获取最大的利润，多数企业在产品销售方面更多地会关注价格和数量，而往往忽略所采取的方式，只注重产品的销售而忽略了品牌营销。产品品牌的有效营销，可以使品牌为广大消费者和社会公众所认知，实现品牌与目标市场的有效对接，增加品牌影响力，为品牌及产品进占市场、应对多变的市场环境、拓展市场奠定有力基础。在逐渐加剧的市场竞争中，仅靠企业自身很难完成产品和品牌的推广工作，也无法形成良好的推广系统。因而在推广方式的选择上，除了继续完善传统营销渠道外，也要推动多层次商业渠道建设。

除了借助官方力量，广播、电视、报纸、杂志等传统媒体宣传外，不断发展的，如网站、微博、微信、短视频平台等新媒体也在品牌推广中起着不可忽视的作用。这类媒体个性化突出、受众选择性增多、表现形式多样、低成本推广，许多企业使用这些新媒体平台实时发布产品信息，使下游用户和消费者更直观的了解产品的性能优势，消费者可以在平台上与企业进行互动，拉近品牌与消费者的距离，在消费者心中树立企业品牌形象。

随着推广途径的多元化及化纤行业品牌宣传意识的不断增强，多渠道、多概念的碰撞促使企业开始主动接触更丰富的品牌推广模式，如参加国际性展会、在国际平台上进行新品发布及时装秀、活动冠名、跨界合作等，进一步体现企业的整体实力以及前卫的品牌推广理念，有效扩大了其在行业中的影响力和宣传力度。

（四）品牌塑造与社会责任结合，打造品牌文化内涵

品牌不仅仅是反映不同企业及其产品之间差别的标识，它还体现着一个企业的内在价值和文化内涵。企业品牌的塑造，实际上是将一种企业文化充分展示的过程。企业社会责任的体现，从内部看是企业文化建设、构筑以人为本的企业文化氛围，获得员工的认同感，从外部来看，就是行业和企业的社会形象。

随着资源节约型、环境友好型社会加快推进，绿色、低碳、可再生等观念正逐步渗透到社会生产和生活中，影响着人们的生活方式和消费模式。主动践行社会责任是企业在行业内发展的道德准则，意味着对社会和消费者重大问题的关切，面对资源节约、环境友好的总体趋势和价值取向，企业也要在品牌的塑造中充分体现环境友好和绿色发展的理念，可通过加强生态环保工艺的一切，确保产品生态品质加强、提供环保、可再生理念的产品等手段实现绿色生态的社会责任，打造健康正面的品牌形象，提升企业品牌的社会责任效应。

（五）加强品牌管理人才及团队建设

专业品牌管理人才及团队的建设是品牌战略制订和执行过程中最关键的因素之一，加强人才培训是顺利开展品牌建设和科学进行品牌管理的首要问题。

在企业内部建立起专职的品牌管理部门，并参与企业战略决策，让品牌建设走上系统性规划、整体性推进、规划性实施的道路。高新知识和高新技术不断更新发展，企业需要建立一支具有高素质，并会运用高科技手段处理信息的

人才队伍及行之有效的管理团队，进行系统的品牌管理工作。让团队内每个成员进行有效的沟通，使品牌的信息和观念得到动态的传递。

　　强化员工的内部培训，提升专业度。充分调动全体员工的积极性，激发员工的工作热情，增加其责任感、归属感，将企业使命贯穿于个人价值的实现过程中，实现企业与员工的双向互动。适时借助外力，外聘专家进行指导。在专家的指导下制订品牌发展战略，明确品牌定位，熟悉品牌操作流程，在专家撤离后能坚持正确的品牌管理理念，系统科学地进行品牌建设。

光威复材：铸就国之利器

张冬霞

碳纤维，被誉为新材料产业皇冠上的明珠，其"细如发丝、强如钢铁、贵如黄金"的独特属性被日本、美国等少数国家长期实行技术封锁和垄断的冰冷现实，牵动着太多仁人志士的家国情怀，成为他们几十年如一日奋斗不息的动力源头。历经半个多世纪的洗练积淀，从碳纤维研发零起步、产业化长期推进缓慢、碳纤维需求严重依赖进口，到相继实现多个系列和级别的碳纤维国产化、产业化，解决了宇航级碳纤维的自主保障问题，自给率逐步提升，在新冠肺炎疫情的影响下碳纤维市场逆势上扬、供不应求，我国碳纤维产业终于迎来"高光"发展时期，并交出了一份优异的成绩单。从无到有，从小到大……我国碳纤维产业跨越艰难发展历程的背后，威海光威复合材料股份有限公司（简称光威复材）无疑是一个特别的存在。

有人说，在 2000 年之前，中国碳纤维的研发仿佛处于"黑白胶片"时代，仍停留在实验室和小试阶段。但是，自从光威复材开始进行碳纤维研发，中国碳纤维的发展仿佛进入"彩色数码"时代，顿时变得生动多彩起来。的确如此，从建设国内首条宽幅碳纤维预浸料生产线到研发成功我国自己的碳纤维、缔造碳纤维全产业链、收获碳纤第一股……光威复材铸就了国产碳纤维及其复合材料的多彩传奇，深刻改变了中国碳纤维发展的历史进程，乃至改变了全球的碳纤维格局。

一、敢为人先：跳出院墙，围着院墙转

敢为人先的创新精神对企业弥足珍贵。在研发碳纤维之前，光威复材所属的光威集团就从事与碳纤维应用紧密相关的领域——碳纤维渔具产业。光威集团成立于 1987 年，从一家濒临倒闭的镇办小厂转型渔具产业并组建了光威鱼竿厂，在无资金、无技术、无设备的条件下，经过成百上千次的试验调试、设计制作，自行研制出国内第一套鱼竿生产设备，突破鱼竿制造技术，生产出第一支真正意义的中国鱼竿。1991 年，"光威"作为唯一一个中国渔具品牌亮相于美国洛杉矶举行的第 34 届世界渔具博览会上，其自主的产品、卓越的品

质让世界见识到了"中国自主制造"的力量。

　　光威集团的创新意识总是超前。1992 年，光威钓鱼竿年利润已达千万。然而，时任董事长兼总经理的陈光威并未止步于此。为了更好地发展渔具产业，他主持成立了光威复合材料有限公司，主要从事碳纤维及其复合材料的研发生产。1998 年，他针对企业的实际和市场上出现的新情况、新问题，果断提出"跳出院墙，围着院墙转"的新思路，在继续发展钓具行业的同时还要围绕钓具行业的上下游和横向领域进行发展，要将钓具形成系列化，包装、户外用品、饵料、漂等，原材料要向碳纤维方向发展。钓具毕竟是复合材料工业中的一小类产品，陈光威更看重的是如何跳出"鱼竿"这个小院墙，去围绕新型复合材料这个大院墙转。

　　于是，光威集团围绕"大院墙"上下足了工夫。1998 年，光威集团以渔具产业为龙头，将产业链向上游延伸，建设了国内首条宽幅碳纤维预浸料生产线，开启国产先进复合材料制造和应用的先河。经过两年多的不懈努力和潜心研究，光威集团一举攻克树脂配方、超薄玻璃托布、PE 覆盖薄膜、复合布生产工艺等七项技术难关，被国家科技部评为"在实施火炬计划中，做出重大贡献的单位"。与此同时，光威引进进口织机进行碳纤维织物的生产，这对当时国外先进企业造成极大震动。

　　经过 30 多年的经营发展，光威集团的钓具产品已经名扬四海，目前已具备年产钓鱼竿 1000 万支、渔线轮 800 万个的产能规模，年产值近 10 亿元，是全球渔具行业的领军企业之一，拥有 GW、光星两大自主品牌，JSY、CGF、RYOBI、RANMI 等国际合作品牌，主持制定《钓鱼竿》行业标准和团体标准，是中国钓具行业第一个驰名商标，产品目前销往世界 64 个国家和地区，是目前国内渔具产业综合产能最大的企业。同时，在光威钓具产业的带动下，威海逐渐发展成为全球渔具制造的集散地，有 1000 多家企业和十几万产业大军从中受益，威海也荣获中国钓具之都等荣誉称号，真正做到了"以一个产业造福一方水土一方人"。

二、从军报国：脱富致贫，终成国之利器

　　在"跳出院墙，围着院墙转"的思路下，光威集团有了碳纤维预浸料生产线，但预浸料应用的原材料碳纤维依然受制于人，仍然要完全依赖进口。碳纤维除了可用于渔具，更是国家安全、武器装备亟需的关键战略物资。长期以来，

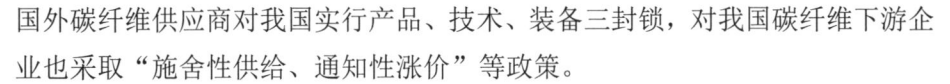

国外碳纤维供应商对我国实行产品、技术、装备三封锁,对我国碳纤维下游企业也采取"施舍性供给、通知性涨价"等政策。

2001年,两院院士师昌绪等专家向中央建议,并指出21世纪中国如果没有碳纤维将落后整个时代,国家决定设立863碳纤维专项。就在同一时期,为了不被国外"卡脖子",为了实现碳纤维的自给自足,解决自用问题,光威集团决定要自主研发碳纤维。2001年,光威完成小试研究,建成吨级原丝及碳化小试生产线,生产的CCF-1级碳纤维拉伸强度等力学性能达到了国际同类产品水平。2002年,光威集团成立威海拓展纤维有限公司,取"开拓和发展"之意,同年开始进行中试研发,成为第一家进入碳纤维产业的民企。2003年,光威碳纤维进入国家视野,公司承担了国家的863项目。

2005年,光威拓展研制的CCF-1级碳纤维通过863项目验收,各项指标达到日本东丽T300级碳纤维水平,国产碳纤维迎来了历史性时刻,这标志着我国首次拥有了自己的产业化碳纤维,填补了国内空白,并且一举打破了国外的封锁垄断。由此光威复材成为国内第一家实现碳纤维工程化的企业,我国也随之成为世界上少数掌握小丝束高性能碳纤维工程化关键技术的国家之一,改变了世界碳纤维产业的格局。这时,光威如果将碳纤维技术全面投入民用产品的生产,将迅速获取巨大的经济利益。然而,面对发达国家对碳纤维材料的全面封锁、我国航空航天领域亟需碳纤维的严峻现实,光威集团毅然决定研制军品碳纤维,开始进行航空应用验证,开启"民参军"的艰难历程。

军用碳纤维与民用不同,研发投入巨大,且投入期长,见效缓慢。但因急国家之所急,陈光威义无反顾地带领光威集团全身心踏上了国产碳纤维国防应用验证之路。此后数年,为了研发出中国自己的高质量碳纤维,陈光威不仅把鱼竿业务每年产生的利润全部投进碳纤维研发和生产,还贷款17亿元,总投资超过30多亿元。他带领团队摸爬滚打,日夜奋战在研发生产第一线。

2007年,光威国产碳纤维应用验证项目经总装备部批准立项,拓展成为我国国防航空用碳纤维材料的唯一供应商。2008年,光威拥有自主知识产权的千吨级碳纤维产业化示范线落成投产,碳纤维关键装备实现国产化。2009年,这套千吨级碳纤维产业化示范线通过验收,这在中国碳纤维发展史上具有里程碑意义。光威同年获批"碳纤维制备及工程化国家工程实验室"。

2011年,光威突破T700级技术工程化。2012年光威主持起草了碳纤维和碳纤维预浸料的国家标准。2013年,光威开始攻关航空用T800级和航天用高强高模碳纤维。2015~2017年,光威在T800级高强中模碳纤维、MJ系列高强高模碳纤维工程化生产方面取得了突破性的进展,以优异的成绩获准立项,2016年光威复材在两个一条龙项目中均取得第一名的成绩,牢牢占据着国产碳纤维行业的领军地位。随着T700、T800、T1000、M40J、M55J等高强高模高性能碳纤维关键技术相继突破并形成产业化,我国终于实现了碳纤维材料的自主保障。特别值得一提的是,2010年至今,光威复材公司生产的CCF300碳纤维进入稳定供货阶段,成为国内军工、航空领域的主要供应商,给国家战略装备提供保障,是当之无愧的国之利器。

时间总会奖励默默耕耘者。"今日光威硕果累累的局面离不开公司十多年来颗粒无收的辛勤耕耘,碳纤维虽是朝阳行业,但是其发展之路也很漫长。只有真正实现技术突破和应用拓展,才能达到高收益。而光威复材多年来的研发投入占销售收入的比重一直保持在15%左右。在持续研发投入下,光威复材已实现多个新产品突破……"光威复材董事长陈亮感慨地说。

三、拥抱资本:守正出奇,收获碳纤第一股

2001年前后,威海市政府提出,要努力培养一批本土上市企业。上市便成为光威的重点工作之一。光威看到了实业与资本对接的广阔前景,坚定了拥抱资本、开放合作的信心和决心。2014年,光威集团下属公司进行了资产重组,组建了光威户外装备产业和新材料产业两大板块,在威海光威复合材料有限公司、威海拓展纤维有限公司和威海光威精密机械有限公司的基础上成立了威海光威复合材料股份有限公司,正式踏上了光威复材的上市之路。在推动上市的过程中,我国在航空等领域的国防投入也在持续增加,光威复材十多年来的巨大投入终有回报,且其营收和利润呈现逐年增长的态势。2014~2016年,其营业收入分别为4.68亿元、5.43亿元和6.33亿元,净利润分别为5101.99万元、1.76亿元和1.99亿元。2017年9月1日,光威复材(股票代码:300699)在深圳证券交易所创业板上市,成为碳纤第一股。

上市后,资本市场为光威复材IPO募投项目的进展提供了强大的资金支持,光威复材的"造血"功能得以提升,公司成为国产碳纤维及其复合材料重要的制造基地。随着光威产业规模不断发展壮大,产业结构不断优化升级,光威持续将军工院所的科研技术优势与自身的产业化生产优势相结合,与军工单

位紧密结合式发展,走出了一条共同提高效率、降低成本、开拓市场的深度融合的发展道路。

基于此,光威复材将军工领域技术拉长,积极拓展国产碳纤维在民用市场的应用,如轨道交通、风力发电、新能源汽车、建筑补强、通信、电子、能源电力等领域。在近年来以大丝束为典型代表的风电市场需求快速增长的大趋势下,光威人洞察先机,步入了新赛道。2014~2017年,光威复材从成立碳梁攻关团队、试验生产、通过验证、全球范围内批量供货,一步步成为世界风电巨头维斯塔斯全球主要的碳梁供应商之一。2018年,光威复材成立了光威能源新材料有限公司,专注于在风电新材料领域的技术开发和市场开拓,6月,光威复材获得世界风电巨头维斯塔斯"最佳供应商"奖项。2020年光威复材实现营业收入21.16亿元,同比增长23.36%,净利润为6.42亿元,同比增长22.98%。从保障国防装备发展所需形成了稳定的供货局面,确立市场先入优势到拓展民用领域,为民品业务的发展赢得市场空间,光威复材积淀了强劲的持续发展能力,进一步夯实了自己的护城河。

四、继往开来:深耕主业,奋进新征程

"得其大者,可以兼其小"。光威人心怀国之大者,始终坚持将企业的发展与国家的发展同频共振。历经十几年的研发、验证和生产历程,光威复材搭建起产学研用研发联盟,组建起创新高技术团队,突破层层技术瓶颈,用两万多个样件的试验验证,通过了专家组验收,掌握了系列型号碳纤维核心技术,实现了航空用碳纤维国产化的奇迹!而且,光威复材在碳纤维行业发展的每个关键节点都取得了好成绩,这离不开其在核心技术、产品、装备、人才等方面的培育和深耕。

1. 核心技术与产品层面

在"两高一低"发展战略下,光威复材形成了一系列具有自主知识产权的工艺制造技术,并成功应用于产业化生产。目前光威复材已经掌握了湿法工艺、干喷湿纺工艺,能够生产高强型、高模型、高强高模型碳纤维,产品能够满足我国军工领域对碳纤维材料的自主供应需求。其生产的高强系列碳纤维包括CCF300、CCF700G、CCF800H、CCF1000,生产的高模系列碳纤维包括CCM40J、CCM46J、CCM50J、CCM55J,生产的低成本系列碳纤维包括CCF700S、CCF800S,还能生产大丝束碳纤维。目前光威碳纤维产品主要应用领域已覆盖

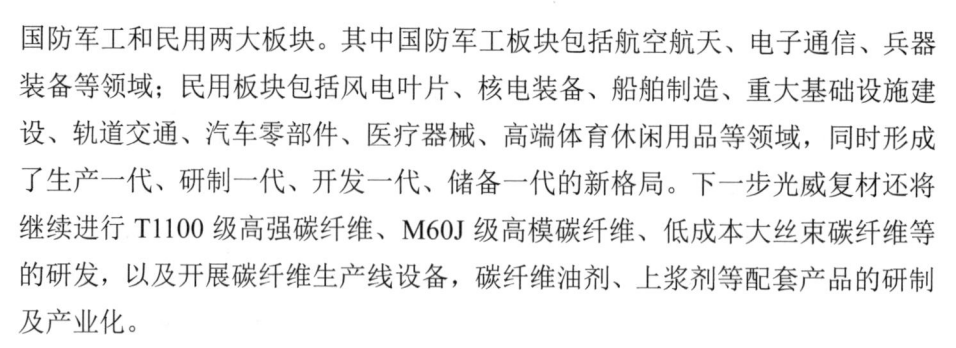

国防军工和民用两大板块。其中国防军工板块包括航空航天、电子通信、兵器装备等领域；民用板块包括风电叶片、核电装备、船舶制造、重大基础设施建设、轨道交通、汽车零部件、医疗器械、高端体育休闲用品等领域，同时形成了生产一代、研制一代、开发一代、储备一代的新格局。下一步光威复材还将继续进行 T1100 级高强碳纤维、M60J 级高模碳纤维、低成本大丝束碳纤维等的研发，以及开展碳纤维生产线设备，碳纤维油剂、上浆剂等配套产品的研制及产业化。

2. 科研与生产平台层面

在自主研发生产实践中，光威复材已经建立起多维度、立体化的军民品协同发展的"光威模式"，逐步形成了"原丝—碳丝—预浸料—碳纤维制品"上下游完整的碳纤维产业链条以及为产业链提供保障的科研、生产、装备制造、检测平台。光威拥有碳纤维国家工程实验室、国家企业技术中心、博士后工作站等多个国家及省级科研平台；承担包括 863 在内的高科技产业化项目 100 余项，主持《聚丙烯腈基碳纤维》和《碳纤维预浸料》两项国家标准，主持《碳纤维生产用高温碳化炉技术条件》和《高模量碳纤维生产用石墨化炉技术条件》建材行业标准，授权专利 320 余项；获得国家高科技产业化十年成就奖、国防科技进步二等奖等多个奖项。2019 年光威复材与北京化工大学合作的湿法纺丝高强碳纤维产业化制备技术项目获得了中国纺织工业联合会科技进步一等奖，2020 年光威复材联合山东大学、威海拓展等申报的"国产碳纤维复合拉挤集成技术开发及能源领域工程应用"项目荣获山东省科学技术进步一等奖，其行业领军地位不断巩固。

3. 创新团队与人才层面

在十几年的并肩奋战中，光威复材培养建设了一支功底扎实、经验丰富、敢于拼搏、自信稳定的技术和管理队伍。在自主研发的基础上，光威复材还采用"产学研用"相结合的模式，与国内碳纤维及复合材料领域的多名权威专家合作共研，并与中科院化学所、北京化工大学、北京航空航天大学、哈尔滨工业大学、山东大学、武汉理工大学等十余所高校和科研院所建立了战略合作关系。此外，光威建立的专家库，从来都不是摆设，而是得到了充分利用，这些专家资源和社会资源让光威在发展过程中少走了不少弯路，步伐更加稳健。

正是在光威复材等领军企业稳健发展的带动下，在国家相关政策、行业协会的支持和科学合理的引导下,"十三五"期间,我国碳纤维产业在产业规模、技术进步、体系建设等方面取得了突出成就。2020年国内PAN基碳纤维行业产量达到18000吨,总消费量达到48800吨,增长约32%,各个细分应用领域均实现稳步发展。其中,体育休闲、建筑补强、压力容器领域均呈现小幅增长;风电领域用量达到20000吨,较2019年增长45%,成为最主要的市场驱动力。技术方面,碳纤维原丝生产工艺体系更加多元化,干喷湿纺和湿法纺丝技术不断优化,生产效率进一步提升;M55J级、M60J级等高性能碳纤维,以及48K以上大丝束碳纤维突破关键技术,高端产品品种日益丰富,而航天航空、国防军工等领域需求增长将成为推动碳纤维在高端市场应用的重要引擎。

2021年是"十四五"开局之年,中国纺织工业联合会于发布的《纺织行业"十四五"科技发展指导意见》明确指出:要在"十四五"时期实现T1100高级别碳纤维产业化,大力推动国家级碳纤维及复合材料创新中心建设,通过重点领域、重大需求、重大专项,加强产业链联合创新,形成产学研用协同创新机制,打造高性能纤维及复合材料行业多层次、网络化制造业创新体系,实现关键品种和产品的规模化制备及应用,部分品种达到世界先进水平。

对标其要求,光威复材已是行业先行者。早在上市之初,光威复材即提出了521发展战略:5即全产业链布局生产实体,包括碳纤维、通用新材料、能源新材料、复合材料、装备制造;2即技术平台引擎,包括国家工程实验室、国家企业技术中心;1即碳纤维孵化园区,形成"产、学、研、用"立体多维发展模式,使碳纤维全产业链持续发展。如今光威复材已经实现了从前端研发、中端复合材料生产再到后端深度应用的一条龙服务,全产业链大格局的叠加效应明显,其向价值链最高端迈进的步伐更为坚定。

"新一代光威人的使命就是继往开来,未来,我们要把人生理想融入国家和民族的事业当中,不忘初心、牢记使命,围绕碳纤维及复合材料这个发展核心,发扬团结拼搏、锐意进取的光威精神,撸起袖子加油干,把光威复材打造成世界一流的碳纤维及其复合材料企业,为中国装备制造业的强大、为国家综合国力的提升贡献一份力量。我相信,在前几代碳纤维人呕心沥血奋斗的基础上,在新时代,我国碳纤维人定会书写一部更加壮丽的篇章。"陈亮对未来的笃定源于我们恰逢最好的时代,恰逢碳纤维行业发展迎来宝贵窗口期,以及光威复材"强者恒强"的综合实力。

YELLOW BOOK 化纤黄皮书
of China Chemical Fibers Industry

综合规划篇
专题规划篇
专题研究篇
产业政策篇

宏 观 调 控
产 业 升 级
结 构 调 整

2021~2025

中国化纤行业发展规划研究

The Study of the Fourteenth Five-year Plan for China Chemical Fibers Industry

绿色制造公共服务平台
GMPSP-GREEN MANUFACTURING PUBLIC SERVICE PLATFORM

中国化学纤维工业协会
第三方评价机构

CCFA

推进化纤行业绿色发展，助力实现碳达峰、碳中和目标

专业团队提供专业服务

◆ 行业清洁生产技术征集、评价与推广

◆ 行业双碳标准体系建设和标准编制 清洁生产标准编制

◆ LCA生命周期评价 碳排放核算、可持续发展报告

◆ 发布《中国化纤行业绿色发展与环境保护》（化纤白皮书）

◆ 绿色工厂、绿色产品、绿色产业链 评价标准编制&申报辅导

◆ 论坛与培训

联系我们：

中国化学纤维工业协会发展部 刘世扬

电话：010-51292251　17718578284

邮箱：2272407681@qq.com

中共中央 国务院关于完整准确全面贯彻新发展理念做好碳达峰碳中和工作的意见

（2021年9月22日）

实现碳达峰、碳中和，是以习近平同志为核心的党中央统筹国内国际两个大局作出的重大战略决策，是着力解决资源环境约束突出问题、实现中华民族永续发展的必然选择，是构建人类命运共同体的庄严承诺。为完整、准确、全面贯彻新发展理念，做好碳达峰、碳中和工作，现提出如下意见。

一、总体要求

（一）指导思想

以习近平新时代中国特色社会主义思想为指导，全面贯彻党的十九大和十九届二中、三中、四中、五中全会精神，深入贯彻习近平生态文明思想，立足新发展阶段，贯彻新发展理念，构建新发展格局，坚持系统观念，处理好发展和减排、整体和局部、短期和中长期的关系，把碳达峰、碳中和纳入经济社会发展全局，以经济社会发展全面绿色转型为引领，以能源绿色低碳发展为关键，加快形成节约资源和保护环境的产业结构、生产方式、生活方式、空间格局，坚定不移走生态优先、绿色低碳的高质量发展道路，确保如期实现碳达峰、碳中和。

（二）工作原则

实现碳达峰、碳中和目标，要坚持"全国统筹、节约优先、双轮驱动、内外畅通、防范风险"原则。

——全国统筹。全国一盘棋，强化顶层设计，发挥制度优势，实行党政同责，压实各方责任。根据各地实际分类施策，鼓励主动作为、率先达峰。

——节约优先。把节约能源资源放在首位，实行全面节约战略，持续降低单位产出能源资源消耗和碳排放，提高投入产出效率，倡导简约适度、绿色低碳生活方式，从源头和入口形成有效的碳排放控制阀门。

——双轮驱动。政府和市场两手发力，构建新型举国体制，强化科技和制度创新，加快绿色低碳科技革命。深化能源和相关领域改革，发挥市场机制作用，形成有效激励约束机制。

——内外畅通。立足国情实际，统筹国内国际能源资源，推广先进绿色低碳技术和经验。统筹做好应对气候变化对外斗争与合作，不断增强国际影响力和话语权，坚决维护我国发展权益。

——防范风险。处理好减污降碳和能源安全、产业链供应链安全、粮食安全、群众正常生活的关系，有效应对绿色低碳转型可能伴随的经济、金融、社会风险，防止过度反应，确保安全降碳。

二、主要目标

到 2025 年，绿色低碳循环发展的经济体系初步形成，重点行业能源利用效率大幅提升。单位国内生产总值能耗比 2020 年下降 13.5%；单位国内生产总值二氧化碳排放比 2020 年下降 18%；非化石能源消费比重达到 20%左右；森林覆盖率达到 24.1%，森林蓄积量达到 180 亿立方米，为实现碳达峰、碳中和奠定坚实基础。

到 2030 年，经济社会发展全面绿色转型取得显著成效，重点耗能行业能源利用效率达到国际先进水平。单位国内生产总值能耗大幅下降；单位国内生产总值二氧化碳排放比 2005 年下降 65%以上；非化石能源消费比重达到 25%左右，风电、太阳能发电总装机容量达到 12 亿千瓦以上；森林覆盖率达到 25%左右，森林蓄积量达到 190 亿立方米，二氧化碳排放量达到峰值并实现稳中有降。

到 2060 年，绿色低碳循环发展的经济体系和清洁低碳安全高效的能源体系全面建立，能源利用效率达到国际先进水平，非化石能源消费比重达到 80%以上，碳中和目标顺利实现，生态文明建设取得丰硕成果，开创人与自然和谐共生新境界。

三、推进经济社会发展全面绿色转型

（三）强化绿色低碳发展规划引领

将碳达峰、碳中和目标要求全面融入经济社会发展中长期规划，强化国家发展规划、国土空间规划、专项规划、区域规划和地方各级规划的支撑保障。

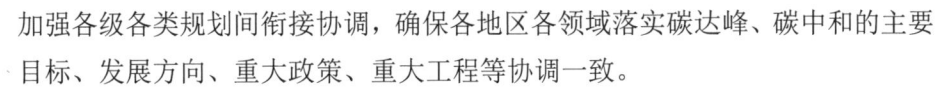

加强各级各类规划间衔接协调，确保各地区各领域落实碳达峰、碳中和的主要目标、发展方向、重大政策、重大工程等协调一致。

（四）优化绿色低碳发展区域布局

持续优化重大基础设施、重大生产力和公共资源布局，构建有利于碳达峰、碳中和的国土空间开发保护新格局。在京津冀协同发展、长江经济带发展、粤港澳大湾区建设、长三角一体化发展、黄河流域生态保护和高质量发展等区域重大战略实施中，强化绿色低碳发展导向和任务要求。

（五）加快形成绿色生产生活方式

大力推动节能减排，全面推进清洁生产，加快发展循环经济，加强资源综合利用，不断提升绿色低碳发展水平。扩大绿色低碳产品供给和消费，倡导绿色低碳生活方式。把绿色低碳发展纳入国民教育体系。开展绿色低碳社会行动示范创建。凝聚全社会共识，加快形成全民参与的良好格局。

四、深度调整产业结构

（六）推动产业结构优化升级

加快推进农业绿色发展，促进农业固碳增效。制定能源、钢铁、有色金属、石化化工、建材、交通、建筑等行业和领域碳达峰实施方案。以节能降碳为导向，修订产业结构调整指导目录。开展钢铁、煤炭去产能"回头看"，巩固去产能成果。加快推进工业领域低碳工艺革新和数字化转型。开展碳达峰试点园区建设。加快商贸流通、信息服务等绿色转型，提升服务业低碳发展水平。

（七）坚决遏制高耗能高排放项目盲目发展

新建、扩建钢铁、水泥、平板玻璃、电解铝等高耗能高排放项目严格落实产能等量或减量置换，出台煤电、石化、煤化工等产能控制政策。未纳入国家有关领域产业规划的，一律不得新建改扩建炼油和新建乙烯、对二甲苯、煤制烯烃项目。合理控制煤制油气产能规模。提升高耗能高排放项目能耗准入标准。加强产能过剩分析预警和窗口指导。

（八）大力发展绿色低碳产业

加快发展新一代信息技术、生物技术、新能源、新材料、高端装备、新能源汽车、绿色环保以及航空航天、海洋装备等战略性新兴产业。建设绿色制造体系。推动互联网、大数据、人工智能、第五代移动通信（5G）等新兴技术与绿色低碳产业深度融合。

五、加快构建清洁低碳安全高效能源体系

（九）强化能源消费强度和总量双控

坚持节能优先的能源发展战略，严格控制能耗和二氧化碳排放强度，合理控制能源消费总量，统筹建立二氧化碳排放总量控制制度。做好产业布局、结构调整、节能审查与能耗双控的衔接，对能耗强度下降目标完成形势严峻的地区实行项目缓批限批、能耗等量或减量替代。强化节能监察和执法，加强能耗及二氧化碳排放控制目标分析预警，严格责任落实和评价考核。加强甲烷等非二氧化碳温室气体管控。

（十）大幅提升能源利用效率

把节能贯穿于经济社会发展全过程和各领域，持续深化工业、建筑、交通运输、公共机构等重点领域节能，提升数据中心、新型通信等信息化基础设施能效水平。健全能源管理体系，强化重点用能单位节能管理和目标责任。瞄准国际先进水平，加快实施节能降碳改造升级，打造能效"领跑者"。

（十一）严格控制化石能源消费

加快煤炭减量步伐，"十四五"时期严控煤炭消费增长，"十五五"时期逐步减少。石油消费"十五五"时期进入峰值平台期。统筹煤电发展和保供调峰，严控煤电装机规模，加快现役煤电机组节能升级和灵活性改造。逐步减少直至禁止煤炭散烧。加快推进页岩气、煤层气、致密油气等非常规油气资源规模化开发。强化风险管控，确保能源安全稳定供应和平稳过渡。

（十二）积极发展非化石能源

实施可再生能源替代行动，大力发展风能、太阳能、生物质能、海洋能、地热能等，不断提高非化石能源消费比重。坚持集中式与分布式并举，优先推动风能、太阳能就地就近开发利用。因地制宜开发水能。积极安全有序发展核电。合理利用生物质能。加快推进抽水蓄能和新型储能规模化应用。统筹推进氢能"制储输用"全链条发展。构建以新能源为主体的新型电力系统，提高电网对高比例可再生能源的消纳和调控能力。

（十三）深化能源体制机制改革

全面推进电力市场化改革，加快培育发展配售电环节独立市场主体，完善中长期市场、现货市场和辅助服务市场衔接机制，扩大市场化交易规模。推进电网体制改革，明确以消纳可再生能源为主的增量配电网、微电网和分布式电

源的市场主体地位。加快形成以储能和调峰能力为基础支撑的新增电力装机发展机制。完善电力等能源品种价格市场化形成机制。从有利于节能的角度深化电价改革，理顺输配电价结构，全面放开竞争性环节电价。推进煤炭、油气等市场化改革，加快完善能源统一市场。

六、加快推进低碳交通运输体系建设

（十四）优化交通运输结构

加快建设综合立体交通网，大力发展多式联运，提高铁路、水路在综合运输中的承运比重，持续降低运输能耗和二氧化碳排放强度。优化客运组织，引导客运企业规模化、集约化经营。加快发展绿色物流，整合运输资源，提高利用效率。

（十五）推广节能低碳型交通工具

加快发展新能源和清洁能源车船，推广智能交通，推进铁路电气化改造，推动加氢站建设，促进船舶靠港使用岸电常态化。加快构建便利高效、适度超前的充换电网络体系。提高燃油车船能效标准，健全交通运输装备能效标识制度，加快淘汰高耗能高排放老旧车船。

（十六）积极引导低碳出行

加快城市轨道交通、公交专用道、快速公交系统等大容量公共交通基础设施建设，加强自行车专用道和行人步道等城市慢行系统建设。综合运用法律、经济、技术、行政等多种手段，加大城市交通拥堵治理力度。

七、提升城乡建设绿色低碳发展质量

（十七）推进城乡建设和管理模式低碳转型

在城乡规划建设管理各环节全面落实绿色低碳要求。推动城市组团式发展，建设城市生态和通风廊道，提升城市绿化水平。合理规划城镇建筑面积发展目标，严格管控高能耗公共建筑建设。实施工程建设全过程绿色建造，健全建筑拆除管理制度，杜绝大拆大建。加快推进绿色社区建设。结合实施乡村建设行动，推进县城和农村绿色低碳发展。

（十八）大力发展节能低碳建筑

持续提高新建建筑节能标准，加快推进超低能耗、近零能耗、低碳建筑规模化发展。大力推进城镇既有建筑和市政基础设施节能改造，提升建筑节能低碳水平。逐步开展建筑能耗限额管理，推行建筑能效测评标识，开展建筑领域低碳发展绩效评估。全面推广绿色低碳建材，推动建筑材料循环利用。发展绿色农房。

（十九）加快优化建筑用能结构

深化可再生能源建筑应用，加快推动建筑用能电气化和低碳化。开展建筑屋顶光伏行动，大幅提高建筑采暖、生活热水、炊事等电气化普及率。在北方城镇加快推进热电联产集中供暖，加快工业余热供暖规模化发展，积极稳妥推进核电余热供暖，因地制宜推进热泵、燃气、生物质能、地热能等清洁低碳供暖。

八、加强绿色低碳重大科技攻关和推广应用

（二十）强化基础研究和前沿技术布局

制定科技支撑碳达峰、碳中和行动方案，编制碳中和技术发展路线图。采用"揭榜挂帅"机制，开展低碳零碳负碳和储能新材料、新技术、新装备攻关。加强气候变化成因及影响、生态系统碳汇等基础理论和方法研究。推进高效率太阳能电池、可再生能源制氢、可控核聚变、零碳工业流程再造等低碳前沿技术攻关。培育一批节能降碳和新能源技术产品研发国家重点实验室、国家技术创新中心、重大科技创新平台。建设碳达峰、碳中和人才体系，鼓励高等学校增设碳达峰、碳中和相关学科专业。

（二十一）加快先进适用技术研发和推广

深入研究支撑风电、太阳能发电大规模友好并网的智能电网技术。加强电化学、压缩空气等新型储能技术攻关、示范和产业化应用。加强氢能生产、储存、应用关键技术研发、示范和规模化应用。推广园区能源梯级利用等节能低碳技术。推动气凝胶等新型材料研发应用。推进规模化碳捕集利用与封存技术研发、示范和产业化应用。建立完善绿色低碳技术评估、交易体系和科技创新服务平台。

九、持续巩固提升碳汇能力

（二十二）巩固生态系统碳汇能力

强化国土空间规划和用途管控，严守生态保护红线，严控生态空间占用，稳定现有森林、草原、湿地、海洋、土壤、冻土、岩溶等固碳作用。严格控制新增建设用地规模，推动城乡存量建设用地盘活利用。严格执行土地使用标准，加强节约集约用地评价，推广节地技术和节地模式。

（二十三）提升生态系统碳汇增量

实施生态保护修复重大工程，开展山水林田湖草沙一体化保护和修复。深入推进大规模国土绿化行动，巩固退耕还林还草成果，实施森林质量精准提升工程，持续增加森林面积和蓄积量。加强草原生态保护修复。强化湿地保护。整体推进海洋生态系统保护和修复，提升红树林、海草床、盐沼等固碳能力。开展耕地质量提升行动，实施国家黑土地保护工程，提升生态农业碳汇。积极推动岩溶碳汇开发利用。

十、提高对外开放绿色低碳发展水平

（二十四）加快建立绿色贸易体系

持续优化贸易结构，大力发展高质量、高技术、高附加值绿色产品贸易。完善出口政策，严格管理高耗能高排放产品出口。积极扩大绿色低碳产品、节能环保服务、环境服务等进口。

（二十五）推进绿色"一带一路"建设

加快"一带一路"投资合作绿色转型。支持共建"一带一路"国家开展清洁能源开发利用。大力推动南南合作，帮助发展中国家提高应对气候变化能力。深化与各国在绿色技术、绿色装备、绿色服务、绿色基础设施建设等方面的交流与合作，积极推动我国新能源等绿色低碳技术和产品走出去，让绿色成为共建"一带一路"的底色。

（二十六）加强国际交流与合作

积极参与应对气候变化国际谈判，坚持我国发展中国家定位，坚持共同但有区别的责任原则、公平原则和各自能力原则，维护我国发展权益。履行《联合国气候变化框架公约》及其《巴黎协定》，发布我国长期温室气体低排放发展战略，积极参与国际规则和标准制定，推动建立公平合理、合作共赢的全球气候治理体系。加强应对气候变化国际交流合作，统筹国内外工作，主动参与全球气候和环境治理。

十一、健全法律法规标准和统计监测体系

（二十七）健全法律法规

全面清理现行法律法规中与碳达峰、碳中和工作不相适应的内容，加强法律法规间的衔接协调。研究制定碳中和专项法律，抓紧修订节约能源法、电力法、煤炭法、可再生能源法、循环经济促进法等，增强相关法律法规的针对性

和有效性。

（二十八）完善标准计量体系

建立健全碳达峰、碳中和标准计量体系。加快节能标准更新升级，抓紧修订一批能耗限额、产品设备能效强制性国家标准和工程建设标准，提升重点产品能耗限额要求，扩大能耗限额标准覆盖范围，完善能源核算、检测认证、评估、审计等配套标准。加快完善地区、行业、企业、产品等碳排放核查核算报告标准，建立统一规范的碳核算体系。制定重点行业和产品温室气体排放标准，完善低碳产品标准标识制度。积极参与相关国际标准制定，加强标准国际衔接。

（二十九）提升统计监测能力

健全电力、钢铁、建筑等行业领域能耗统计监测和计量体系，加强重点用能单位能耗在线监测系统建设。加强二氧化碳排放统计核算能力建设，提升信息化实测水平。依托和拓展自然资源调查监测体系，建立生态系统碳汇监测核算体系，开展森林、草原、湿地、海洋、土壤、冻土、岩溶等碳汇本底调查和碳储量评估，实施生态保护修复碳汇成效监测评估。

十二、完善政策机制

（三十）完善投资政策

充分发挥政府投资引导作用，构建与碳达峰、碳中和相适应的投融资体系，严控煤电、钢铁、电解铝、水泥、石化等高碳项目投资，加大对节能环保、新能源、低碳交通运输装备和组织方式、碳捕集利用与封存等项目的支持力度。完善支持社会资本参与政策，激发市场主体绿色低碳投资活力。国有企业要加大绿色低碳投资，积极开展低碳零碳负碳技术研发应用。

（三十一）积极发展绿色金融

有序推进绿色低碳金融产品和服务开发，设立碳减排货币政策工具，将绿色信贷纳入宏观审慎评估框架，引导银行等金融机构为绿色低碳项目提供长期限、低成本资金。鼓励开发性政策性金融机构按照市场化法治化原则为实现碳达峰、碳中和提供长期稳定融资支持。支持符合条件的企业上市融资和再融资用于绿色低碳项目建设运营，扩大绿色债券规模。研究设立国家低碳转型基金。鼓励社会资本设立绿色低碳产业投资基金。建立健全绿色金融标准体系。

（三十二）完善财税价格政策

各级财政要加大对绿色低碳产业发展、技术研发等的支持力度。完善政府绿色采购标准，加大绿色低碳产品采购力度。落实环境保护、节能节水、新能源和清洁能源车船税收优惠。研究碳减排相关税收政策。建立健全促进可再生能源规模化发展的价格机制。完善差别化电价、分时电价和居民阶梯电价政策。严禁对高耗能、高排放、资源型行业实施电价优惠。加快推进供热计量改革和按供热量收费。加快形成具有合理约束力的碳价机制。

（三十三）**推进市场化机制建设**

依托公共资源交易平台，加快建设完善全国碳排放权交易市场，逐步扩大市场覆盖范围，丰富交易品种和交易方式，完善配额分配管理。将碳汇交易纳入全国碳排放权交易市场，建立健全能够体现碳汇价值的生态保护补偿机制。健全企业、金融机构等碳排放报告和信息披露制度。完善用能权有偿使用和交易制度，加快建设全国用能权交易市场。加强电力交易、用能权交易和碳排放权交易的统筹衔接。发展市场化节能方式，推行合同能源管理，推广节能综合服务。

十三、切实加强组织实施

（三十四）**加强组织领导**

加强党中央对碳达峰、碳中和工作的集中统一领导，碳达峰碳中和工作领导小组指导和统筹做好碳达峰、碳中和工作。支持有条件的地方和重点行业、重点企业率先实现碳达峰，组织开展碳达峰、碳中和先行示范，探索有效模式和有益经验。将碳达峰、碳中和作为干部教育培训体系重要内容，增强各级领导干部推动绿色低碳发展的本领。

（三十五）**强化统筹协调**

国家发展改革委要加强统筹，组织落实 2030 年前碳达峰行动方案，加强碳中和工作谋划，定期调度各地区各有关部门落实碳达峰、碳中和目标任务进展情况，加强跟踪评估和督促检查，协调解决实施中遇到的重大问题。各有关部门要加强协调配合，形成工作合力，确保政策取向一致、步骤力度衔接。

（三十六）**压实地方责任**

落实领导干部生态文明建设责任制，地方各级党委和政府要坚决扛起碳达峰、碳中和责任，明确目标任务，制定落实举措，自觉为实现碳达峰、碳中和作出贡献。

(三十七）严格监督考核

各地区要将碳达峰、碳中和相关指标纳入经济社会发展综合评价体系，增加考核权重，加强指标约束。强化碳达峰、碳中和目标任务落实情况考核，对工作突出的地区、单位和个人按规定给予表彰奖励，对未完成目标任务的地区、部门依规依法实行通报批评和约谈问责，有关落实情况纳入中央生态环境保护督察。各地区各有关部门贯彻落实情况每年向党中央、国务院报告。

中共中央　国务院印发《知识产权强国建设纲要（2021—2035 年）》

为统筹推进知识产权强国建设，全面提升知识产权创造、运用、保护、管理和服务水平，充分发挥知识产权制度在社会主义现代化建设中的重要作用，制定本纲要。

一、战略背景

党的十八大以来，在以习近平同志为核心的党中央坚强领导下，我国知识产权事业发展取得显著成效，知识产权法规制度体系逐步完善，核心专利、知名品牌、精品版权、优良植物新品种、优质地理标志、高水平集成电路布图设计等高价值知识产权拥有量大幅增加，商业秘密保护不断加强，遗传资源、传统知识和民间文艺的利用水平稳步提升，知识产权保护效果、运用效益和国际影响力显著提升，全社会知识产权意识大幅提高，涌现出一批知识产权竞争力较强的市场主体，走出了一条中国特色知识产权发展之路，有力保障创新型国家建设和全面建成小康社会目标的实现。

进入新发展阶段，推动高质量发展是保持经济持续健康发展的必然要求，创新是引领发展的第一动力，知识产权作为国家发展战略性资源和国际竞争力核心要素的作用更加凸显。实施知识产权强国战略，回应新技术、新经济、新形势对知识产权制度变革提出的挑战，加快推进知识产权改革发展，协调好政府与市场、国内与国际，以及知识产权数量与质量、需求与供给的联动关系，全面提升我国知识产权综合实力，大力激发全社会创新活力，建设中国特色、世界水平的知识产权强国，对于提升国家核心竞争力，扩大高水平对外开放，实现更高质量、更有效率、更加公平、更可持续、更为安全的发展，满足人民日益增长的美好生活需要，具有重要意义。

二、总体要求

（一）指导思想

坚持以习近平新时代中国特色社会主义思想为指导，全面贯彻党的十九大和十九届二中、三中、四中、五中全会精神，紧紧围绕统筹推进"五位一体"总体布局和协调推进"四个全面"战略布局，坚持稳中求进工作总基调，以推动高质量发展为主题，以深化供给侧结构性改革为主线，以改革创新为根本动力，以满足人民日益增长的美好生活需要为根本目的，立足新发展阶段，贯彻新发展理念，构建新发展格局，牢牢把握加强知识产权保护是完善产权保护制度最重要的内容和提高国家经济竞争力最大的激励，打通知识产权创造、运用、保护、管理和服务全链条，更大力度加强知识产权保护国际合作，建设制度完善、保护严格、运行高效、服务便捷、文化自觉、开放共赢的知识产权强国，为建设创新型国家和社会主义现代化强国提供坚实保障。

（二）工作原则

——法治保障，严格保护。落实全面依法治国基本方略，严格依法保护知识产权，切实维护社会公平正义和权利人合法权益。

——改革驱动，质量引领。深化知识产权领域改革，构建更加完善的要素市场化配置体制机制，更好发挥知识产权制度激励创新的基本保障作用，为高质量发展提供源源不断的动力。

——聚焦重点，统筹协调。坚持战略引领、统筹规划，突出重点领域和重大需求，推动知识产权与经济、科技、文化、社会等各方面深度融合发展。

——科学治理，合作共赢。坚持人类命运共同体理念，以国际视野谋划和推动知识产权改革发展，推动构建开放包容、平衡普惠的知识产权国际规则，让创新创造更多惠及各国人民。

（三）发展目标

到 2025 年，知识产权强国建设取得明显成效，知识产权保护更加严格，社会满意度达到并保持较高水平，知识产权市场价值进一步凸显，品牌竞争力大幅提升，专利密集型产业增加值占 GDP 比重达到 13%，版权产业增加值占 GDP 比重达到 7.5%，知识产权使用费年进出口总额达到 3500 亿元，每万人口高价值发明专利拥有量达到 12 件（上述指标均为预期性指标）。

到 2035 年，我国知识产权综合竞争力跻身世界前列，知识产权制度系统完备，知识产权促进创新创业蓬勃发展，全社会知识产权文化自觉基本形成，全方位、多层次参与知识产权全球治理的国际合作格局基本形成，中国特色、世界水平的知识产权强国基本建成。

三、建设面向社会主义现代化的知识产权制度

（四）构建门类齐全、结构严密、内外协调的法律体系

开展知识产权基础性法律研究，做好专门法律法规之间的衔接，增强法律法规的适用性和统一性。根据实际及时修改专利法、商标法、著作权法和植物新品种保护条例，探索制定地理标志、外观设计等专门法律法规，健全专门保护与商标保护相互协调的统一地理标志保护制度，完善集成电路布图设计法规。制定修改强化商业秘密保护方面的法律法规，完善规制知识产权滥用行为的法律制度以及与知识产权相关的反垄断、反不正当竞争等领域立法。修改科学技术进步法。结合有关诉讼法的修改及贯彻落实，研究建立健全符合知识产权审判规律的特别程序法律制度。加快大数据、人工智能、基因技术等新领域新业态知识产权立法。适应科技进步和经济社会发展形势需要，依法及时推动知识产权法律法规立改废释，适时扩大保护客体范围，提高保护标准，全面建立并实施侵权惩罚性赔偿制度，加大损害赔偿力度。

（五）构建职责统一、科学规范、服务优良的管理体制

持续优化管理体制机制，加强中央在知识产权保护的宏观管理、区域协调和涉外事宜统筹等方面事权，不断加强机构建设，提高管理效能。围绕国家区域协调发展战略，制定实施区域知识产权战略，深化知识产权强省强市建设，促进区域知识产权协调发展。实施一流专利商标审查机构建设工程，建立专利商标审查官制度，优化专利商标审查协作机制，提高审查质量和效率。构建政府监管、社会监督、行业自律、机构自治的知识产权服务业监管体系。

（六）构建公正合理、评估科学的政策体系

坚持严格保护的政策导向，完善知识产权权益分配机制，健全以增加知识价值为导向的分配制度，促进知识产权价值实现。完善以强化保护为导向的专利商标审查政策。健全著作权登记制度、网络保护和交易规则。完善知识产权审查注册登记政策调整机制，建立审查动态管理机制。建立健全知识产权政策合法性和公平竞争审查制度。建立知识产权公共政策评估机制。

（七）构建响应及时、保护合理的新兴领域和特定领域知识产权规则体系

建立健全新技术、新产业、新业态、新模式知识产权保护规则。探索完善互联网领域知识产权保护制度。研究构建数据知识产权保护规则。完善开源知识产权和法律体系。研究完善算法、商业方法、人工智能产出物知识产权保护

规则。加强遗传资源、传统知识、民间文艺等获取和惠益分享制度建设，加强非物质文化遗产的搜集整理和转化利用。推动中医药传统知识保护与现代知识产权制度有效衔接，进一步完善中医药知识产权综合保护体系，建立中医药专利特别审查和保护机制，促进中医药传承创新发展。

四、建设支撑国际一流营商环境的知识产权保护体系

（八）健全公正高效、管辖科学、权界清晰、系统完备的司法保护体制

实施高水平知识产权审判机构建设工程，加强审判基础、体制机制和智慧法院建设。健全知识产权审判组织，优化审判机构布局，完善上诉审理机制，深入推进知识产权民事、刑事、行政案件"三合一"审判机制改革，构建案件审理专门化、管辖集中化和程序集约化的审判体系。加强知识产权法官的专业化培养和职业化选拔，加强技术调查官队伍建设，确保案件审判质效。积极推进跨区域知识产权远程诉讼平台建设。统一知识产权司法裁判标准和法律适用，完善裁判规则。加大刑事打击力度，完善知识产权犯罪侦查工作制度。修改完善知识产权相关司法解释，配套制定侵犯知识产权犯罪案件立案追诉标准。加强知识产权案件检察监督机制建设，加强量刑建议指导和抗诉指导。

（九）健全便捷高效、严格公正、公开透明的行政保护体系

依法科学配置和行使有关行政部门的调查权、处罚权和强制权。建立统一协调的执法标准、证据规则和案例指导制度。大力提升行政执法人员专业化、职业化水平，探索建立行政保护技术调查官制度。建设知识产权行政执法监管平台，提升执法监管现代化、智能化水平。建立完善知识产权侵权纠纷检验鉴定工作体系。发挥专利侵权纠纷行政裁决制度作用，加大行政裁决执行力度。探索依当事人申请的知识产权纠纷行政调解协议司法确认制度。完善跨区域、跨部门执法保护协作机制。建立对外贸易知识产权保护调查机制和自由贸易试验区知识产权保护专门机制。强化知识产权海关保护，推进国际知识产权执法合作。

（十）健全统一领导、衔接顺畅、快速高效的协同保护格局

坚持党中央集中统一领导，实现政府履职尽责、执法部门严格监管、司法机关公正司法、市场主体规范管理、行业组织自律自治、社会公众诚信守法的知识产权协同保护。实施知识产权保护体系建设工程。明晰行政机关与司法机

关的职责权限和管辖范围，健全知识产权行政保护与司法保护衔接机制，形成保护合力。建立完善知识产权仲裁、调解、公证、鉴定和维权援助体系，加强相关制度建设。健全知识产权信用监管体系，加强知识产权信用监管机制和平台建设，依法依规对知识产权领域严重失信行为实施惩戒。完善著作权集体管理制度，加强对著作权集体管理组织的支持和监管。实施地理标志保护工程。建设知识产权保护中心网络和海外知识产权纠纷应对指导中心网络。建立健全海外知识产权预警和维权援助信息平台。

五、建设激励创新发展的知识产权市场运行机制

（十一）完善以企业为主体、市场为导向的高质量创造机制

以质量和价值为标准，改革完善知识产权考核评价机制。引导市场主体发挥专利、商标、版权等多种类型知识产权组合效应，培育一批知识产权竞争力强的世界一流企业。深化实施中小企业知识产权战略推进工程。优化国家科技计划项目的知识产权管理。围绕生物育种前沿技术和重点领域，加快培育一批具有知识产权的优良植物新品种，提高授权品种质量。

（十二）健全运行高效顺畅、价值充分实现的运用机制

加强专利密集型产业培育，建立专利密集型产业调查机制。积极发挥专利导航在区域发展、政府投资的重大经济科技项目中的作用，大力推动专利导航在传统优势产业、战略性新兴产业、未来产业发展中的应用。改革国有知识产权归属和权益分配机制，扩大科研机构和高校知识产权处置自主权。建立完善财政资助科研项目形成知识产权的声明制度。建立知识产权交易价格统计发布机制。推进商标品牌建设，加强驰名商标保护，发展传承好传统品牌和老字号，大力培育具有国际影响力的知名商标品牌。发挥集体商标、证明商标制度作用，打造特色鲜明、竞争力强、市场信誉好的产业集群品牌和区域品牌。推动地理标志与特色产业发展、生态文明建设、历史文化传承以及乡村振兴有机融合，提升地理标志品牌影响力和产品附加值。实施地理标志农产品保护工程。深入开展知识产权试点示范工作，推动企业、高校、科研机构健全知识产权管理体系，鼓励高校、科研机构建立专业化知识产权转移转化机构。

（十三）建立规范有序、充满活力的市场化运营机制

提高知识产权代理、法律、信息、咨询等服务水平，支持开展知识产权资产评估、交易、转化、托管、投融资等增值服务。实施知识产权运营体系建设

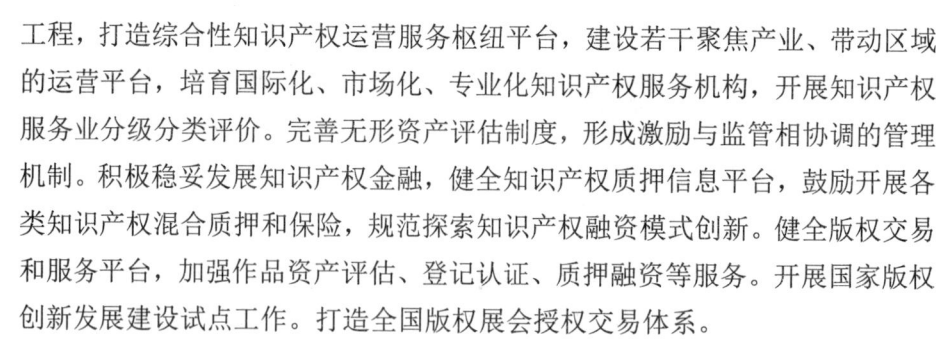

工程，打造综合性知识产权运营服务枢纽平台，建设若干聚焦产业、带动区域的运营平台，培育国际化、市场化、专业化知识产权服务机构，开展知识产权服务业分级分类评价。完善无形资产评估制度，形成激励与监管相协调的管理机制。积极稳妥发展知识产权金融，健全知识产权质押信息平台，鼓励开展各类知识产权混合质押和保险，规范探索知识产权融资模式创新。健全版权交易和服务平台，加强作品资产评估、登记认证、质押融资等服务。开展国家版权创新发展建设试点工作。打造全国版权展会授权交易体系。

六、建设便民利民的知识产权公共服务体系

（十四）加强覆盖全面、服务规范、智能高效的公共服务供给

实施知识产权公共服务智能化建设工程，完善国家知识产权大数据中心和公共服务平台，拓展各类知识产权基础信息开放深度、广度，实现与经济、科技、金融、法律等信息的共享融合。深入推进"互联网+"政务服务，充分利用新技术建设智能化专利商标审查和管理系统，优化审查流程，实现知识产权政务服务"一网通办"和"一站式"服务。完善主干服务网络，扩大技术与创新支持中心等服务网点，构建政府引导、多元参与、互联共享的知识产权公共服务体系。加强专业便捷的知识产权公共咨询服务，健全中小企业和初创企业知识产权公共服务机制。完善国际展会知识产权服务机制。

（十五）加强公共服务标准化、规范化、网络化建设

明晰知识产权公共服务事项和范围，制定公共服务事项清单和服务标准。统筹推进分级分类的知识产权公共服务机构建设，大力发展高水平的专门化服务机构。有效利用信息技术、综合运用线上线下手段，提高知识产权公共服务效率。畅通沟通渠道，提高知识产权公共服务社会满意度。

（十六）建立数据标准、资源整合、利用高效的信息服务模式

加强知识产权数据标准制定和数据资源供给，建立市场化、社会化的信息加工和服务机制。规范知识产权数据交易市场，推动知识产权信息开放共享，处理好数据开放与数据隐私保护的关系，提高传播利用效率，充分实现知识产权数据资源的市场价值。推动知识产权信息公共服务和市场化服务协调发展。加强国际知识产权数据交换，提升运用全球知识产权信息的能力和水平。

七、建设促进知识产权高质量发展的人文社会环境

（十七）塑造尊重知识、崇尚创新、诚信守法、公平竞争的知识产权文化理念

加强教育引导、实践养成和制度保障，培养公民自觉尊重和保护知识产权的行为习惯，自觉抵制侵权假冒行为。倡导创新文化，弘扬诚信理念和契约精神，大力宣传锐意创新和诚信经营的典型企业，引导企业自觉履行尊重和保护知识产权的社会责任。厚植公平竞争的文化氛围，培养新时代知识产权文化自觉和文化自信，推动知识产权文化与法治文化、创新文化和公民道德修养融合共生、相互促进。

（十八）构建内容新颖、形式多样、融合发展的知识产权文化传播矩阵

打造传统媒体和新兴媒体融合发展的知识产权文化传播平台，拓展社交媒体、短视频、客户端等新媒体渠道。创新内容、形式和手段，加强涉外知识产权宣传，形成覆盖国内外的全媒体传播格局，打造知识产权宣传品牌。大力发展国家知识产权高端智库和特色智库，深化理论和政策研究，加强国际学术交流。

（十九）营造更加开放、更加积极、更有活力的知识产权人才发展环境

完善知识产权人才培养、评价激励、流动配置机制。支持学位授权自主审核高校自主设立知识产权一级学科。推进论证设置知识产权专业学位。实施知识产权专项人才培养计划。依托相关高校布局一批国家知识产权人才培养基地，加强相关高校二级知识产权学院建设。加强知识产权管理部门公职律师队伍建设，做好涉外知识产权律师培养和培训工作，加强知识产权国际化人才培养。开发一批知识产权精品课程。开展干部知识产权学习教育。进一步推进中小学知识产权教育，持续提升青少年的知识产权意识。

八、深度参与全球知识产权治理

（二十）积极参与知识产权全球治理体系改革和建设

扩大知识产权领域对外开放，完善国际对话交流机制，推动完善知识产权及相关国际贸易、国际投资等国际规则和标准。积极推进与经贸相关的多双边知识产权对外谈判。建设知识产权涉外风险防控体系。加强与各国知识产权审查机构合作，推动审查信息共享。打造国际知识产权诉讼优选地。提升知识产权仲裁国际化水平。鼓励高水平外国机构来华开展知识产权服务。

（二十一）构建多边和双边协调联动的国际合作网络

积极维护和发展知识产权多边合作体系，加强在联合国、世界贸易组织等国际框架和多边机制中的合作。深化与共建"一带一路"国家和地区知识产权务实合作，打造高层次合作平台，推进信息、数据资源项目合作，向共建"一带一路"国家和地区提供专利检索、审查、培训等多样化服务。加强知识产权对外工作力量。积极发挥非政府组织在知识产权国际交流合作中的作用。拓展海外专利布局渠道。推动专利与国际标准制定有效结合。塑造中国商标品牌良好形象，推动地理标志互认互保，加强中国商标品牌和地理标志产品全球推介。

九、组织保障

（二十二）加强组织领导

全面加强党对知识产权强国建设工作的领导，充分发挥国务院知识产权战略实施工作部际联席会议作用，建立统一领导、部门协同、上下联动的工作体系，制定实施落实本纲要的年度推进计划。各地区各部门要高度重视，加强组织领导，明确任务分工，建立健全本纲要实施与国民经济和社会发展规划、重点专项规划及相关政策相协调的工作机制，结合实际统筹部署相关任务措施，逐项抓好落实。

（二十三）加强条件保障

完善中央和地方财政投入保障制度，加大对本纲要实施工作的支持。综合运用财税、投融资等相关政策，形成多元化、多渠道的资金投入体系，突出重点，优化结构，保障任务落实。按照国家有关规定，对在知识产权强国建设工作中作出突出贡献的集体和个人给予表彰。

（二十四）加强考核评估

国家知识产权局会同有关部门建立本纲要实施动态调整机制，开展年度监测和定期评估总结，对工作任务落实情况开展督促检查，纳入相关工作评价，重要情况及时按程序向党中央、国务院请示报告。在对党政领导干部和国有企业领导班子考核中，注重考核知识产权相关工作成效。地方各级政府要加大督查考核工作力度，将知识产权强国建设工作纳入督查考核范围。

国务院关于印发 2030 年前碳达峰行动方案的通知

国发〔2021〕23 号

各省、自治区、直辖市人民政府，国务院各部委、各直属机构：

现将《2030 年前碳达峰行动方案》印发给你们，请认真贯彻执行。

国务院

2021 年 10 月 24 日

（本文有删减）

2030 年前碳达峰行动方案

为深入贯彻落实党中央、国务院关于碳达峰、碳中和的重大战略决策，扎实推进碳达峰行动，制定本方案。

一、总体要求

（一）指导思想

以习近平新时代中国特色社会主义思想为指导，全面贯彻党的十九大和十九届二中、三中、四中、五中全会精神，深入贯彻习近平生态文明思想，立足新发展阶段，完整、准确、全面贯彻新发展理念，构建新发展格局，坚持系统观念，处理好发展和减排、整体和局部、短期和中长期的关系，统筹稳增长和调结构，把碳达峰、碳中和纳入经济社会发展全局，坚持"全国统筹、节约优先、双轮驱动、内外畅通、防范风险"的总方针，有力有序有效做好碳达峰工作，明确各地区、各领域、各行业目标任务，加快实现生产生活方式绿色变革，推动经济社会发展建立在资源高效利用和绿色低碳发展的基础之上，确保如期实现2030年前碳达峰目标。

（二）工作原则

——总体部署、分类施策。坚持全国一盘棋，强化顶层设计和各方统筹。各地区、各领域、各行业因地制宜、分类施策，明确既符合自身实际又满足总体要求的目标任务。

——系统推进、重点突破。全面准确认识碳达峰行动对经济社会发展的深远影响，加强政策的系统性、协同性。抓住主要矛盾和矛盾的主要方面，推动重点领域、重点行业和有条件的地方率先达峰。

——双轮驱动、两手发力。更好发挥政府作用，构建新型举国体制，充分发挥市场机制作用，大力推进绿色低碳科技创新，深化能源和相关领域改革，形成有效激励约束机制。

——稳妥有序、安全降碳。立足我国富煤贫油少气的能源资源禀赋，坚持先立后破，稳住存量，拓展增量，以保障国家能源安全和经济发展为底线，争取时间实现新能源的逐渐替代，推动能源低碳转型平稳过渡，切实保障国家能源安全、产业链供应链安全、粮食安全和群众正常生产生活，着力化解各类风险隐患，防止过度反应，稳妥有序、循序渐进推进碳达峰行动，确保安全降碳。

二、主要目标

"十四五"期间，产业结构和能源结构调整优化取得明显进展，重点行业能源利用效率大幅提升，煤炭消费增长得到严格控制，新型电力系统加快构建，绿色低碳技术研发和推广应用取得新进展，绿色生产生活方式得到普遍推行，有利于绿色低碳循环发展的政策体系进一步完善。到2025年，非化石能源消费比重达到20%左右，单位国内生产总值能源消耗比2020年下降13.5%，单位国内生产总值二氧化碳排放比2020年下降18%，为实现碳达峰奠定坚实基础。

"十五五"期间，产业结构调整取得重大进展，清洁低碳安全高效的能源体系初步建立，重点领域低碳发展模式基本形成，重点耗能行业能源利用效率达到国际先进水平，非化石能源消费比重进一步提高，煤炭消费逐步减少，绿色低碳技术取得关键突破，绿色生活方式成为公众自觉选择，绿色低碳循环发展政策体系基本健全。到2030年，非化石能源消费比重达到25%左右，单位国内生产总值二氧化碳排放比2005年下降65%以上，顺利实现2030年前碳达峰目标。

三、重点任务

将碳达峰贯穿于经济社会发展全过程和各方面，重点实施能源绿色低碳转型行动、节能降碳增效行动、工业领域碳达峰行动、城乡建设碳达峰行动、交通运输绿色低碳行动、循环经济助力降碳行动、绿色低碳科技创新行动、碳汇能力巩固提升行动、绿色低碳全民行动、各地区梯次有序碳达峰行动等"碳达峰十大行动"。

（一）能源绿色低碳转型行动

能源是经济社会发展的重要物质基础，也是碳排放的最主要来源。要坚持安全降碳，在保障能源安全的前提下，大力实施可再生能源替代，加快构建清洁低碳安全高效的能源体系。

1. 推进煤炭消费替代和转型升级

加快煤炭减量步伐，"十四五"时期严格合理控制煤炭消费增长，"十五五"时期逐步减少。严格控制新增煤电项目，新建机组煤耗标准达到国际先进水平，有序淘汰煤电落后产能，加快现役机组节能升级和灵活性改造，积极推进供热改造，推动煤电向基础保障性和系统调节性电源并重转型。严控跨区外送可再生能源电力配套煤电规模，新建通道可再生能源电量比例原则上不低于50%。推动重点用煤行业减煤限煤。大力推动煤炭清洁利用，合理划定禁止散烧区域，多措并举、积极有序推进散煤替代，逐步减少直至禁止煤炭散烧。

2. 大力发展新能源

全面推进风电、太阳能发电大规模开发和高质量发展，坚持集中式与分布式并举，加快建设风电和光伏发电基地。加快智能光伏产业创新升级和特色应用，创新"光伏+"模式，推进光伏发电多元布局。坚持陆海并重，推动风电协调快速发展，完善海上风电产业链，鼓励建设海上风电基地。积极发展太阳能光热发电，推动建立光热发电与光伏发电、风电互补调节的风光热综合可再生能源发电基地。因地制宜发展生物质发电、生物质能清洁供暖和生物天然气。探索深化地热能以及波浪能、潮流能、温差能等海洋新能源开发利用。进一步完善可再生能源电力消纳保障机制。到2030年，风电、太阳能发电总装机容量达到12亿千瓦以上。

3. 因地制宜开发水电

积极推进水电基地建设，推动金沙江上游、澜沧江上游、雅砻江中游、黄河上游等已纳入规划、符合生态保护要求的水电项目开工建设，推进雅鲁藏布江下游水电开发，推动小水电绿色发展。推动西南地区水电与风电、太阳能发电协同互补。统筹水电开发和生态保护，探索建立水能资源开发生态保护补偿机制。"十四五""十五五"期间分别新增水电装机容量4000万千瓦左右，西南地区以水电为主的可再生能源体系基本建立。

4. 积极安全有序发展核电

合理确定核电站布局和开发时序，在确保安全的前提下有序发展核电，保持平稳建设节奏。积极推动高温气冷堆、快堆、模块化小型堆、海上浮动堆等先进堆型示范工程，开展核能综合利用示范。加大核电标准化、自主化力度，加快关键技术装备攻关，培育高端核电装备制造产业集群。实行最严格的安全标准和最严格的监管，持续提升核安全监管能力。

5. 合理调控油气消费

保持石油消费处于合理区间，逐步调整汽油消费规模，大力推进先进生物液体燃料、可持续航空燃料等替代传统燃油，提升终端燃油产品能效。加快推进页岩气、煤层气、致密油（气）等非常规油气资源规模化开发。有序引导天然气消费，优化利用结构，优先保障民生用气，大力推动天然气与多种能源融合发展，因地制宜建设天然气调峰电站，合理引导工业用气和化工原料用气。支持车船使用液化天然气作为燃料。

6. 加快建设新型电力系统

构建新能源占比逐渐提高的新型电力系统，推动清洁电力资源大范围优化配置。大力提升电力系统综合调节能力，加快灵活调节电源建设，引导自备电厂、传统高载能工业负荷、工商业可中断负荷、电动汽车充电网络、虚拟电厂等参与系统调节，建设坚强智能电网，提升电网安全保障水平。积极发展"新能源+储能"、源网荷储一体化和多能互补，支持分布式新能源合理配置储能系统。制定新一轮抽水蓄能电站中长期发展规划，完善促进抽水蓄能发展的政策机制。加快新型储能示范推广应用。深化电力体制改革，加快构建全国统一电力市场体系。到2025年，新型储能装机容量达到3000万千瓦以上。到2030年，抽水蓄能电站装机容量达到1.2亿千瓦左右，省级电网基本具备5%以上的尖峰负荷响应能力。

（二）节能降碳增效行动

落实节约优先方针，完善能源消费强度和总量双控制度，严格控制能耗强度，合理控制能源消费总量，推动能源消费革命，建设能源节约型社会。

1. 全面提升节能管理能力

推行用能预算管理，强化固定资产投资项目节能审查，对项目用能和碳排放情况进行综合评价，从源头推进节能降碳。提高节能管理信息化水平，完善重点用能单位能耗在线监测系统，建立全国性、行业性节能技术推广服务平台，推动高耗能企业建立能源管理中心。完善能源计量体系，鼓励采用认证手段提升节能管理水平。加强节能监察能力建设，健全省、市、县三级节能监察体系，建立跨部门联动机制，综合运用行政处罚、信用监管、绿色电价等手段，增强节能监察约束力。

2. 实施节能降碳重点工程

实施城市节能降碳工程，开展建筑、交通、照明、供热等基础设施节能升级改造，推进先进绿色建筑技术示范应用，推动城市综合能效提升。实施园区节能降碳工程，以高耗能高排放项目（以下称"两高"项目）集聚度高的园区为重点，推动能源系统优化和梯级利用，打造一批达到国际先进水平的节能低碳园区。实施重点行业节能降碳工程，推动电力、钢铁、有色金属、建材、石化化工等行业开展节能降碳改造，提升能源资源利用效率。实施重大节能降碳技术示范工程，支持已取得突破的绿色低碳关键技术开展产业化示范应用。

3. 推进重点用能设备节能增效

以电机、风机、泵、压缩机、变压器、换热器、工业锅炉等设备为重点，全面提升能效标准。建立以能效为导向的激励约束机制，推广先进高效产品设备，加快淘汰落后低效设备。加强重点用能设备节能审查和日常监管，强化生产、经营、销售、使用、报废全链条管理，严厉打击违法违规行为，确保能效标准和节能要求全面落实。

4. 加强新型基础设施节能降碳

优化新型基础设施空间布局，统筹谋划、科学配置数据中心等新型基础设施，避免低水平重复建设。优化新型基础设施用能结构，采用直流供电、分布式储能、"光伏+储能"等模式，探索多样化能源供应，提高非化石能源消费比重。对标国际先进水平，加快完善通信、运算、存储、传输等设备能效标准，提升准入门槛，淘汰落后设备和技术。加强新型基础设施用能管理，将年综合能耗超过1万吨标准煤的数据中心全部纳入重点用能单位能耗在线监测系统，开展能源计量审查。推动既有设施绿色升级改造，积极推广使用高效制冷、先进通风、余热利用、智能化用能控制等技术，提高设施能效水平。

（三）工业领域碳达峰行动

工业是产生碳排放的主要领域之一，对全国整体实现碳达峰具有重要影响。工业领域要加快绿色低碳转型和高质量发展，力争率先实现碳达峰。

1. 推动工业领域绿色低碳发展

优化产业结构，加快退出落后产能，大力发展战略性新兴产业，加快传统产业绿色低碳改造。促进工业能源消费低碳化，推动化石能源清洁高效利用，提高可再生能源应用比重，加强电力需求侧管理，提升工业电气化水平。深入实施绿色制造工程，大力推行绿色设计，完善绿色制造体系，建设绿色工厂和绿色工业园区。推进工业领域数字化智能化绿色化融合发展，加强重点行业和领域技术改造。

2. 推动钢铁行业碳达峰

深化钢铁行业供给侧结构性改革，严格执行产能置换，严禁新增产能，推进存量优化，淘汰落后产能。推进钢铁企业跨地区、跨所有制兼并重组，提高行业集中度。优化生产力布局，以京津冀及周边地区为重点，继续压减钢铁产能。促进钢铁行业结构优化和清洁能源替代，大力推进非高炉炼铁技术示范，提升废钢资源回收利用水平，推行全废钢电炉工艺。推广先进适用技术，深挖节能降碳潜力，鼓励钢化联产，探索开展氢冶金、二氧化碳捕集利用一体化等试点示范，推动低品位余热供暖发展。

3. 推动有色金属行业碳达峰

巩固化解电解铝过剩产能成果，严格执行产能置换，严控新增产能。推进清洁能源替代，提高水电、风电、太阳能发电等应用比重。加快再生有色金属产业发展，完善废弃有色金属资源回收、分选和加工网络，提高再生有色金属产量。加快推广应用先进适用绿色低碳技术，提升有色金属生产过程余热回收水平，推动单位产品能耗持续下降。

4. 推动建材行业碳达峰

加强产能置换监管，加快低效产能退出，严禁新增水泥熟料、平板玻璃产能，引导建材行业向轻型化、集约化、制品化转型。推动水泥错峰生产常态化，合理缩短水泥熟料装置运转时间。因地制宜利用风能、太阳能等可再生能源，逐步提高电力、天然气应用比重。鼓励建材企业使用粉煤灰、工业废渣、尾矿渣等作为原料或水泥混合材。加快推进绿色建材产品认证和应用推广，加强新型胶凝材料、低碳混凝土、木竹建材等低碳建材产品研发应用。推广节能技术设备，开展能源管理体系建设，实现节能增效。

5. 推动石化化工行业碳达峰

优化产能规模和布局，加大落后产能淘汰力度，有效化解结构性过剩矛盾。严格项目准入，合理安排建设时序，严控新增炼油和传统煤化工生产能力，稳妥有序发展现代煤化工。引导企业转变用能方式，鼓励以电力、天然气等替代煤炭。调整原料结构，控制新增原料用煤，拓展富氢原料进口来源，推动石化化工原料轻质化。优化产品结构，促进石化化工与煤炭开采、冶金、建材、化纤等产业协同发展，加强炼厂干气、液化气等副产气体高效利用。鼓励企业节能升级改造，推动能量梯级利用、物料循环利用。到 2025 年，国内原油一次加工能力控制在 10 亿吨以内，主要产品产能利用率提升至 80%以上。

6. 坚决遏制"两高"项目盲目发展

采取强有力措施，对"两高"项目实行清单管理、分类处置、动态监控。全面排查在建项目，对能效水平低于本行业能耗限额准入值的，按有关规定停工整改，推动能效水平应提尽提，力争全面达到国内乃至国际先进水平。科学评估拟建项目，对产能已饱和的行业，按照"减量替代"原则压减产能；对产能尚未饱和的行业，按照国家布局和审批备案等要求，对标国际先进水平提高准入门槛；对能耗量较大的新兴产业，支持引导企业应用绿色低碳技术，提高能效水平。深入挖潜存量项目，加快淘汰落后产能，通过改造升级挖掘节能减排潜力。强化常态化监管，坚决拿下不符合要求的"两高"项目。

（四）城乡建设碳达峰行动

加快推进城乡建设绿色低碳发展，城市更新和乡村振兴都要落实绿色低碳要求。

1. 推进城乡建设绿色低碳转型

推动城市组团式发展，科学确定建设规模，控制新增建设用地过快增长。倡导绿色低碳规划设计理念，增强城乡气候韧性，建设海绵城市。推广绿色低碳建材和绿色建造方式，加快推进新型建筑工业化，大力发展装配式建筑，推广钢结构住宅，推动建材循环利用，强化绿色设计和绿色施工管理。加强县城绿色低碳建设。推动建立以绿色低碳为导向的城乡规划建设管理机制，制定建筑拆除管理办法，杜绝大拆大建。建设绿色城镇、绿色社区。

2. 加快提升建筑能效水平

加快更新建筑节能、市政基础设施等标准，提高节能降碳要求。加强适用于不同气候区、不同建筑类型的节能低碳技术研发和推广，推动超低能耗建筑、低碳建筑规模化发展。加快推进居住建筑和公共建筑节能改造，持续推动老旧供热管网等市政基础设施节能降碳改造。提升城镇建筑和基础设施运行管理智能化水平，加快推广供热计量收费和合同能源管理，逐步开展公共建筑能耗限额管理。到2025年，城镇新建建筑全面执行绿色建筑标准。

3. 加快优化建筑用能结构

深化可再生能源建筑应用，推广光伏发电与建筑一体化应用。积极推动严寒、寒冷地区清洁取暖，推进热电联产集中供暖，加快工业余热供暖规模化应用，积极稳妥开展核能供热示范，因地制宜推行热泵、生物质能、地热能、太阳能等清洁低碳供暖。引导夏热冬冷地区科学取暖，因地制宜采用清洁高效取暖方式。提高建筑终端电气化水平，建设集光伏发电、储能、直流配电、柔性用电于一体的"光储直柔"建筑。到2025年，城镇建筑可再生能源替代率达到8%，新建公共机构建筑、新建厂房屋顶光伏覆盖率力争达到50%。

4. 推进农村建设和用能低碳转型

推进绿色农房建设，加快农房节能改造。持续推进农村地区清洁取暖，因地制宜选择适宜取暖方式。发展节能低碳农业大棚。推广节能环保灶具、电动农用车辆、节能环保农机和渔船。加快生物质能、太阳能等可再生能源在农业生产和农村生活中的应用。加强农村电网建设，提升农村用能电气化水平。

（五）交通运输绿色低碳行动

加快形成绿色低碳运输方式，确保交通运输领域碳排放增长保持在合理区间。

1. 推动运输工具装备低碳转型

积极扩大电力、氢能、天然气、先进生物液体燃料等新能源、清洁能源在交通运输领域应用。大力推广新能源汽车，逐步降低传统燃油汽车在新车产销和汽车保有量中的占比，推动城市公共服务车辆电动化替代，推广电力、氢燃料、液化天然气动力重型货运车辆。提升铁路系统电气化水平。加快老旧船舶更新改造，发展电动、液化天然气动力船舶，深入推进船舶靠港使用岸电，因地制宜开展沿海、内河绿色智能船舶示范应用。提升机场运行电动化智能化水平，发展新能源航空器。到2030年，当年新增新能源、清洁能源动力的交通工具比例达到40%左右，营运交通工具单位换算周转量碳排放强度比2020年下降9.5%左右，国家铁路单位换算周转量综合能耗比2020年下降10%。陆路交通运输石油消费力争2030年前达到峰值。

2. 构建绿色高效交通运输体系

发展智能交通，推动不同运输方式合理分工、有效衔接，降低空载率和不合理客货运周转量。大力发展以铁路、水路为骨干的多式联运，推进工矿企业、港口、物流园区等铁路专用线建设，加快内河高等级航道网建设，加快大宗货物和中长距离货物运输"公转铁""公转水"。加快先进适用技术应用，提升民航运行管理效率，引导航空企业加强智慧运行，实现系统化节能降碳。加快城乡物流配送体系建设，创新绿色低碳、集约高效的配送模式。打造高效衔接、快捷舒适的公共交通服务体系，积极引导公众选择绿色低碳交通方式。"十四五"期间，集装箱铁水联运量年均增长15%以上。到2030年，城区常住人口100万以上的城市绿色出行比例不低于70%。

3. 加快绿色交通基础设施建设

将绿色低碳理念贯穿于交通基础设施规划、建设、运营和维护全过程，降低全生命周期能耗和碳排放。开展交通基础设施绿色化提升改造，统筹利用综合运输通道线位、土地、空域等资源，加大岸线、锚地等资源整合力度，提高利用效率。有序推进充电桩、配套电网、加注（气）站、加氢站等基础设施建设，提升城市公共交通基础设施水平。到2030年，民用运输机场场内车辆装备等力争全面实现电动化。

（六）循环经济助力降碳行动

抓住资源利用这个源头，大力发展循环经济，全面提高资源利用效率，充分发挥减少资源消耗和降碳的协同作用。

1. 推进产业园区循环化发展

以提升资源产出率和循环利用率为目标，优化园区空间布局，开展园区循环化改造。推动园区企业循环式生产、产业循环式组合，组织企业实施清洁生产改造，促进废物综合利用、能量梯级利用、水资源循环利用，推进工业余压余热、废气废液废渣资源化利用，积极推广集中供气供热。搭建基础设施和公共服务共享平台，加强园区物质流管理。到2030年，省级以上重点产业园区全部实施循环化改造。

2. 加强大宗固废综合利用

提高矿产资源综合开发利用水平和综合利用率，以煤矸石、粉煤灰、尾矿、共伴生矿、冶炼渣、工业副产石膏、建筑垃圾、农作物秸秆等大宗固废为重点，支持大掺量、规模化、高值化利用，鼓励应用于替代原生非金属矿、砂石等资源。在确保安全环保前提下，探索将磷石膏应用于土壤改良、井下充填、路基修筑等。推动建筑垃圾资源化利用，推广废弃路面材料原地再生利用。加快推进秸秆高值化利用，完善收储运体系，严格禁烧管控。加快大宗固废综合利用示范建设。到2025年，大宗固废年利用量达到40亿吨左右；到2030年，年利用量达到45亿吨左右。

3. 健全资源循环利用体系

完善废旧物资回收网络，推行"互联网+"回收模式，实现再生资源应收尽收。加强再生资源综合利用行业规范管理，促进产业集聚发展。高水平建设现代化"城市矿产"基地，推动再生资源规范化、规模化、清洁化利用。推进退役动力电池、光伏组件、风电机组叶片等新兴产业废物循环利用。促进汽车零部件、工程机械、文办设备等再制造产业高质量发展。加强资源再生产品和再制造产品推广应用。到2025年，废钢铁、废铜、废铝、废铅、废锌、废纸、废塑料、废橡胶、废玻璃9种主要再生资源循环利用量达到4.5亿吨，到2030年达到5.1亿吨。

4. 大力推进生活垃圾减量化资源化

扎实推进生活垃圾分类，加快建立覆盖全社会的生活垃圾收运处置体系，全面实现分类投放、分类收集、分类运输、分类处理。加强塑料污染全链条治理，整治过度包装，推动生活垃圾源头减量。推进生活垃圾焚烧处理，降低填埋比例，探索适合我国厨余垃圾特性的资源化利用技术。推进污水资源化利用。到 2025 年，城市生活垃圾分类体系基本健全，生活垃圾资源化利用比例提升至 60%左右。到 2030 年，城市生活垃圾分类实现全覆盖，生活垃圾资源化利用比例提升至 65%。

（七）绿色低碳科技创新行动

发挥科技创新的支撑引领作用，完善科技创新体制机制，强化创新能力，加快绿色低碳科技革命。

1. 完善创新体制机制

制定科技支撑碳达峰碳中和行动方案，在国家重点研发计划中设立碳达峰碳中和关键技术研究与示范等重点专项，采取"揭榜挂帅"机制，开展低碳零碳负碳关键核心技术攻关。将绿色低碳技术创新成果纳入高等学校、科研单位、国有企业有关绩效考核。强化企业创新主体地位，支持企业承担国家绿色低碳重大科技项目，鼓励设施、数据等资源开放共享。推进国家绿色技术交易中心建设，加快创新成果转化。加强绿色低碳技术和产品知识产权保护。完善绿色低碳技术和产品检测、评估、认证体系。

2. 加强创新能力建设和人才培养

组建碳达峰碳中和相关国家实验室、国家重点实验室和国家技术创新中心，适度超前布局国家重大科技基础设施，引导企业、高等学校、科研单位共建一批国家绿色低碳产业创新中心。创新人才培养模式，鼓励高等学校加快新能源、储能、氢能、碳减排、碳汇、碳排放权交易等学科建设和人才培养，建设一批绿色低碳领域未来技术学院、现代产业学院和示范性能源学院。深化产教融合，鼓励校企联合开展产学合作协同育人项目，组建碳达峰碳中和产教融合发展联盟，建设一批国家储能技术产教融合创新平台。

3. 强化应用基础研究

实施一批具有前瞻性、战略性的国家重大前沿科技项目，推动低碳零碳负碳技术装备研发取得突破性进展。聚焦化石能源绿色智能开发和清洁低碳利用、可再生能源大规模利用、新型电力系统、节能、氢能、储能、动力电池、二氧化碳捕集利用与封存等重点，深化应用基础研究。积极研发先进核电技术，加强可控核聚变等前沿颠覆性技术研究。

4. 加快先进适用技术研发和推广应用

集中力量开展复杂大电网安全稳定运行和控制、大容量风电、高效光伏、大功率液化天然气发动机、大容量储能、低成本可再生能源制氢、低成本二氧化碳捕集利用与封存等技术创新，加快碳纤维、气凝胶、特种钢材等基础材料研发，补齐关键零部件、元器件、软件等短板。推广先进成熟绿色低碳技术，开展示范应用。建设全流程、集成化、规模化二氧化碳捕集利用与封存示范项目。推进熔盐储能供热和发电示范应用。加快氢能技术研发和示范应用，探索在工业、交通运输、建筑等领域规模化应用。

（八）碳汇能力巩固提升行动

坚持系统观念，推进山水林田湖草沙一体化保护和修复，提高生态系统质量和稳定性，提升生态系统碳汇增量。

1. 巩固生态系统固碳作用

结合国土空间规划编制和实施，构建有利于碳达峰、碳中和的国土空间开发保护格局。严守生态保护红线，严控生态空间占用，建立以国家公园为主体的自然保护地体系，稳定现有森林、草原、湿地、海洋、土壤、冻土、岩溶等固碳作用。严格执行土地使用标准，加强节约集约用地评价，推广节地技术和节地模式。

2. 提升生态系统碳汇能力

实施生态保护修复重大工程。深入推进大规模国土绿化行动，巩固退耕还林还草成果，扩大林草资源总量。强化森林资源保护，实施森林质量精准提升工程，提高森林质量和稳定性。加强草原生态保护修复，提高草原综合植被盖度。加强河湖、湿地保护修复。整体推进海洋生态系统保护和修复，提升红树林、海草床、盐沼等固碳能力。加强退化土地修复治理，开展荒漠化、石漠化、水土流失综合治理，实施历史遗留矿山生态修复工程。到 2030 年，全国森林覆盖率达到 25%左右，森林蓄积量达到 190 亿立方米。

3. 加强生态系统碳汇基础支撑

依托和拓展自然资源调查监测体系，利用好国家林草生态综合监测评价成果，建立生态系统碳汇监测核算体系，开展森林、草原、湿地、海洋、土壤、冻土、岩溶等碳汇本底调查、碳储量评估、潜力分析，实施生态保护修复碳汇成效监测评估。加强陆地和海洋生态系统碳汇基础理论、基础方法、前沿颠覆性技术研究。建立健全能够体现碳汇价值的生态保护补偿机制，研究制定碳汇项目参与全国碳排放权交易相关规则。

4. 推进农业农村减排固碳

大力发展绿色低碳循环农业，推进农光互补、光伏+设施农业、海上风电+海洋牧场等低碳农业模式。研发应用增汇型农业技术。开展耕地质量提升行动，实施国家黑土地保护工程，提升土壤有机碳储量。合理控制化肥、农药、地膜使用量，实施化肥农药减量替代计划，加强农作物秸秆综合利用和畜禽粪污资源化利用。

（九）绿色低碳全民行动

增强全民节约意识、环保意识、生态意识，倡导简约适度、绿色低碳、文明健康的生活方式，把绿色理念转化为全体人民的自觉行动。

1. 加强生态文明宣传教育

将生态文明教育纳入国民教育体系，开展多种形式的资源环境国情教育，普及碳达峰、碳中和基础知识。加强对公众的生态文明科普教育，将绿色低碳理念有机融入文艺作品，制作文创产品和公益广告，持续开展世界地球日、世界环境日、全国节能宣传周、全国低碳日等主题宣传活动，增强社会公众绿色低碳意识，推动生态文明理念更加深入人心。

2. 推广绿色低碳生活方式

坚决遏制奢侈浪费和不合理消费，着力破除奢靡铺张的歪风陋习，坚决制止餐饮浪费行为。在全社会倡导节约用能，开展绿色低碳社会行动示范创建，深入推进绿色生活创建行动，评选宣传一批优秀示范典型，营造绿色低碳生活新风尚。大力发展绿色消费，推广绿色低碳产品，完善绿色产品认证与标识制度。提升绿色产品在政府采购中的比例。

3. 引导企业履行社会责任

引导企业主动适应绿色低碳发展要求，强化环境责任意识，加强能源资源节约，提升绿色创新水平。重点领域国有企业特别是中央企业要制定实施企业碳达峰行动方案，发挥示范引领作用。重点用能单位要梳理核算自身碳排放情况，深入研究碳减排路径，"一企一策"制定专项工作方案，推进节能降碳。相关上市公司和发债企业要按照环境信息依法披露要求，定期公布企业碳排放信息。充分发挥行业协会等社会团体作用，督促企业自觉履行社会责任。

4. 强化领导干部培训

将学习贯彻习近平生态文明思想作为干部教育培训的重要内容，各级党校（行政学院）要把碳达峰、碳中和相关内容列入教学计划，分阶段、多层次对各级领导干部开展培训，普及科学知识，宣讲政策要点，强化法治意识，深化各级领导干部对碳达峰、碳中和工作重要性、紧迫性、科学性、系统性的认识。从事绿色低碳发展相关工作的领导干部要尽快提升专业素养和业务能力，切实增强推动绿色低碳发展的本领。

（十）各地区梯次有序碳达峰行动

各地区要准确把握自身发展定位，结合本地区经济社会发展实际和资源环境禀赋，坚持分类施策、因地制宜、上下联动，梯次有序推进碳达峰。

1. 科学合理确定有序达峰目标

碳排放已经基本稳定的地区要巩固减排成果，在率先实现碳达峰的基础上进一步降低碳排放。产业结构较轻、能源结构较优的地区要坚持绿色低碳发展，坚决不走依靠"两高"项目拉动经济增长的老路，力争率先实现碳达峰。产业结构偏重、能源结构偏煤的地区和资源型地区要把节能降碳摆在突出位置，大力优化调整产业结构和能源结构，逐步实现碳排放增长与经济增长脱钩，力争与全国同步实现碳达峰。

2. 因地制宜推进绿色低碳发展

各地区要结合区域重大战略、区域协调发展战略和主体功能区战略，从实际出发推进本地区绿色低碳发展。京津冀、长三角、粤港澳大湾区等区域要发挥高质量发展动力源和增长极作用，率先推动经济社会发展全面绿色转型。长江经济带、黄河流域和国家生态文明试验区要严格落实生态优先、绿色发展战略导向，在绿色低碳发展方面走在全国前列。中西部和东北地区要着力优化能源结构，按照产业政策和能耗双控要求，有序推动高耗能行业向清洁能源优势地区集中，积极培育绿色发展动能。

3. 上下联动制定地方达峰方案

各省、自治区、直辖市人民政府要按照国家总体部署，结合本地区资源环境禀赋、产业布局、发展阶段等，坚持全国一盘棋，不抢跑，科学制定本地区碳达峰行动方案，提出符合实际、切实可行的碳达峰时间表、路线图、施工图，避免"一刀切"限电限产或运动式"减碳"。各地区碳达峰行动方案经碳达峰碳中和工作领导小组综合平衡、审核通过后，由地方自行印发实施。

4. 组织开展碳达峰试点建设

加大中央对地方推进碳达峰的支持力度，选择 100 个具有典型代表性的城市和园区开展碳达峰试点建设，在政策、资金、技术等方面对试点城市和园区给予支持，加快实现绿色低碳转型，为全国提供可操作、可复制、可推广的经验做法。

四、国际合作

（一）深度参与全球气候治理

大力宣传习近平生态文明思想，分享中国生态文明、绿色发展理念与实践经验，为建设清洁美丽世界贡献中国智慧、中国方案、中国力量，共同构建人与自然生命共同体。主动参与全球绿色治理体系建设，坚持共同但有区别的责任原则、公平原则和各自能力原则，坚持多边主义，维护以联合国为核心的国际体系，推动各方全面履行《联合国气候变化框架公约》及其《巴黎协定》。积极参与国际航运、航空减排谈判。

（二）开展绿色经贸、技术与金融合作

优化贸易结构，大力发展高质量、高技术、高附加值绿色产品贸易。加强绿色标准国际合作，推动落实合格评定合作和互认机制，做好绿色贸易规则与进出口政策的衔接。加强节能环保产品和服务进出口。加大绿色技术合作力度，推动开展可再生能源、储能、氢能、二氧化碳捕集利用与封存等领域科研合作和技术交流，积极参与国际热核聚变实验堆计划等国际大科学工程。深化绿色金融国际合作，积极参与碳定价机制和绿色金融标准体系国际宏观协调，与有关各方共同推动绿色低碳转型。

（三）推进绿色"一带一路"建设

秉持共商共建共享原则，弘扬开放、绿色、廉洁理念，加强与共建"一带一路"国家的绿色基建、绿色能源、绿色金融等领域合作，提高境外项目环境可持续性，打造绿色、包容的"一带一路"能源合作伙伴关系，扩大新能源技术和产品出口。发挥"一带一路"绿色发展国际联盟等合作平台作用，推动实施《"一带一路"绿色投资原则》，推进"一带一路"应对气候变化南南合作计划和"一带一路"科技创新行动计划。

五、政策保障

（一）建立统一规范的碳排放统计核算体系

加强碳排放统计核算能力建设，深化核算方法研究，加快建立统一规范的碳排放统计核算体系。支持行业、企业依据自身特点开展碳排放核算方法学研究，建立健全碳排放计量体系。推进碳排放实测技术发展，加快遥感测量、大数据、云计算等新兴技术在碳排放实测技术领域的应用，提高统计核算水平。积极参与国际碳排放核算方法研究，推动建立更为公平合理的碳排放核算方法体系。

（二）健全法律法规标准

构建有利于绿色低碳发展的法律体系，推动能源法、节约能源法、电力法、煤炭法、可再生能源法、循环经济促进法、清洁生产促进法等制定修订。加快节能标准更新，修订一批能耗限额、产品设备能效强制性国家标准和工程建设标准，提高节能降碳要求。健全可再生能源标准体系，加快相关领域标准制定修订。建立健全氢制、储、输、用标准。完善工业绿色低碳标准体系。建立重点企业碳排放核算、报告、核查等标准，探索建立重点产品全生命周期碳足迹标准。积极参与国际能效、低碳等标准制定修订，加强国际标准协调。

（三）完善经济政策

各级人民政府要加大对碳达峰、碳中和工作的支持力度。建立健全有利于绿色低碳发展的税收政策体系，落实和完善节能节水、资源综合利用等税收优惠政策，更好发挥税收对市场主体绿色低碳发展的促进作用。完善绿色电价政策，健全居民阶梯电价制度和分时电价政策，探索建立分时电价动态调整机制。完善绿色金融评价机制，建立健全绿色金融标准体系。大力发展绿色贷款、绿色股权、绿色债券、绿色保险、绿色基金等金融工具，设立碳减排支持工具，引导金融机构为绿色低碳项目提供长期限、低成本资金，鼓励开发性政策性金融机构按照市场化法治化原则为碳达峰行动提供长期稳定融资支持。拓展绿色债券市场的深度和广度，支持符合条件的绿色企业上市融资、挂牌融资和再融资。研究设立国家低碳转型基金，支持传统产业和资源富集地区绿色转型。鼓励社会资本以市场化方式设立绿色低碳产业投资基金。

（四）建立健全市场化机制

发挥全国碳排放权交易市场作用，进一步完善配套制度，逐步扩大交易行业范围。建设全国用能权交易市场，完善用能权有偿使用和交易制度，做好与能耗双控制度的衔接。统筹推进碳排放权、用能权、电力交易等市场建设，加强市场机制间的衔接与协调，将碳排放权、用能权交易纳入公共资源交易平台。积极推行合同能源管理，推广节能咨询、诊断、设计、融资、改造、托管等"一站式"综合服务模式。

六、组织实施

（一）加强统筹协调

加强党中央对碳达峰、碳中和工作的集中统一领导，碳达峰碳中和工作领导小组对碳达峰相关工作进行整体部署和系统推进，统筹研究重要事项、制定重大政策。碳达峰碳中和工作领导小组成员单位要按照党中央、国务院决策部署和领导小组工作要求，扎实推进相关工作。碳达峰碳中和工作领导小组办公室要加强统筹协调，定期对各地区和重点领域、重点行业工作进展情况进行调度，科学提出碳达峰分步骤的时间表、路线图，督促将各项目标任务落实落细。

（二）强化责任落实

各地区各有关部门要深刻认识碳达峰、碳中和工作的重要性、紧迫性、复杂性，切实扛起责任，按照《中共中央 国务院关于完整准确全面贯彻新发展理念做好碳达峰碳中和工作的意见》和本方案确定的主要目标和重点任务，着力抓好各项任务落实，确保政策到位、措施到位、成效到位，落实情况纳入中央和省级生态环境保护督察。各相关单位、人民团体、社会组织要按照国家有关部署，积极发挥自身作用，推进绿色低碳发展。

（三）严格监督考核

实施以碳强度控制为主、碳排放总量控制为辅的制度，对能源消费和碳排放指标实行协同管理、协同分解、协同考核，逐步建立系统完善的碳达峰碳中和综合评价考核制度。加强监督考核结果应用，对碳达峰工作成效突出的地区、单位和个人按规定给予表彰奖励，对未完成目标任务的地区、部门依规依法实行通报批评和约谈问责。各省、自治区、直辖市人民政府要组织开展碳达峰目标任务年度评估，有关工作进展和重大问题要及时向碳达峰碳中和工作领导小组报告。

国务院关于加快建立健全绿色低碳循环发展经济体系的指导意见

国发〔2021〕4号

各省、自治区、直辖市人民政府，国务院各部委、各直属机构：

建立健全绿色低碳循环发展经济体系，促进经济社会发展全面绿色转型，是解决我国资源环境生态问题的基础之策。为贯彻落实党的十九大部署，加快建立健全绿色低碳循环发展的经济体系，现提出如下意见。

一、总体要求

（一）指导思想

以习近平新时代中国特色社会主义思想为指导，深入贯彻党的十九大和十九届二中、三中、四中、五中全会精神，全面贯彻习近平生态文明思想，认真落实党中央、国务院决策部署，坚定不移贯彻新发展理念，全方位全过程推行绿色规划、绿色设计、绿色投资、绿色建设、绿色生产、绿色流通、绿色生活、绿色消费，使发展建立在高效利用资源、严格保护生态环境、有效控制温室气体排放的基础上，统筹推进高质量发展和高水平保护，建立健全绿色低碳循环发展的经济体系，确保实现碳达峰、碳中和目标，推动我国绿色发展迈上新台阶。

（二）工作原则

坚持重点突破。以节能环保、清洁生产、清洁能源等为重点率先突破，做好与农业、制造业、服务业和信息技术的融合发展，全面带动一二三产业和基础设施绿色升级。

坚持创新引领。深入推动技术创新、模式创新、管理创新，加快构建市场导向的绿色技术创新体系，推行新型商业模式，构筑有力有效的政策支持体系。

坚持稳中求进。做好绿色转型与经济发展、技术进步、产业接续、稳岗就业、民生改善的有机结合，积极稳妥、韧性持久地加以推进。

坚持市场导向。在绿色转型中充分发挥市场的导向性作用、企业的主体作用、各类市场交易机制的作用,为绿色发展注入强大动力。

(三)主要目标

到 2025 年,产业结构、能源结构、运输结构明显优化,绿色产业比重显著提升,基础设施绿色化水平不断提高,清洁生产水平持续提高,生产生活方式绿色转型成效显著,能源资源配置更加合理、利用效率大幅提高,主要污染物排放总量持续减少,碳排放强度明显降低,生态环境持续改善,市场导向的绿色技术创新体系更加完善,法律法规政策体系更加有效,绿色低碳循环发展的生产体系、流通体系、消费体系初步形成。到 2035 年,绿色发展内生动力显著增强,绿色产业规模迈上新台阶,重点行业、重点产品能源资源利用效率达到国际先进水平,广泛形成绿色生产生活方式,碳排放达峰后稳中有降,生态环境根本好转,美丽中国建设目标基本实现。

二、健全绿色低碳循环发展的生产体系

(四)推进工业绿色升级

加快实施钢铁、石化、化工、有色、建材、纺织、造纸、皮革等行业绿色化改造。推行产品绿色设计,建设绿色制造体系。大力发展再制造产业,加强再制造产品认证与推广应用。建设资源综合利用基地,促进工业固体废物综合利用。全面推行清洁生产,依法在"双超双有高耗能"行业实施强制性清洁生产审核。完善"散乱污"企业认定办法,分类实施关停取缔、整合搬迁、整改提升等措施。加快实施排污许可制度。加强工业生产过程中危险废物管理。

(五)加快农业绿色发展

鼓励发展生态种植、生态养殖,加强绿色食品、有机农产品认证和管理。发展生态循环农业,提高畜禽粪污资源化利用水平,推进农作物秸秆综合利用,加强农膜污染治理。强化耕地质量保护与提升,推进退化耕地综合治理。发展林业循环经济,实施森林生态标志产品建设工程。大力推进农业节水,推广高效节水技术。推行水产健康养殖。实施农药、兽用抗菌药使用减量和产地环境净化行动。依法加强养殖水域滩涂统一规划。完善相关水域禁渔管理制度。推进农业与旅游、教育、文化、健康等产业深度融合,加快一二三产业融合发展。

(六)提高服务业绿色发展水平

促进商贸企业绿色升级,培育一批绿色流通主体。有序发展出行、住宿等领域共享经济,规范发展闲置资源交易。加快信息服务业绿色转型,做好大中型数据中心、网络机房绿色建设和改造，建立绿色运营维护体系。推进会展业绿色发展，指导制定行业相关绿色标准，推动办展设施循环使用。推动汽修、装修装饰等行业使用低挥发性有机物含量原辅材料。倡导酒店、餐饮等行业不主动提供一次性用品。

（七）壮大绿色环保产业

建设一批国家绿色产业示范基地，推动形成开放、协同、高效的创新生态系统。加快培育市场主体，鼓励设立混合所有制公司，打造一批大型绿色产业集团；引导中小企业聚焦主业增强核心竞争力，培育"专精特新"中小企业。推行合同能源管理、合同节水管理、环境污染第三方治理等模式和以环境治理效果为导向的环境托管服务。进一步放开石油、化工、电力、天然气等领域节能环保竞争性业务，鼓励公共机构推行能源托管服务。适时修订绿色产业指导目录，引导产业发展方向。

（八）提升产业园区和产业集群循环化水平

科学编制新建产业园区开发建设规划，依法依规开展规划环境影响评价，严格准入标准，完善循环产业链条，推动形成产业循环耦合。推进既有产业园区和产业集群循环化改造，推动公共设施共建共享、能源梯级利用、资源循环利用和污染物集中安全处置等。鼓励建设电、热、冷、气等多种能源协同互济的综合能源项目。鼓励化工等产业园区配套建设危险废物集中贮存、预处理和处置设施。

（九）构建绿色供应链

鼓励企业开展绿色设计、选择绿色材料、实施绿色采购、打造绿色制造工艺、推行绿色包装、开展绿色运输、做好废弃产品回收处理，实现产品全周期的绿色环保。选择100家左右积极性高、社会影响大、带动作用强的企业开展绿色供应链试点，探索建立绿色供应链制度体系。鼓励行业协会通过制定规范、咨询服务、行业自律等方式提高行业供应链绿色化水平。

三、健全绿色低碳循环发展的流通体系

（十）打造绿色物流

积极调整运输结构，推进铁水、公铁、公水等多式联运，加快铁路专用线建设。加强物流运输组织管理，加快相关公共信息平台建设和信息共享，发展甩挂运输、共同配送。推广绿色低碳运输工具，淘汰更新或改造老旧车船，港口和机场服务、城市物流配送、邮政快递等领域要优先使用新能源或清洁能源汽车；加大推广绿色船舶示范应用力度，推进内河船型标准化。加快港口岸电设施建设，支持机场开展飞机辅助动力装置替代设备建设和应用。支持物流企业构建数字化运营平台，鼓励发展智慧仓储、智慧运输，推动建立标准化托盘循环共用制度。

（十一）加强再生资源回收利用

推进垃圾分类回收与再生资源回收"两网融合"，鼓励地方建立再生资源区域交易中心。加快落实生产者责任延伸制度，引导生产企业建立逆向物流回收体系。鼓励企业采用现代信息技术实现废物回收线上与线下有机结合，培育新型商业模式，打造龙头企业，提升行业整体竞争力。完善废旧家电回收处理体系，推广典型回收模式和经验做法。加快构建废旧物资循环利用体系，加强废纸、废塑料、废旧轮胎、废金属、废玻璃等再生资源回收利用，提升资源产出率和回收利用率。

（十二）建立绿色贸易体系

积极优化贸易结构，大力发展高质量、高附加值的绿色产品贸易，从严控制高污染、高耗能产品出口。加强绿色标准国际合作，积极引领和参与相关国际标准制定，推动合格评定合作和互认机制，做好绿色贸易规则与进出口政策的衔接。深化绿色"一带一路"合作，拓宽节能环保、清洁能源等领域技术装备和服务合作。

四、健全绿色低碳循环发展的消费体系

（十三）促进绿色产品消费

加大政府绿色采购力度，扩大绿色产品采购范围，逐步将绿色采购制度扩展至国有企业。加强对企业和居民采购绿色产品的引导，鼓励地方采取补贴、积分奖励等方式促进绿色消费。推动电商平台设立绿色产品销售专区。加强绿色产品和服务认证管理，完善认证机构信用监管机制。推广绿色电力证书交易，引领全社会提升绿色电力消费。严厉打击虚标绿色产品行为，有关行政处罚等信息纳入国家企业信用信息公示系统。

（十四）倡导绿色低碳生活方式

厉行节约，坚决制止餐饮浪费行为。因地制宜推进生活垃圾分类和减量化、资源化，开展宣传、培训和成效评估。扎实推进塑料污染全链条治理。推进过度包装治理，推动生产经营者遵守限制商品过度包装的强制性标准。提升交通系统智能化水平，积极引导绿色出行。深入开展爱国卫生运动，整治环境脏乱差，打造宜居生活环境。开展绿色生活创建活动。

五、加快基础设施绿色升级

（十五）推动能源体系绿色低碳转型

坚持节能优先，完善能源消费总量和强度双控制度。提升可再生能源利用比例，大力推动风电、光伏发电发展，因地制宜发展水能、地热能、海洋能、氢能、生物质能、光热发电。加快大容量储能技术研发推广，提升电网汇集和外送能力。增加农村清洁能源供应，推动农村发展生物质能。促进燃煤清洁高效开发转化利用，继续提升大容量、高参数、低污染煤电机组占煤电装机比例。在北方地区县城积极发展清洁热电联产集中供暖，稳步推进生物质耦合供热。严控新增煤电装机容量。提高能源输配效率。实施城乡配电网建设和智能升级计划，推进农村电网升级改造。加快天然气基础设施建设和互联互通。开展二氧化碳捕集、利用和封存试验示范。

（十六）推进城镇环境基础设施建设升级

推进城镇污水管网全覆盖。推动城镇生活污水收集处理设施"厂网一体化"，加快建设污泥无害化资源化处置设施，因地制宜布局污水资源化利用设施，基本消除城市黑臭水体。加快城镇生活垃圾处理设施建设，推进生活垃圾焚烧发电，减少生活垃圾填埋处理。加强危险废物集中处置能力建设，提升信息化、智能化监管水平，严格执行经营许可管理制度。提升医疗废物应急处理能力。做好餐厨垃圾资源化利用和无害化处理。在沿海缺水城市推动大型海水淡化设施建设。

（十七）提升交通基础设施绿色发展水平

将生态环保理念贯穿交通基础设施规划、建设、运营和维护全过程，集约利用土地等资源，合理避让具有重要生态功能的国土空间，积极打造绿色公路、绿色铁路、绿色航道、绿色港口、绿色空港。加强新能源汽车充换电、加氢等配套基础设施建设。积极推广应用温拌沥青、智能通风、辅助动力替代和节能灯具、隔声屏障等节能环保先进技术和产品。加大工程建设中废弃资源综合利用力度，推动废旧路面、沥青、疏浚土等材料以及建筑垃圾的资源化利用。

（十八）改善城乡人居环境

相关空间性规划要贯彻绿色发展理念，统筹城市发展和安全，优化空间布局，合理确定开发强度，鼓励城市留白增绿。建立"美丽城市"评价体系，开展"美丽城市"建设试点。增强城市防洪排涝能力。开展绿色社区创建行动，大力发展绿色建筑，建立绿色建筑统一标识制度，结合城镇老旧小区改造推动社区基础设施绿色化和既有建筑节能改造。建立乡村建设评价体系，促进补齐乡村建设短板。加快推进农村人居环境整治，因地制宜推进农村改厕、生活垃圾处理和污水治理、村容村貌提升、乡村绿化美化等。继续做好农村清洁供暖改造、老旧危房改造，打造干净整洁有序美丽的村庄环境。

六、构建市场导向的绿色技术创新体系

（十九）鼓励绿色低碳技术研发

实施绿色技术创新攻关行动，围绕节能环保、清洁生产、清洁能源等领域布局一批前瞻性、战略性、颠覆性科技攻关项目。培育建设一批绿色技术国家技术创新中心、国家科技资源共享服务平台等创新基地平台。强化企业创新主体地位，支持企业整合高校、科研院所、产业园区等力量建立市场化运行的绿色技术创新联合体，鼓励企业牵头或参与财政资金支持的绿色技术研发项目、市场导向明确的绿色技术创新项目。

（二十）加速科技成果转化

积极利用首台（套）重大技术装备政策支持绿色技术应用。充分发挥国家科技成果转化引导基金作用，强化创业投资等各类基金引导，支持绿色技术创新成果转化应用。支持企业、高校、科研机构等建立绿色技术创新项目孵化器、创新创业基地。及时发布绿色技术推广目录，加快先进成熟技术推广应用。深入推进绿色技术交易中心建设。

七、完善法律法规政策体系

（二十一）强化法律法规支撑

推动完善促进绿色设计、强化清洁生产、提高资源利用效率、发展循环经济、严格污染治理、推动绿色产业发展、扩大绿色消费、实行环境信息公开、应对气候变化等方面法律法规制度。强化执法监督，加大违法行为查处和问责力度，加强行政执法机关与监察机关、司法机关的工作衔接配合。

（二十二）健全绿色收费价格机制

完善污水处理收费政策，按照覆盖污水处理设施运营和污泥处理处置成本并合理盈利的原则，合理制定污水处理收费标准，健全标准动态调整机制。按照产生者付费原则，建立健全生活垃圾处理收费制度，各地区可根据本地实际情况，实行分类计价、计量收费等差别化管理。完善节能环保电价政策，推进农业水价综合改革，继续落实好居民阶梯电价、气价、水价制度。

（二十三）加大财税扶持力度

继续利用财政资金和预算内投资支持环境基础设施补短板强弱项、绿色环保产业发展、能源高效利用、资源循环利用等。继续落实节能节水环保、资源综合利用以及合同能源管理、环境污染第三方治理等方面的所得税、增值税等优惠政策。做好资源税征收和水资源费改税试点工作。

（二十四）大力发展绿色金融

发展绿色信贷和绿色直接融资，加大对金融机构绿色金融业绩评价考核力度。统一绿色债券标准，建立绿色债券评级标准。发展绿色保险，发挥保险费率调节机制作用。支持符合条件的绿色产业企业上市融资。支持金融机构和相关企业在国际市场开展绿色融资。推动国际绿色金融标准趋同，有序推进绿色金融市场双向开放。推动气候投融资工作。

（二十五）完善绿色标准、绿色认证体系和统计监测制度

开展绿色标准体系顶层设计和系统规划，形成全面系统的绿色标准体系。加快标准化支撑机构建设。加快绿色产品认证制度建设，培育一批专业绿色认证机构。加强节能环保、清洁生产、清洁能源等领域统计监测，健全相关制度，强化统计信息共享。

（二十六）培育绿色交易市场机制

进一步健全排污权、用能权、用水权、碳排放权等交易机制，降低交易成本，提高运转效率。加快建立初始分配、有偿使用、市场交易、纠纷解决、配套服务等制度，做好绿色权属交易与相关目标指标的对接协调。

八、认真抓好组织实施

（二十七）抓好贯彻落实

各地区各有关部门要思想到位、措施到位、行动到位，充分认识建立健全绿色低碳循环发展经济体系的重要性和紧迫性，将其作为高质量发展的重要内

容，进一步压实工作责任，加强督促落实，保质保量完成各项任务。各地区要根据本地实际情况研究提出具体措施，在抓落实上投入更大精力，确保政策措施落到实处。

（二十八）加强统筹协调

国务院各有关部门要加强协同配合，形成工作合力。国家发展改革委要会同有关部门强化统筹协调和督促指导，做好年度重点工作安排部署，及时总结各地区各有关部门的好经验好模式，探索编制年度绿色低碳循环发展报告，重大情况及时向党中央、国务院报告。

（二十九）深化国际合作

统筹国内国际两个大局，加强与世界各个国家和地区在绿色低碳循环发展领域的政策沟通、技术交流、项目合作、人才培训等，积极参与和引领全球气候治理，切实提高我国推动国际绿色低碳循环发展的能力和水平，为构建人类命运共同体作出积极贡献。

（三十）营造良好氛围

各类新闻媒体要讲好我国绿色低碳循环发展故事，大力宣传取得的显著成就，积极宣扬先进典型，适时曝光破坏生态、污染环境、严重浪费资源和违规乱上高污染、高耗能项目等方面的负面典型，为绿色低碳循环发展营造良好氛围。

国务院

2021 年 2 月 2 日

"十四五"相关发展规划目录汇总

发布时间	名称	发布机关	文号
2021年12月	《"十四五"数字经济发展规划》	国务院	—
2021年12月	《"十四五"智能制造发展规划》	工业和信息化部等部门	工信部联规〔2021〕207号
2021年12月	《"十四五"原材料工业发展规划》	工业和信息化部等部门	工信部联规〔2021〕212号
2021年12月	《"十四五"促进中小企业发展规划》	工业和信息化部等部门	工信部联规〔2021〕200号
2021年11月	《"十四五"信息化和工业化深度融合发展规划》	工业和信息化部	工信部规〔2021〕182号
2021年11月	《"十四五"大数据产业发展规划》	工业和信息化部	工信部规〔2021〕179号
2021年11月	《"十四五"工业绿色发展规划》	工业和信息化部	工信部规〔2021〕178号
2021年10月	《"十四五"节水型社会建设规划》	国家发展和改革委员会等部门	发改环资〔2021〕1516号
2021年10月	《"十四五"全国清洁生产推行方案》	国家发展和改革委员会等部门	发改环资〔2021〕1524号

续表

发布时间	名称	发布机关	文号
2021年9月	《完善能源消费强度和总量双控制度方案》	国家发展和改革委员会	发改环资〔2021〕1310号
2021年9月	《物联网新型基础设施建设三年行动计划（2021—2023年）》	工业和信息化部等部门	工信部联科〔2021〕130号
2021年7月	《"十四五"循环经济发展规划》	国家发展和改革委员会	发改环资〔2021〕969号
2021年7月	《5G应用"扬帆"行动计划（2021—2023年）》	工业和信息化部等部门	工信部联通信〔2021〕77号
2021年6月	《"十四五"城镇污水处理及资源化利用发展规划》	国家发展和改革委员会等部门	发改环资〔2021〕827号

再生纤维素纤维行业
绿色发展联盟
COLLABORATION FOR SUSTAINABLE
DEVELOPMENT OF VISCOSE

向自然承诺责任
从林地到时尚

Committing Responsibility to Nature, from Wood to Fashion

以再生纤维素纤维的绿色可持续发展为起点，尽可能减小纤维生产及全生命周期的环境影响

CV will promote the sustainable development of the viscose and reduce the environmental impact of the whole life cycle through industrial chain cooperation

◆ 行业信息发布 Industry information publishing
◆ 绿色产业链共享 Green industrialchain sharing
◆ 可持续发展管理 Sustainable development management
◆ 节能减排技术推广 Advanced technology promotion

更多信息可关注 More information
www.cvroadmap.com

中国化学纤维工业协会 · 绿宇基金
化纤绿色发展的驱动力
CCFA·LVYU FOUNDATION
The Driving Force of Green Development of Chemical Fiber

基金宗旨： 展现大国担当，关注中华民族永续发展和构建人类命运共同体，引导行业走绿色低碳、高质量发展之路，全面构筑化纤竞争新优势和化纤强国建设而设置的专项基金。

化纤绿色发展贡献奖·成果奖
表彰化纤企业、工程公司、高等院校、研究单位在推动行业绿色低碳及再生循环高质量发展方面技术及管理成果。

化纤绿色发展贡献奖·个人奖
表彰在推动行业绿色低碳及再生循环高质量发展方面有突出贡献的技术及管理人员。

化纤绿色发展成果推广会
宣传绿色发展成果、交流绿色发展经验，出版绿色成果手册，对接化纤产业链上下游。

中国化学纤维工业协会

www.ccfa.com.cn   010-51292251   ccfalvyufund@163.com

随时随地畅享精彩课程

Sateri 赛得利

主办单位
中国化学纤维工业协会 CCFA

纤维空中大讲堂

共享知识平台
助力行业发展

授课讲师
- 院士
- 科研院所 专家/教授
- 企业 高管/专项负责人
- 下游及终端品牌
- 国外专家……

授课内容
- 行业发展热点
- 前沿趋势研究
- 产业链情况解析……

课前点映
- 行业内主要活动相关视频
- 重点企业及科研院所宣传视频

联系人：戎中钰
电话：13581831679（同微信号）
邮箱：amosroy@126.com

具体课程信息请关注中国化学纤维工业协会官方微信公众号

扫描纤维新视界二维码直接观看已开展的全部课程

扫描赛得利二维码了解更多赛得利相关信息

随时随地畅享精彩课程

中国化学纤维工业协会信息服务平台

《中国化学纤维》杂志

行业宣传窗口　企业服务平台
信息交流桥梁　栏目合作园地

全年发行量达 5 万册

《高科技纤维与应用》杂志

创刊于1976年
国际标准刊号：ISSN1007-9815
国内统一刊号：CN11-3926/TQ

中国科技核心期刊
全国石化行业优秀报刊一等奖

中国化学纤维工业协会官方微信

行业资讯
技术成果
产品信息
纤维科普
企业动态

一机在手
尽在掌握

中国化学纤维工业协会
官方微信

中国纤维流行趋势
官方微信

《中国化纤手机报》

多维信息服务
行业要闻传播
财经资讯分享
科技前沿速递

每周四发布
免费赠送

纱线展云展
小程序

中国纤维流行趋势
小程序

纤维新视界
直播平台

中国化学纤维工业协会信息部
联系电话：010-51292251-820，823，819
投稿邮箱：ccfa625@126.com
协会官网：www.ccfa.com.cn

yarnexpo

中国国际纺织纱线（春夏）展览会
China International Trade Fair for Fibres and Yarns

每年3月份

国家会展中心（上海）
National Exhibition and Convention Center (Shanghai), China

yarnexpo

中国国际纺织纱线（秋冬）展览会
China International Trade Fair for Fibres and Yarns

每年8月份

国家会展中心（上海）
National Exhibition and Convention Center (Shanghai), China

yarnexpo

大湾区国际纺织纱线博览会
Greater Bay Area International Trade Fair for Fibres and Yarns

每年11月份

深圳国际会展中心（宝安新馆）
Shenzhen World Exhibition and Convention Center, Shenzhen, China

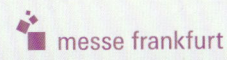

messe frankfurt

官网报名：www.yarnexpo.com.cn
参展热线：152 1011 8964 / 152 0148 4736

yarnexpo 官方微信
yarnexpo 云展小程序

● 行业平台联手打造　● 资深专家联袂授课　● 全产业链知识梳理　● 先进工艺趋势展望

全国纺织复合人才培养工程高级培训班

◎ 中国化学纤维工业协会　◎ 中国纺织工程学会　◎ 中纺联科技发展部　◎ 中国棉纺织行业协会　◎ 纺织人才交流培训中心　◎ 北京服装学院

课程结构

基础理论
化纤、纺织、染整基本原理、加工流程和工艺设备；纤维组织结构和基本特性与面料织物性能风格的内在关联及其对印染后整理的要求和影响

专家讲座
国内外最新技术发展趋势；产品开发的最新动向；纤维流行趋势及应用；产业链延伸探索与互动，纺织行业政策解读、国内外投资环境分析等

实地参观
化纤、纺织、染整、纤维检测、产品研发基地、产业集群实地参观，行业专家现场指导，经验分享

培训目的

系统学习纺织基础知识，培养纺织复合型人才

探讨国内外先进技术，促进产学研紧密合作

打造纺织"黄埔军校"创立科技交流俱乐部

加强产业链交流合作，打造创新互动平台

促进我国纺织化纤企业向生产服务型企业转变

课程优势

专业辅导
知名院校教授、行业专家联袂授课

课程丰富
内容覆盖化纤、纺织、染整全产业链

信息新颖
纺织最新工艺、发展趋势贯穿始终

自主选修
学员根据自身需求选修所需课程

理论联系实际
工厂实地参观，理论指导实践，实践验证理论

权威证书
结业后可获得组织单位联合颁发的培训证书

联系我们

了解详细信息，索取报名资料请联系：

中国化学纤维工业协会　|　窦　娟
手机：152-1011-8964　Email：doutjuan@126.com

中国化学纤维工业协会　|　靳高岭
手机：152-0148-4736　Email：jingaoling.happy@163.com

中国纤维流行趋势小程序

CHINA FIBERS FASHION TRENDS

纤动世界，美丽中国

中国纤维流行趋势发布已经成为行业的风向标

紧跟科技潮流，融汇数字模式

中国纤维流行趋势小程序火热上线

- 纤维趋势发布
- 流行面料设计
- 历年报告荟萃
- 最新趋势资讯

扫我了解更多精彩内容

更多详情请咨询：中国化学纤维工业协会市场推广部　杨涛　18310112292（微信同手机号）

中国纤维流行趋势
CHINA FIBERS FASHION TRENDS

纤维新视界
NEW FIBER NEW WORLD

中国纤维流行趋势始终贯彻"绿色"、"低碳"、"环保"的活动宗旨，遵循创新、协调、绿色、开放、共享五大发展理念，致力于将我国纤维品牌建设和新产品市场推广工作推向新阶段，打造联合上下游的全行业风向标。

指导单位：国家工业和信息化部消费品司
主办单位：中国化学纤维工业协会 / 东华大学 / 中国棉纺织行业协会
协办单位：桐昆集团股份有限公司

扫码关注
中国纤维流行趋势

yarnexpo ON LINE

中国国际纺织纱线展览会

纱线展云展
小程序上线啦

永不落幕的展会

趋势发布
创新论坛
直播逛展
新品发布
展商约见
供需商机

500+
纤维纱线展商　邀您相约云端

扫扫我

宣传推广服务请联系
中国化学纤维工业协会市场推广部　杨涛　183 1011 2292（微信同手机号）

中国纤维流行趋势
CHINA FIBERS FASHION TRENDS

桐昆·中国纤维流行趋势
TONGKUN·CHINA FIBERS FASHION TRENDS

产品征集通知
Product Collection Notice

www.texfiberchina.com

纤维新视界
NEW FIBER NEW WORLD

扫一扫 更多精彩

如想参加请联系我们：
Contact us if any inquiries:
王永生 17710368286
靳高岭 15201484736